本書の特長と使い方

ビジュアル化された図解を見ながら，重要な用
実技の要点を定着させることができます。また，別　　　　　るフィルター
つきなので，何度でもチェックすることができます。

◎練習ページ

★★★ 重要度を３段階で示しています。

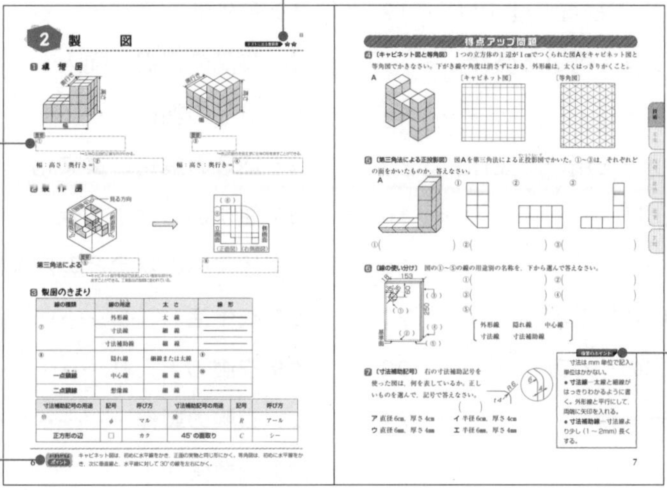

重要
最重要語句やテストに出やすい語句です。

よくまちがえるポイント
間違えやすいポイントや注意点・着目点をまとめています。

得点UPテクニック
押さえておくべきポイントや，問題を解くテクニックをまとめています。

復習のポイント
復習のときに気をつけるポイントです。

ここに注目
補足として身につけておきたい知識です。

◎別冊解答

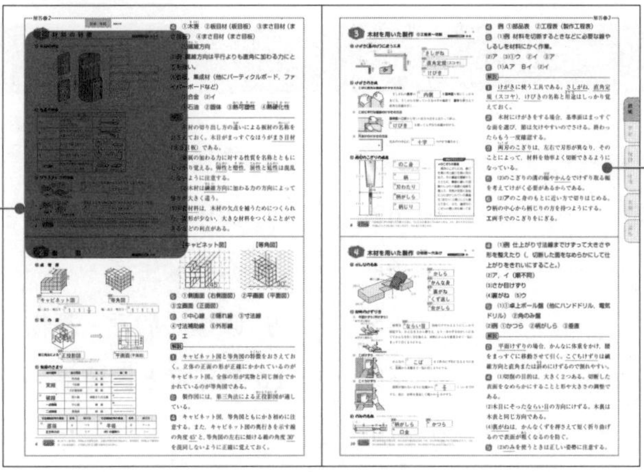

消えるフィルターで解答をかくして，何度でもチェックできます。

解説つきなので，より理解を深めることができます。

本書に関する最新情報は，小社ホームページにある本書の「サポート情報」をご覧ください。（開設していない場合もございます。）
なお，この本の内容についての責任は小社にあり，内容に関するご質問は直接小社におよせください。

CONTENTS

まとめノート実技4科 目次

技術・家庭

保健体育

◎ 体育分野

音　楽

美　術

1 材料の特徴《とくちょう》

月　　日

テストに出る重要度 ★★★

1 木材の特徴

→木材は主に建築材に用いられる針葉樹と家具材に用いられる広葉樹がある。

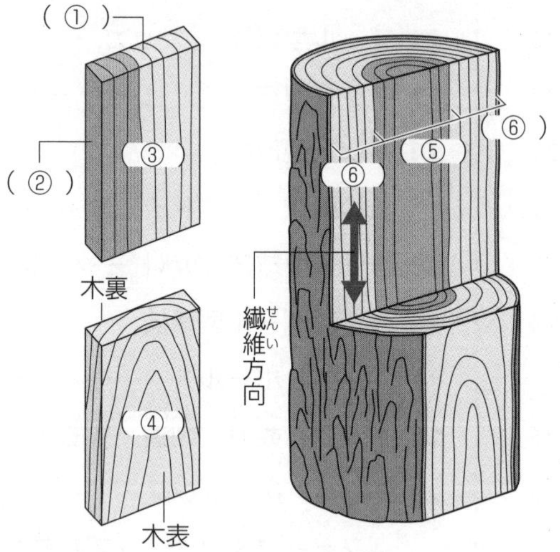

①

②

③

④

⑤

⑥

2 金属の特徴

→力に対しては下の表のような特徴があるが，ほかには光沢があり，熱や電気を伝えやすいといった特徴もある。

性質		
⑦	力を加えて，その力を除くともとに戻《もど》る。	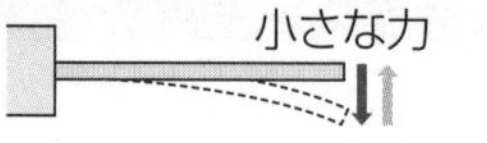
⑧	大きな力を加えて，その力を除いてももとに戻らない。	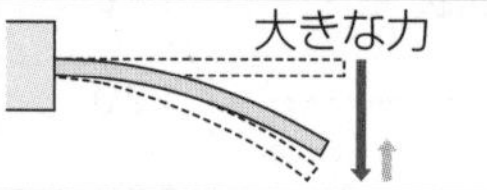
⑨	たたくと薄《うす》く広がる。	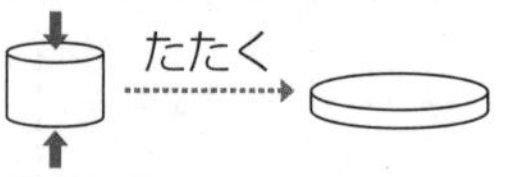
⑩	引っ張ると細長くのびる。	
加工硬化《こうか》	変形した部分の組織が変化してかたくなる現象。	

3 プラスチックの特徴

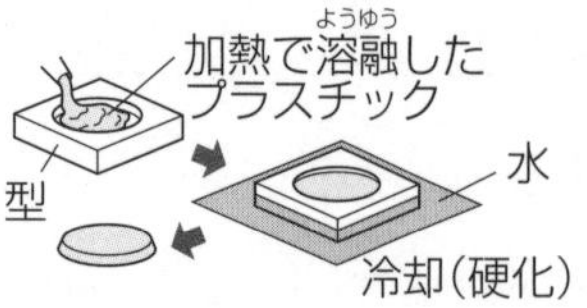

固まったあとも熱を加えるとやわらかくなる性質。

→ ⑪ 　　　　プラスチック

└→ポリエチレン，アクリル樹脂などがある。

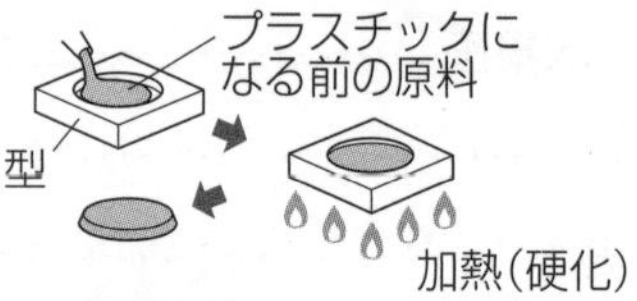

一度固まるとまた熱を加えてもやわらかくならない性質。

→ ⑫ 　　　　プラスチック

└→強度が高いので，食器や電気製品の基板などに用いられる。

よくまちがえるポイント　まさ目材(まさ目板)は年輪に直交する方向で切り出した板材。木目がまっすぐな模様《もよう》になる。板目材(板目板)は，年輪に対し接線の方向で切り出した板材である。木目は山形などの模様になる。

得点アップ問題

4〔**木材の特徴《とくちょう》**〕 次の①～④にあてはまる言葉を，下から選んで答えなさい。（2度使うものもあります。）

木材は，乾燥《かんそう》すると（①　　　　　　　　）側にそる。右の図で，**A**の板材の名称《めいしょう》は（②　　　　　　　　）で，**B**の板材の名称は（③　　　　　　　　）である。変形が少ないのは（④　　　　　　　　）である。

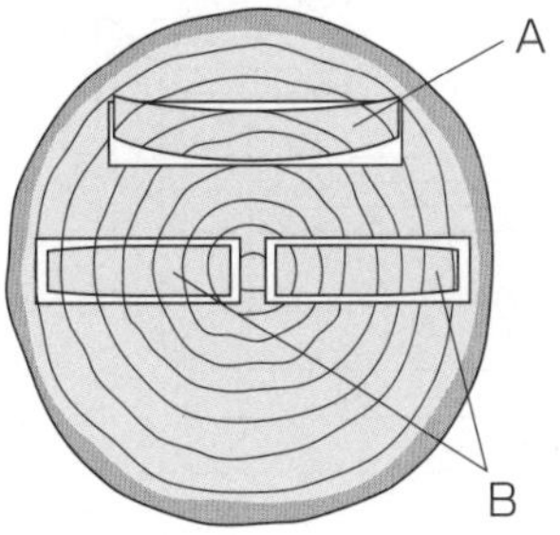

〔木表　　木裏　　まさ目材（まさ目板）
板目材（板目板）〕

5〔**木材の特徴**〕 次の問いに答えなさい。

(1) 木材にある構造で，繊維細胞《せんいさいぼう》にそった方向を何というか。（　　　　　　　　）

(2) (1)の力に対する特徴は何か。「平行」「直角」「強い」の言葉を使って答えなさい。

（　　　　　　　　　　　　　　　　　　　　）

(3) 木質材料の種類を2つ答えなさい。

（　　　　　　　　）（　　　　　　　　）

6〔**金属の特徴**〕 次の問いに答えなさい。

(1) ある金属を溶《と》かしたものに，他の金属や元素を溶かして混ぜ合わせてから固めたものを何というか。（　　　　　　　　）

(2) 次の中で，金属の特徴でないものを記号で答えなさい。（　　　）

ア 重くてじょうぶで，熱や電気をよく伝える。

イ 水の中に入れると，膨張《ぼうちょう》や収縮をする。

ウ 溶けた金属を型に流し込《こ》んで固める鋳造《ちゅうぞう》という加工方法がある。

エ 金属の延性の性質を利用したものにワイヤーがある。

7〔**プラスチックの特徴**〕 次の①～④にあてはまる言葉を，下から選んで答えなさい。

プラスチックは，主に（①　　　　　　　　）を原料にしてつくられる。常温では（②　　　　　　　　）の状態で，軽くてじょうぶである。加工する場合は，1つの方法として溶《と》かして型に流し込む方法があるが，熱を加えるとやわらかくなる（③　　　　　　　　）プラスチックと，熱を加えてもやわらかくならない（④　　　　　　　　）プラスチックがある。

〔熱硬化性《ねつこうかせい》　熱可塑性《ねつかそせい》　固体　気体　石油　石炭〕

2 製　　図

月　　日
テストに出る重要度 ★★

1 構　想　図

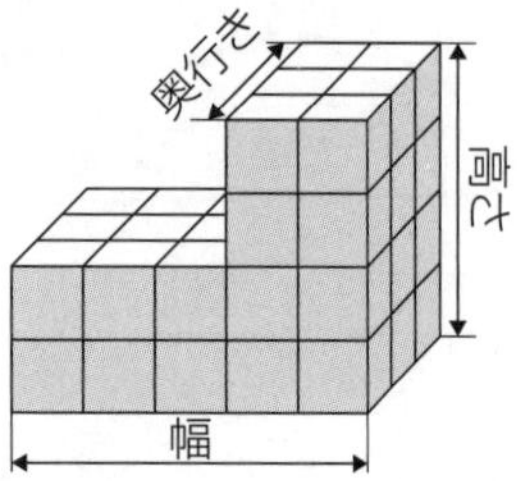

重要
①

↳立体の正面の正確な形がわかる。

幅：高さ：奥行き＝②

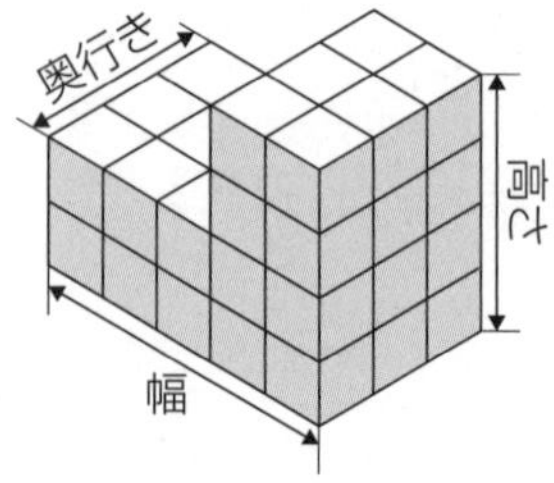

重要
③

↳各辺の割合を変えずに全体の形を表すことができる。

幅：高さ：奥行き＝④

2 製　作　図

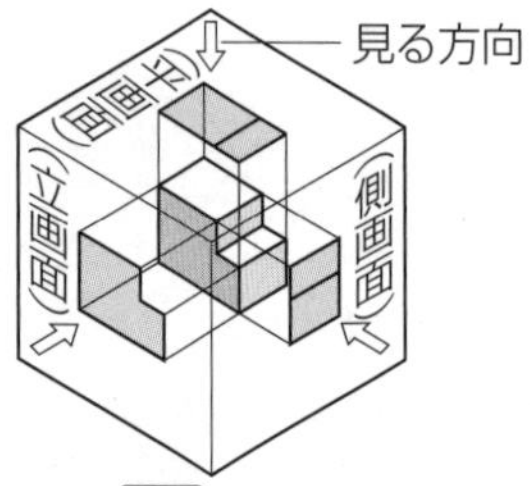

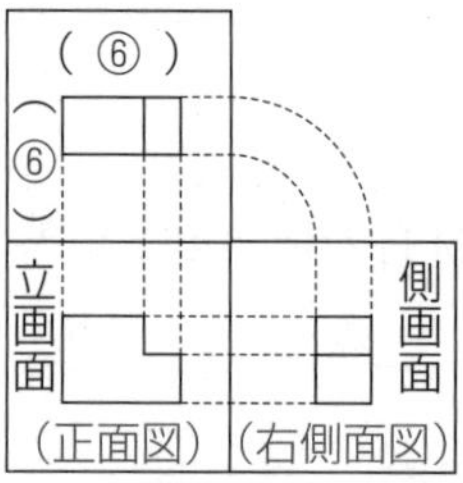

重要
第三角法による⑤

↳キャビネット図や等角図では表しにくい複雑な部分も表すことができる。工業製品の製図に使われている。

⑥

3 製図のきまり

線の種類	線の用途《ようと》	太　さ	線　形
⑦	外形線	太　線	――――
	寸法線	細　線	――――
	寸法補助線	細　線	――――
⑧	隠れ線	細線または太線	⑨
一点鎖線《させん》	中心線	細　線	⑩
二点鎖線	想像線	細　線	-‥-‥-‥-‥-

寸法補助記号の用途	記号	呼び方	寸法補助記号の用途	記号	呼び方
⑪	ϕ	マル	⑫	R	アール
正方形の辺	□	カク	45°の面取り	C	シー

よくまちがえるポイント　キャビネット図は，初めに水平線をかき，正面の実物と同じ形にかく。等角図は，初めに水平線をかき，次に垂直線と，水平線に対して30°の線を左右にかく。

得点アップ問題

4 〔キャビネット図と等角図〕 1つの立方体の1辺が1㎝でつくられた図**A**をキャビネット図と等角図でかきなさい。下がき線や角度は消さずにおき，外形線は，太くはっきりかくこと。

A

〔キャビネット図〕

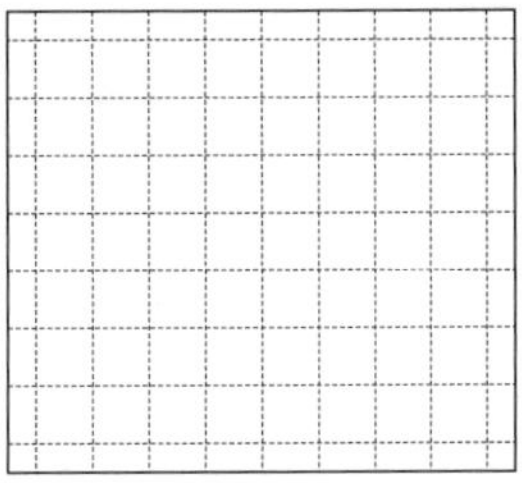

〔等角図〕

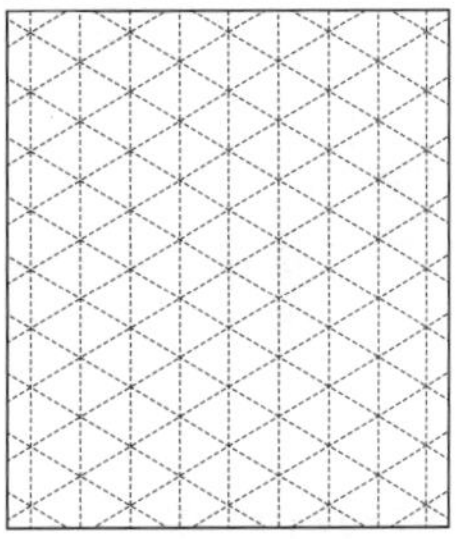

5 〔第三角法による正投影図〕 図**A**を第三角法による正投影《せいとうえい》図《ず》でかいた。①～③は，それぞれどの面をかいたものか，答えなさい。

A

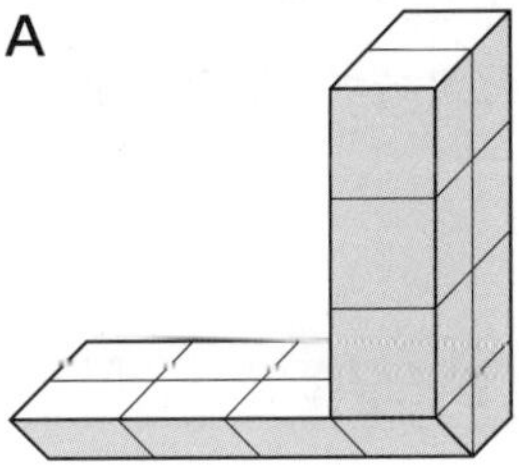

①

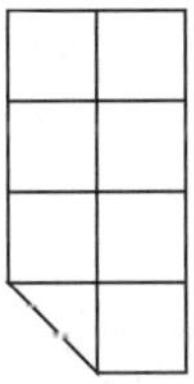

②

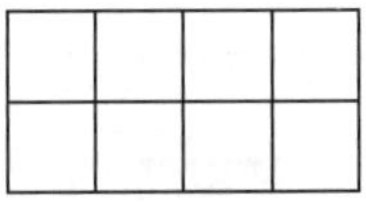

③

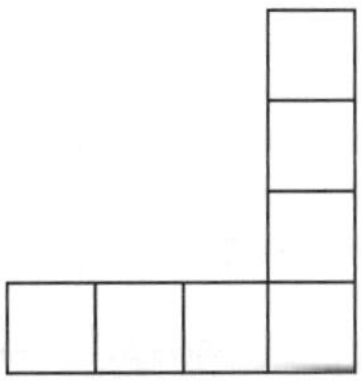

①(　　　　　　)　②(　　　　　　)　③(　　　　　　)

6 〔線の使い分け〕 図の①～⑤の線の用途別の名称を，下から選んで答えなさい。

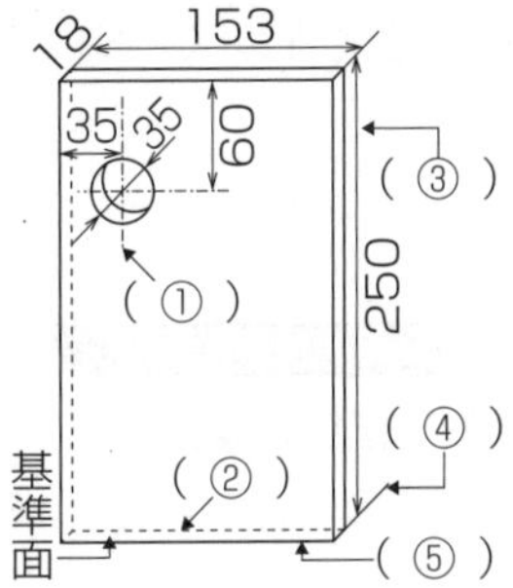

①(　　　　　　)　②(　　　　　　)

③(　　　　　　)　④(　　　　　　)

⑤(　　　　　　)

〔外形線　隠れ線　中心線
寸法線　寸法補助線〕

7 〔寸法補助記号〕 右の寸法補助記号を使った図は，何を表しているか。正しいものを選んで，記号で答えなさい。

(　　　)

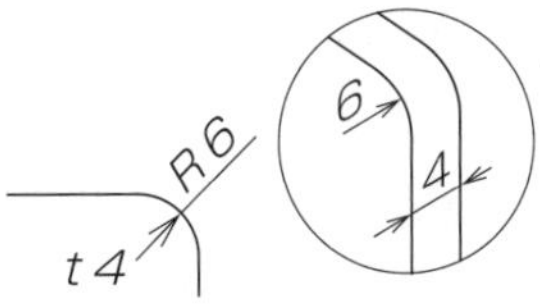

ア 直径6㎝，厚さ4㎝　　**イ** 半径6㎝，厚さ4㎝

ウ 直径6㎜，厚さ4㎜　　**エ** 半径6㎜，厚さ4㎜

復習のポイント

寸法はmm単位で記入。単位はかかない。

● **寸法線**…太線と細線がはっきりわかるように書く。外形線と平行にして，両端に矢印を入れる。

● **寸法補助線**…寸法線より少し（1～2mm）長くする。

3 木材を用いた製作 ①工程表～切断

月　日

テストに出る重要度 ★★

1 けがき(墨《すみ》付け)に使う工具

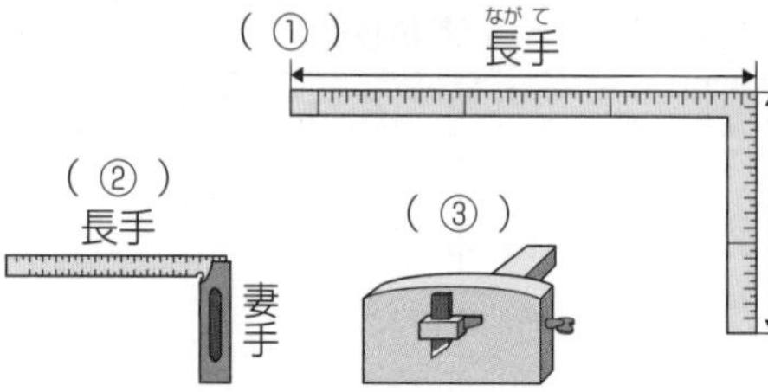

重要 ①

└→寸法を測ったり，けがきをしたりするときに使う。直角の検査にも使う。

重要 ②

└→寸法をはかったり，直線や直角の線を引くときに使う。

重要 ③

└→同じ幅《はば》の寸法を正確にはかりとるときに使う。

2 けがきの方法

(1) こばに直角な直線のけがきの方法

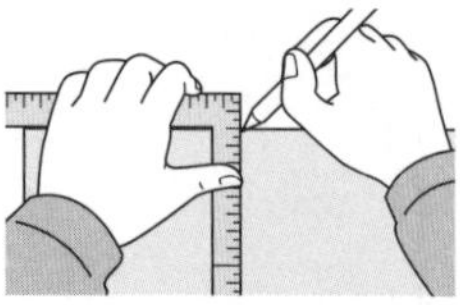

さしがねの**長手**の ④ を**基準面**や板にしっかりあてる。さしがねを持っている方の手の親指で，**妻手**を押《お》さえて直角な直線を引く。

(2) こばに平行な直線のけがきの方法

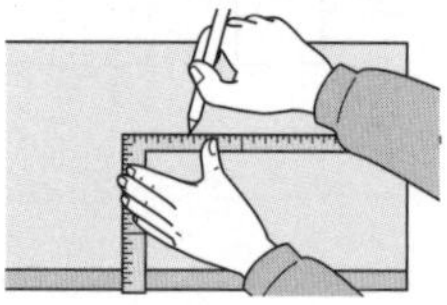

基準面の**こば**から等しい長さの点を２点とって結ぶ。

⑤ を使っても平行な直線が引ける。

(3) 穴《あな》あけのけがきの方法

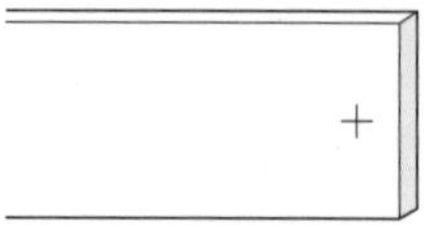

穴あけの中心に ⑥ のけがき線をかく。

3 両《りょう》刃《ば》のこぎりの構造

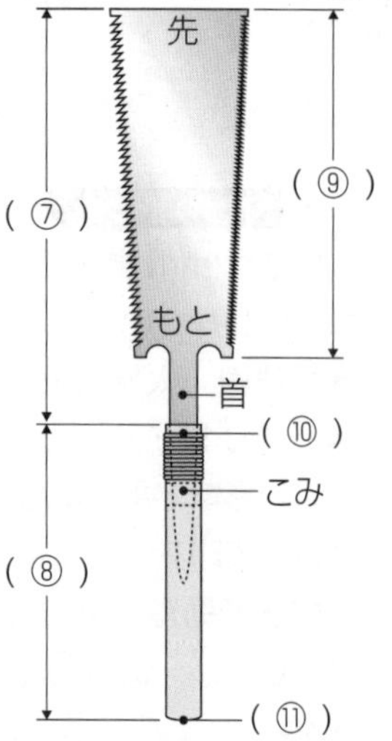

⑦

└→「先」は「もと」にくらべて薄く，刃の間かくが大きい。また，刃形が大きい。

⑧

⑨

⑩

⑪

得点UPテクニック

●のこぎりの構造

両刃のこぎりには，横びき用の刃と縦びき用の刃がある。その構造を理解するとともに，構造に適した切断のしかたや各部の名称を覚える。刃先が交互に左右にふり分けられている構造を「あさり」と呼ぶことも覚えておく。また，適切なのこぎりの使い方も知っておく。

よくまちがえるポイント

木材をのこぎりを使って切断する場合，刃わたりの８割くらいを広く使う。また，押すときではなく，手前にひくときに強く力を入れると，効率よく作業できる。

得点アップ問題

4 **〔製作の準備〕** 次の①，②にあてはまる言葉を答えなさい。

時間や材料を効率よく使うために，製作の準備段階では，製作を進める際に必要な材料取り図や部品名，材質などを記した（①　　　　　　　　）を作成する。また，作業の順序や内容を記した（②　　　　　　　　）を作成する。

5 **〔けがき(墨付け)〕** 次の問いに答えなさい。

(1) 「けがき」とは，どのような作業か。簡潔に答えなさい。

（　　　　　　　　　　　　　　　　　　　　）

(2) 右の図の仕上がり寸法線(仕上げ線)と材料取り寸法線(切断線)の2本の線は，なぜ必要か。その理由を，記号で答えなさい。　（　　）

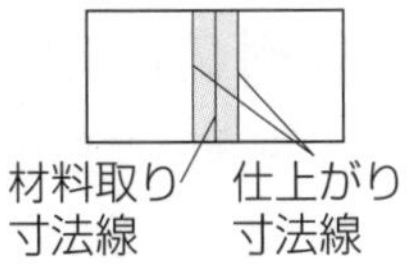

ア 切りしろやけずりしろが必要になるから。

イ 間違《まちが》って切断しても対応できるから。

ウ 寸法の線を2重にして，より正確さを出すため。

エ 切りしろが工具によって違うから。

(3) 次の図のけがきに使う工具の説明を選んで，記号で答えなさい。

①（　　）　②（　　）　③（　　）

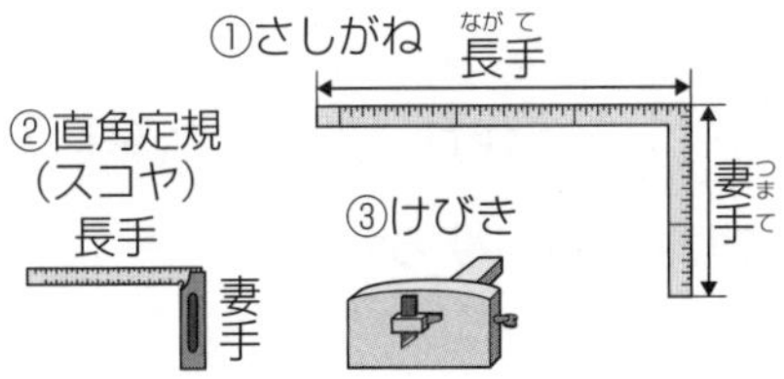

ア 同じ幅《はば》の寸法を正確にはかりとるときに使う。

イ こばに直線を引いたり，直角度の検査に使う。

ウ 寸法をはかったり，直線や直角の線を引くときに使う。材料の形状検査にも使う。

6 **〔切　断〕** 次の問いに答えなさい。

(1) 右の図**A**，**B**の方向をのこぎりを使って切断する場合，**ア** 横びき用の刃，**イ** 縦びき用の刃のどちらを使えばよいか。記号で答えなさい。

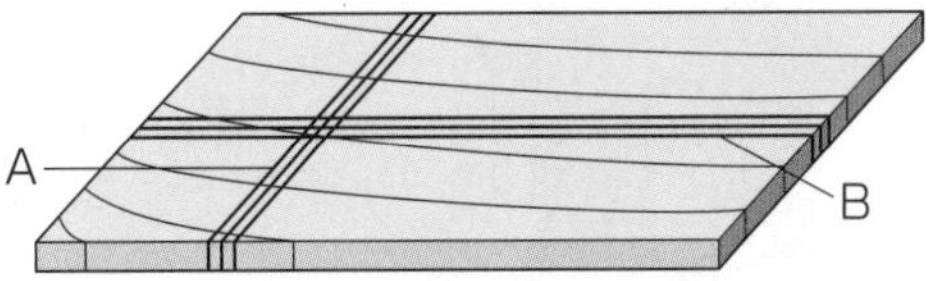

A（　　）　**B**（　　）

(2) のこぎりを使った切断について適切なものを選んで，記号で答えなさい。　（　　）

ア 切りはじめは，あて木や親指を切断線にそわせ，のこ身の先に近いほうを軽く押す。

イ のこ身と顔の中心が合う位置に立ち，体全体を使うが，手前にひくときに強く力を入れる。

ウ 持つ位置は，柄の中央から柄がしらの方を，力を入れすぎないようにしてにぎる。

エ 切断するときは，常に片手でのこぎりをにぎり，刃わたりの8割程度を使って切る。

月　日

4 木材を用いた製作 ②切削《せっさく》～穴あけ

テストに出る重要度 ★

1 かんなの名称

→かんなを置くときは，刃先をいためないようにこばを下にして置く。刃先を下にして置いてはいけない。

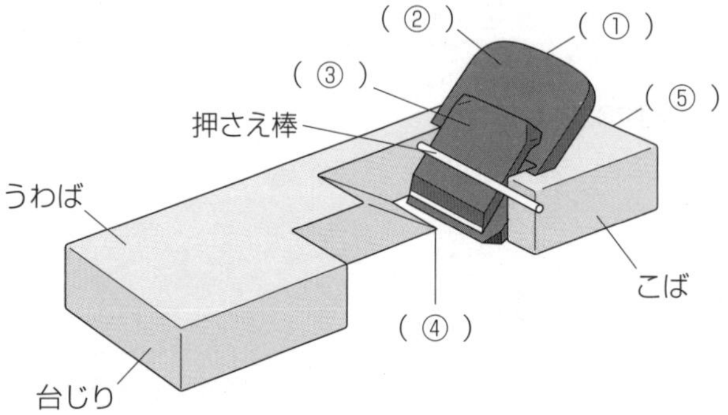

重要 ①

重要 ②

重要 ③

④

重要 ⑤

2 材料のけずり方

(1) 平面けずり(平けずり)

● けずり始め

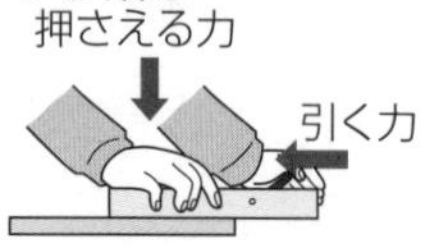

● けずり終わり

材料を 重要 ⑥ 方向でけずれるようにしっかり固定する。かんなを上から押さえ，もう一方の手を台がしらにあててかんなを引く力を加える。材料にかんなを密着させて一気に，まっすぐ引くようにする。

(2) こばけずり

→繊維方向に一気にけずるのがポイント。

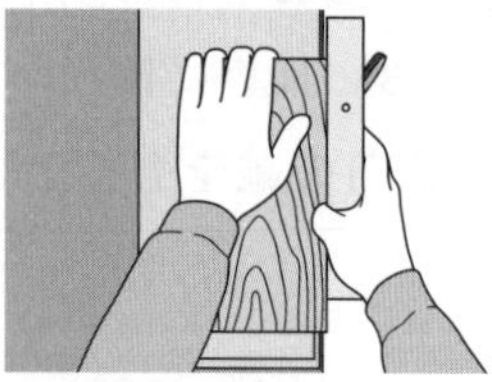

かんなの ⑦ を工作台に平行になるようにあて，先端《せんたん》から末端まで一気に引くようにする。

(3) こぐちけずり

→一気にけずるとこぐちの終わりの端が割れるので，一気にけずらない。割れた場合は，接着剤で接着させる。

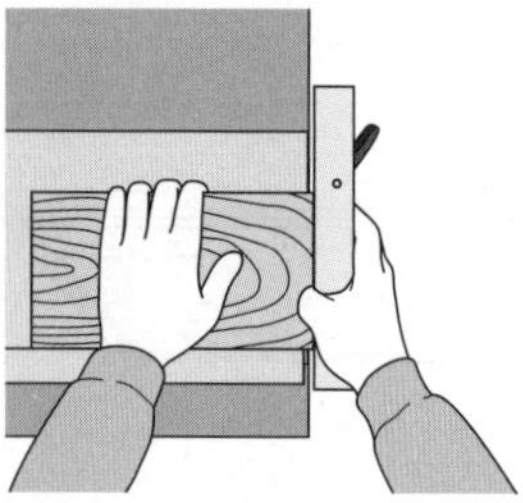

材料が割れないように先端から ⑧ くらいまでけずる。次に，材料を裏返して残りの $\frac{1}{3}$ をけずる。

3 のみの名称

→のみは四角い穴をあけたりみぞをほったりするのに使う。

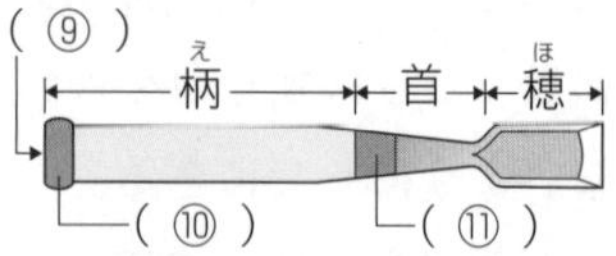

重要 ⑨

重要 ⑩

⑪

よくまちがえるポイント かんな身を出す場合は，かんな身や裏がねのかしらを，かんな身の面に対して垂直にたたく。また，かんな身を抜《ぬ》く場合は，台がしらのかどを，かんな身と平行に左右交互《こうご》にたたく。

得点アップ問題

4〔切　削〕 次の問いに答えなさい。

(1) 切削の目的は何か。「仕上がり寸法線」という言葉を使い，「……，切断した面をなめらかにして仕上がりをきれいにすること。」に続く形で答えなさい。

(　　　　　　　　　　　　　　　　　　　　　　　　　　　　　),

切断した面をなめらかにして仕上がりをきれいにすること。

(2) 次の図で，けずる方向が適切なものをすべて選んで，記号で答えなさい。(　　　　　　)

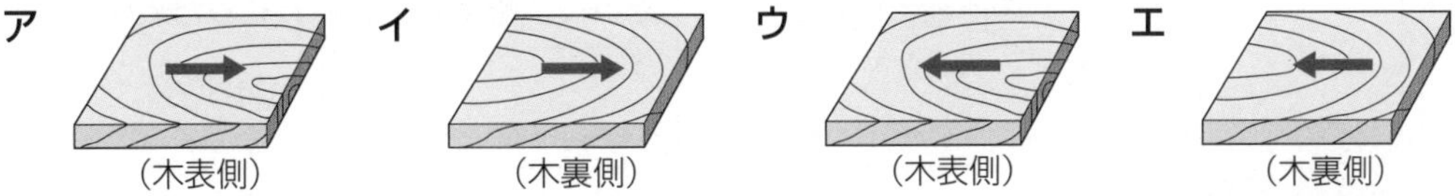

(3) 右の図のようなけずり方を何といいますか。

(　　　　　　　　　　　)

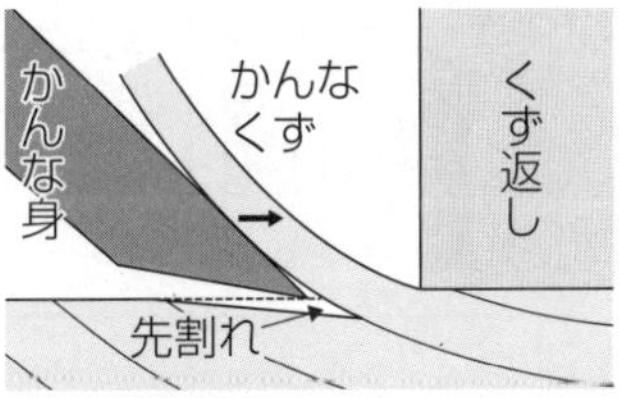

復習のポイント

●**かんなけずり**

かんなの刃先は木材の繊維に食い込み，切り離《はな》すことでけずっている。

したがって，けずる方向はならい目の方向にけずる。

(4) (3)のけずり方は表面が粗《あら》くなる。それを防ぐためには，何を使えばよいか，答えなさい。

(　　　　　　　　)

(5) かんな身の調整方法として適切なものを選んで，記号で答えなさい。　(　　　)

ア　かんな身のかしらを，面に対して垂直にたたく。

イ　台がしらのかどを，かんな身と平行に左右交互にたたく。

ウ　裏がねのかしらを，面に対して垂直にたたく。

5〔穴あけ〕 次の問いに答えなさい。

(1) 材料に穴をあける工具や機械のうち，丸い穴をあけるものと，のみ以外の四角い穴をあけるものの名称を答えなさい。

① 丸い穴をあけるもの　(　　　　　　　　　　　　)

② 四角い穴をあけるもの　(　　　　　　　　　　　　)

(2) のみを使う作業について，次の①～③にあてはまる言葉を答えなさい。

のみを使って穴をあける場合，あらかじめ工具などを使って小さな穴をいくつかあけておく。のみを使うときは，のみの(①　　　　　　　　　)の下をしっかりにぎり，(②　　　　　　　)をげんのうで(③　　　　　　　　)に打つ。このとき，刃裏を，残す材料の面にあてながら仕上げていく。

5 木材を用いた製作 ③検査～仕上げ

月　日

テストに出る重要度 ★★

1 検査と修正

	検　査	修　正
寸法	部品の寸法を [①　　] などで測定する。 └→寸法の測定には，これの他に鋼尺を用いてもよい。 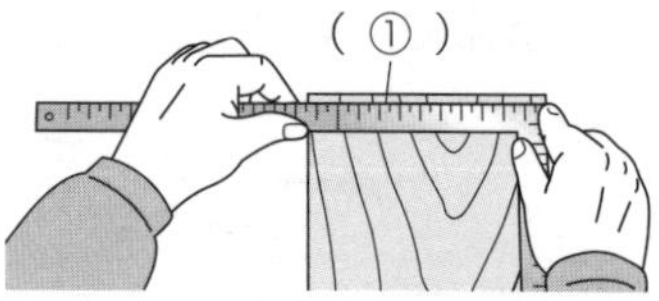 	小さい方の板に合わせて大きい方の板に寸法線などの [②　　] をする。 その後，幅や長さを合わせるために [③　　] でけずる。
直角度	こば，こぐちの直角度を [④　　] で3か所で調べる。 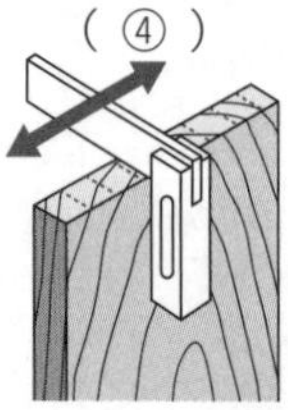 	[③　] や [⑤　　] などで，高い部分をけずり，平らにする。 
平面度	[①　] や [④　] をあてて，すきまがないか調べる。	中央が高い場合は，少しずつけずり平らにする。中央が低い場合は，[⑥　　]，[⑦　　] 面をけずる。

2 くぎ打ち

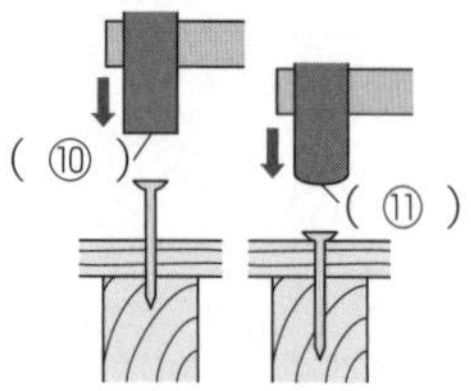

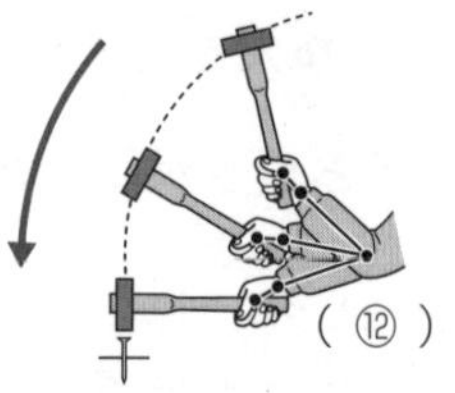

くぎを打つ場合，まず用途に合った [⑧　　] を使って
└→四つ目ぎり，つぼぎり，三つ目ぎりなどの種類がある。
[⑨　　] をあける。次に，[⑨　] にくぎを差し込み，最初はげんのうの [⑩　　] 面を使用する。終わりは [⑪　　] 面を使って打つ。

げんのうの使い方は，柄の端を持ち，[⑫　　] を支点にして，手首もって打ちつける。

得点UPテクニック

●検査と修正

組み立てる前のけがき工具による部品の検査方法と組み立てた後の工具による検査方法を理解し，不具合が見つかった場合に修正する方法も覚えておく。

また，修正に使う工具の適切な使い方も確認しておく。

よくまちがえるポイント　ねじ接合に使うねじ回し（ドライバ）には，プラスとマイナスがある。ねじの頭部の溝の大きさに合ったねじ回しを使うことが大切である。合うものを選ぶ場合は，大きめのものから試していく。

得点アップ問題

3 **〔組立て〕** 部品を組み立てる手順が正しくなるように，下から選んで答えなさい。

部品の検査・修正 → (①) → (②)

→ (③) → (④)

〔 組立て　　仮組立て　　組立ての検査・修正　　接合部のけがき 〕

4 **〔組立て〕** 次の問いに答えなさい。

(1) くぎで板材を接合するとき，下穴をあける理由として適切でないものを選んで，記号で答えなさい。 (　　)

ア くぎの入る方向を決め，まっすぐにくぎが入っていくようにするため。

イ 板材の繊維を広げる力が小さくなり，割れるのを防ぐため。

ウ くぎが曲がるなど，失敗したときに，くぎをぬきやすくするため。

エ くぎを打つ位置をはっきりさせるため。

(2) くぎの下穴をあけるときに使う工具の名称《めいしょう》を答えなさい。

(　　)

(3) ねじ接合の長所を，くぎ接合と比較《ひかく》しながら，2つ答えなさい。

(　　)

(　　)

(4) ねじ回し(ドライバ)の使い方で，次の①，②にあてはまる言葉を答えなさい。

ねじ回し(ドライバ)は，面に対して(①)にして，ねじ山から外れないように上から押しつけながら(②)に回してねじ込む。

5 **〔表面と角の仕上げ〕** 次の問いに答えなさい。

(1) 右の図①，②の下地づくりでは，何の作業を行っているか，答えなさい。

①(　　)

②(　　)

① 繊維方向にけずる

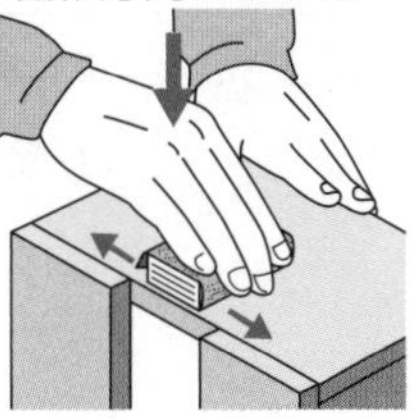

② 角を斜めにする

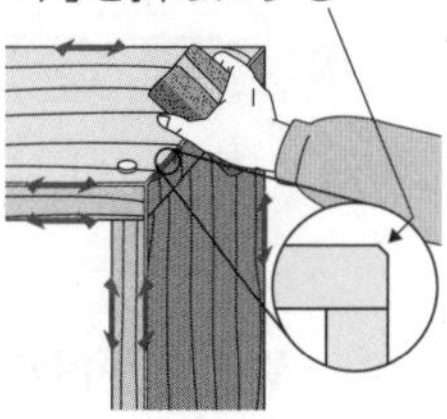

(2) (1)の作業をするときに使うものは何か，答えなさい。

木片に(　　)を巻きつけたもの。

6 金属·プラスチックを用いた製作 ①工程表~切削

テストに出る重要度 ★★★

1 け が き

(1) 金属へのけがき(切断)

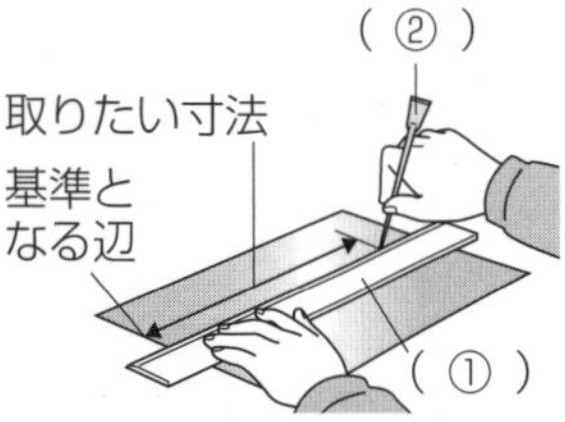

切断する場合のけがきは，基準となる辺に

重要 ①［　　　　］を合わせて寸法を取り，

└→目盛りを読むときは，真上から読む。

重要 ②［　　　　］をあてて線をかく。

└→先端を鋼尺に密着させ，進行方向に少し傾けて線を引く。

(2) 金属へのけがき(穴あけ)

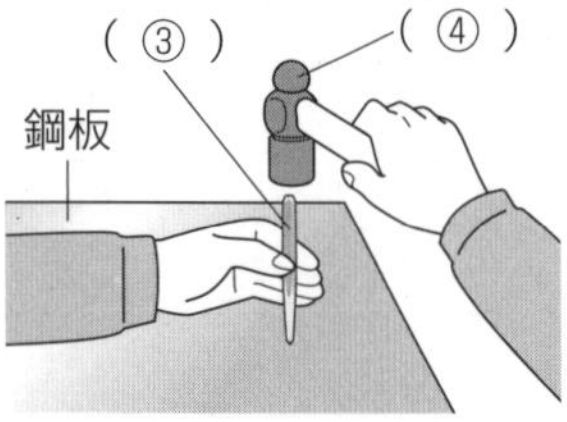

穴あけの部分の中心に十字の印をかく。十字の印の中心に

重要 ③［　　　　］の先を合わせ，

④［　　　　］で軽くたたいてくぼみ(印)をつける。

(3) プラスチックへのけがき

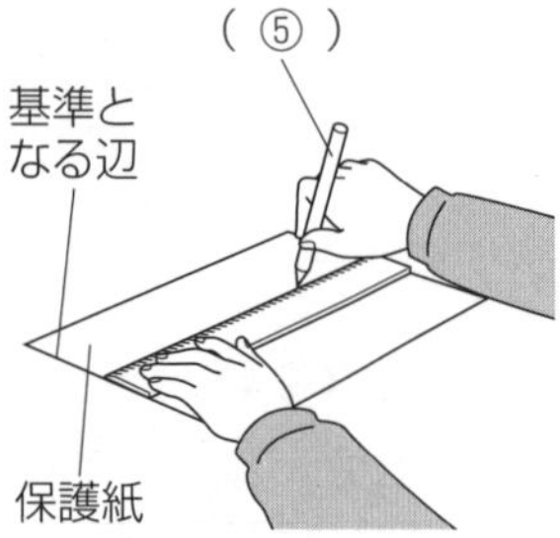

保護シール(保護紙)がはってある場合は，シールに⑤［　　　　］でけがく。保護シール(保護紙)がない場合は，アルコール系⑥［　　　　］などで，直接けがく。

└→油性のマーカーでもよい。

2 切　削

(1) やすりの名称

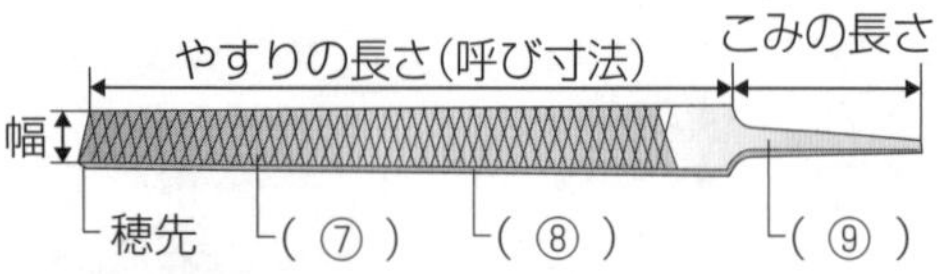

⑦［　　　　］

⑧［　　　　］

⑨［　　　　］

> **得点UPテクニック**
>
> ● **やすりがけの姿勢**
>
> 材料の正面に立ち，足を肩幅に前後に広げる。利き手のひじを体につけ，体全体を使ってけずる。押すときに力を入れ，やすりの長さ全体を使ってけずる。

(2) やすりがけのしかた

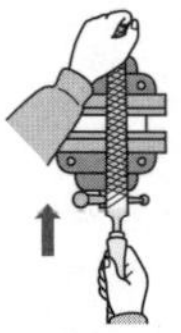

⑩［　　　　］

└→一般《いっぱん》的な方法。せまいところをけずり，きれいに仕上がる。

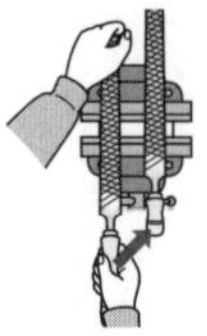

⑪［　　　　］

└→広い面を荒けずりする。

よくまちがえるポイント 金切りばさみを使って金属を切断する場合，刃の中ほどを使って，刃を完全に閉じないようにして切る。刃先まで使うと，割れ目が入るので注意する。

得点アップ問題

3〔けがき〕 次の問いに答えなさい。

(1) けがきをするときどのような辺を基準とするとよいか，答えなさい。

（　　　　　　　　　　　　　　　　　　）

(2) 金属のけがきの方法で適切なものを選んで，記号で答えなさい。（　　）

ア さしがねを用いて，寸法をはかり，けがき針をあてて線を引く。

イ けがき線がみえにくい場合は，油性インキ(インク)などをけがく面に塗《ぬ》っておく。

ウ 穴の印の中心にセンタポンチの先を合わせ，ハンマで強くたたいて，しっかり印をつける。

エ 切断線や仕上がり寸法線は実線でかくが，折り曲げ線は破線でかく。

4〔プラスチックの切断〕 次の①～④にあてはまる言葉を，下から選んで答えなさい。

プラスチックは，（①　　　　　　）を用いて，（②　　　　　　）線に溝をつける。溝の深さが材料の厚みの3分の1から（③　　　　　　）以上になったら，工作台の端にあて折る。①の（④　　　　　　）を利用して切断面をけずり，なめらかにする。

〔 刃先　けがき　3分の2　プラスチックカッタ　背　仕上がり寸法　半分 〕

5〔棒材・管材・厚い板材の切断〕 次の問いに答えなさい。

(1) 次の図で，弓のこの刃先はどれか。記号で答えなさい。（　　）

ア

イ

ウ

(2) 弓のこの刃を取りつけるときに注意することは何か。説明しなさい。

（　　　　　　　　　　　　　　　　　　）

6〔切削〕 金属やプラスチックの切削について，適切でないものを選んで，記号で答えなさい。

（　　）

ア 切削の目的は，寸法の調整や面取りをして切断面をなめらかにすることである。

イ 切削には，やすりや耐水研《たいすいけん》磨《ま》紙《し》，ボルトクリッパなどを使う。

ウ やすり目の種類で，金属に適したものは，複目と単目である。

エ やすりで，柄がつくほうを，こみと呼ぶ。

7 金属・プラスチックを用いた製作 ②穴あけ～仕上げ

月　　日

テストに出る重要度 ★★

1 穴 あ け

A　　　　B　　　　C

A.［①　　　　　　］用ドリルの刃先

B. 木材・金属・プラスチック用ドリルの刃先

C.［②　　　　　　］用ドリルの刃先

2 ねじ切り

(1) おねじのつくり方

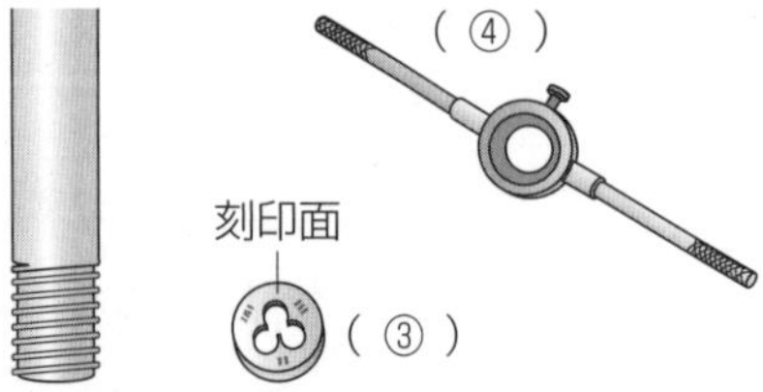

重要［③　　　　　　］を，刻印面が見えるように重要［④　　　　　　］に取りつける。刻印面を材料にあて，［④　　］が材料に対して直角になるように押さえながら，食いつくまで右に回す。

(2) めねじのつくり方

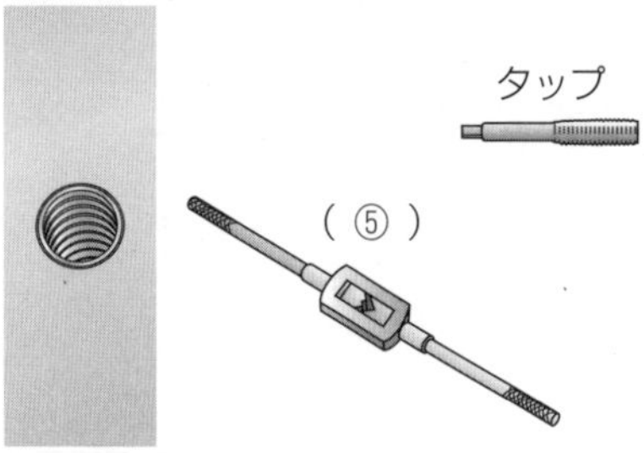

まず**下穴**をあける。下穴が垂直になるように材料を万力に固定する。

重要［⑤　　　　　　］に重要［⑥　　　　　　］を取りつける。［⑥　　］が下穴に対してまっすぐに入るようにして［⑤　　］を水平に回す。

（⑥→荒加工用。）

（→タップに少しでも傾きがあれば，逆回転させる。ときどき切削油をさす。）

3 折り曲げ

(1) 金属棒の曲げ方

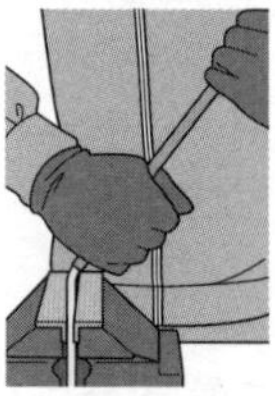

金属棒の片側を［⑦　　　　　　］に固定して，［⑧　　　　　　］をかぶせて曲げる。

(2) 金属板の曲げ方

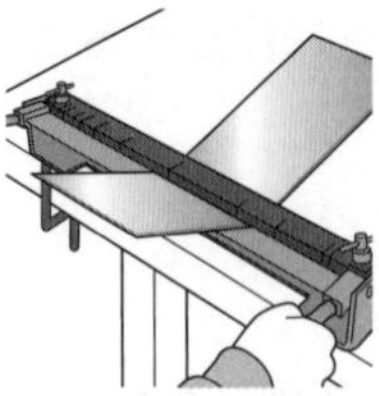

折り曲げ機を使って，けがき線と［⑨　　　　　　］を正確に合わせて折り曲げる。［⑩　　　　　　］を使って折り曲げることもできる。

(3) プラスチック板の曲げ方

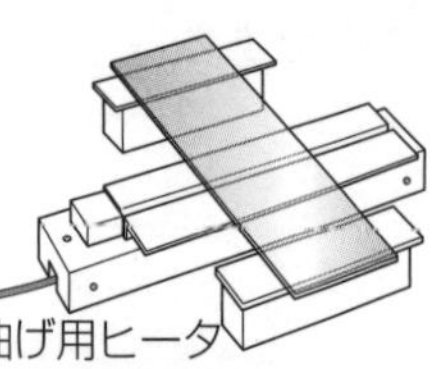

曲げ用ヒータ

折り曲げる部分を［⑪　　　　　　］で加熱して，やわらかくなったら温めた面を外側にして作業台の角などに当てて折り曲げる。

よくまちがえるポイント めねじの下穴径はめねじの内径より少し大きめにする。めねじの内径とは，山のいちばん低いところを結んだ長さ，谷の径は，山のいちばん高いところを結んだ長さのことである。

得点アップ問題

4 **〔穴あけ・曲げ・検査と修正・組立てと仕上げ〕** 次の問いに答えなさい。

技術の授業で，ハンガーラックをつくるために①金属パイプに穴をあけた。穴のまわりにできたかえり（バリ）は，危ないので②適切に処置をするようにと注意があった。曲げるときは，金属の③大きな力を加え，その力を除いてももとに戻らないという性質を利用して，工具を使って曲げた。1本ほど，曲げの角度が違っていたので直そうとしたら，④加工硬化に気をつけ，何度も曲げのばししないように言われた。接合には，小ねじとナットで⑤接合をすることにした。最後は，塗装《とそう》はせず⑥研磨《けんま》をして仕上げた。

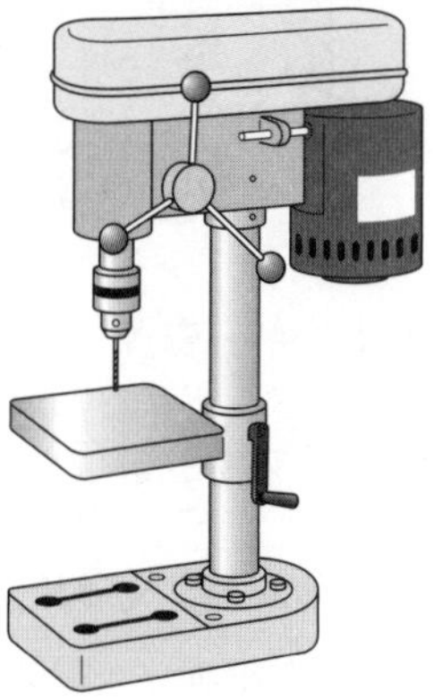

(1) 下線部①について，右の図の穴をあける工作機械の名称を，答えなさい。（　　　　　　）

(2) (1)の機械を使って穴をあけるときに注意することは何か。適切なものを選んで，記号で答えなさい。（　　）

ア プラスチックに穴をあけるときは，ドリルの回転速度を低速にする。
イ 板材や棒材の固定にクランプを用いると危険なので，機械万力で固定する。
ウ スイッチを入れる前に，チャックハンドルがしっかりついているか確認する。
エ ドリルの刃は，先が鋭《するど》くとがった形のものを使う。

(3) 下線部②について，どのように処置すればよいか。
（　　　　　　　　　　　　　　　　　　　　）

(4) 下線部③の性質を何というか。
（　　　　　　）

(5) 下線部④について，どういうことか。
（　　　　　　　　　　　　　　　　　　　　）

(6) 下線部⑤で，右の図の①～③の名称の組み合わせが正しいものを選んで，記号で答えなさい。（　　）

ア ①―ナット　②―小ねじ　③―座金
イ ①―座金　②―ナット　③―座金
ウ ①―ナット　②―座金　③―小ねじ

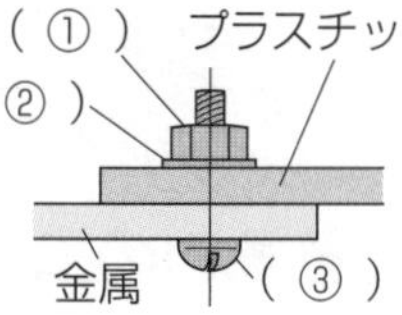

(7) (6)の接合方法を選んだのはなぜか。「材質」「分解」の言葉を使って答えなさい。
（　　　　　　　　　　　　　　　　　　　　）

(8) 下線部⑥で，耐水研磨紙の使い方について，①，②にあてはまる言葉を答えなさい。
耐水研磨紙は，（①　　　　　）につけながら，目の（②　　　　　）方から利用する。

8 エネルギー

1 エネルギーの変換《へんかん》

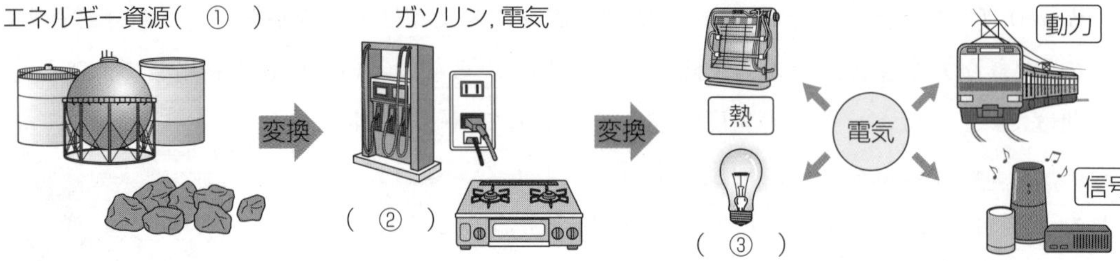

エネルギー資源（①　　　　）から電気や②　　　　，ガソリンなどのエネルギーに変換。電気は③　　　　や熱，動力などのエネルギーに変換して利用される。

2 発電のしくみ（太陽光発電）

→天候に影響されるので，1基あたりの発電量は，ほかの発電方法より少ない。

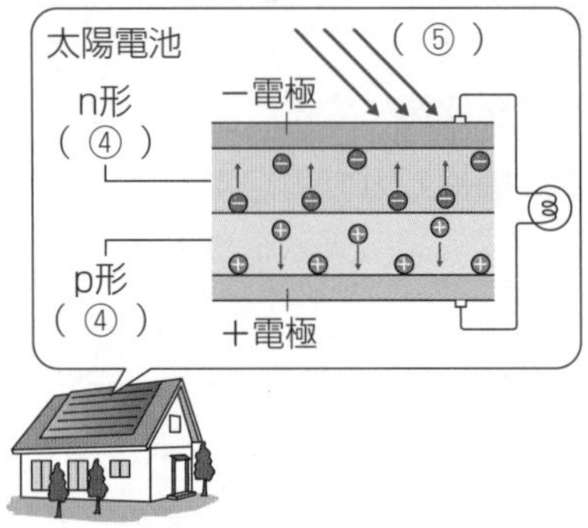

④　　　　で⑤　　　　を電気に変える。

化石燃料を使用する⑥　　　　発電や落下する水の力を利用する水力発電などよりも，発電時のコストは比較《ひかく》的高い。

↳石炭，石油，天然ガスなどである。

↳再生可能エネルギーである。

3 家庭の二次エネルギーの利用

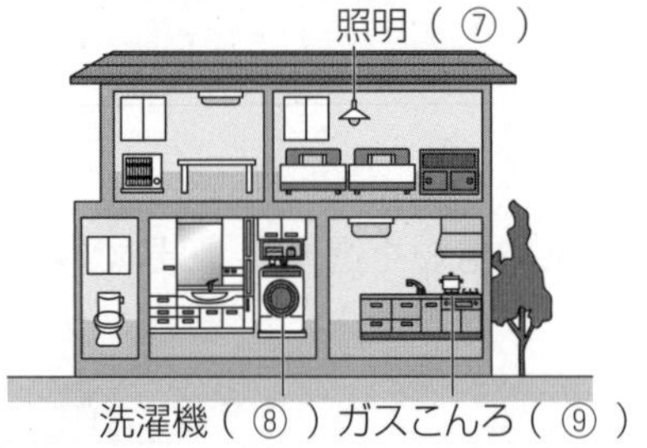

⑦　　　　→　　　　エネルギー

⑧　　　　→　　　　エネルギー

⑨　　　　→　　　　エネルギー

4 発電別のエネルギー変換効率

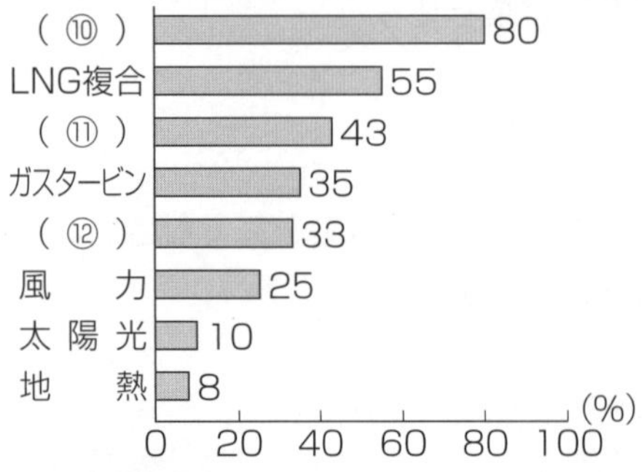

⑩　　　　発電

↳発電時のコストは低い。

⑪　　　　発電

↳二酸化炭素を多く排出する。

⑫　　　　発電

↳安全対策が特に必要である。

よくまちがえるポイント エネルギー変換について，水力発電は，高いところにある水の位置エネルギーが，落ちるときに運動エネルギーに変化する。これが発電機を回転させ電気エネルギーをつくる。

得点アップ問題

5 **〔エネルギー資源〕** 次の問いに答えなさい。

エネルギーにはいろいろな種類があるが，自動車が化学エネルギーを運動エネルギーに変えているように，①その種類を変えることで生活を便利にしている。エネルギーには，②自然から得られる一次エネルギーとそれを利用しやすいように③変換した二次エネルギーがある。二次エネルギーの１つである電気は，さまざまなエネルギーに変換しやすく，取り扱《あつか》いやすいので，エネルギーの中心になっている。

(1) 下線部①のことを何というか。

（　　　　　　　）

(2) 下線部②の中で，石炭や石油，天然ガスなどのエネルギーを総称して何というか。

（　　　　　　　）

(3) (2)のエネルギーの問題点は何か。次から２つ選んで，記号で答えなさい。

（　　）（　　）

ア 大量に排出《はいしゅつ》する二酸化炭素で地球環境《かんきょう》が汚染《おせん》される。

イ 発掘や発電時のコストがかかりすぎる。

ウ 発電所の設置場所が制限される。

エ いずれ枯渇《こかつ》するおそれがある。

オ 核燃料を使用するので，安全性が強く求められる。

(4) (3)の問題点が少ないエネルギーを総称して何というか。

（　　　　　　　）

(5) (4)のエネルギーにあたるものを，次の中からすべて選んで答えなさい。

（　　　　　　　　　　　　　　　）

〔 都市ガス　天然ガス　地熱　バイオマス　原子力　太陽光 〕

(6) 下線部③で，入力されるエネルギーに対して，出力されるエネルギーの割合のことを何というか。

（　　　　　　　）

(7) プロペラに100 ｋＷｈの風があたり，25 ｋＷｈの発電があったとすると，(6)の値はいくらか。式とともに答えなさい。

式（　　　　　　　　　　　　）　(6)の値（　　　　）

(8) 右の表は，各機器の(6)の値について表にまとめたものである。①，②にあてはまる機器の名称を，下から選んで答えなさい。

①（　　　　　　）　②（　　　　　　）

〔 白熱電球　ＬＥＤ電球 〕

電磁調理器	83
ガスこんろ	60 ～ 70
①	3 ～ 5
②	5 ～ 25

9 電気エネルギーの変換と利用

月　日

テストに出る重要度 ★★★

1 発電所から家庭までの電気エネルギー

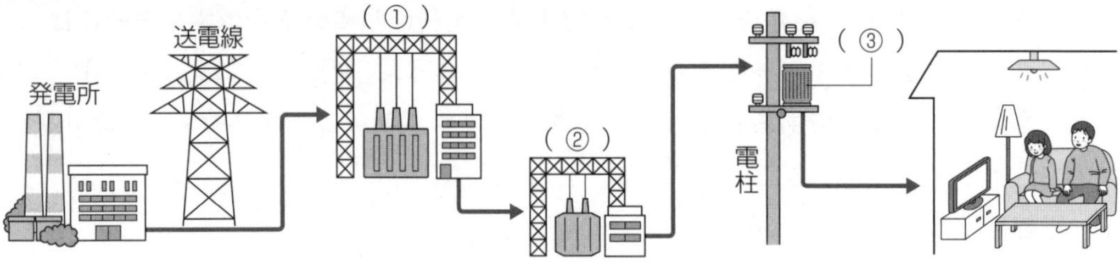

①	②	③

↳発電所から配電用変電所まで電気を送ることは送電。

↳配電用変電所から家庭まで電気を送ることは配電。

2 熱エネルギーへの変換

方　式	利用機器	しくみ
ジュール熱	電気ストーブ 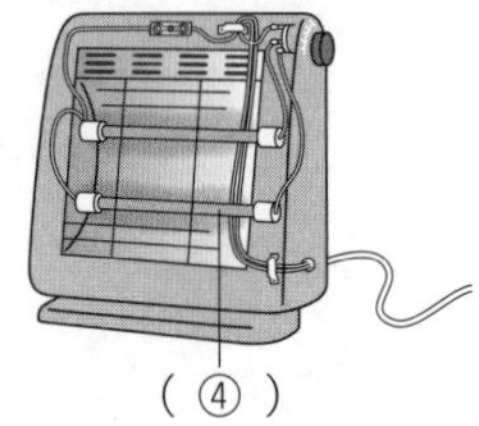	ニクロム線などの ④［　　］を使い，⑤［　　］を発生させる。 ↳導線に流す電流と発生する熱量の関係は「ジュールの法則」。
高周波加熱	電子レンジ 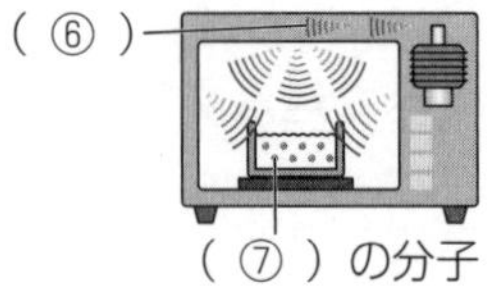	⑥［　　］が食品中の ↳マグネトロンで発生する。 ⑦［　　］の分子を振動《しんどう》させ摩《ま》擦《さつ》熱を発生させる。

3 光エネルギーへの変換

種　類	構　造	しくみ
白熱電球	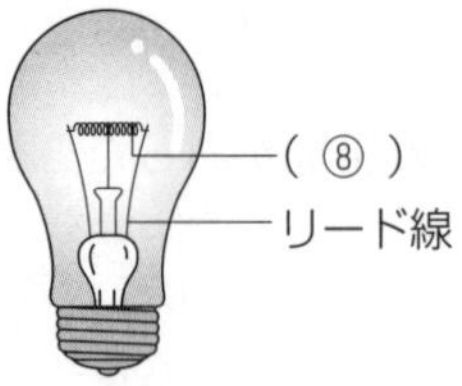	電流が流れると ⑧［　　］ ↳二重コイルにしてあり，ジュール熱が発生する。 が発熱，高温になり，発光する。
蛍光灯	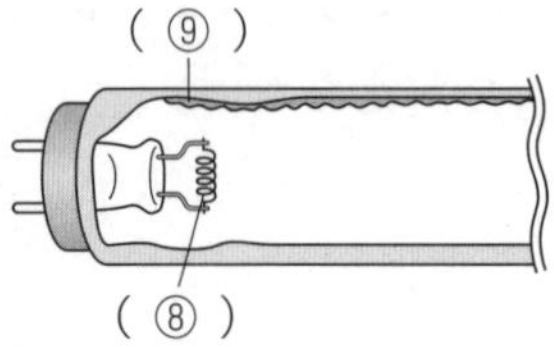	放電により管内部に塗られている ⑨［　　］が発光する。

よくまちがえるポイント　発電所から家庭に送られる電気エネルギーは，電圧や電流の向きが周期的に変化する交流（ＡＣ）。電池や太陽光で発電される電気エネルギーは，電圧が変化しない直流（ＤＣ）。

得点アップ問題

4〔動力(運動)エネルギーへの変換〕 次の①～⑤にあてはまる言葉を，下から選んで答えなさい。

電気エネルギーを動力（運動エネルギー）に変換するものにモータがある。モータは，導線に電流を流すことで発生する，（① ）の引き合いと反発によって回転している。

モータの中で，模型用として使われているのは，（② ）で，固定子に（③ ），回転子に巻線が使われているのが特徴《とくちょう》である。

（④ ）が必要という欠点があるが，（⑤ ）が容易などの利点をもっている。

〔引力　誘導《ゆうどう》モータ　磁力　永久磁石　鉄心　ブラシ交換
直流整流子モータ　速度調整　電池交換〕

5〔電　池〕 次の問いに答えなさい。

(1) 乾電池は，どのようなエネルギーから電気エネルギーに変換したものか。

（ ）エネルギー ➡ 電気エネルギー

(2) 次の①～④の乾電池の特徴として適切なものを選んで，記号で答えなさい。

① マンガン乾電池《かんでんち》 （ ）

② 鉛蓄電池《なまりちくでんち》 （ ）

③ ニッケル・カドミウム電池(ニカド電池) （ ）

④ リチウム乾電池 （ ）

ア 一次電池。電力が大きいので，パソコンのバックアップ用に使われる。

イ 一次電池。リモコンなど小さな電流で動く機器に適しており，安価である。

ウ 一次電池。長期保存ができ，電子体温計などに使われる。高価で，多くがボタン型。

エ 二次電池。電動工具などに使われる。形状としてはパック型と筒型がある。

オ 二次電池。大きな電流を取り出せる。自動車のバッテリーなどに使われる。

6〔光エネルギーへの変換〕 次の問いに答えなさい。

(1) 家庭用白熱電球の多くは2012年までに生産が終了している。その理由を説明しなさい。

（ ）

(2) 蛍光灯の欠点について次から適切なものを選んで，記号で答えなさい。 （ ）

ア 繰《く》り返し点滅《てんめつ》させることで，使用できる期間が短くなる。

イ ＬＥＤ電球に比べて，価格が高い。

ウ 同じ明るさで比較すると，白熱電球より電力がかかる。

エ 光は，赤みをおびた色しかない。

10 動力の伝達と変化のしくみ

月　日

テストに出る重要度 ★★★

1 動力伝達のしくみ

(1) かみ合いで伝達する →歯車を使ったものとチェーン伝達のものがある。

種　類	使用例	特　徴
① ［　　　］ 	時計内部 	2軸の間隔《かんかく》は小さく，平行である。 確実に ② ［　　　］ を伝える。
③ ［　　　］ 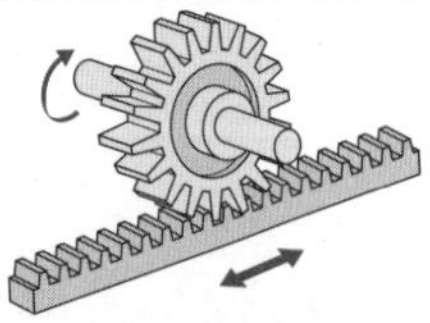	カメラの三脚《さんきゃく》 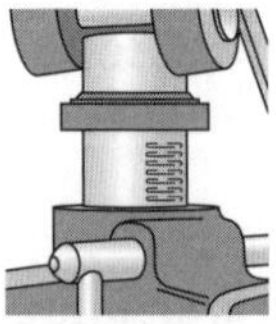	回転運動を ④ ［　　　］ 運動に変える。

(2) 摩擦《まさつ》で伝達する →摩擦車を使ったものとベルト伝達のものがある。

種　類	使用例	特　徴
⑤ ［　　　］ 	自転車の発電機 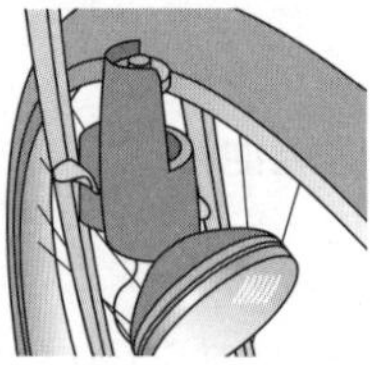	2軸の間隔は小さく，回転は逆。大きな力が加わると，⑥ ［　　　］ を大きくして破損を防ぐ。

2 運動を変化させるしくみ

(1) リンク機構

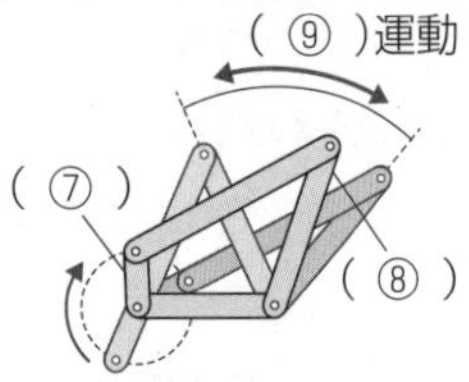

最短で回転をするリンク(棒)(＝ ⑦ ［　　　］)と，

⑧ ［　　　］ が ⑨ ［　　　］ 運動をする。

→上下や左右に揺れ動く運動のこと。

(2) 往復スライダクランク機構

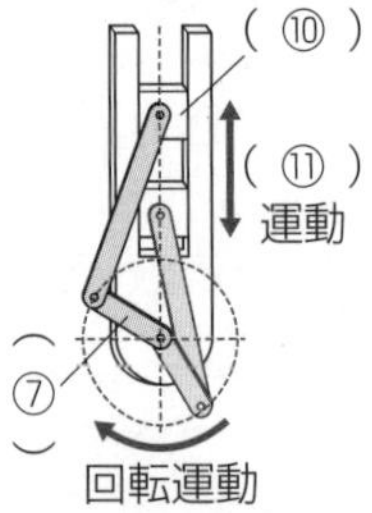

⑦ ［　　］ の回転運動を，⑩ ［　　　］ の ⑪ ［　　　］ 運動に変換したもの。

(3) カム機構

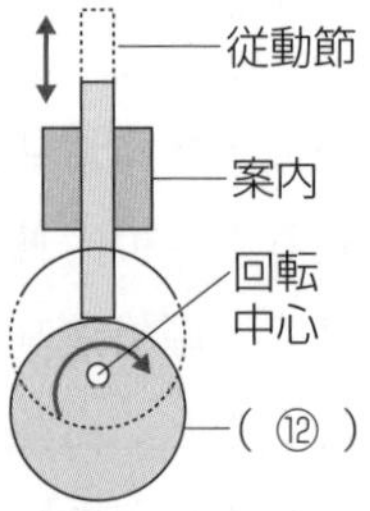

原動節となる 重要 ⑫ ［　　　］ が回転し，直接従属節に往復や揺働運動を伝える。

よくまちがえるポイント　機械の動力であるモータなどは回転運動が中心。この動力を効率よく伝えるのが歯車や摩擦車。また，回転運動を揺動運動や往復運動に変えるのがリンク機構やスライダクランク機構，カム機構。

得点アップ問題

3〔**動力伝達のしくみ**〕 次の図**A**・**B**は，回転運動を伝達するしくみを表している。**A**，**B**の運動の伝達のしくみの違《ちが》いを答えなさい。

A 歯つきベルト

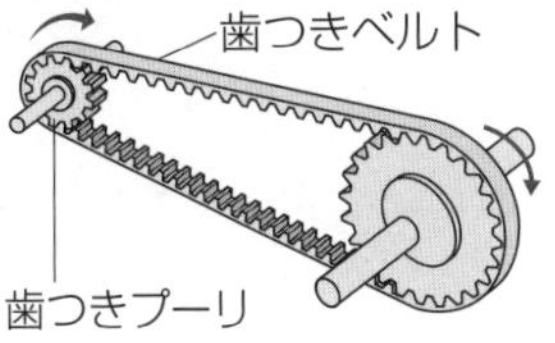

B Vベルト

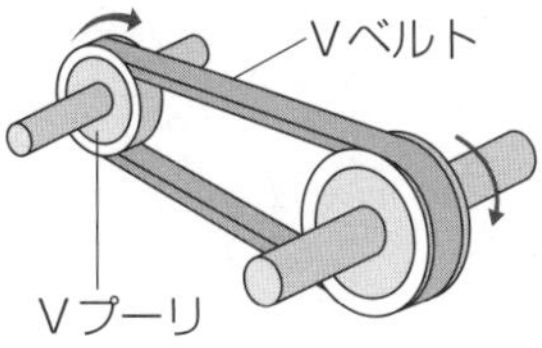

（　　　　）

4〔**動力伝達のしくみ**〕 次の問いに答えなさい。

(1) 回転軸《じく》の半径と回そうとする力の積を何というか。

（　　　　）

(2) 原動車のスプロケットの歯数が38枚，従動車のスプロケットの歯数が24枚のとき，速度伝達比はいくらか。式も答えなさい。答えが割り切れない場合は小数第2位まで答えなさい。

式（　　　　）

答え（　　　　）

5〔**動力を変化させるしくみ**〕 次の問いに答えなさい。

(1) 右のワイパーの図を見て，①，②にあてはまる言葉を，下から選んで答えなさい。

ワイパーのブレードを動かすには（①　　　　）が使われるが，左右のワイパーを連動させて1つのモータで動かすためには（②　　　　）が使われる。

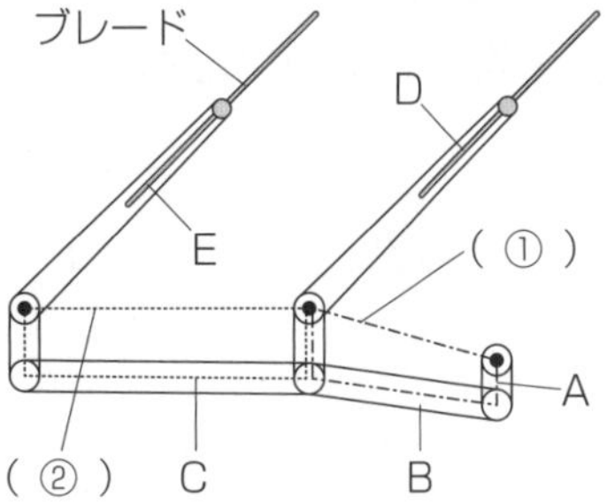

〔 両てこ機構　　平行クランク機構　　てこクランク機構 〕

(2) 右の図で，**A**～**E**のうち回転運動をする部分をすべて選び，記号で答えなさい。（　　　　）

(3) 揺動《ようどう》スライダクランク機構についての説明として適切なものを選んで，記号で答えなさい。

（　　）

ア てこを案内である連接棒に置き換え，これがスライダにそって揺動運動をする。

イ てこを固定された案内の上をすべるスライダに置き換え，これが往復運動をする。

ウ クランクの回転運動が，連接棒を回転させる。

エ 車のエンジンのピストン機構などに使われている。

11 電気と機器の保守点検

月　日

テストに出る重要度 ★★

1 電気回路 →電源・負荷（モータなど）・スイッチ・導線から構成される電気の通り道。

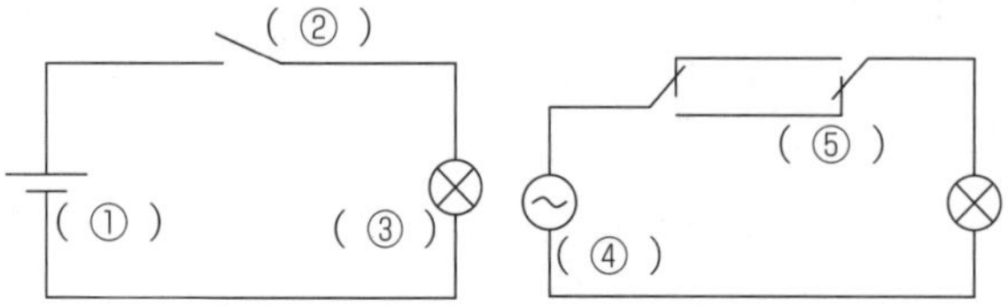

→いずれもＪＩＳで定められた図記号である。

①

②

③

④

⑤

2 電気機器の事故防止

→電気機器や屋内配線には事故防止のために分電盤・接地戦・ヒューズなどが用いられる。

(⑥)ヒューズ

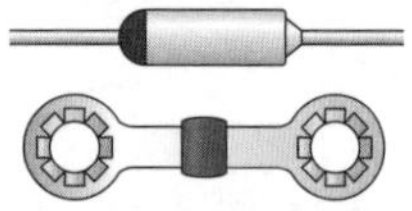

(⑦)ヒューズ

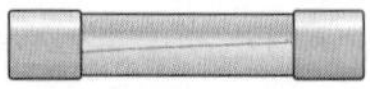

⑥

ヒューズ…定められた温度を超《こ》えると，溶《と》けて直流回路をしゃ断する。

⑦

ヒューズ…定められた電流値を超えると，中にある**金属**が溶けて回路をしゃ断する。

3 機器の安全な利用

● **ボール盤の銘板《めいばん》の表示** →ＰＳＥは，特定電気用品以外の表すマークである。

（　⑧　）	100V
定格周波数	50/60Hz
電動機の（　⑨　）	250/230w
（　⑩　）	30 分

PSE

重要 ⑧

重要 ⑨

重要 ⑩

4 機器の保守点検

● **電源プラグの組立て** →修理後は，導通試験行う。

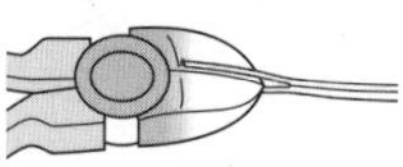

コードの先を**穴あきニッパ**などで切り開く。

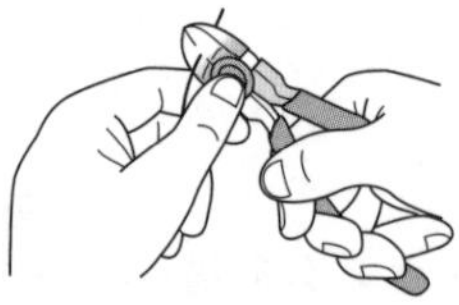

穴あきニッパで**ビニル被覆《ひふく》**を取る。

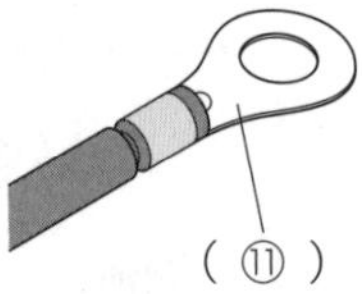

⑪

に差し込《こ》む。

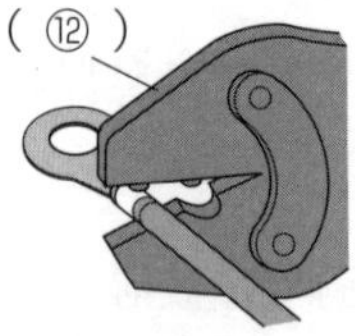

⑪ に差し込んだコードの心線を

⑫

で圧着する。

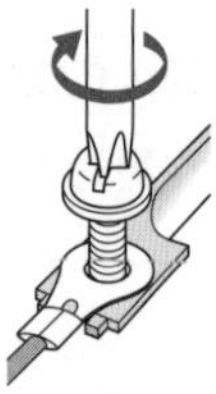

ねじで圧着端子を固定する。

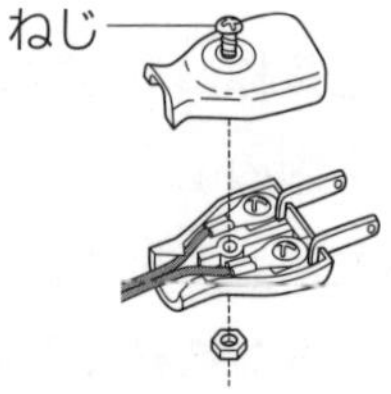

組み立てる

よくまちがえる ポイント

安全に使用できる範囲を定めた電流，電圧，時間をそれぞれ定格電流，定格電圧，定格時間という。そのときの消費電力を定格消費電力という。

得点アップ問題

5〔**電気回路**〕 ＬＥＤ電球１つを交流電源につなぎ，スイッチ２つ並列につないだ電気回路をかきなさい。

6〔**機械部品**〕 次のスパナの正しい使い方のものを選んで，記号で答えなさい。 (　　)

ア
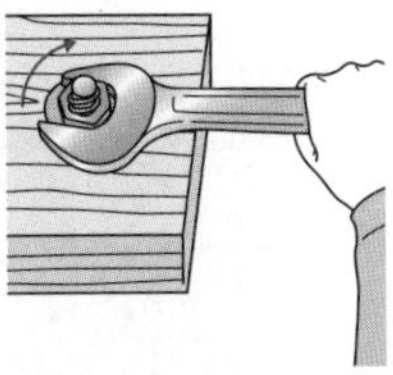

イ

ウ

エ

7〔**機器の安全な利用**〕 次の問いに答えなさい。

(1) 屋内配線の安全を保つ，自動的に回路が切れる機器（ブレーカ）が設けられているものを何というか。

(　　　　　　)

(2) トラッキング現象とはどのようなものか，答えなさい。

(　　　　　　　　　　　　　　　　　　　　)

8〔**機器の保守点検**〕 保守点検について，適切でないものを選んで，記号で答えなさい。

(　　)

ア はんだごての先が熱くならない場合，回路計を用いて電源まで電気がきているか調べる。

イ 電気機器を最良の状態で使うことは，省エネルギーにもつながる。

ウ モータが不規則な動きをする場合，取扱説明書の指示の有無にかかわらず分解してみる。

エ 機器の修理後，導通試験や絶縁試験を行って，安全を確認しておく。

9〔**機器の保守点検**〕 次の①～④にあてはまる言葉を，下から選んで答えなさい。

自転車の前・後ブレーキを点検する場合は，(①　　　　　　)を緩《ゆる》め，(②　　　　　　)を適当な位置まで回す。調整後，(　①　)を締《し》める。ライトは，(③　　　　　　)くらい先を照らすように調整する。サドルの高さは両足の(④　　　　　　)が地面に届くくらいが適当である。

〔 つま先　足の裏　10 m　30 m　ロックナット　調整ナット
調整用レバー　整ナット 〕

12 作物の植え付け

月　日

テストに出る重要度 ★★

1 栽《さい》培《ばい》方法

①

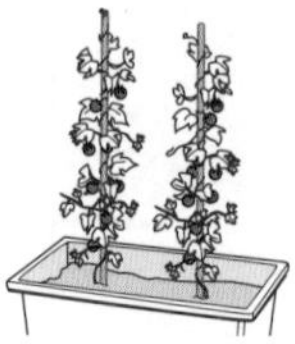

②

└→鉢・プランターで栽培する方法。

③

└→ビニルハウスなどの施設で栽培する方法。

④

└→培養液で作物を栽培する方法。

2 土壌《どじょう》の性質

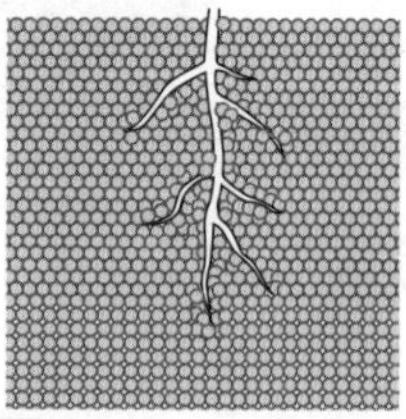

重要 ⑤

└→水はけや通気性が悪い。

たい肥を加える。
よく**耕す**(深さは 20cm 程度)。

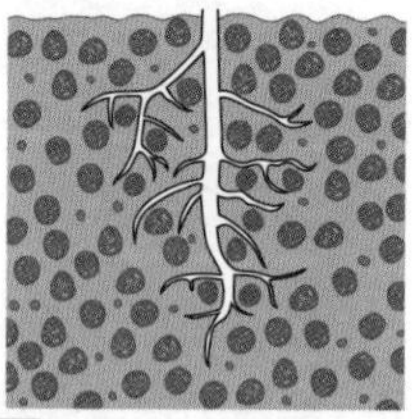

重要 ⑥

└→水はけや通気性がよい。

3 たねまき

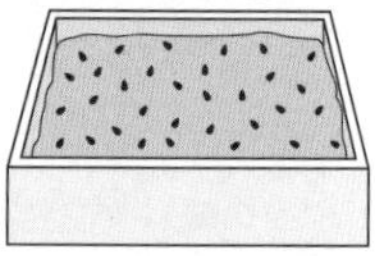

⑦　　まき

↓

レタスなど

└→ベビーリーフなどの小さい種。

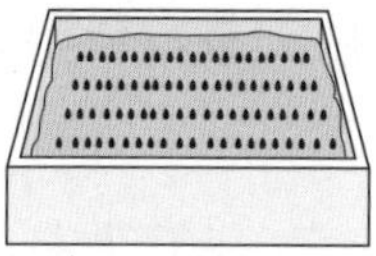

⑧　　まき

↓

ホウレンソウなど

└→コマツナなどの普通の大きさの種。

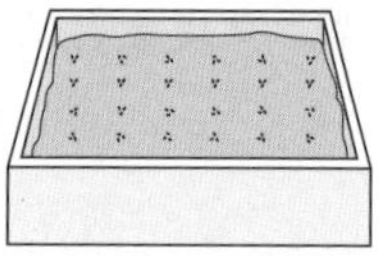

⑨　　まき

↓

ダイコンなど

└→アサガオなどの大きめの種。

4 肥料の三要素

	はたらき	欠乏《けつぼう》の状態
P ⑩	開花や結実をよくし，植物全体の生育を促す。	下葉から赤紫《あかむらさき》色に変色し，生育が衰《おとろ》える。
N ⑪	茎や葉，根の生育を促し，植物を大きく育てる。	下葉から黄色に変色し，生育が衰える。
K ⑫	根や茎を丈夫にし，根の生育を促す。	葉先から黄色に変色し，果実の質が低下する。

よくまちがえるポイント 肥料の三要素のはたらきについて，リンは花や果実などの生育に，窒素は茎や葉，根の生育に，カリウムは根や茎の生育と光合成をさかんにするのに役立つ。

得点アップ問題

5〔環境《かんきょう》要因〕 植物をとりまく環境要因を３つ答えなさい。

（　　　　　　）（　　　　　　）（　　　　　　）

6〔土壌の性質と施肥《せひ》〕 次の問いに答えなさい。

①作物が丈夫《じょうぶ》に生育するためには，適度に水や養分を含み，通気性がよい土が必要である。②こうした構造の土は，③たい肥などを加え，よく耕すことでできあがる。土が酸性の場合は，④苦土《くど》石灰などを混ぜて中性や弱酸性に戻《もど》すことも大切である。

(1) 下線部①について，葉が縮れて，芯《しん》止まりの症状《しょうじょう》が出ている原因として，肥料三要素の中のどの肥料がどのような量の状態であると考えられるか。適切な言葉を，下から選んで答えなさい。

（　　　　　　）が（　　　　　　）の状態である。

〔リン　カリウム　窒素《ちっそ》　欠乏　過多〕

(2) 下線部②の土の構造を何というか。

（　　　　　　）

(3) 下線部③の説明として，適切でないものを選んで，記号で答えなさい。（　　）

ア 化学的に製造された，固形の肥料である。

イ 動植物の有機物を原料とする有機質肥料である。

ウ 微生物《びせいぶつ》に分解されて吸収されるので効果はゆっくりと出る。

エ 油かす，骨粉《こっぷん》，けいふんなどと同じ仲間である。

(4) 下線部④のことを何というか。

（　　　　　　）

7〔たねまき〕 次の中から適切でないものを選んで，記号で答えなさい。（　　）

ア 発芽に必要なものは，水分，酸素，光である。

イ ヘチマのたねのような大きめの種は，点まきに適している。

ウ たねなどが自ら休眠している場合，一定時間低温にさらす休眠《きゅうみん》打《だ》破《は》を行うこともある。

エ まいたたねは，鳥などに食べられないようにほかの場所で苗《なえ》を育てて移植する。

8〔間引き〕 間引きとはどのようなことか，答えなさい。

（　　　　　　）

13 定植～収《しゅう》穫《かく》

月　日

テストに出る重要度 ★★

1 定植後の管理

支柱立て

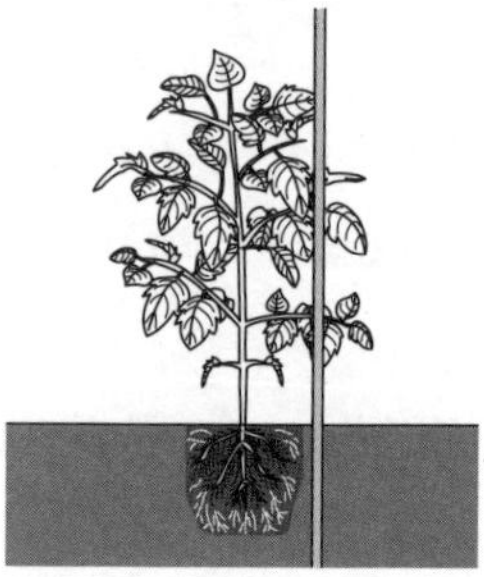

（①　　　　）が倒《たお》れたり折れたりするのを防ぐ。
→根を傷つけないように立てる。

（②　　　　）

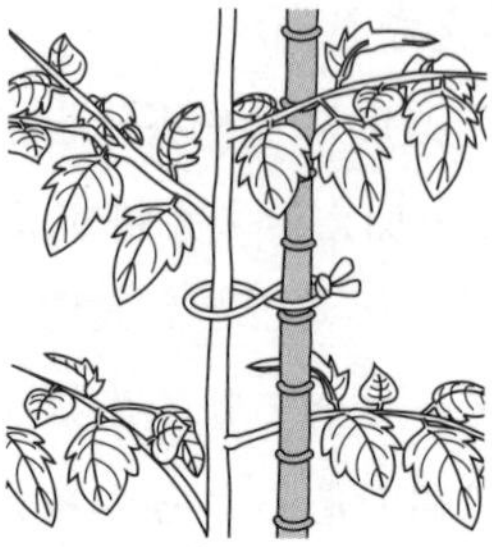

（①　　）が伸《の》びてきたら支柱とひもで（③　　　　）に結ぶ。
→ゆとりをもたせて結ぶ。

重要 （④　　　　）

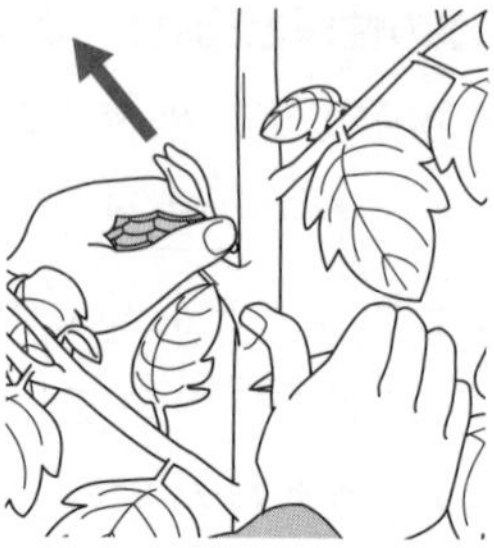

花や果実に栄養分を集中的に送るため主茎《しゅけい》以外の余分な（⑤　　　　）を取る。
→切り口を広げないように注意する。

（⑥　　　　）
生育状況に応じて何回かに分けて肥料を与える。
→根が伸びる方向に与える。

病虫害の防除
作物をネットで虫や鳥から守ったり，土にシートをかぶせて菌が入るのを防いだりする。

（⑦　　　　）
土の表面が乾《かわ》いてきたら，根元周辺にたっぷり水を与える。鉢《はち》やプランターの（⑧　　　　）から水が出るまで行う。

重要 （⑨　　　　）

（①　　）が支柱よりのびたら先端《せんたん》部を取る。

（⑩　　　　）や（⑤　　）の成長を促す。

収穫
→大きさや色，形，やわらかさなどから時期を判断する。

よくまちがえるポイント
食用の作物の収穫時期では，キャベツやネギは花芽がつくと味が落ちるので，つく前に，キュウリも若い果実のときに収穫する。一方，トマトは甘《あま》みが増すので成熟したときに収穫する。

得点アップ問題

2〔**定植後の管理**〕 次の問いに答えなさい。

(1) 右の図で，誘引が適切であるほうを選んで，記号で答えなさい。 (　　)

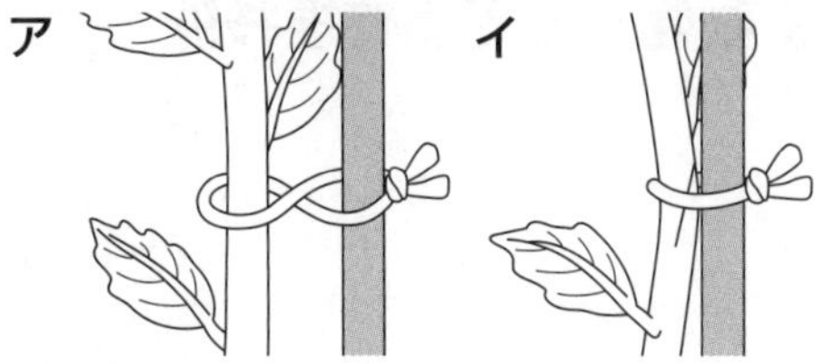

(2) 次の①～④にあてはまる言葉を，下から選んで答えなさい。

作物管理をする上で普段《ふだん》の管理で大切なのは，かん水(水やり)と(①　　　　　　　)である。(　①　)については，早めに雑草を抜《ぬ》き取ることが肝要《かんよう》である。かん水の時間帯は，(②　　　　　　　)がよい。(③　　　　　　　)にていねいにたっぷりやる。病気や(④　　　　　　　)の発生源になる場合があるので，作物に，はねた土がかからないように注意する。

〔 葉や花　根腐《ねぐさ》れ　朝　除草　害虫　夕方　根元　間引き 〕

(3) 毎年同じ土地にトマトを栽培したら，害虫が発生して生育が悪くなった。これを連作障害というが，これを防ぐためにはどうすればよいか，答えなさい。

(　　　　　　　　　　　　　　　　　　　　　　)

(4) 植物どうしをうまく組み合わせて一緒《いっしょ》に栽培することで，生育がよくなり，病害虫の被害などを減らすことができる，このような植物の関係のことを何というか。

(　　　　　　　　　)

(5) バラがウドンコ病にかかった。この病気の被害のようすと防除法について適切なものを選んで，記号で答えなさい。 (　　)

ア 葉の裏や芽に草色の虫がつき汁液《じゅうえき》を吸われる。牛乳やでんぷん水をスプレーする。

イ 葉が白くなって枯《か》れる。牛乳をスプレーするか水で葉をよく洗う。

ウ 葉や茎が粉をふいたように白くなり，生育が悪い。風通しをよくするために下葉を切る。

エ 葉や茎が食べられる。ふんの周辺の土中を探して害虫をつかまえる。

3〔**収穫の時期**〕 次の表の①～③にあてはまる作物を，下から選んで答えなさい。

収穫する時期	部位	作物
芽がつく前	根	①
成熟前	果実	②
成熟期	果実	③

〔 ゴーヤ(ニガウリ)　スイカ　ダイコン 〕

14 動物の飼育・生産生物の栽培

月　　日

テストに出る重要度 ★

1 動物を育てる管理技術

［①　　　　］

家畜《かちく》の種類や生育段階などに合わせて与える。

［②　　　　］

病気を防ぎ，畜舎などの環境を清潔に保つ。

［③　　　　］

人工授精の技術により，品種改良が進んでいる。

［④　　　　］

飼育時に苦しみや痛みを減らす工夫が必要。

2 動物(乳牛)の管理作業の例

(1) 給餌《きゅうじ》は発育段階に合わせて必要な量を与える。

(2) 夏は大型扇風機《せんぷうき》などで風通しをよくし，［⑤　　　　］が上がらないようにする。

(3) 畜舎内のふん尿は［⑥　　　　］に配慮《はいりょ》しながらすぐに処理する。

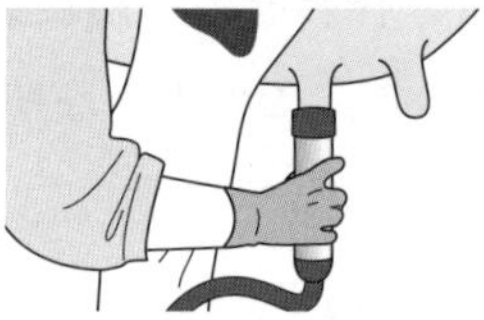

(4) 出産から約［⑦　　　　］が搾乳《さくにゅう》期間になる。

3 水産物の管理技術

(1) 天然の［⑧　　　　］を利用して，水産物を増やす工夫

サケやホタテガイの［⑨　　　　］人の手で［⑩　　　　］になるまで成長させ，河川や湖，海に放つこと。

(2) ［⑪　　　　］で水産物を増やす方法

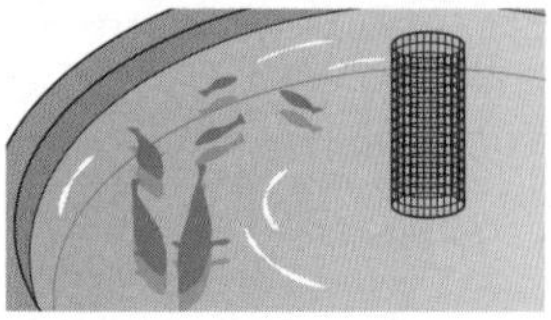

海や河川などの一部や陸上の施設などで，魚類や貝類，海藻《かいそう》類などの水産物を［⑫　　　　］で育てること。

よくまちがえるポイント　家畜の管理技術には，家畜自体と環境に関する管理技術が，水産生物の管理技術には，人工的に行う養殖技術と自然環境を活用する増殖技術がある。

得点アップ問題

4〔家畜(乳牛)の管理技術〕 次の問いに答えなさい。

(1)動物を育てる管理技術にはどのようなものがあるか，4つ答えなさい。

（　　　　　　　）（　　　　　　　）（　　　　　　　）（　　　　　　　）

(2) 家畜の管理として適切でないものを選んで，記号で答えなさい。（　　）

ア 出産から1年間が搾乳期間になる。

イ 搾乳《さくにゅう》は朝夕の2回行い，12時間間隔を基本にして乳を搾《しぼ》る。

ウ 畜舎内は，常に清潔にし，体調の検診は毎日行うようにする。

エ えさは，朝夕に与える。家畜の種類や成育段階に合わせて種類や量を調節する。

5〔水産生物の管理技術〕 次の問いに答えなさい。

①水産生物を栽培する場合は，栽培に適した環境や卵がふ化する温度，②水産生物が食べるえさの配合を考えて行わなければならない。そして，安定的に生産生物が供給されるように，これらに応じた③管理技術も理解しなければならない。

(1) 下線部①「水産生物」とはどのような生物のことか，答えなさい。

（　　　　　　　　　　　　　　　　　　）

(2) 下線部②について，餌を与えるときに注意することは何か。

（　　　　　　　　　　　　　　　　　　）

(3) 下線部③について，次の①～⑥にあてはまる言葉を，下から選んで答えなさい。

水産生物の管理技術には，人工的に整備された環境で，水産生物を育てて増やす（①　　　　　）と自然環境を利用して水産生物を増やす（②　　　　　）がある。（　①　）では，（③　　　　　）を高めるために，環境の管理や給餌《きゅうじ》，健康管理などが必要となる。例えば，ノリの環境としては，ノリが流されないように流れの（④　　　　　）内湾《ないわん》が必要となる。（　②　）では，サケのようにある程度まで育てた稚魚を河川や海洋などに（⑤　　　　　）したり，シジミをほかの場所に移して，繁殖などを行う（⑥　　　　　）などがある。

〔 増殖技術　養殖技術　保存性　生産性　急な　緩《ゆる》やかな　移植　放流 〕

(4) 稚魚について適切なものを選んで，記号で答えなさい。（　　）

ア 親と同じ体形だが繁殖力がない魚。

イ 親より小さいが繁殖力がある魚。

ウ 親と同じ体形だが餌《えさ》の捕獲《ほかく》力がない魚。

エ 親より小さいが餌の捕獲力がある魚。

15 情報ネットワークの利用とモラル

月　日

テストに出る重要度 ★★

1 情報を扱う機器の構成

(1) ハードウェア

重要 主に ①　　　　をもつ。　重要 主に ②　　　　をもつ。

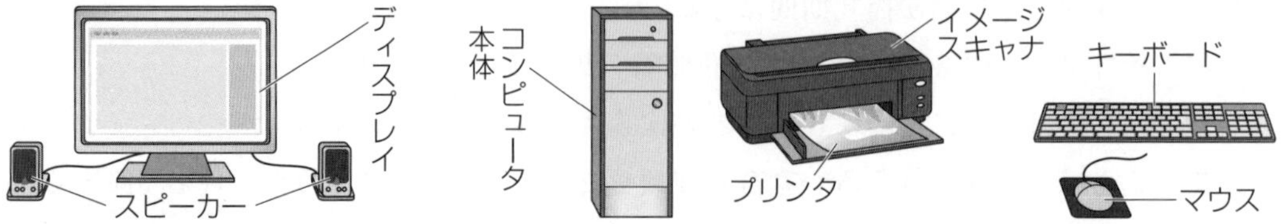

(2) ソフトウェア

重要 最初に動く ③　　　　

└→アプリケーションソフトウェアが効率よくはたらくように管理する。

⇨ 目的に応じて… 重要 ④　　　　 **ソフトウェア**

└→ワードプロセッサソフトウエア，表計算処理ソフトウエアなどがある。

2 情報通信ネットワークの構成

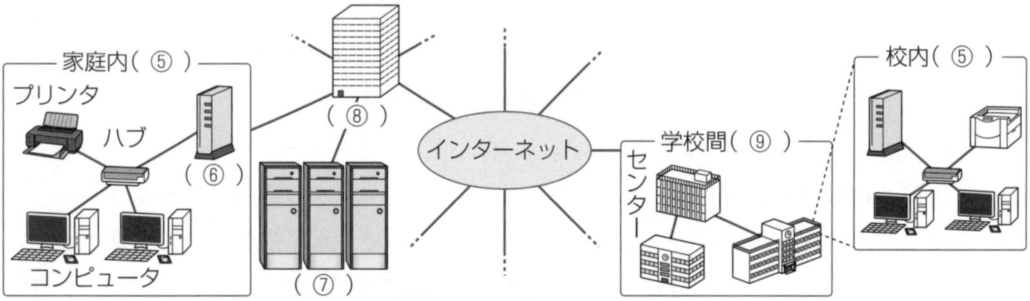

重要 ⑤　　　　　重要 ⑥　　　　　重要 ⑦　　　　

重要 ⑧　　　　　重要 ⑨　　　　

3 インターネットの利用

Webページの発信と閲覧《えつらん》

1 発信者が ⑩　　　　 のWebサーバにデータを送る。固有の ⑪　　　　 が割り当てられる。

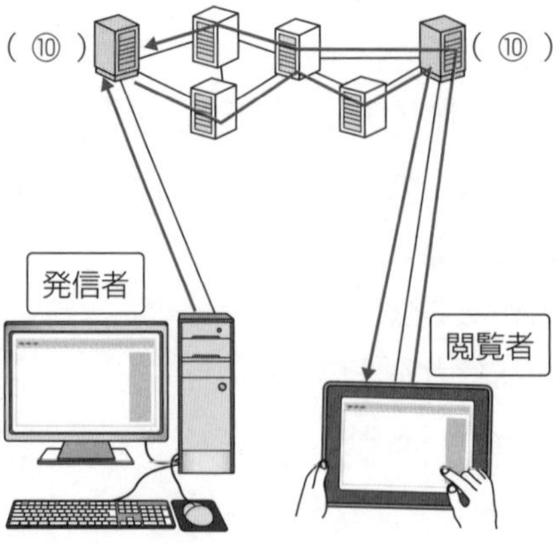

2 発信者が ⑫　　　　 **ソフトウェア**に見たいWebページの ⑪　　 を入力し，データの発信を要求する。

3 要求されたデータが閲覧者に送信される。

よくまちがえるポイント　個人情報は「個人情報の保護に関する法律」で保護されている。個人情報は，氏名や住所，電話番号など，本人と特定されるものをいう。生年月日は，個人情報になる場合とそうでない場合がある。

得点アップ問題

4 〔情報セキュリティ〕 次の問いに答えなさい。

インターネットを利用する場合は，さまざまな危険性に注意しなければならない。①正規の利用者になりすましてコンピュータに侵入《しんにゅう》する不正侵入（不正アクセス）や，②悪意のプログラムでデータを破壊《はかい》させたり情報の流出を引き起こさせたりすることがある。Aさんは，悪質なWebページでかわいいペットの動画をダウンロードしたために，このプログラムがインストールされて③コンピュータの調子が悪くなってしまった。

(1) 下線部①を防ぐ対策として適切でないものを選んで，記号で答えなさい。（　　）

ア 自分で調べたデータは常にバックアップするように心がける。

イ ＩＤとパスワードを他人に教えないし，入力の際他人に見られないように注意する。

ウ ファイアウォールを設定して通過させる情報とそうでない情報を選別する。

エ 指紋《しもん》や手のひら静脈などで個人を特定する生体認証技術を積極的に利用する。

(2) 下線部②を起こすプログラムを何というか。

（　　　　　　　　）

(3) 下線部③を防ぐためには，どのような対策をとればよいか，2つ答えなさい。

（　　　　　　　　）

（　　　　　　　　）

5 〔利用するときのモラル〕 インターネットに情報を発信するときのモラルとして大切なことを，「個人情報」の言葉を使って答えなさい。

（　　　　　　　　）

6 〔知的財産の保護〕 次の問いに答えなさい。

(1) 知的財産権には2つの権利がある。次の①，②にあてはまる言葉を答えなさい。

知的財産権には，著作物に関わる（①　　　　　　）と，発明などに関わる（②　　　　　　）がある。

(2) 次の著作物に関する説明の中で，その著作物を著作権を侵害しない形で利用できるものを選んで，記号で答えなさい。（　　）

ア 日本国内で最初に発行された著作物である。

イ 著作者は死後30年である。

ウ 図書館の中の本10ページをコピーしたもの。

エ 著作権者は反対だが著作権管理団体は許諾《きょだく》している。

> **復習のポイント**
>
> **●利用できる著作物**
>
> 図書館の本や教育機関での複製，引用，私的使用のための複製などは，自由に著作物を利用できる。

月　日

16 情報処理のしくみと生活での活用

テストに出る重要度 ★★★

1 コンピュータの５つの機能

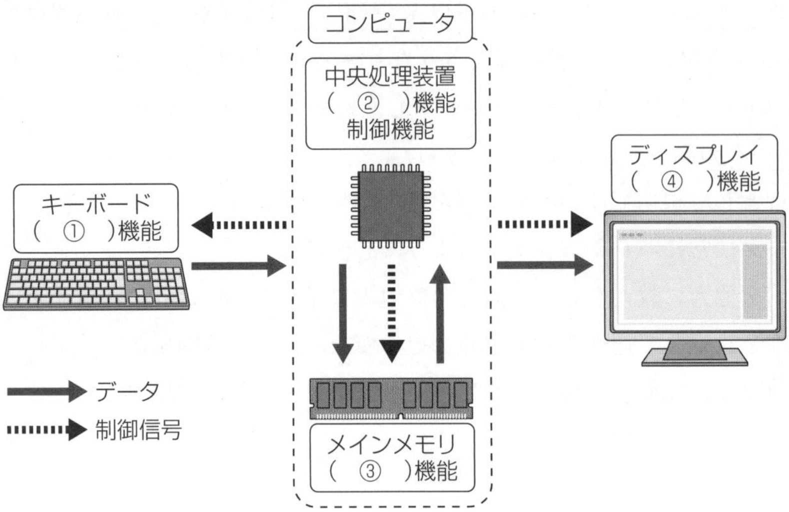

重要 ①　　　　機能

重要 ②　　　　機能

重要 ③　　　　機能

重要 ④　　　　機能

2 デジタル化の方法

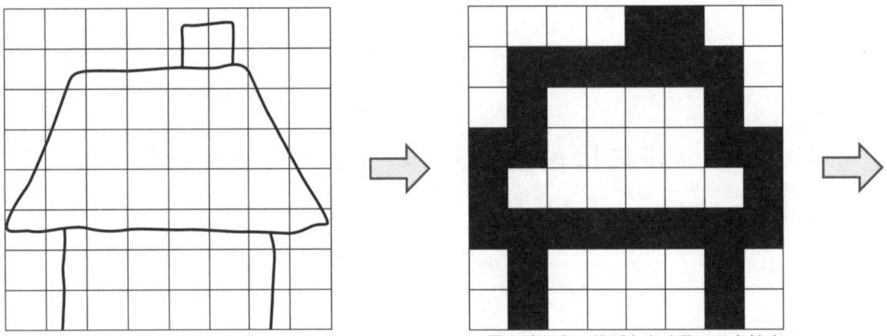

→元の絵から，線が存在するマスを抽出する。

0	0	0	0	1	1	0	0
0	1	1	1	1	1	1	0
0	1	0	0	0	0	1	0
1	1	0	0	0	0	1	1
1	0	0	0	0	0	0	1
1	1	1	1	1	1	1	1
0	1	0	0	0	0	1	0
0	1	0	0	0	0	1	0

→線のあるマスが「1」，ないマスが「0」で表示される。

3 コンピュータによる計測・制御システム

⑤ ― ⑥ ― ⑦ ― ⑥ ― ⑧

- ⑤：光や温度などの情報を電気信号に変える。
  →赤外線や温度，加速度など様々なセンサがある。
- ⑥：⑤と⑦の間で情報をつなぐ役割をする。
- ⑦：⑤からの情報をもとに判断・処理して，⑧に命令を出す。
- ⑥：⑤と⑦の間で情報をつなぐ役割をする。
- ⑧：⑦からの命令で目的の仕事をする。
  →モータやヒータなどがある

⑨　　　　信号　⑩　　　　信号　⑨　　　　信号

よくまちがえるポイント　コンピュータでは，画像を格子に分け，その格子の集まりで表す。格子１つを画素（ピクセル）という。画像のきめ細かさである解像度は，画素数で表すが，画素数が多いほど解像度は高い。

得点アップ問題

4〔デジタル化した情報〕 次の①～⑤にあてはまる言葉を答えなさい。

Aの温度計のように連続した量で表現する方式を（①　　　　　），Bの温度計のように切れ目のある段階的な数値で表現する方式を（②　　　　　）という。コンピュータでは，文字や音声，静止画，動画などすべての情報を「1」と「0」の数字の組み合わせに変換《へんかん》する（③　　　　　）したデータを利用している。（　③　）した情報には，修復や（④　　　　　）がしやすい，さまざまな情報を（⑤　　　　　）扱えるというような特徴《とくちょう》がある。

A
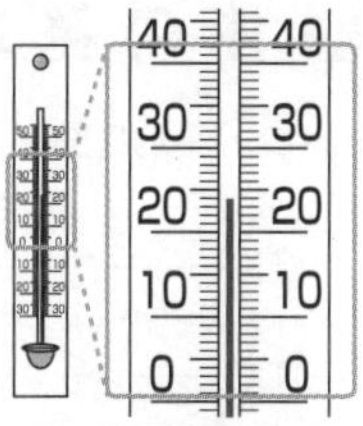

B

5〔情報の量〕 次の問いに答えなさい。

(1)　Aの塗《ぬ》りつぶしていない格子《こうし》を0，塗りつぶした格子は1として，置きかえなさい。

A
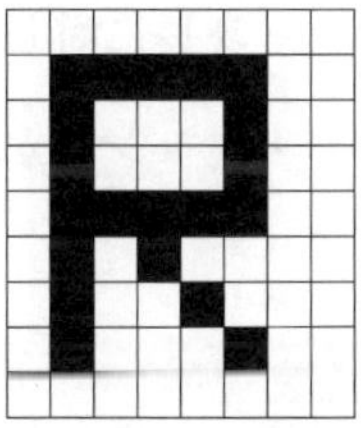

B
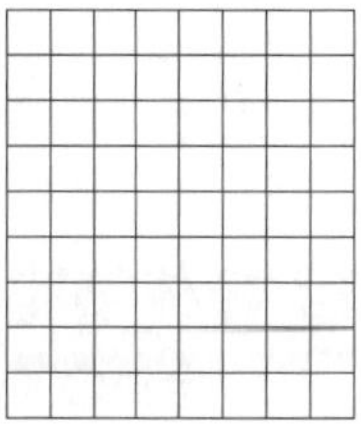

(2)　Bの情報量を，ビットとバイトの2つの単位でそれぞれ答えなさい。

（　　　　）ビット　（　　　　）バイト

6〔情報の加工〕 次の①～⑥にあてはまる言葉を，下から選んで答えなさい。

メディア	情報をコンピュータに取り込《こ》む機器	加工するソフトウェア
文字	①	②
静止画	③	④
動画	⑤	⑥

〔ＩＣレコーダ　デジタルビデオカメラ　キーボード　デジタルカメラ
図形処理ソフトウェア　ワードプロセッサソフトウェア　動画編集ソフトウェア〕

7〔記憶媒体《ばいたい》など〕 次の中で適切なものを選んで，記号で答えなさい。（　　）

ア　メディア同士を関連づけることをクリックという。
イ　ＵＳＢメモリは電源を切るとデータの内容が失われてしまう。
ウ　デジタル作品を発表する場合，指示棒は画面をさえぎるので使わない。
エ　ＤＶＤなどの記憶媒体(記録メディア)は，さまざまな種類のデータを保存できる。

17 幼児の心身の発達

月　日

テストに出る重要度 ★★★

1 体の発達

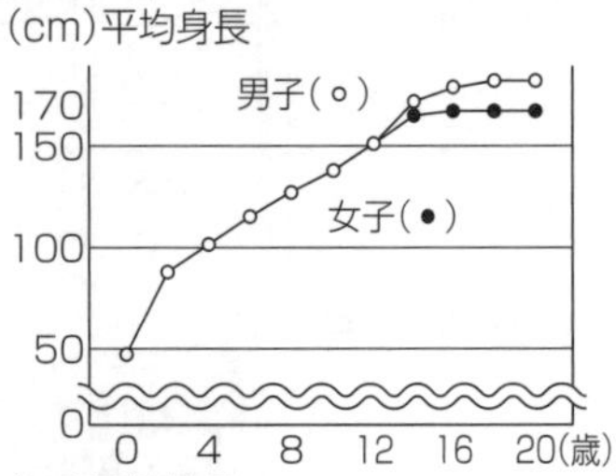

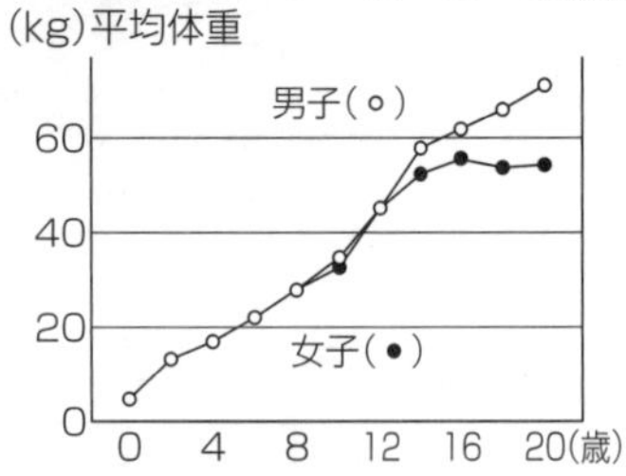

(1) 左のグラフから，生まれたときの身長は約 ①[　　　] cm で，1歳《さい》くらいには，約 ②[　　　] 倍になる。

また，生まれたときの体重は約 ③[　　　] kgで，1歳になると約 ④[　　　] 倍，4歳で**約5倍**になる。

(2) 中学生と比べたときの幼児の体の特徴《とくちょう》は，

・身長に対して頭が ⑤[　　　]。

・身長に対して足の長さが ⑥[　　　]。

・バランスが取りにくいので，**転びやすい**。

2 身体機能の発達

(1) 全身の運動機能 →発達には個人差がある。

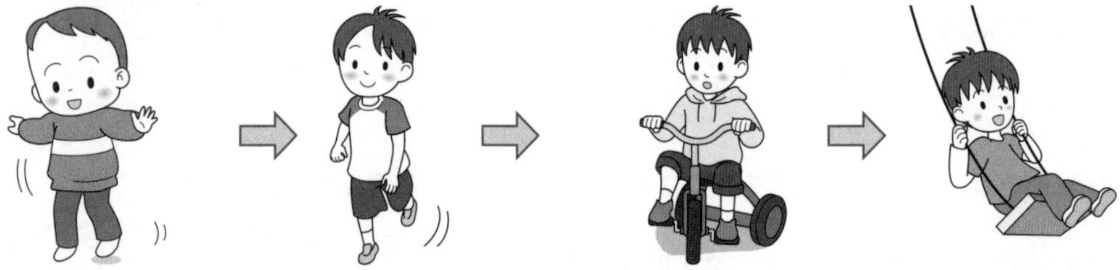

1歳ごろ　**2歳ごろ**　**3歳ごろ**　**4～5歳ごろ**

1歳ごろ	2歳ごろ	3歳ごろ	4～5歳ごろ
一人で ⑦[　　　]。大人と遊ぶ。	⑧[　　　]。跳《と》ぶ。	⑨[　　　] をこぐ。片足跳びができる。	⑩[　　　] をこぐ。スキップができる。

(2) 手先の器用さ・言葉の発達

1歳ごろ	2～3歳ごろ	4～5歳ごろ
⑪[　　　] をつかむ。単語を言う。	⑫[　　　] で切る。二語文→多語文	えんぴつでかく。日常会話ができる。

よくまちがえるポイント 発達の順序は，首がすわってから，おすわりができるようになり，はいはいからつかまり立ち，一人で立てるようになり，一人で歩くようになることも覚えておく。

得点アップ問題

3 **〔体の発達〕** 次の①～⑥にあてはまる言葉を答えなさい。

生まれてから１歳《さい》になるまでの時期を（①　　　　　），１歳から小学校に入学するまでを（②　　　　　）といい，この時期の発達は（③　　　　　）が大きい。

幼児の体の生理的特徴《とくちょう》としては，成人と比べて（④　　　　　）が高く，（⑤　　　　　）をかきやすい。また，呼吸数や脈拍《みゃくはく》数が（⑥　　　　　）。

4 **〔心と言葉の発達〕** 次の(1)～(3)の問いに答えなさい。

(1) 次の説明文はどのような言葉を説明したものか。下から選んで記号で答えなさい。

① 喜び，愛情，悲しみ，怒りなどの感情。（　　）

② 自分のことを自分でしようとすること。（　　）

③ 人に対するいろいろな反応やはたらきかけのこと。（　　）

④ 友だちと仲よくすること。（　　）

⑤ ２～４歳ごろに自我が芽生え，自己主張すること。（　　）

〔**ア** 社会性　**イ** 自立性　**ウ** 協調性　**エ** 反抗期　**オ** 情緒《じょうちょ》〕

(2) 言葉の発達について，一般的な発達の順に並べ，記号で答えなさい。

（　　）→（　　）→（　　）→（　　）

ア 日常会話がひととおりできる。

イ 「マンマ」「ブーブー」など一語文を話す。

ウ 話し言葉のほかに，文字に関心をもつ。

エ 「なぜ？」「どうして？」などの質問が多くなる。

(3) 幼児のこころの健全な発達をうながすためには，まわりの大人はどのように関わったらよいか。正しいものには○，まちがっているものには×を書きなさい。

① 言葉の発達が著《いちじる》しいので，絵本を読み聞かせる。（　　）

② 思いやりや，遊ぶ楽しさを知らせるために，近所の子どもと遊ばせる。（　　）

③ 欲しがるものは，できるだけ多く与える。（　　）

④ 着替えや，食事などは，できるだけ自分でさせるようにする。（　　）

⑤ けがをさせないように，家の外では遊ばせないようにする。（　　）

ここに注目

幼児の心身の発達(情緒，ことば，運動機能など)は，年齢《ねんれい》(月齢)ごとに表でまとめて理解するとよい。

18 子どもをとりまく環境《かんきょう》

月　日

テストに出る重要度 ★★

1 基本的生活習慣 →生きていくうえで必要となるもの。

①	②	③	④	⑤
 スプーンやはしで食べる。	 一人でトイレにいき，しまつできる。	 一人で寝起きできる。	 一人で脱ぎ着できる。	 歯みがき，うがいができる。

2 社会的生活習慣 →社会的なもの。

交通 ⑥ を守る。

ごみは，ごみ箱に捨てる。

⑦ を大切にする。

⑧ をする。

順番を守る。

3 おもちゃの選び方

(1) 自分やほかの人を傷つけない ⑨ が確かなもの。

(2) つくりがじょうぶなもの。

(3) ⑩ の発達に合っているもの。

(4) 遊びが ⑪ するもの。

(5) ⑫ がついているもの。

ST

得点UPテクニック

幼児は遊びを通して，さまざまな能力を発達させる。

例 なわとび(運動)　絵本(言語，情緒，知的)　積み木(手先の運動，知的)　ごっこ遊び(社会性，言語)など

よくまちがえるポイント

基本的生活習慣とは，生きていくうえで必要な生活習慣であり，自立への第一歩である。社会的生活習慣とは，社会の一員として，家族や地域の人と協力して生活していくための生活習慣のことである。

得点アップ問題

4〔**幼児の生活と遊び**〕 次の①～⑥にあてはまる言葉を，下から選んで答えなさい。

幼児の１日は（①　　　　　　）が中心である。幼児は睡眠時間も長く，昼食後に（②　　　　　　）する幼児もいる。

幼児は，（③　　　　　　）なふんい気と場所があると，自分から遊びを見つけて遊ぶ。

幼児は，遊びを通して（④　　　　　　）能力をはじめ，さまざまな能力を発達させていく。また，友達と関わることで（⑤　　　　　　）を身につけていくなど，幼児は遊びの中で人間としての（⑥　　　　　　）を作っていく。

〔自由　運動　遊び　基礎《きそ》　社会性　昼寝《ひるね》〕

5〔**幼児の遊びを豊かにするもの**〕 次に示した①～⑤の遊びではどのような能力が養われるか。下から選んで記号で答えなさい。

① なわとび・ボール遊び（　　）

② ブロック・積み木（　　）

③ ままごと・ごっこ遊び（　　）

④ トランプ・ゲーム（　　）

⑤ 友達と遊ぶ（　　）

〔**ア** 知的能力　**イ** 自制心や協調性　**ウ** 運動能力　**エ** 想像力　**オ** 構成力〕

ここに注目

人と関わる遊び方は，大人との遊びや一人遊びから，友達と遊び，多勢の友達との遊びへと，変化していく。

6〔**幼児のおやつ**〕 次の①～④にあてはまる言葉を答えなさい。

幼児にとって，おやつは１日３回の食事でとれない（①　　　　　　）や水分を補うといった役割がある。

おやつの回数は１日に（②　　　　　　）回，時間や量を決めて与える。

おやつは食事の一部と考え，消化のよいものを選び，（③　　　　　　）をひかえるように注意する。小麦や乳，卵などの（④　　　　　　）にも注意する。

7〔**幼児をとりまく環境《かんきょう》**〕 次の役割を果たしている施設の名称を答えなさい。

(1) 保護者が就労《しゅうろう》などのため，家庭で保育できない乳幼児を対象として，集団保育を行う。
（　　　　　　）

(2) ３歳から小学校に入学する前までの幼児を対象として，就学前教育を行う。
（　　　　　　）

(3) 子育て中の親の交流の場や相談活動を実施していて，各市町村などに設置されている。
（　　　　　　）

19 食生活・食文化

月　日

テストに出る重要度 ★★★

1 栄養素のはたらき 重要

①［　　　　］になる。　●

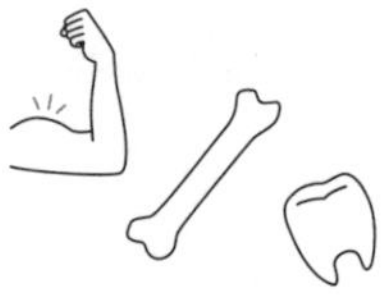

体の②［　　　　］をつくる。　●

体の③［　　　　］を整える。　●

- ● 炭水化物
- ● 脂質
- ● たんぱく質
- ● 無機質
- ● ビタミン

2 食事摂取《せっしゅ》基準

		エネルギー	⑤	無機質		ビタミン					ナトリウム（食塩相当量）
				⑥	鉄	ビタミンA	ビタミンB_1	ビタミンB_2	ビタミンC	ビタミンD	
		④	g	mg	mg	μg	mg	mg	mg	μg	g
12～14歳	男	2,600	60	⑧	11.5	800	1.4	1.6	95	5.5	8.0
	女	⑦	55	800	14.0	700	1.3	1.4			7.0

↳中学生の時期は，成長が著《いちじる》しく，活動も盛んなので，いくつかの栄養素の摂取基準は成人に比べて多い傾向にある。

得点UPテクニック

食事摂取基準とは，1日にとることが望ましいエネルギーや栄養素の量を示したものである。

3 6つの基礎《きそ》食品群

1群　**たんぱく質**を多く含む…………………肉・魚・卵・豆・豆製品

2群　**無機質(カルシウム)**を多く含む………牛乳・乳製品・小魚・海そう

3群　**ビタミンA(カロテン)**を多く含む………⑨［　　　　］

4群　⑩［　　　　］を多く含む…その他の野菜・果物

5群　⑪［　　　　］を多く含む………米・パン・めん・いも類・砂糖

6群　⑫［　　　　］を多く含む………サラダ油・バター・マヨネーズ

よくまちがえるポイント　食品群別摂取量のめやすとは，食事摂取基準を満たすため，毎日，どのような食品をどれくらい食べたらよいかを食品群ごとに示したものである。

得点アップ問題

4〔栄養のはたらき〕　次の①～⑱にあてはまる言葉を，下から選んで答えなさい。

炭水化物は，体内でおもに（①　　　　　　　）になり，1 gあたり（②　　　　）kcalのエネルギーになる。また，（③　　　　　　　）は，体内では消化・吸収できないので，エネルギーにはならないが，（④　　　　　　　）のはたらきをよくし，便秘の解消に役立つ。

脂質《ししつ》は，体内で分解されて，1 gあたり（⑤　　　　）kcalのエネルギーになり，皮下脂肪として蓄《たくわ》えられて（⑥　　　　　　　）を保つ。また，（⑦　　　　　　　）の成分となるなど，体の組織をつくる。

たんぱく質は，（⑧　　　　　　　）や血液，内臓など，体の（⑨　　　　　　　）をつくる。動物性たんぱく質には，人体に必要な（⑩　　　　　　　）がバランスよく含まれている。

無機質の（⑪　　　　　　　）は，（⑫　　　　　　　）や歯をつくるもとになり，血液の成分である（⑬　　　　　　　）は，不足すると（⑭　　　　　　　）になる。

ビタミンAは，（⑮　　　　　　　）のはたらきを助け，B_1・B_2は（⑯　　　　　　　）や脂質などをエネルギーにするときに必要となる。

ビタミン（⑰　　　　　　　）は，傷の回復を早めるのに役立ち，ビタミン（⑱　　　　　　　）は，骨の成長や，歯をじょうぶにする。

〔カルシウム　アミノ酸　糖質(ぶどう糖)　炭水化物　鉄
C　D　食物繊維　腸　筋肉　骨　目　体温　細胞膜
組織　貧血　4　9〕

5〔6つの基礎《きそ》食品群〕　次の①～④の各食品群には，栄養的に異なる食品が含まれています。その食品を1つ答えなさい。また，その食品はどの食品群に属しているか，答えなさい。

① きゅうり　こまつな　キャベツ　たまねぎ
　異なる食品（　　　　　　　）　食品群（　　）群

② のり　牛乳　ひじき　ご飯
　異なる食品（　　　　　　　）　食品群（　　）群

③ バター　マヨネーズ　しょうゆ　ごま油
　異なる食品（　　　　　　　）　食品群（　　）群

④ とうふ　油揚げ　みそ　チーズ
　異なる食品（　　　　　　　）　食品群（　　）群

食品の選択《せんたく》・購入

月　　日

テストに出る重要度 ★★

1 加工食品の種類

→食品の保存性を高めたり，簡易に調理が行えたりする。

- ［①　　　　］食品…水分を除く(乾物，干物《ひもの》など)

- ［②　　　　］食品…温度を下げる

- ［③　　　　］食品…微生物《び せいぶつ》を利用(みそ，ヨーグルトなど)

- ［④　　　　］食品・缶詰《かんづめ》など…密封《みっぷう》・加熱殺菌

- 塩漬け，砂糖漬け，酢《す》漬け(梅干し，ジャムなど)

- ［⑤　　　　］食品…調理の簡便化

得点UPテクニック

加工食品の特徴《とくちょう》

- 保存性が高い
- 調理の手間を省ける
- 味がよい
- 価格が安定している

2 食品のマーク

［⑥　　　　］マーク　［⑦　　　　］マーク　［⑧　　　　］マーク

JAS

冷食 認定証 日本冷凍食品協会 認定工場製品

消費者庁許可 特定保健用食品

3 食中毒の予防の三原則

- 細菌《さいきん》を［⑨　　　　］
  →手を洗う。
- 細菌を［⑩　　　　］
  →低温で保存する。
- 細菌を［⑪　　　　］
  →加熱する。

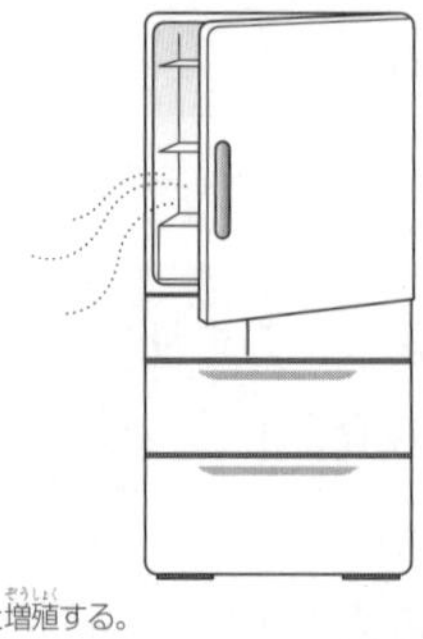

└→細菌は，温度，水分，栄養分の3つの条件がそろうと増殖《ぞうしょく》する。

よくまちがえるポイント

消費期限…急速(おおむね5日以内)に劣化《れっか》しやすいもの(生鮮食品，弁当，そうざいなど)

賞味期限…品質の劣化が比較的《ひかくてき》遅く，長期保存が可能なもの(加工食品，菓子，冷凍食品など)

得点アップ問題

4〔**生鮮食品**《せいせん》〕 次の①～⑤にあてはまる言葉を答えなさい。

野菜や果物《くだもの》，肉，魚など，鮮度《せんど》を保ち，加工されていない食品を（① 　　　）という。（ ① ）には，1年のうちで最も多く出回る時期である（② 　　　）があり，この時期の食品の特徴《とくちょう》は，（③ 　　　）がよくて，（④ 　　　）が高く，（⑤ 　　　）も安いことである。

5〔**食品添加物**《てんかぶつ》〕 次の食品添加物の使用目的を，下から選んで記号で答えなさい。

① 保存料 （　　）　② 酸化防止剤 （　　）
③ 着色料 （　　）　④ 発色剤 （　　）
⑤ 甘味料 （　　）　⑥ 糊《こ》料（増粘《ぞうねん》剤） （　　）
⑦ 着香《ちゃっこう》料（香料） （　　）　⑧ 調味料 （　　）
⑨ 栄養強化剤 （　　）

ア ねばり気をあたえる。　**イ** 色をあざやかにして風味を改善する。
ウ うま味（味）をつける。　**エ** 栄養素を強化する。
オ かおりをつける。　**カ** 成分の酸化を防ぐ。
キ 色をつけて見た目を調節する。　**ク** 微生物《びせいぶつ》の繁殖《はんしょく》を抑える。
ケ あま味をくわえる。

> **ここに注目**
> ● **食品衛生法**
> 食品添加物の種類や量を細かく定めている法律。

6〔**加工食品**〕 次の問いに答えなさい。

(1) 次の①～⑤にあてはまる言葉を答えなさい。

さまざまな加工をして，（① 　　　）を高めたり，栄養や食べやすさをよくしたりした食品のことを（② 　　　）という。（ ② ）を選ぶ場合には，（③ 　　　）などを手がかりに，使用してある（④ 　　　）を確かめることができる。

動物実験などをして（⑤ 　　　）は確保されているが，（ ④ ）がどれだけ入っているか，意識することは大切だ。

(2) ①～⑤種類の加工食品を，下から選んで記号で答えなさい。

① 発酵食品 （　　）　② 乾燥食品 （　　）
③ 砂糖漬け （　　）　④ 塩漬け （　　）
⑤ 酢漬け （　　）

ア ピクルス　**イ** ジャム　**ウ** のり
エ 梅干し　**オ** みそ

> **ここに注目**
> 食品添加物や，遺伝子組み換《か》え食品の表示も義務づけられている。
> ● **食品（栄養成分）表示**
> 熱量（エネルギー），たんぱく質，脂質，炭水化物，ナトリウム（食塩相当量）などが表示されている。

21 食品の調理

月　日
テストに出る重要度 ★★★

1 和食の配膳図

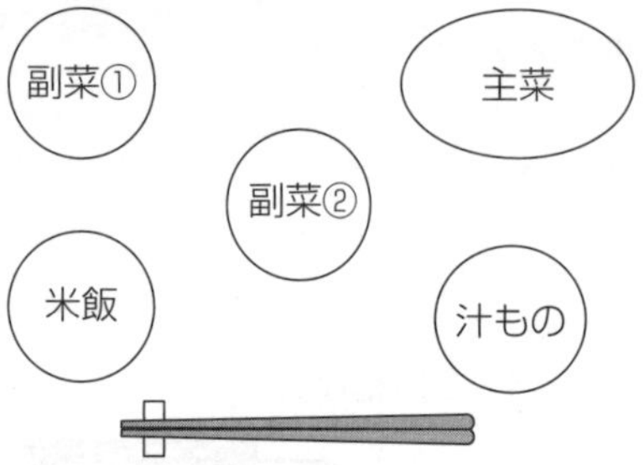

①

└ご飯(主食)に，汁《しる》もの(一汁)とおかずを3種（主菜1品，副菜2品）を組み合わせた食事のこと。

得点UPテクニック

●日本型食生活

米飯と魚，大豆，野菜，海そうなどの伝統的な食材を組み合わせており，たんぱく質やビタミン，食物《しょくもつ》繊維《せんい》も多くとれるので栄養のバランスのよい健康的な食事として世界的にも注目されています。

2 いろいろな切り方 重要

② ③ ④ ⑤

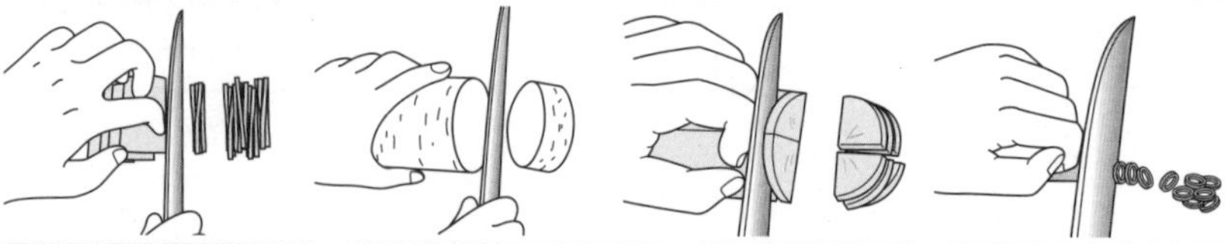

⑥ ⑦ ⑧ ⑨

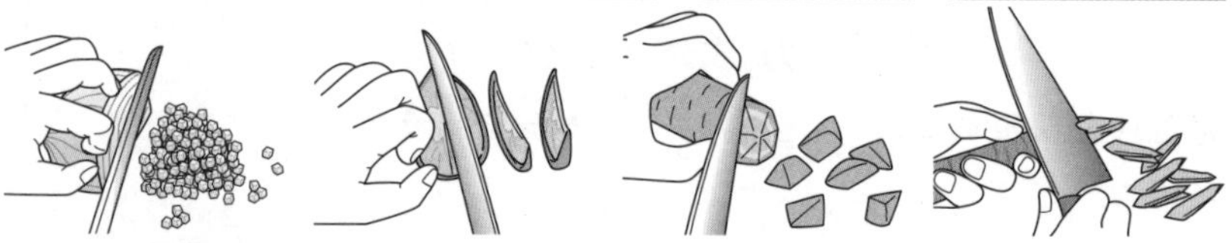

得点UPテクニック

●包丁の各部の名称

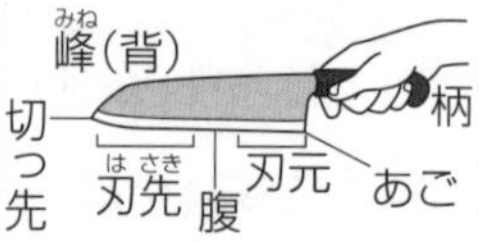

●安全な使い方

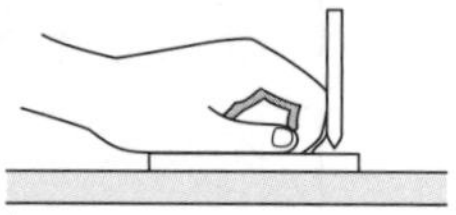

└指先は丸める。

3 肉の調理

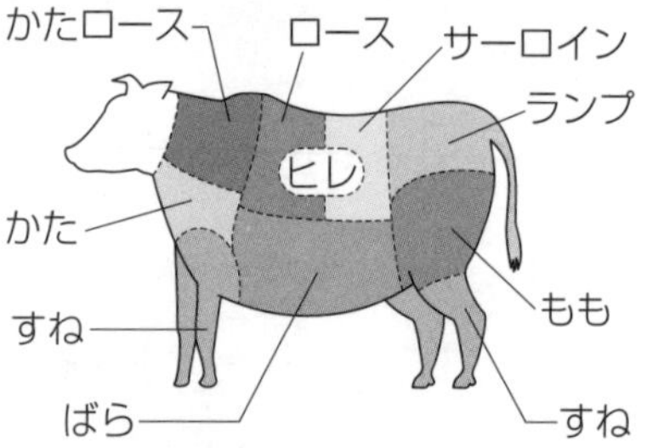

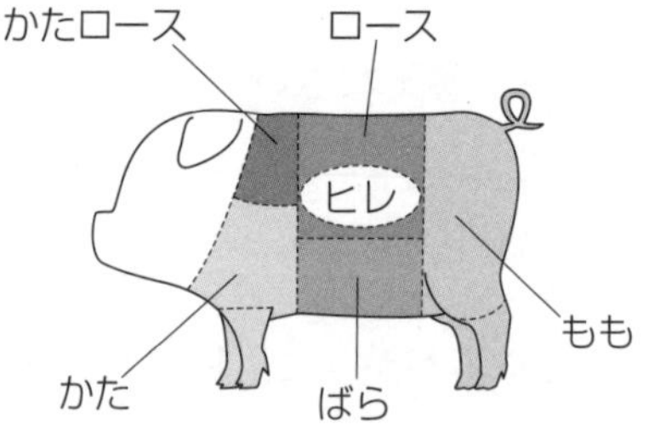

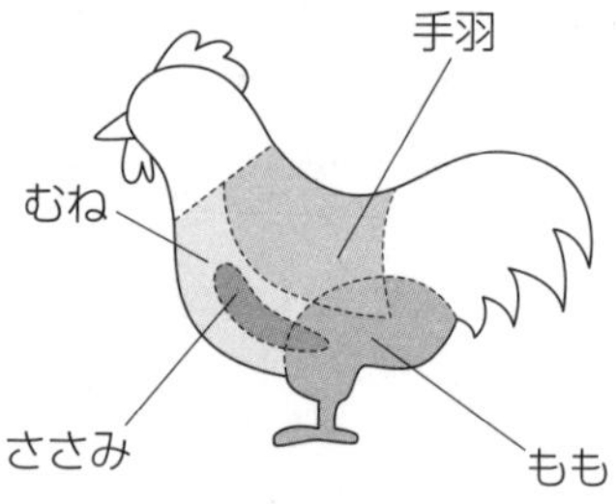

4 魚の選び方

● 1尾《び》の場合

A. 目が ⑩ で，外に張り出していて，**にごり**がない。

B. ⑪ がしっかりついている。

C. えら(えら蓋の内側)があざやかな**赤色**をしている。

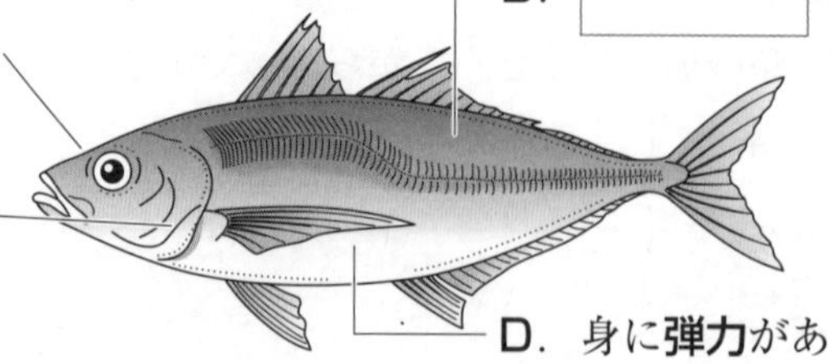

D. 身に**弾力**がある。

●切り身の場合

パック入りで売られているものは，⑫ がたまっていないもの。

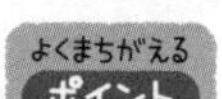

野菜の調理上の性質は，生で食べる場合はビタミンC の損失が少ないことである。加熱する場合はやわらかくなり，かさが減るので，多く食べることができる。

得点アップ問題

5〔調理の基本〕 次の問いに答えなさい。

(1) 計量カップ1カップ，計量スプーンの大さじ1杯で水を測ったとき，それぞれ何 mL になるか。　　計量カップ(　　　　)mL　大さじ(　　　　)mL

(2) 衛生的な調理をするための注意点について，①～③にあてはまる言葉を答えなさい。

・まな板は水でぬらしてから使い，肉・魚と(①　　　　)は使う面を分ける。

・ふきんやまな板は，清潔《せいけつ》なものを使い，使用後はよく洗い(②　　　　)消毒や漂白剤《ひょうはくざい》などで殺菌する。

・肉や魚を調理するときは，中心まで十分に(③　　　　)を通す。

6〔調理のすすめ方〕 調理の手順に並べ，記号で答えなさい。

ア 後かたづけ　**イ** 調理　**ウ** 計画　**エ** 盛り付け，配膳《はいぜん》

オ 準備　**カ** 試食　**キ** 反省，評価

(　　)→(　　)→(　　)→(　　)→(　　)→(　　)→(　　)

7〔食品の特徴《とくちょう》〕 次の①～⑩にあてはまる言葉を答えなさい。また，A～Bは適切なほうに○をつけなさい。

(1) 肉は，(①　　　　)すると縮んで固くなる。これは，肉に含まれる(②　　　　)の性質である。肉を焼くときは，はじめに(③　　　　)で表面を固めると，(④　　　　)や栄養分の流出をふせぐことができる。

ひき肉は，かたまりの肉より，(⑤　　　　)にふれる面が大きいので，腐《ふ》敗《はい》しA(　にくい　・　やすい　)。

(2) 魚は，脂質の量が季節によって変化B(　する　・　しない　)。脂質が多い時期がおいしく，この頃が(⑥　　　　)である。魚に(⑦　　　　)をふると，臭みがとれ，水分が出て身がしまる。

(3) 野菜は，生のままで食べるほうが(⑧　　　　)は失われないが，(　①　)するとやわらかくなり，(⑨　　　　)が減り，量を多くとることができる。

ごぼうやれんこん，りんごやバナナなどの果物を空気中に放置すると，切り口が黒っぽく変化します。このことを(⑩　　　　)という。

ここに注目

青菜をゆでるときは，沸騰《ふっとう》したたっぷりの湯に入れ，蓋をしないで短時間でゆで，すぐ水にとって冷ます。これが色をきれいに仕上げる方法である。

青菜の緑色の成分はクロロフィルで熱に弱く，しそやなすの紫色の成分はアントシアニンである。

22 地域の食材と食文化

月　日

テストに出る重要度 ★★

1 日本各地の郷土料理

(1) ご飯をつぶして杉の棒にくっつけて焼いたものを出汁の入った鍋で煮込んだもの。(秋田県)

①

(2) アサリなどの貝類とネギ，あげを煮込んだものをご飯にかけたどんぶり。(東京都)

②

(3) 豚肉・野菜・魚介がたっぷり入った，とり，豚骨スープの麺料理。まぜるという日本語表現でもある。(長崎県)

└→他に，中華料理や西欧料理を日本風にアレンジした卓袱(しっぽく)料理もある。

③

(4) ゴーヤ(にがうり)と豆腐などをまぜて炒めたもの。(沖縄県)

④

2 食料自給率

重要 ⑤　　　　は年々低下し，2017 年には **38%** で先進国の中で最低水準である。

⑤　　が下がった理由として，食生活が**洋風化**し，日本の主食である**米**の消費が減少したことや，**畜産物**や**油脂**《ゆし》の消費が増加し，飼料用穀物の輸入が拡大したことなどが考えられる。

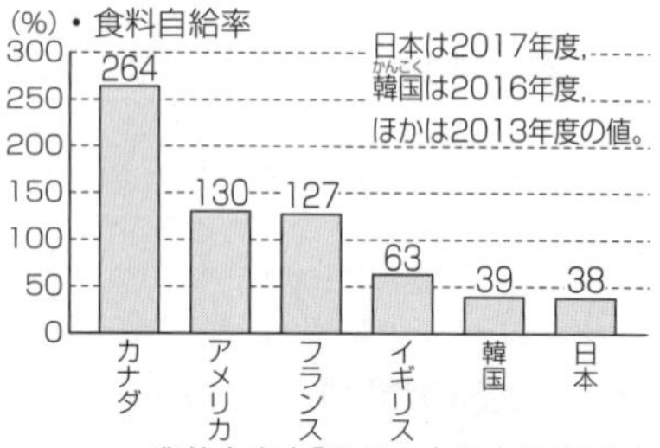

農林水産省「世界の食料自給率」より

3 食料生産と輸送

⑥　　　　とは，食品を輸送する時に，環境《かんきょう》に与える影響力の大きさのことである。日本は，多くの食品を輸入に頼っている。

└→[輸送《ゆそう》量(t)×輸送距離《ゆそうきょり》(km)]

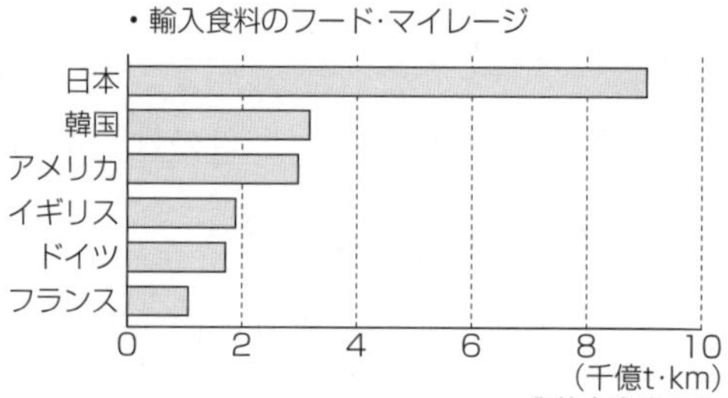

農林水産省より

最近は，重要 ⑦　　　　の取り組みにより，

└→地元で生産された食材を，地元で消費すること。

輸送にかかるエネルギーを減らすことができ，旬《しゅん》の食べ物を新鮮《しんせん》なうちに食べることができる。

4 食　文　化

	春		夏		秋		冬	
行事	⑧	端午の節句(こどもの日)	**七夕**	土用の丑の日	月見	秋の彼岸	⑪	お正月
料理	ちらしずし	⑨ 	そうめん	うなぎ料理 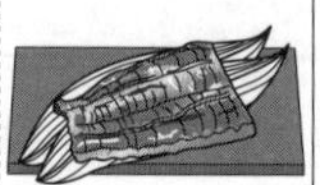	⑩	おはぎ 	かぼちゃ	雑煮 お節料理 

よくまちがえるポイント

行事食…季節ごとの行事やお祝いの時に食べる特別な料理。

郷土料理…その土地ならではの食材や独自の調理方法で作られ，その地域で広く受け継がれてきた料理。

得点アップ問題

5〔**郷土料理**〕 次に示した地域の郷土料理を，下から選んで記号で答えなさい。

① 北海道（　　） ② 岩手県（　　）

③ 千葉県（　　） ④ 山梨県（　　）

⑤ 長野県（　　） ⑥ 三重県（　　）

⑦ 兵庫県（　　） ⑧ 広島県（　　）

⑨ 香川県（　　） ⑩ 鹿児島県（　　）

［**ア** さつま汁　**イ** 太巻きずし　**ウ** てこねずし　**エ** 明石焼《あかし》　**オ** かき料理
カ ほうとう　**キ** 石狩《いしかり》なべ　**ク** さぬきうどん　**ケ** わんこそば　**コ** おやき］

6〔**私たちの食生活**〕 次の①～⑫にあてはまる言葉を，下から選んで答えなさい。

現代の日本人は，（①　　　）の摂取が不足している。

偏食《へんしょく》や調理済み食品のとりすぎは，体に必要な栄養素の（②　　　）を崩《くず》し，（③　　　）や，（④　　　），（⑤　　　）脂質のとりすぎは，（⑥　　　）の原因になるといわれている。

食事を3回に分けて食べることで，規則正しい生活の（⑦　　　）をつくる。

人が昔から，その土地の産物を利用して，それらを加工・保存したり，おいしく調理したりする方法を受け継《つ》いできたものを（⑧　　　）という。

（⑨　　　）とは，国内で消費される食料のうち，国内で作られた食料の割合を示したものである。

（⑩　　　）とは，公正な貿易《ぼうえき》という意味であり，環境保全や途上《とじょう》国の生産者や労働者の生活の改善と自立などを支援《しえん》している。

食品の輸入や表示など，食に関するさまざまな問題が起こっている。食品の安全確保のために，2003年に（⑪　　　）が定められ，内閣府に（⑫　　　）が設置された。

［フェアトレード　食品安全基本法　動物性　植物性
糖分　食料自給率　塩分　バランス　リズム
食品安全委員会　食文化　カルシウム　生活習慣病］

ここに注目

●トレーサビリティシステム

生産，加工，流通の段階で，食品の産地や製造元の情報が追跡できる。

7〔**食文化**〕 次の問いに答えなさい。

(1) 毎年，行事の折に食べる特別な料理を何というか。（　　　）

(2) 正月に食べる(1)を2つ答えなさい。（　　　）（　　　）

23 住まいのはたらき

月　日

テストに出る重要度 ★★★

1 住まいの役割

① ＿＿ と生活・財産を守る場　② ＿＿ と安らぎの場　家族生活と ③ ＿＿ の場

日射，風雨などの**自然災害**や危険から身を守る。

生活行為や**健康**を維持する。

家族や地域の人とのつながりを通して，子どもが育つ。

2 生活行為《こうい》と住空間 重要

→住空間は基本的に下の5つに分類される。

④ ＿＿ の空間

・⑤ ＿＿

・団らん

その他の空間

・⑩ ＿＿

・出入り

・移動

⑥ ＿＿ の空間

・⑦ ＿＿

・洗面

・排《はい》せつ

⑧ ＿＿ の空間

・⑨ ＿＿

・勉強

・趣味

⑪ ＿＿ の空間

・調理

・洗濯《せんたく》

・アイロンかけ

得点UPテクニック

- **食寝《しょくしん》分離**…衛生面やプライバシー確保のために，食事する部屋と寝る部屋を別々にすること。
- **就寝《しゅうしん》分離**…子どもの年齢や男女の性別に応じて，寝室を分けること。

3 住まい方の工夫

● **洋室** →気密性が高く，プライバシーが守られる。

・部屋の使用目的に応じて家具や部屋数が必要である。

・窓やドアは**開き戸**。

・立ったり座ったりの姿勢が楽である。

● **和室** →開放的で，用途に合わせた形になる。

・部屋を場合に応じて様々な目的に使える。

・障子《しょうじ》やふすまなどは**引き戸**。

・畳《たたみ》は ⑫ ＿＿ や弾力性があり，素足《すあし》の生活に適している。

得点UPテクニック

日本は，南北に長く，地域の気候風土や季節に応じて住まいや住まい方が工夫されている。

よくまちがえるポイント

軒《のき》は屋根の下にあり，外壁より出ている部分で，庇《ひさし》は，窓や出入り口などの上に取り付けられている部分。いずれも，日差しや雨を防ぐために取り付けられている。

得点アップ問題

4〔**住空間**〕 次の問いに答えなさい。

(1) 次の生活行為はどの住空間で行われるか。下から選んで記号で答えなさい。

①	食事	（　　）	②	洗濯《せんたく》	（　　）
③	入浴	（　　）	④	収納	（　　）
⑤	勉強	（　　）	⑥	調理	（　　）
⑦	排《はい》せつ	（　　）	⑧	廊下《ろうか》	（　　）
⑨	就寝《しゅうしん》	（　　）	⑩	団らん	（　　）

〔 **ア** 家族生活の空間　**イ** 家事の空間　**ウ** 個人の空間
エ 生理・衛生の空間　**オ** その他の空間 〕

(2) 次の①～③が説明する言葉を答えなさい。

① 建物内部の部屋の配置を示したもの。（　　　　）

② 住まいの空間を，食事する部屋と寝る部屋で分けること。（　　　　）

③ 年齢や性別で寝る部屋を分けること。（　　　　）

5〔**日本の住まいと住まい方の工夫**〕 次の問いに答えなさい。

(1) 次の①～⑦にあてはまる言葉を，下から選んで答えなさい。

日本は北と南，また，太平洋側と日本海側など，各地の（①　　　　）条件が異なるため，それに合わせて特徴《とくちょう》のある住まいがつくられてきた。

日本の住まい方は，（②　　　　）で履《は》き物《もの》を脱いで，家の中に入り，（③　　　　）や床《ゆか》に直接座《すわ》る（④　　　　）の住まい方です。近年では，ベッドやいすなどの（⑤　　　　）を置くなど（⑥　　　　）化し，全国で同じような住まいがふえてきた。

また，都市に人口が集中し，（⑦　　　　）住宅がふえ，暮らし方も変化している。

〔 畳　土間　玄関　気候　家具
和風　洋風　戸建　高層 〕

(2) 北海道と沖縄の住まいには，それぞれどのような工夫がされているか。

北海道（　　　　）

沖縄（　　　　）

24 住まいの安全と室内環境《かんきょう》

月　日

テストに出る重要度 ★★★

1 家庭内事故

家庭内事故死の主な原因　＊ 数値は四捨五入している。

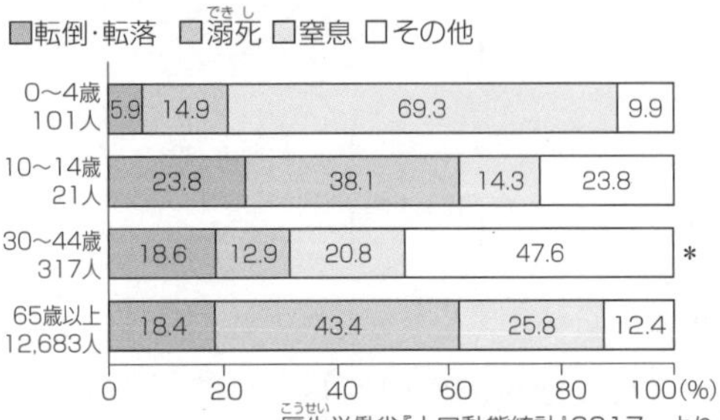

厚生《こうせい》労働省『人口動態統計』2017 より

(1) 家庭内事故では，65歳以上の ① と，② の犠牲《ぎせい》者が多い。

(2) 家庭内事故の原因として多いのは，③ ，④ ，転倒・転落である。

(3) **バリアフリー**とは，段差をなくしたり，手すりをつけたりして，生活上の支障をなくすことである。

2 地震対策

● **家具の安全対策**

⑤ で固定

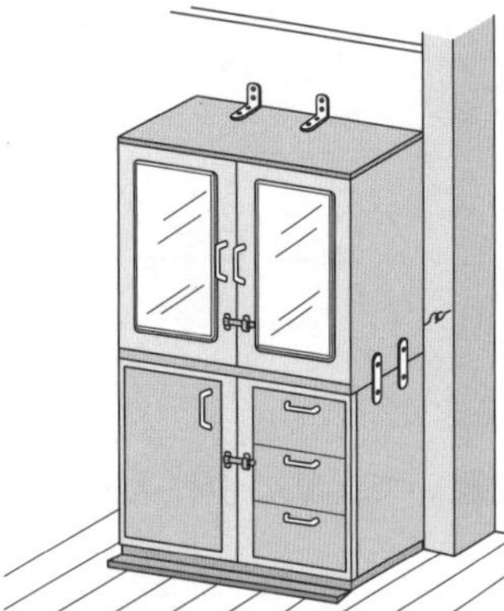

● **寝る場所の安全確保**

×

↳テレビやタンスの下じきになる危険がある。

● **避難経路の確保**

×

↳物が倒れて戸が開かなくなる危険がある。

得点UPテクニック

非常持ち出し品(袋)

・食料，水

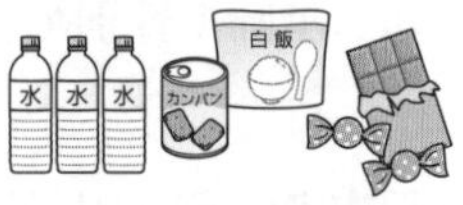

・衣類，生活用品

・貴重品，救命・避難具

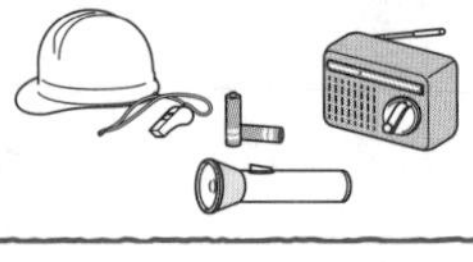

3 換気《かんき》の方法

⑥ **換気**

窓を開けて行う。

↳入口の対角線上《たいかくせんじょう》に出口を設けると効率《こうりつ》がよい。

⑦ **換気**

換気扇《かんきせん》など機械を使う。

よくまちがえるポイント

バリアフリーデザイン…体の不自由な人や高齢者が，生活に支障がないように考えられたデザイン。
ユニバーサルデザイン…すべての人が，安全で快適に暮らせるように考えられたデザイン。

得点アップ問題

4〔室内環境《かんきょう》〕 次の①～⑪にあてはまる言葉を，下から選んで答えなさい。

湿度《しつど》が高いと，（①　　　　　　）やダニの発生につながる。また，壁の内側などに水滴《すいてき》がつくことがある。これを（②　　　　　　）という。湿度《しつど》の調節には，（③　　　　　　）や加湿機《かしつき》を利用することも考えられる。

閉めきった部屋に大勢の人が集まると，頭やのどが痛くなることがある。これは，空気中の（④　　　　　　）の濃度が高くなったためであり，新鮮な空気を取り入れるためには（⑤　　　　　　）する必要がある。

音を（⑥　　　　　　）と感じるかは人によって，または（⑦　　　　　　）によって異なる。カーテンや（⑧　　　　　　）には防音効果があるものもある。

日照は，（⑨　　　　　　）やすだれ，ブラインドなどで調節し適度に取り入れる。

住宅建材などに含まれている（⑩　　　　　　）がおもな原因となっておこる，頭痛，めまい，くしゃみ，皮ふ炎《えん》などの体調不良を（⑪　　　　　　）という。

〔 化学物質　騒音《そうおん》　除湿機《じょしつき》　カビ　二酸化炭素　時間帯
結露《けつろ》　じゅうたん　カーテン　シックハウス症候群《しょうこうぐん》　換気《かんき》 〕

5〔住まいの安全〕 家庭内事故防止のために，次の場所でできる安全対策を答えなさい。

階段（　　　　　　　　　　　　）

浴室（　　　　　　　　　　　　）

6〔災害への備え〕 安心して住むための対策例として，正しいものには○，まちがっているものには×を書きなさい。

① 災害が起こった時の連絡《れんらく》方法や避難場所《ひなんばしょ》を，家族で決めておく。（　　）

② 家の中の家具などは，L 型金具などで固定しておく。（　　）

③ 家の玄関や部屋の出入り口の近くに，いろいろなものを置いておく。（　　）

④ 非常用の持ち出し品(袋)を備えておく。（　　）

⑤ プライバシーが大事なので，近所付き合いはあまりしない。（　　）

7〔災害の余地〕 次の図の寝室では，災害時どのような危険が想定されるか。2 つ答えなさい。

（　　　　　　　　　　　　）

（　　　　　　　　　　　　）

25 衣生活

月　日

テストに出る重要度 ★

1 衣服の働き

- 体を ①（　　　） に保つ。

- 暑さや寒さから守る。

- ②（　　　） や汚れから守る。

- ③（　　　） や所属を表す。

- ④（　　　） を表す。

- ⑤（　　　） に合わす。

自分の好みに合う服を選び，まわりの人への印象などを考え，重要 ⑥（　　　） **T…時間**（time），**P…場所**（place），**O…場合**（occation）に合った服装を選ぶことが大切である。

2 衣服の構成

洋服

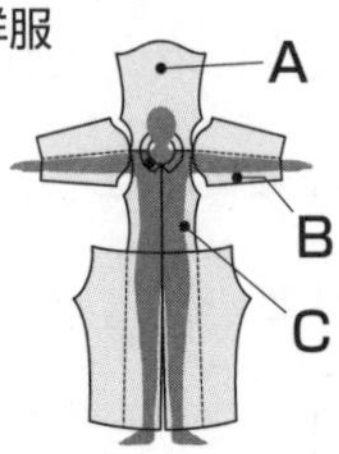

A．うしろ身ごろ
B．そで
C．前身ごろ
D．えり
E．おくみ

和服

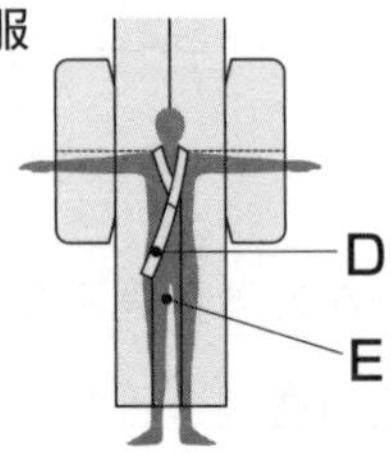

得点UPテクニック

●**平面構成**…和服は，直線に裁《た》った布を縫《ぬ》い合わせて平面的に作られている。
●**立体構成**…洋服は，体に合わせて裁断した曲線のあるパーツを縫《ぬ》い合わせて立体的に作られている。

3 既製服の表示

サイズ表示

日本では ⑦（　　　　　） で定められている。

サイズ
身長　160
胸囲　80
160A

重要 ⑧（　　　） **表示**

布に用いられている繊維《せんい》の**種類**《しゅるい》と混用《こんよう》率を示す。

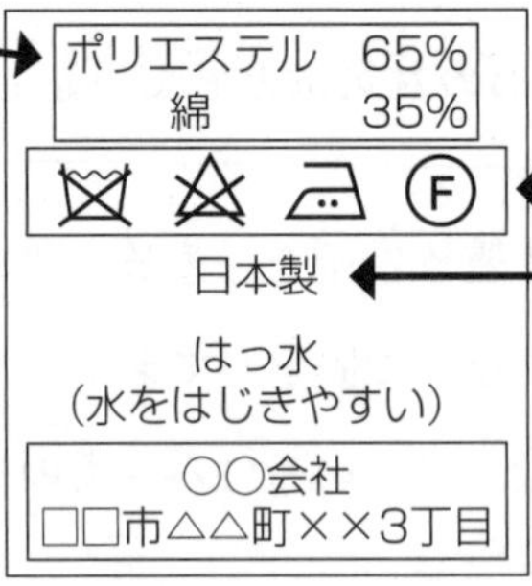

重要 ⑨（　　　　　）

洗濯《せんたく》などの手入れ方法を示す。

原産国表示

衣服が裁断，縫製《ほうせい》された国を示す。

得点UPテクニック

違う種類の繊維を混ぜて使うことを混用《こんよう》といい，各種の繊維の長所を生かして短所を補うことができる。

4 取《と》り扱《あつか》い表示

⑩（　　　） を限度として，洗濯機で洗濯できる。	40℃を限度として ⑪（　　　） ができる。	塩素系及び酸素系の漂白ができる。	アイロンかけは禁止。	⑫（　　　） のつり干しがよい。

→2016年12月1日より，JISによる表示記号からISOによる表示記号に変更・統一された。

よくまちがえるポイント 採寸の仕方は，胸囲《きょうい》（女子の場合はバスト，男子の場合はチェストといい），胴衣《どうい》（ウエスト），腰囲《ようい》（ヒップ）を測り，自分の体に合うサイズの既製服《きせいふく》を選ぶとよい。

得点アップ問題

5〔衣服のはたらき〕 次の問いに答えなさい。

(1) 次のはたらきに関係の深い衣服の種類を下から選んで，記号で答えなさい。

① 汗《あせ》を吸収し，汚れから体を守り，体を清潔に保つ。 (　　)

② 暑さや寒さを防いだり，体温を調節する。 (　　)

③ 運動するときなど，活動しやすくする。 (　　)

④ 着る人の職業や所属を表す。 (　　)

⑤ 喜びや悲しみ，敬意などの気持ちを表す。 (　　)

⑥ 自分らしさを表現する。 (　　)

〔**ア** 礼服　**イ** 下着　**ウ** 日常着　**エ** 上着　**オ** 制服　**カ** 体操服〕

(2) 自分らしく着るために2つ以上の衣服を組み合わせることを何というか。

(　　　　　　　　)

ここに注目

自分らしい着方のポイント

・色や柄

・上下の組み合わせ

・小物の活用

(3) 次の衣服を，①保健衛生上の働きがあるもの，②生活活動上の働きがあるもの，③社会活動上の働きがあるものにそれぞれ分けなさい。

ア 調理実習の服装　**イ** 中学校の制服　**ウ** 体育の時の運動着　**エ** 私服

①(　　　　) ②(　　　　) ③(　　　　)

6〔衣服計画〕 次の問いに答えなさい。

(1) 次の事柄《ことがら》を衣服の活用計画の正しい手順に並べ，記号で答えなさい。

ア 入手　**イ** 手入れ　**ウ** 点検・計画　**エ** 着用　**オ** 整理・保管

(　　) → (　　) → (　　) → (　　) → (　　)

(2) 「既製服《きせいふく》を購入《こうにゅう》する」こと以外で，衣服を入手する方法を答えなさい。

(　　　　　　　　　　　　)

(3) 既製服を購入するときの注意点として，重要であると思うものを次から3つ選んで記号で答えなさい。 (　　)(　　)(　　)

ア 試着し，サイズや動きやすさを確かめる。

イ 組成《そせい》表示や取《と》り扱《あつか》い表示を見て，手入れのしやすいものを選ぶ。

ウ 流行のものかをチェックし，好きな色の服を選ぶ。

エ なるべく安いものを選ぶ。

オ 縫製《ほうせい》がしっかりしているかを確かめる。

ここに注目

既製服のサイズは乳幼児，少年，少女，成人男性，成人女性の5区分ある。

(4) 日本では，どのような基準で既製服のサイズを定めているか。(　　　　　　　　)

26 衣服の手入れ

月　日

テストに出る重要度 ★

1 布の組織

● 平織

● あや織

● 編み物(編物)

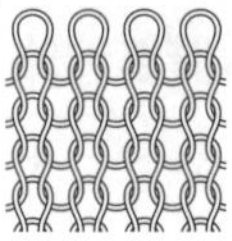

得点UPテクニック

その他，ほつれにくく，繊維《せんい》をからみあわせて布にしたフェルト・不織布《ふしょくふ》があり，使い捨てマスクなどに使用されている。

2 繊維《せんい》の種類と手入れに関する性質

	種類		特徴	洗剤
天然繊維	① 繊維	② 麻	**吸湿性**《きゅうしつ》がよい。**肌**《はだ》**ざわり**がよい。じょうぶで，水にぬれると**強く**なる。	弱アルカリ性
天然繊維	③ 繊維	④	**虫の害**を受けやすい。日光で**黄変**する。	中性
		⑤	上に加え，**光沢**がある。	
化学繊維	⑥ ⑦		ぬれても**縮まない**。**乾き**が早い。**毛玉**ができやすい。**再汚染**《おせん》しやすい。	弱アルカリ性
	ナイロン		しなやかで軽く，ぬれても**縮まない**。	

3 洗剤によるよごれの落ち方

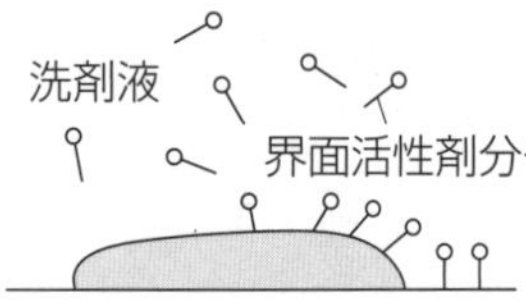

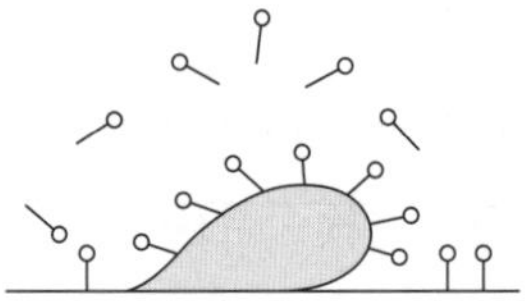

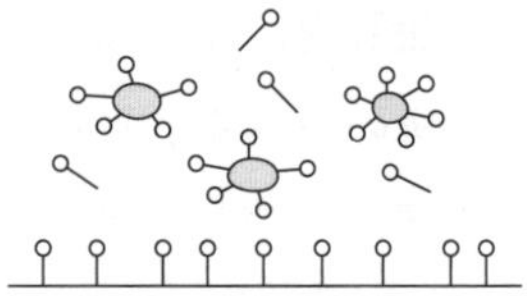

重要

A. ⑧ (洗剤の成分)が汚れのまわりにつく。

B. 水の流れで分子にかこまれた汚れが離れる。

C. 水の中に汚れはちらばり，もう一度つくことはない。

4 アイロンかけ

(1) ⑨ を確認して適温に設定する。布の繊維が2種類ある時は ⑩ 温度に合わせる。

(2) そで，えり，カフスなど，⑪ 部分からはじめ，肩，前みごろ，後ろみごろの ⑫ 部分の順で布の**たて方向**にかける。→てかる布(制服など)をかけるときはあて布の上からかける。

よくまちがえるポイント

洗濯《せんたく》する時の洗剤は，使用量のめやすを守るようにする。使用量のめやす以上を使っても，汚れ落ちは変わらない。

得点アップ問題

5〔**繊維《せんい》の種類と性質**〕 次の問いに答えなさい。

(1) 次の繊維の特徴《とくちょう》の説明にあてはまるものを，下から選んで記号で答えなさい。

① 汗《あせ》や水をよく吸う。じょうぶで洗濯に強い。しわになりやすい。（　　）

② しわになりにくく，じょうぶである。乾《かわ》きが早い。（　　）

③ しわになりにくく，ぬれても縮まない。毛に似てあたたかい。（　　）

④ 水中でもむとちぢみ，しわになりにくい。虫の害をうけやすい。（　　）

〔**ア** アクリル　**イ** 絹　**ウ** ポリエステル　**エ** 綿　**オ** 毛〕

(2) 2種類以上の繊維を混ぜて，それぞれの長所をいかし，短所を補うことを何というか。

（　　　　）

(3) 次の繊維に適した洗剤《せんざい》の液性を答えなさい。

① 綿 （　　　　）

② 毛 （　　　　）

③ ポリエステル （　　　　）

ここに注目

洗剤の種類

・**石けん**…天然油脂が原料の洗剤

・**合成洗剤**…天然油脂や石油が原料の石けん以外の洗剤

6〔**衣類の手入れ**〕 A～Eの取《と》り扱《あつか》い表示について，①～⑧にあてはまる言葉を答えなさい。

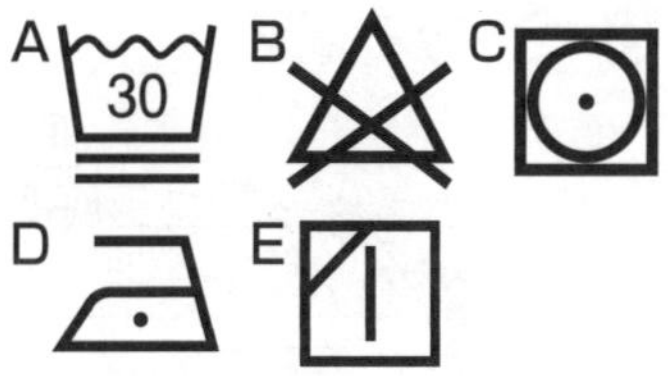

A. 洗い方は，（①　　　　）を30℃以下に，洗濯機での（②　　　　）洗濯で洗うことができる。

B. 漂白剤《ひょうはくざい》で（③　　　　）。

C. （④　　　　）以下の（⑤　　　　）ができる。

D. （⑥　　　　）以下でアイロン仕上げができる。

E. 干し方は，（⑦　　　　）の（⑧　　　　）がよい。

7〔**衣類の収納**〕 次の①～④にあてはまる言葉を答えなさい。

(1) 衣類や下着は，きちんとたたみ，（①　　　　）種類のものを一緒に収納し，次に着るときのために（②　　　　）場所にしまっておく。

(2) （③　　　　）の中の物は出し，毛や絹製品は虫の被害にあわないよう（④　　　　）を入れておく。

8〔**衣服の手入れ**〕 次の問いに答えなさい。

(1) 季節に応じて衣服の種類を変えることを何というか。（　　　　）

(2) 虫やカビを防ぐために衣服に風を通すことを何というか。（　　　　）

27 衣服の製作

月　　日

テストに出る重要度 ★★

1 布の方向

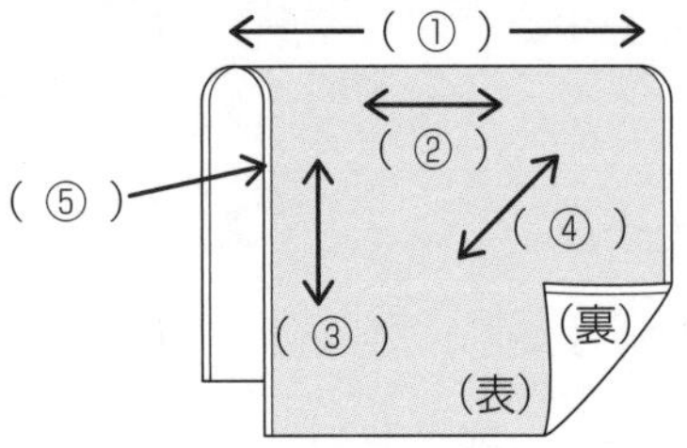

①

②

③

④

└→ななめ 45°を正バイアスという。

⑤

得点UPテクニック

- **布目線**
  型紙を布のたて方向に合わせるためのしるし。
- **わ**
  布を折り返したときの折り山の部分。
- **みみ**
  布幅の両端《はし》の部分。
- 布は，ななめ方向に力を加えると伸びやすい。

2 まち針のとめ方

とめる順序

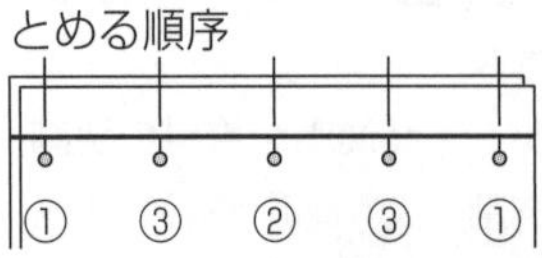

→①(両端)，②(中心)，③の順にとめる

正しいとめ方

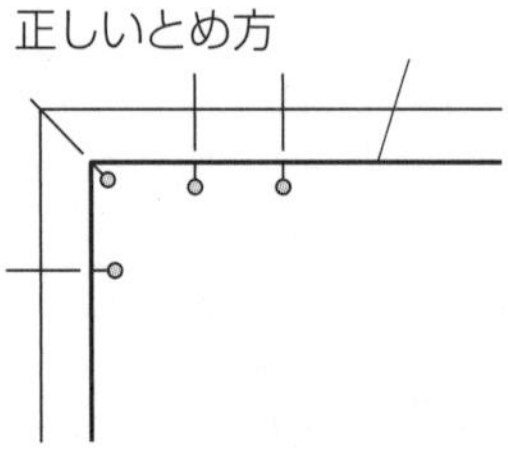

よくないとめ方

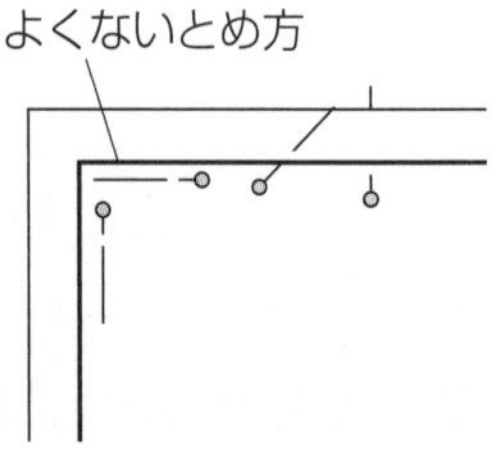

得点UPテクニック

しるしとしるしを合わせて，縫《ぬ》う方向（出来上がり線）に対して，針を直角にとめる。

3 ミシン

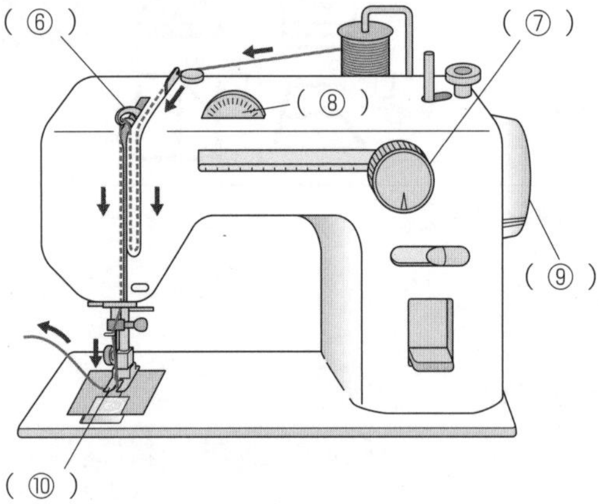

重要 ⑥

⑦

⑧

重要 ⑨

⑩

得点UPテクニック

角の曲がり方

①角に針を刺したまま，おさえを上げる。

②布の向きを変えておさえを下ろして再び縫う。

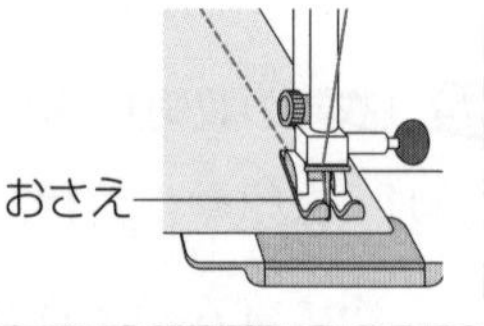

4 いろいろな縫い方

⑪　　縫い

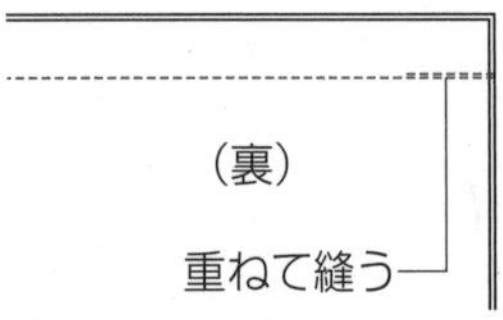

⑫　　縫い

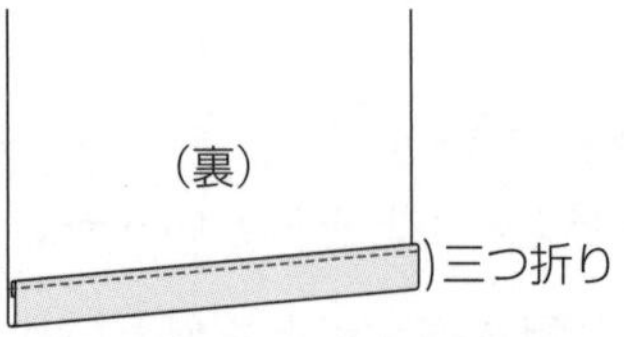

割り縫い

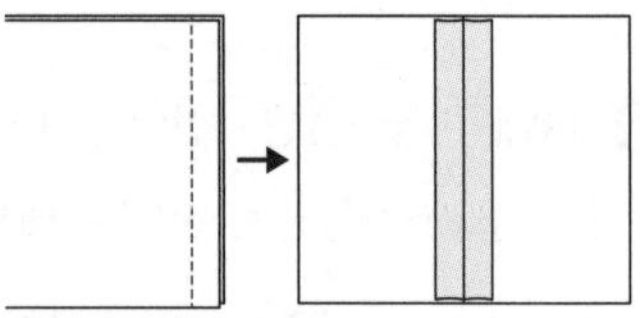

よくまちがえるポイント

上糸(糸巻き)調節装置…上糸の調子を強くしたり弱くしたりして，糸調子を調節する。

送り調節ダイヤル…縫い目の大きさを調節する。

得点アップ問題

5〔**製作の手順**〕 次の工程を衣服製作の手順にそって並べ，記号で答えなさい。

ア 縫《ぬ》う　**イ** 準備　**ウ** 採寸　**エ** 裁断《さいだん》・しるしつけ　**オ** 計画　**カ** 仕上げ

（　　）→（　　）→（　　）→（　　）→（　　）→（　　）

6〔**用具の名称**〕 図の用具の名称を，下から選んで答えなさい。

①

②

③
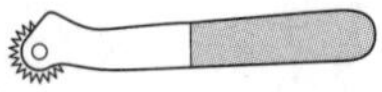
④
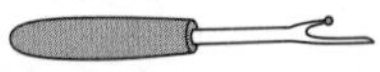
⑤
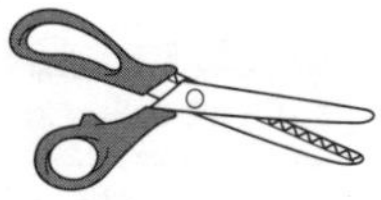

（　　　）（　　　）（　　　）（　　　）（　　　）

〔 リッパー　ルレット　裁《た》ちばさみ　ピンキングばさみ　まち針 〕

7〔**採寸の仕方**〕 次の①〜⑥にあてはまる言葉を，下から選んで答えなさい。

(1) 腰囲《ようい》(腰回り，ヒップ)

腰の一番（①　　　）ところを（②　　　）に測る。

(2) 胸囲《きょうい》(バスト，チェスト)

女子は胸の最も（③　　　）ところを，男子は胸の最も大きいところを測る。

(3) 胴囲《どうい》(ウエスト)

胴の一番（④　　　）ところを（ ② ）に測る。

(4) 着たけ

背の中央で（⑤　　　）の付け根から，好みのたけを測る。

(5) また上

いすに（⑥　　　）座り，ウエストからいすの座面までを，わきで測る。

〔 細い　太い　高い　低い　深く　浅く　頭　首　水平　垂直 〕

8〔**ミシンを使うときの注意点**〕 次の①〜⑤にあてはまる言葉を答えなさい。

運ぶときはカバーがはずれないようにし，（①　　　）した場所に置く。

針の取りつけは，針棒に，（②　　　）面を合わせるようにする。

縫《ぬ》わないときは，（③　　　）から足をはずし，動かすときは（④　　　）踏み込む。

縫《ぬ》っている間は，（⑤　　　）から目を離《はな》さない。

28 消費生活

月　日

テストに出る重要度 ★★★

1 販売《はんばい》の方法

① 　　販売	② 　　販売		
	③ 　　販売 	④ 　　販売 	その他   →移動販売 生産者からの直接購入

2 支払い方法

⑤

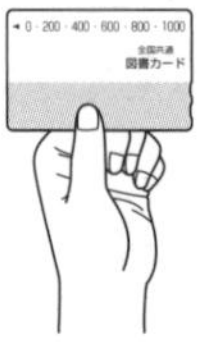

プリペイドカード

⑥

現金

デビットカード

→金融機関の口座から，即時代金を引き落とし，支払いにあてるカード。

⑦

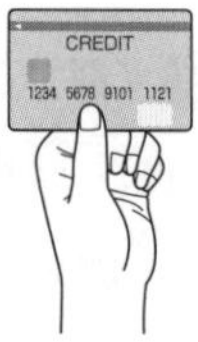

クレジットカード

3 契約《けいやく》の成立(売買契約の場合)

意志の合致

＝

⑧ 　　の成立

消費者

義務
代金の支払い。
権利
商品の受けとり。

販売者

義務
商品の引き渡《わた》し。
権利
代金の受けとり。

4 悪質商法

A. ⑨

路上で呼び止めて，営業所などに誘い込んで契約させる。

B. ⑪

電話やはがきで営業所などに呼び出し，高額な教材などを売りつける。

C. ⑩

自分が商品を買うだけでなく，さらにその商品を他の人に売ったり，会員を増やすことで利益が得られるといって勧誘する。

D. ⑫

商品を一方的に送りつけ，その代金を請求する。

よくまちがえるポイント

クーリング・オフは「頭を冷やして考える」という言葉からきていて，家でゆっくり考えながら注文できる通信販売(インターネット通販を含む)は，基本的にはクーリング・オフの対象にはならない。

得点アップ問題

5〔いろいろな商品〕 次の商品を①物資と②サービスに分類して，記号で答えなさい。

①物資（　　　　　　　　　　）　②サービス（　　　　　　　　　　）

ア 文房具《ぶんぼうぐ》　**イ** 郵便　**ウ** クリーニング　**エ** 交通　**オ** 食料品
カ 医療《いりょう》　**キ** インターネット　**ク** 自動車　**ケ** 書籍《しょせき》　**コ** 学習塾の授業料

6〔販売《はんばい》方法〕 次の販売方法にあてはまる説明文を，下から選んで記号で答えなさい。

① 店舗《てんぽ》販売（　　）　② 通信販売（　　）　③ 訪問販売（　　）

ア 商品を直接見て買えるわけではないので，商品が届いてがっかりすることがある。
イ いつもの店で買うという安心感がある。
ウ 商品を持ってきてくれるので，買いに出かけなくてすむ。

7〔支払い方法〕 次の問いに答えなさい。

(1) 支払い方法について，次の①～④にあてはまる言葉を答えなさい。

A 前払い

使用前に購入しておき，商品を買うときに（①　　　　　　　　）の代わりに使う。

B 即時《そくじ》払い

買った商品と引きかえに，その場で（②　　　　　　　　）を支払う。

C 後払い

代金の支払いを（③　　　　　　　　）や（④　　　　　　　　）などで支払う。

(2) 次の**ア**～**カ**は，(1)の**A**～**C**のどの支払い方法にあたるか。

A（　　　　）　**B**（　　　　）　**C**（　　　　）

ア 現金　**イ** プリペイドカード　**ウ** クレジットカード
エ デビットカード　**オ** 商品券　**カ** 公共料金の使用料

8〔クーリング・オフ制度〕 クーリング・オフできる条件について，次の①～⑥にあてはまる言葉を答えなさい。

(1) 現金で（①　　　　　　　　）円以上の商品で，消耗品《しょうもうひん》の場合は（②　　　　　　　　）であること。

(2) 契約《けいやく》書を受けとった日から（③　　　　　）日以内（販売方法によっては20日間）であること。

(3) 解約は（④　　　　　　　　）で行い，（⑤　　　　　　　　）や内容証明郵便などで送る。

(4)（⑥　　　　　　　　）販売には，原則的に適用されない。

29 消費者の権利と環境《かんきょう》

1 消費者の8つの権利

(1) 生活の**基本的ニーズ**が保障される権利

(2) ①［　　　　］権利

(3) ②［　　　　］である権利

(4) **補償**を受ける権利

(5) ③［　　　　］する権利

(6) **消費者教育**を受ける権利

(7) ④［　　　　］を反映させる権利

(8) **健全**な環境の中で生きる権利

得点UPテクニック

安全である権利，知らされる権利，選択する権利，意見が反映される権利の４つの権利は，1962年にアメリカのケネディ大統領が提唱《ていしょう》した。

2 消費者の5つの責任

(1) ⑤［　　　　］的な意識をもつ責任

(2) **主張**し行動する責任

(3) 社会的**弱者**へ配慮する責任

(4) **環境**へ配慮する責任

(5) 消費者として**連帯**する責任

└→国際消費者機構(CI = Consumers International)が提唱した。

3 循環型社会《じゅんかんがたしゃかい》

A. ⑥［　　　　　　］…ごみそのものを減らす。

B. ⑦［　　　　　　］…何回も繰《く》り返し使う。

C. ⑧［　　　　　　］…分別して再び資源として利用する。

得点UPテクニック

リフューズ(refuse)「断る」や，リペア(repair)「修理して使う」などを加えて，4Rや5Rなどの取り組みもある。

4 いろいろなマーク

⑨［　　　］マーク　⑩［　　　］マーク　⑪［　　　］マーク　⑫［　　　］マーク

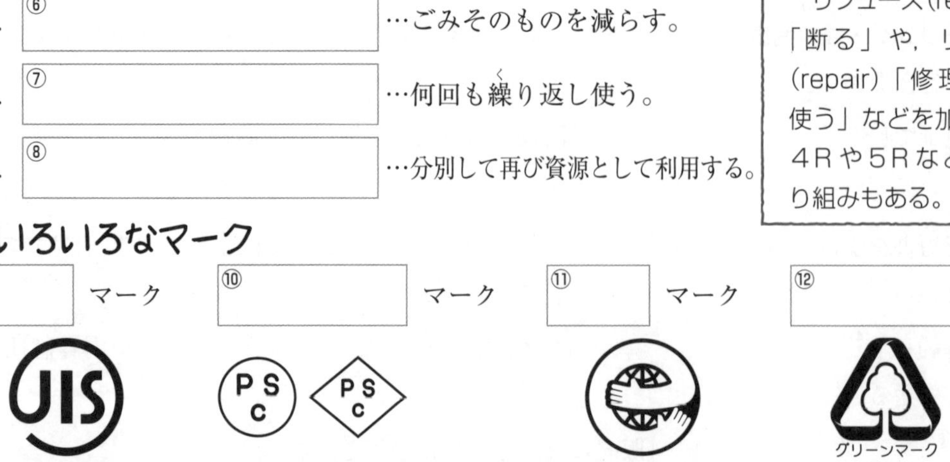

よくまちがえるポイント

消費者を支える主な機関として，国民生活センター（国）や消費生活センター（自治体）がある。また，消費者庁(2009年に設置)や法テラスなども消費トラブルに対応している。

得点アップ問題

5 〔消費者の権利を守る法律〕 次にあてはまる法律の名称を，下から選んで答えなさい。

(1) 1968 年に制定され消費者保護を目的とした法律。
（　　　　　　　　）

(2) (1)が 2004 年に改正され，消費者の自立を支援《しえん》することを目的とした法律。
（　　　　　　　　）

(3) 製品の欠陥《けっかん》に関する製造業者などの責任を定めた法律。
（　　　　　　　　）

(4) 消費者と事業者の間に結ばれるすべての契約《けいやく》において，契約が不適切な場合について取消権を定める法律。
（　　　　　　　　）

(5) 消費者トラブルを防止するため，事業者が守る規定などを定めた法律。
（　　　　　　　　）

〔 消費者契約法　　消費者基本法　　消費者保護基本法
特定商取引法(特定商取引に関する法律)　　製造物責任法(PL 法) 〕

6 〔環境《かんきょう》保全〕 次の問いに答えなさい。

(1) 途上国の原料や製品を，適正な価格で継続《けいぞく》して購入することを何というか。
（　　　　　　　　）

(2) 環境への影響《えいきょう》を配慮《はいりょ》した商品や店を選ぶ消費者のことを何というか。
（　　　　　　　　）

(3) 経済発展と環境保護を両立を目指す「持続可能な開発目標」のことを何というか。
（　　　　　　　　）

(4) 限りある資源をむだなく繰り返し使い続けていく社会のことを何というか。
（　　　　　　　　）

(5) 化学燃料の大量消費などが原因で二酸化炭素の濃度《のうど》が上昇し，気温が上昇《じょうしょう》している現象を何というか。
（　　　　　　　　）

7 〔環境を考えた暮らし〕 次の①～④にあてはまる言葉を答えなさい。

環境に配慮した暮らしを送るために私たちが心がけることとしては，

・過剰《かじょう》な（①　　　　　　）は断る。

・使い終わったものを（②　　　　　　）使うようにする。

・ごみは（③　　　　　　）して捨てるようにする。

・（④　　　　　　）はこまめに消す。

などがあげられる。

ここに注目

3R 運動の具体例として
リデュース…①
リユース　…②
リサイクル…③
があげられる。

1 からだの発育と発達

月　　日

テストに出る重要度 ★★★

1 身長と体重の変化

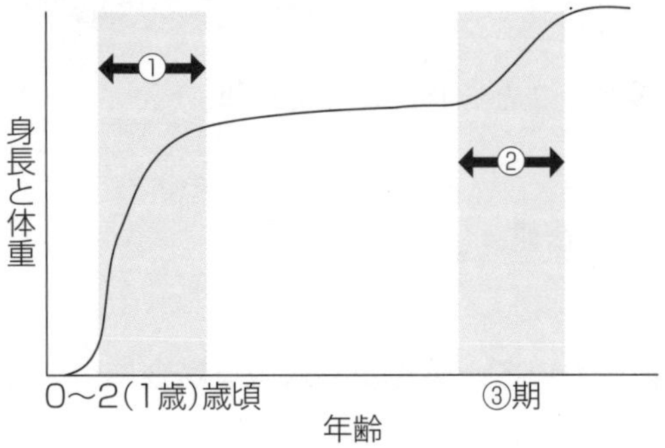

重要 ①

重要 ②

└→一般に女子のほうが早い。

重要 ③　　期

└→小学校高学年から高校生は「子供から大人へ」かわる時期である。

2 体の各器官の名称

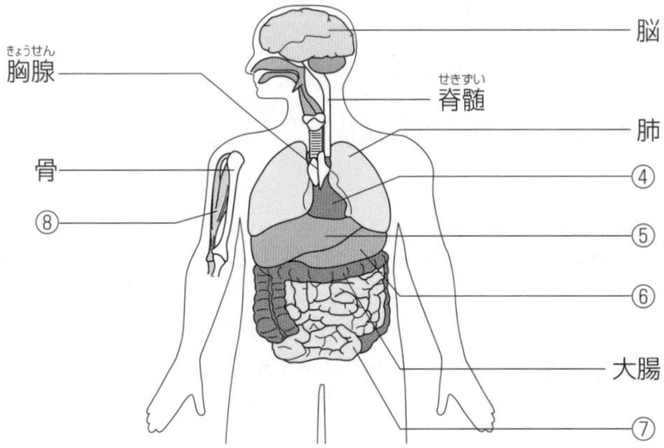

④

⑤

⑥

⑦

⑧

3 体の発育と，呼吸器・循環器の発達

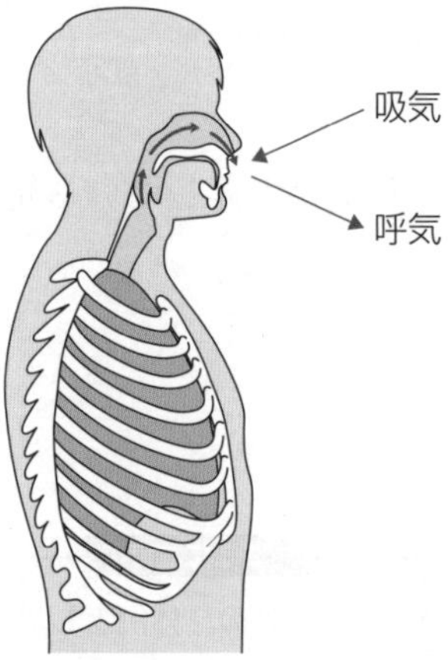

体の発育により細胞の数が増え，より多くの**酸素**や栄養素が必要になることで，⑨［　　　］や循環器官が発達する。

呼吸器とは，鼻（口），のど（気管），気管支，肺のことである。発達を知る手掛かりとして，**呼吸数の減少**や**肺活量の増大**があげられる。これは⑩［　　　］の数が増えて一つ一つも大きくなり，肺自体が大きくなるからである。

循環器とは，心臓，動脈，静脈，毛細血管などのことである。発達を知る手掛かりとして，⑪［　　　］の減少や⑫［　　　］の増大があげられる。

よくまちがえるポイント　肺活量とは，空気をいっぱいに吸い込んだ後，できる限り吐き出した空気の量のこと。拍出量とは，心臓の収縮（拍動）によって送り出される血液の量のこと。

得点アップ問題

4〔からだの発育と発達〕 次の①～⑤にあてはまる言葉を答えなさい。

発育急進期とは，生まれてから大人になるまでの間に，（①　　　　）や（②　　　　）が急激に発育する時期をいう。この発育急進期は，一生のうちで2度あり，2度目は小学校高学年から高校までの頃で（③　　　　）といい，（④　　　　）とも呼ばれている。

（　③　）は，多くの場合，女子のほうが男子よりも早く始まるが，始まる時期や程度には（⑤　　　　）がある。中学生の時期は，（　③　）を迎えて心も体も大きく成長し，一人前の大人になる準備をするという大切な時期である。

5〔循環器の発達〕 次の問いに答えなさい。

(1) 右図の（　）に矢印（→）を書き入れ，血液の流れを答えなさい。

(2) 右図の①～⑦の名称を，下から選んで答えなさい。

①（　　　　）　②（　　　　）

③（　　　　）　④（　　　　）

⑤（　　　　）　⑥（　　　　）

⑦（　　　　）

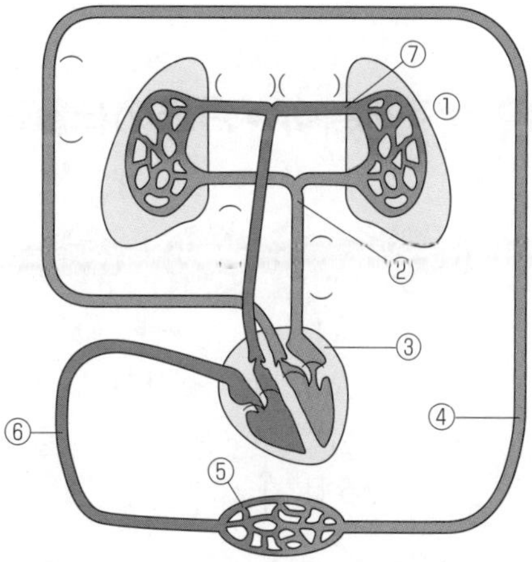

〔 肺静脈　動脈　心臓　毛細血管
静脈　肺　肺動脈 〕

6〔思春期の生活と発育・発達〕 次の問いに答えなさい。

(1) 思春期の生活でよいと思われることを，下から選んで記号で答えなさい。　（　　）

ア 睡眠は大事なので，休日は1日中しっかり寝るのがよい。

イ 体がまだでき上がっていないので，ダイエットなどは健康にもよい。

ウ 必要な栄養素(タンパク質，カルシウムなど)をバランスよくとる。

エ 多くの器官が発育する時期なので運動は控えめがよい。

(2) 思春期には，「運動・食事・休養」が重要ですが，その理由を「発育」「発達」の言葉を使って答えなさい。

（　　　　　　　　　　　　　　　　）

月　日

テストに出る重要度 ★★★

2 生殖《せいしょく》機能の成熟

1 体の変化が起こる仕組み

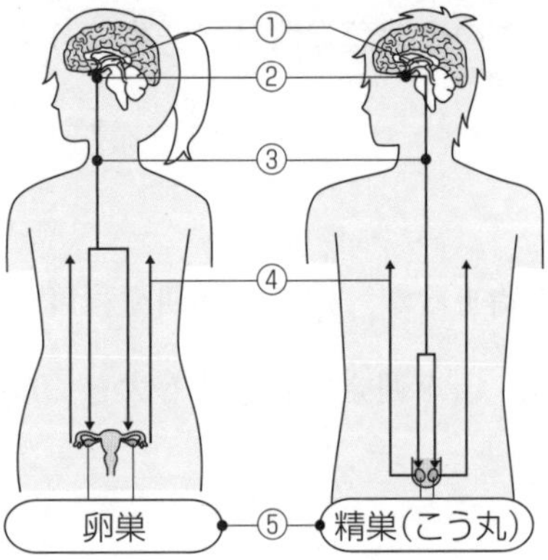

①

重要 ②

重要 ③

④

⑤

2 女子の排卵《はいらん》・月経の仕組み

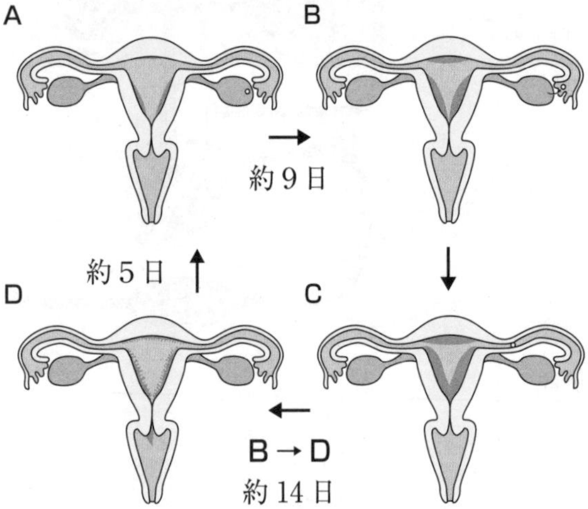

A. 重要 ⑥　　　　で**卵胞《らんほう》**が成熟し始め，子宮内膜《ないまく》が厚くなり始める。

B. 子宮内膜が十分厚くなったら，**卵胞**から，子宮へ**卵子**が出される。

C. ⑦　　　　（卵子と精子がくっつくこと）しなかった場合，**卵子**は体外に出される。

D. 子宮内膜が剥《は》がれて体外に出される。

3 男子の生殖器と射精の仕組み

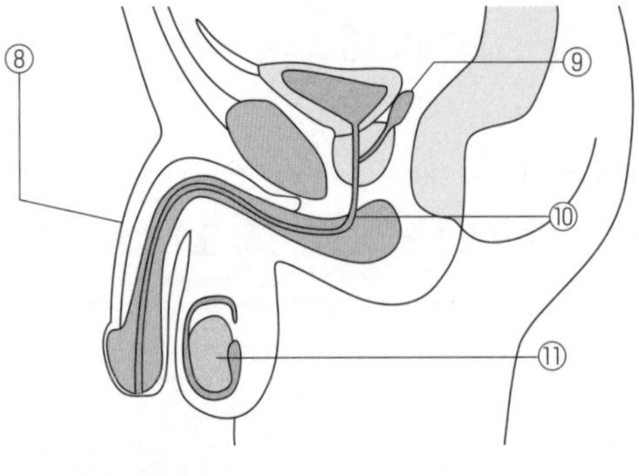

⑧

⑨

⑩

重要 ⑪

得点UPテクニック

精巣が発育（発達）すると，精巣の中で精子がつくられ，精のうや前立腺からの分泌液（粘液）と混ざって，精液となる。精液が尿道を通り，体の外に放出される現象を射精という。

よくまちがえるポイント　卵子は，およそ 28 日に 1 回定期的に体外に出される ……………（排卵）

得点アップ問題

4 **〔思春期の体の変化とホルモン〕** 次の①～⑥にあてはまる言葉を答えなさい。

生殖器の機能が発達するのは，だいたい（①　　　　　）の頃である。女子は（②　　　　　）から（③　　　　　）が，男子は（④　　　　　）から（⑤　　　　　）が分泌されるようになり，体つきにも変化が現れるが，時期や程度には（⑥　　　　　）がある。

5 **〔排卵と射精〕** 次の問いに答えなさい。

(1) 次の①～⑥にあてはまる数字を，下から選んで答えなさい。

卵母細胞（卵子のもと）は，誕生時に（①　　　　　）個あるが，思春期には（②　　　　　）個になる。このうち成熟して排卵されるのは，一生のうちに（③　　　　　）個程度である。

精子は，1度の射精で（④　　　　　）個射出されるが，卵子の周囲にたどり着けるのは（⑤　　　　　）個である。一生のうちでは約（⑥　　　　　）個つくられる。

［ 50～100　400～500　20万～40万　100万～200万　1億～6億　1兆5千億 ］

(2) 次の図の①～⑩にあてはまる言葉を答えなさい。

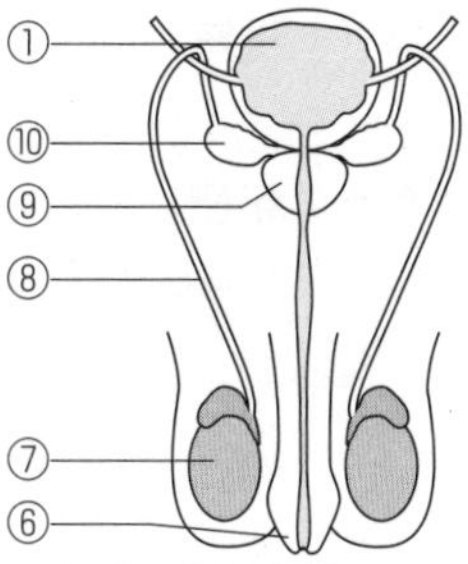

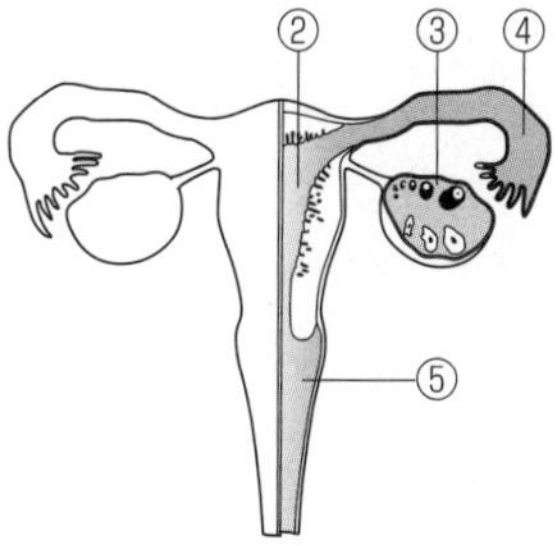

①（　　　　　）
②（　　　　　）
③（　　　　　）
④（　　　　　）
⑤（　　　　　）
⑥（　　　　　）
⑦（　　　　　）
⑧（　　　　　）
⑨（　　　　　）
⑩（　　　　　）

6 **〔性とどう向き合うか〕** 思春期の特徴を述べた次の文について，正しいものには○，まちがっているものには×を書きなさい。

① 異性への関心が高まり，特定の人と交際したいと思うようになる。（　　）
② インターネットやテレビなどの性情報は全て信用してもよい。（　　）
③ 友達に誘われたので，サイトで知り合った人と会ってもよい。（　　）
④ 自分の気持ちを一方的に押し付けないほうがよい。（　　）
⑤ 相手に嫌われないためにも，「嫌だ」と言わないほうがよい。（　　）
⑥ トラブルに巻き込まれたときは，身近な大人に相談したほうがよい。（　　）

3 心の発達

月　日
テストに出る重要度 ★★★

1 心の発達と大脳

心の成り立ちとしてあげられる3つの働き

重要 ①	言葉を使う，理解する，記憶する，考える，判断する　など	
重要 ②	感情	うれしい，悲しい，楽しい，怒り　など
	意志	行動を決める，目標に向かって行動しようとする心　など
重要 ③	自主性，協調性，責任感　など	

2 大脳の働き

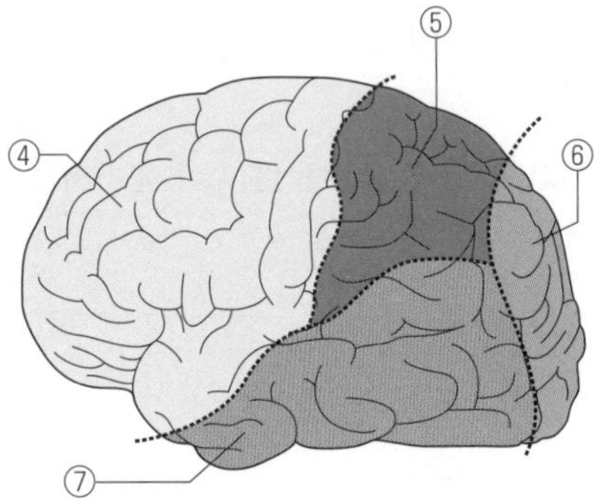

名称	④	働き	思考　意思　創造　抑制
名称	⑤	働き	感覚
名称	⑥	働き	視覚
名称	⑦	働き	記憶

3 自己形成

⑧［　　　　］になると，自分のことをみつめ，自分の可能性や能力，性格などを考えるようになる。また，他人からどう見られているかを気にしたり⑨［　　　　］するようになり，こうなりたいという気持ちから⑩［　　　　］と⑪［　　　　］の違いに悩んだりするようになる。

こうして悩んだり考えたりをくり返すうちに自分のいいところ，悪いところ，やりたいことなどが明確になって自分を認識していくことを，重要 ⑫［　　　　］という。このように，自分の行動や考え方が作られていくことを**自己形成**という。

得点UPテクニック

● **知的機能の発達**

「言葉を使う」「理解する」「記憶する」「考える」「判断する」「新しいことに対処する」などの働きをいう。「新しいことに対処する」能力は，年齢とともに発達し，青年期以降に緩やかに低下する。一方，知識や経験を基に対処する能力は，高齢まで維持されることを覚えておく。

よくまちがえるポイント　思春期になると，他者に認められたい感情が芽生えて，「自立」に向かい始める。親に反抗的になるが，「反抗」は「自立」への通過点でもある。

得点アップ問題

4〔**心と体の関わり**〕 次の①～⑤にあてはまる言葉を答えなさい。

中学生の時期は，さまざまな(①　　　　)が発達するとともに心と体も大きく変化する。環境や人間関係が大きく変化するときであるために，(②　　　　)や(③　　　　)を感じることが多くなりがちである。しかし，(②)や(③)に耐え，乗り越えていこうとすることによって，強くなる。また，心が(④　　　　)であるためには，(②)や(③)に(⑤　　　　)に対応することが大切である。

5〔**欲求不満への対処**〕 次の①～④にあてはまる言葉を，下から選んで答えなさい。

私たちの欲求は，全て満たされるわけではなく，むしろ(①　　　　)を感じることのほうが多い。

(①)を感じたとき，人は実現に向けて努力する。しかし，欲求を満たすために人に(②　　　　)をかけるようなことがあってはならない。

(③　　　　)を冷静にみつめる能力を身につけ，適切に(④　　　　)していくことが必要である。

〔 自分の気持ち　　迷惑　　欲求不満　　対処 〕

6〔**ストレスへの対処**〕 次の問いに答えなさい。

(1) ストレスへの対処法として適切でないものを選び，記号で答えなさい。 (　　)

ア 見方や考え方を変える。

イ ＳＮＳなどに書き込む。

ウ 趣味などで気分転換する。

エ 心身をリラックスさせる。

オ 信頼できる人に相談する。

(2) (1)で選んだものには，どのような点がよくないか。自分の言葉で書きなさい。

(　　　　　　　　　　)

7〔**欲　求**〕 次の**ア**～**オ**を，①生理的欲求と②社会的欲求に分けなさい。

①(　　　　)　②(　　　　)

ア 食事をしたい　**イ** 知識を得たい　**ウ** 人に好かれたい

エ 休みたい　**オ** 能力を発揮したい

4 環境《かんきょう》の変化と対応

月　日

テストに出る重要度 ★★

1 体の適応能力

周囲の気温に対して体の諸器官がそれに対応すること… ①

暑さに対して	寒さに対して
重要 ② が出る →体から熱を**逃がす**ため。	皮膚の ④ が収縮する →体から熱を**逃がさない**ため。
皮膚の ③ が広がる →熱を**発生させない**ため。	体が ⑤ →熱を**発生させる**ため。

2 暑さ・寒さとその調節

⑥	17 ～ 28℃
⑦	30 ～ 80%
気　流	0.5 m / 秒以下

暑さ・寒さの感じ方には，⑥ ，⑦ ，**気流**が関係している。⑥ が同じでも，⑦ が高いときは蒸し暑く感じ，気流(風)があれば涼しく，時には寒く感じることがある。人の体は暑いときに**汗**をかいたり，寒いときに**震**《ふる》**えて**熱をつくったりして体温を**保つ**ようにはたらく。これを ⑧ という。

重要 ⑨ とは，暑くも寒くもなく，活動するのに**最も適した温度の範囲**をいう。

3 熱　中　症

熱中症の症状	対　処　法
・めまいがする。 ・⑩ がつる。	涼しい場所に移動し水分や ⑪ を補給する。
・吐き気がする。	涼しい場所に移動し，体を冷やす。
・意識障害	

→意識がない場合はすぐに救急車を呼ぶ。

●**熱中症への対処**

A. ⑫ の確認
- 適切に応答するか。
- 言動におかしいところはないか。

→

B. 水分の摂取
- スポーツドリンクのほか，濃度が 0.1 ～ 0.2%の食塩水もよい。

→

その後，症状が改善するかを観察し，医療機関にも相談する。

よくまちがえるポイント　熱中症は症状の軽い順に熱失神(軽度)，熱けいれん(軽度)，熱疲労(中等度)，熱射病(重度)に分類される。

得点アップ問題

4〔**室内の空気の条件**〕 次の問いに答えなさい。

(1) 次の①～⑥にあてはまる言葉を答えなさい。

人が大勢いるような部屋（場所）では，息苦しさを感じることがある。このような場所では，呼吸による二酸化炭素が（①　　　　）ことに加え，気温や湿度が（②　　　　）し，ちりや（③　　　　），細菌などが増えている。

二酸化炭素濃度は，空気の（④　　　　）を知る指標となる。症状の例として，呼吸数や脈拍数の（⑤　　　　），頭痛，めまいなどがあげられ，これらは，（⑥　　　　）が不足している状態で，二酸化炭素濃度が高まっているといえる。

(2) 学校環境衛生基準では，空気中の二酸化炭素濃度はいくつ以下が望ましいとされていますか。

（　　　　）％以下

5〔**一酸化炭素**〕 次の問いに答えなさい。

(1) 一酸化炭素の発生源として考えらえるものを，下から３つ選んで答えなさい。

（　　　　）（　　　　）（　　　　）

〔練炭　エアコン　たばこの煙　アイロンの水蒸気　石油ストーブ〕

(2) 一酸化炭素が体内に入ったときの状態をまとめた次の①～③にあてはまる言葉を答えなさい。

赤血球中の（①　　　　）と結びつくため，体が（②　　　　）になり，一酸化炭素（③　　　　）を引き起こす。

(3) 一酸化炭素の特徴を答えなさい。

（　　　　）

6〔**換　気**〕 室内で燃焼させる暖房器具を使う場合，気をつけたいことを２つ選んで記号で答えなさい。

（　　）（　　）

ア 換気扇で強制的に換気する。
イ 掃除機をかける。
ウ 窓は閉めたままにする。
エ 弱い出力で使用する。
オ 温めたいものを器具のそばに置く。
カ メーカーを確認する。

5 水とごみの処理

月　　日

テストに出る重要度 ★★

1 体内での水の役割

①［　　　　］の調節	②［　　　　］の調整
・**汗**をかいて体温を下げる。 ・水分が不足していると，**熱中症**になる。	・**血液の濃度**を調整し，**酸素**や**栄養素**が適切に運ばれるように手助けをする。
③［　　　　］の運搬《うんぱん》	④［　　　　］の運搬
・老廃物を，**汗**や**尿**などとして体外に排出する。	・④［　　］や酸素を水に溶かして，細胞に運搬する。

2 水の役割とその利用

(1)　**体内の水分量**…体重の 重要 ⑤［　　～　　］%

(2)　**1日に排出する水の量**

・尿，便…　1.3 ～ 1.6 L

・呼吸，汗…0.9 ～ 1.2 L

合計　　　約 **2.5 L**

(3)　**1日に摂取する水の量**

・食事中の水分…**1.0 L**

・飲料… 重要 ⑥［　　　］ **L**

・体内で作られる水分…**0.3 L**

合計　　　約 **2.5 L**

↳人間が生命を維持するために必要な水分量である。

3 飲料水の確保

取水

浄水場

↳水を衛生的に問題のない状態に処理する。

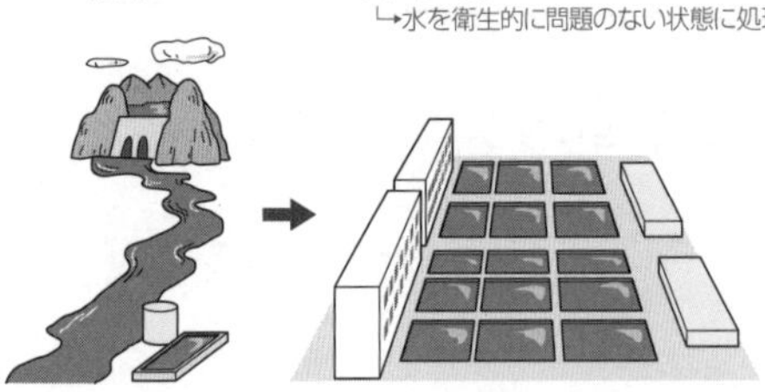

- A ⑦［　　　　］**池**
- ↓
- B ⑧［　　　　］**池**
- ↓
- C **消毒**
- ↓
- D ⑨［　　　　］

⇨ **各家庭・工場へ**

4 3 R

Reduce… 重要 ⑩［　　　　　］（減量・抑制）

↳物を使う量を減らしたり，長く使ったり，包装を断ったりする。

Reuse… 重要 ⑪［　　　　　］（再利用）

↳くりかえし使用する。

Recycle… 重要 ⑫［　　　　　］（再生利用）

↳資源として再生させ，再び利用する。

よくまちがえる ポイント　水は用途によって呼び方がある。飲料用，家庭の洗濯，入浴，炊事，水洗便所などに使われる生活用水。病院や公園などで使われる公共用水。農業や工業などで使われる産業用水など。

得点アップ問題

5〔生活排水の衛生的な処理〕 次の①～⑨にあてはまる言葉を答えなさい。

生活排水とは，（①　　　　　　　）から出される（②　　　　　　　）を含んだ水と，（③　　　　　　　）や風呂などから出される（④　　　　　　　）を合わせたものである。

水洗化された家庭から出される し尿を含んだ水の処理法	水洗化されていない家庭の し尿の処理法
下水道が完備されている地域 →（⑤　　　　　　　）	大部分は直接収集 →（⑥　　　　　　　）
下水道が完備されていない地域 →（⑦　　　　　　　） ＊し尿以外の（　④　）が，未処理のまま川や海に流されているところもある。	一部では （⑧　　　　　　　）投入， （⑨　　　　　　　）還元《かんげん》など

6〔水の役割〕 次の問いに答えなさい。

(1) 次の①～④にあてはまる数字を，下から選んで答えなさい。

人間の体の年齢別水分の割合は，新生児で約（①　　　　　　　）%，子どもでは約（②　　　　　　　）%である。また，脱水症状は体の水分の約（③　　　　　　　）%が失われると現れ，体の水分の（④　　　　　　　）%以上が失われると死亡する危険性が高まる。

［ 2　20　50～55　60～65　70　75（70～80）］

(2) 次の①～⑤にあてはまる言葉を，下から選んで答えなさい。

私たちは水分を，（①　　　　　　　）や飲み物から補給している。体の中の水分は，（②　　　　　　　）や栄養素(栄養物質)の運搬，汗による（③　　　　　　　），（④　　　　　　　）の排出などに使われ，（⑤　　　　　　　）のために重要な役割をしている。

［ 老廃物　酸素　食事　生命維持　体温調節　二酸化炭素 ］

7〔飲料水の確保〕 上水道の水はどのようにして供給されるか，「浄水場」「水質基準」という言葉をつかって答えなさい。

（　　　　　　　　　　　　　　　　　　　　　　　　　　）

6 交通事故の危険

月　日

テストに出る重要度 ★★★

1 傷害《しょうがい》の要因

重要 ①

A. ② の仕方
・ルールを守らない。
・注意事項を確認しない。
・危険な場所に行く。

B. ③ の状態
・あせって急いでいる。
・体調が万全でない。

事故や傷害の発生

重要 ④

C. ⑤ や設備
・暗い。　・滑りやすい。
・見通しが悪い。
・壊《こわ》れている。

D. ⑥ の条件
・風が強い。
・寒さで道が凍結《とうけつ》している。

2 傷害とその原因

● 10 ～ 14 歳の死亡原因と，事故死の内訳(2017 年)

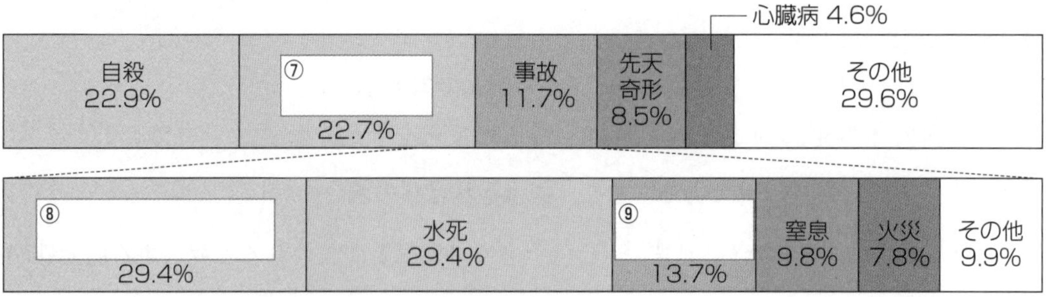

3 中学生の交通事故の現状

●交通事故の発生要因

13 ～ 15 歳の交通事故負傷者の状態別割合で最も多いもの→ 重要 ⑩

人的要因	環境要因	⑪
・安全確認を行わない。 ・2 人乗りなど，交通規則を守らない。	・天気が悪い。 ・道が狭く，死角が多い。	・ライトがつかない。 ・ブレーキがきかない。

得点UPテクニック

●自転車事故と賠償《ばいしょう》

自転車事故で加害者になった場合，賠償責任を負うことになる。そうならないためにも自転車安全利用五則などのルールを守って乗ることを心掛ける。万が一のことを考え，備え（保険）も大事である。

よくまちがえるポイント 自転車は，道路交通法では車両の一種であり規定が設けられている。自転車と歩行者の事故で，歩行者が死傷した場合など，未成年であっても数千万円の損害賠償が発生したこともある。

得点アップ問題

4 **〔安全な行動と危険予測〕** 次の①～⑥にあてはまる言葉を答えなさい。

（①　　　　　　）を守ることは，交通事故を（②　　　　　　）ことにもつながる。しかし，思いもよらないこともあるため，（③　　　　　　）または（④　　　　　　）の能力を身につけるよう日頃から努めることが大切である。

交通事故の（⑤　　　　　　）要因となりうる生活道路では，人を（⑥　　　　　　）した交通環境づくりが進んでいる。

5 **〔交通事故の防止〕** 次の問いに答えなさい。

(1) 右の図は，自動車と自転車が別々に通れるように設けられたゾーンである。これを何というか。

（　　　　　　）

(2) 自転車に乗車する前に大切なことは何か。また，その理由も答えよ。

大切なこと

（　　　　　　）

理由

（　　　　　　）

(3) 次の①，②にあてはまる言葉を答えなさい。

夜間，自転車で走行するときは，（①　　　　　　）を点灯し，（②　　　　　　）を身につける。

(4) あなたは図のように横断歩道を渡ろうとしています。手前の車道は渋滞していて車が停車しています。この道を渡るときに，どのような危険が予測されるか，答えなさい。

（　　　　　　）

6 **〔水難事故〕** 次の①～④にあてはまる言葉を，下から選び答えなさい。

海岸から沖へ向かう流れを，（①　　　　　　）という。もし流されたら，（②　　　　　　）こと。そのまま流れに乗っていくと，流れが弱くなっているところがあるので，（③　　　　　　）泳ぐ。（　①　）から抜け出せたら，（④　　　　　　）へ向かう。

［ 慌《あわ》てない　急ぐ　岸　沖　岸と平行に　岸に向かって　離岸流 ］

7 災害から身を守る

月　日

テストに出る重要度 ★★★

1 自然災害

自然災害の例	どのような被害が出るか
①	洪水，土砂崩《くず》れ，倒木《とうぼく》，河川の氾濫《はんらん》
②	家屋の浸水，道路の冠水《かんすい》，河川の氾濫

2 地震による一次災害と二次災害

●地震の発生

重要 ③　　の例

家屋の ④

家具の ⑤ や落下

道路の ⑥

重要 ⑦　　の例　→この他に，地盤の液状化，地割れなどが二次災害としてあげられる。

⑧

⑨

⑩

3 普段からの備え

(1) **普段から話し合っておくこと**

A．⑪　　の確認。

B．災害時の連絡のとりかた。

(2) **普段から準備しておくもの**

A．家具などの ⑫　　や器物の落下防止。

B．水や食料の備蓄，非常用持出袋の用意。

得点UPテクニック

●災害時の連絡手段

災害時には電話がかかりにくくなるため，安否を確認するための次のようなサービスを活用する。

◎災害用伝言ダイヤル「171」

◎災害用伝言板（各電話会社，web171）

◎SNS

よくまちがえるポイント　警報，注意報が発令された場合，注意報でも災害に備え，早めに避難《ひなん》準備をすることが望ましい。特に，津波注意報が発令されてから海岸に様子を見に行くようなことは絶対にしないこと。

得点アップ問題

4〔自然災害〕 次の①～⑥にあてはまる言葉を答えなさい。

日本での自然災害には，予知が困難な（① ）や，大雨・大雪・海水温の影響で勢力が強まる（② ）などがある。しかし，近年では突然の大雨いわゆる（③ ）や火山の（④ ），竜巻なども多くなっている。発生した際には，テレビやラジオなどで正しい（⑤ ）を得るとともに，身に危険がおよびそうなときは（⑥ ）するなど，状況に応じた行動をとるよう心掛ける。

5〔自然災害発生時の行動〕 次の問いに答えなさい。

(1) 地震が発生した直後，どのような行動をとればよいか，選んで記号で答えなさい。 （ ）

ア すぐに外に出て危険を知らせる。

イ テレビやラジオで情報を入手する。

ウ 机などの下に隠れて，頭を保護する。

(2) 次の①～④にあてはまる言葉を答えなさい。

近年，日本では自然災害が頻発《ひんぱつ》している。中でも2016年の（① ）では，最大震度7の地震が2度も襲った。また，記憶に新しいのは，2011年3月に起こった（② ）である。この地震では，広い範囲に（③ ）警報が発令される事態となった。その後大きな（ ③ ）が押し寄せ，多くの被害を出した。河川や海の近くにいるときは，できるだけ早く高台や高いビルの上のほうへ避難し，決して海や川の様子を見に行ってはいけない。

（④ ）が被害を大きくすることもあるため，防止するためにも，日頃からの備えが大切といえる。

6〔自然災害による傷害の防止〕 次の問いに答えなさい。

地震による傷害を防止するには，どんなことを心掛けたらよいか。

（ ）

7〔災害への備え〕 イラストのような器具をつけることによって，どのような効果が得られるか。

（ ）

8 健康な生活

1 健康の成り立ち

健康は，**主体の要因**と，**環境の要因**が関係して成り立っている。

主体の要因

重要
◆ ①

年齢，性別，免疫，遺伝。

◆ ② 　　　　　や行動

運動，食事，睡眠。
喫煙・飲酒の習慣。

→免疫の働きも主体の要因である。

環境の要因

◆ ③ 　　　　　環境の要因

温度，湿度。

◆ ④ 　　　　　環境の要因

有害化学物質，放射線。

◆ ⑤ 　　　　　環境の要因

細菌，ウイルス，動物，植物，昆虫。

◆ ⑥ 　　　　　環境の要因

家庭や地域との関係，医療機関の充実。

2 世界保健憲章《けんしょう》

(1) **WHO**（World Health Organization）…重要 ⑦

(2) 世界保健憲章の前文の中で，健康について，「⑧ 　　　　　，精神的および ⑨ 　　　　　に完全に**良好な状態**であって，単に病気でないとか**病弱でない**ということではない」と定義している。

3 運動の効果

(1) **脳**
緊張や，⑩ 　　　　　を和らげる。

(2) **心臓**
重要 ⑪ 　　　　　が多くなる。

(3) ⑫ 　　　　　
太く長くなる。

得点UPテクニック

●**運動の効果と必要性**

中学生の時期は，運動能力，特に持久力をあげるのに適した時期である。運動にはストレスを和らげるなど精神的にもよい効果がある。勉強だけしている人よりも，1日の運動量が多い人の方が学力テストの得点が高いなどの研究結果がある。

よくまちがえるポイント 骨や関節がいちじるしく発達する中学生の時期に，負荷のかかりすぎる運動を繰り返し行っていると，スポーツ障害を起こすこともあるので，注意しながら行う。

得点アップ問題

4〔**健康づくりのための運動の行い方**〕 次の①〜⑤にあてはまる言葉を答えなさい。

健康づくりのための運動の３つの条件は，（① ），（② ），（③ ）である。これらの条件と運動以外の生活とのバランスを考え，運動の（④ ），強さ，（⑤ ），頻度《ひんど》を決めて行うとよい。

5〔**多くの食品を組み合わせた食事**〕 次の問いに答えなさい。

(1) ①〜⑦にあてはまる言葉を，下から選んで答えなさい。

◆栄養素が不足した場合に起こる障害

（ ① ）	貧血が起こる。（ ② ）が弱くなり，体力が低下する。
カルシウム	骨や（ ③ ）がもろくなり，発育不良が起こる。
（ ④ ）	貧血が起こる。顔色が悪くなる。
（ ⑤ ）	視力が低下する。抵抗力が弱くなる。

◆栄養素を取りすぎた場合に起こる障害

脂肪	肥満。動脈硬化。（ ⑥ ）。
ナトリウム	（ ⑦ ）

①（ ） ②（ ）
③（ ） ④（ ）
⑤（ ） ⑥（ ）
⑦（ ）

〔 鉄 高血圧 ビタミンA たんぱく質 筋肉 歯 大腸がん 〕

(2) 「地産地消」のよい点について説明しなさい。

（ ）

(3) 右の図の①〜③にあてはまる言葉を答えなさい。

①（ ）
②（ ）
③（ ）

6〔**食生活と健康**〕 次の文を読み，正しいものを選んで記号で答えなさい。 （ ）

ア 塩分の取りすぎは，大人になってから気をつければよい。

イ 夕食を食べすぎた翌日は，朝食を抜いてもよい。

ウ 食生活の乱れは，健全な発育や発達を阻害する。

エ ダイエットしたいので，１日２食にしている。

オ 大好きなインスタント食品を，毎日食べている。

9 喫煙《きつえん》・飲酒・薬物

月　日

テストに出る重要度 ★★★

1 喫煙と健康

①［　　　］が低下する。

②［　　　］への負担が増す。

③［　　　］が減退する。

頭痛・めまい・④［　　　］

⑤［　　　］・運動能力の低下

肌荒《はだあ》れ・発汗《はっかん》

得点UPテクニック

妊娠している女性が喫煙したり，周りに喫煙する人がいることで受動喫煙すると，たばこに含まれる有害な物質が胎児の体に入る。すると，胎児の発育に悪影響を及ぼしたり，早産のリスクが高くなる。

2 飲酒と健康

→一度に大量のアルコールを摂取することで，アルコールの急性中毒の症状が現れることがある。

血中アルコール濃度(%)	酔《よ》いの状態と心身への影響《えいきょう》
0.02～	・さわやかな気分になる。　・皮膚《ひふ》が赤くなる。 ・判断力が少しにぶくなる。
0.05～	・⑥［　　　］が速くなり，体温が上がる。
0.15～	・立ち上がるとふらつき，⑦［　　　］が大きくなる。
0.16～	・⑧［　　　］がする。　・千鳥足《ちどりあし》になる。
0.31～	・意識がもうろうとなり，まともに立てない。
0.41～0.50	・意識がなくなり，⑨［　　　］する。

3 薬物乱用の悪循環《あくじゅんかん》

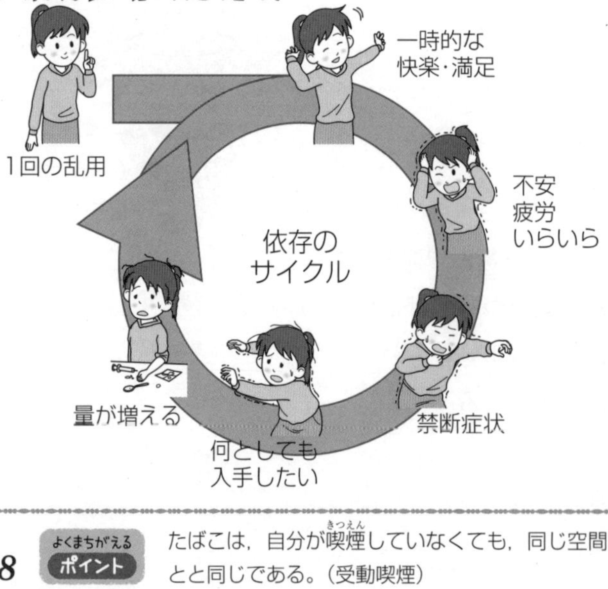

薬物を使いたいという欲求に襲《おそ》われる。

重要
→薬物の⑩［　　　］。

⇩

⑪［　　　］や妄想《もうそう》に支配される。

重要
→薬物の⑫［　　　］。

よくまちがえるポイント　たばこは，自分が喫煙《きつえん》していなくても，同じ空間で喫煙している人がいると，その煙《けむり》を吸っていることと同じである。（受動喫煙）

得点アップ問題

4 〔たばこの有害物質〕 次の問いに答えなさい。

(1) 次の①～⑥にあてはまる言葉を下から選んで答えなさい。

たばこの煙《けむり》に含《ふく》まれている（① ）は，（② ），タール，（③ ）など（④ ）種類以上といわれている。その内の，（⑤ ）種類以上には（⑥ ）が含まれている。

〔 10　60　200　ニコチン　有害物質　二酸化炭素　一酸化炭素　発がん性物質 〕

(2) たばこの煙について，①，②の煙の名称を答えなさい。

①（ ）

②（ ）

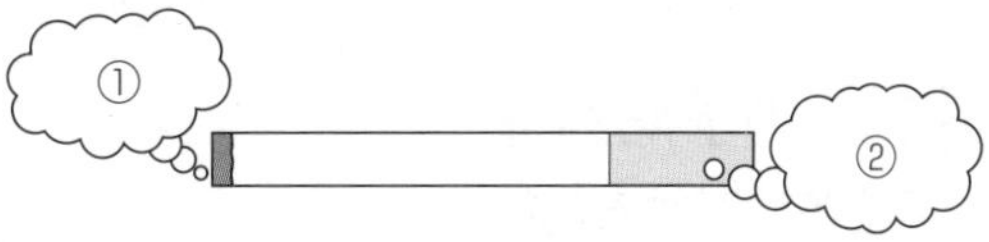

5 〔薬物乱用の害〕 次の①～⑨にあてはまる言葉を答えなさい。

覚醒剤《かくせいざい》を乱用すると，初めのうちは気分がよくなるが，（① ）と激しい（② ）や（③ ）などに襲われる。大麻《たいま》の乱用は，（④ ）に異常をきたし，（⑤ ）や（⑥ ）が現れたりする。

また，大麻をくり返し使用すると，男性では（⑦ ）の減少，女性では（⑧ ）など，性機能に（⑨ ）が起こることもある。

6 〔飲酒と心身への影響《えいきょう》〕 酒の主成分であるアルコール（エチルアルコール）が，脳や神経の働きに影響を与え，低下させるものを３つ答えなさい。

（ ）（ ）（ ）

7 〔未成年者の飲酒の害〕 未成年者の飲酒が法律で禁止されている理由を答えなさい。

（ ）

8 〔体への影響〕 たばこや酒，薬物などを，やめたくてもやめられない状態を何というか。

（ ）

10 感染症《かんせんしょう》と医療品《いりょうひん》

月　日

テストに出る重要度 ★★

1 感染と発病

感染経路	病　名	病原体
重要 ① ＿＿＿ 感染 ↳咳やくしゃみなどのしぶきを吸いこむことで感染する。	**インフルエンザ**	インフルエンザウイルス
	風しん	風しんウイルス
重要 ② ＿＿＿ 感染 ↳咳やくしゃみなどで空気中にウイルスが空気中に飛び散ったものの水分が蒸発し，微粒子となって感染する。	**麻しん**	麻しんウイルス
	結核	結核菌
重要 ③ ＿＿＿ 感染 ↳ウイルスや菌に汚染されたものを飲食すること，また，感染者の吐しゃ物などに接触し，それが口内などに入ることによって感染する。	**ノロウイルス感染症**	ノロウイルス
	コレラ	コレラ菌

2 感染症の予防対策

(1) **感染源に関する対策**

④ ＿＿＿ をかける。

⑤ ＿＿＿ にあてる。

(2) **感染経路に関する対策**

⑥ ＿＿＿ をする。

手洗い・うがいをする。

(3) **抵抗力に関する対策**

十分な ⑦ ＿＿＿ 。

栄養のある ⑧ ＿＿＿ 。

⑨ ＿＿＿ をつける。

⑩ ＿＿＿ を受ける。

得点UPテクニック

● 感染症の予防

私たちの体には，病原体への抵抗《ていこう》力（対抗《たいこう》する力）が備わっている。その1つが免疫《めんえき》である。感染症を予防するには，日頃からの習慣（手洗い・うがい・食事・休養・予防接種・換気《かんき》など）に加え，消毒や殺菌をすることも効果的である。

3 性感染症

病　名	病原体	症　状
⑪ ＿＿＿ **感染症**	クラミジア・トラコマチス	女性：無症状が多い。腹膜炎。 男性：尿道からのうみ。排尿痛。
りん菌《きん》感染症	⑫ ＿＿＿	

よくまちがえるポイント 予防接種とは，その病原体の毒性を弱めたものなどを人体に注射することにより，体に免疫《めんえき》をつける行為。

得点アップ問題

4 **〔感染症と病原体〕** 次の問いに答えなさい。

(1) 次の①～⑥にあてはまる言葉を答えなさい。

病原体とは，病気を引き起こす(①　　　　　　)のことをいう。病原体が(②　　　　　　)や動物などから人の体に侵入し，増え始めると(③　　　　　　)したことになる。その後，体に異常が現れると(④　　　　　　)したといい，そのような病気のことを(⑤　　　　　　)という。感染しても，発病しない場合や(⑥　　　　　　)を経てしばらくしてから発病したりすることもある。

(2) インフルエンザウイルスについて，正しいものを選んで記号で答えなさい。(　　)

ア 高温乾燥の状態に弱く，その状態でウイルスの生存率が低下する。
イ 高温多湿の状態に弱く，その状態でウイルスの生存率が低下する。
ウ 低温乾燥の状態に弱く，その状態でウイルスの生存率が低下する。
エ 低温多湿の状態に弱く，その状態でウイルスの生存率が低下する。

5 **〔性感染症とその予防〕** 次の問いに答えなさい。

(1) 次の①～④にあてはまる言葉を答えなさい。

性感染症とは，感染経路が(①　　　　　　)で，感染者の(②　　　　　　)や体液などに含《ふく》まれる(③　　　　　　)に感染する病気のことをいう。近年，代表的な性感染症に，(④　　　　　　)がある。

(2) 次の①～⑩にあてはまる言葉を，下から選んで答えなさい。

性感染症にかからないためには，(①　　　　　　)をしないことが最も有効である。一度感染すると，自然に(②　　　　　　)ので，(③　　　　　　)で専門医による治療が必要である。治療を受けずに放置していると，(④　　　　　　)や子宮，卵管などに(⑤　　　　　　)を起こし，(⑥　　　　　　)や子宮外妊娠の原因になることがある。また，性感染症に感染した女性が(⑦　　　　　　)すると，(⑧　　　　　　)も感染し，(⑨　　　　　　)や早産の(⑩　　　　　　)にもなりうる。

〔医療機関　妊娠　原因　出産　治ることはない　尿道　性的接触
胎児　不妊　外科医　炎症　流産〕

6 **〔医薬品の正しい使い方〕** 医師から処方された薬を，医師の指示や注意書きに従って使用する理由を答えなさい。

(　　　　　　　　　　　　　　　　　　)

11 スポーツへの関わり

月　日

テストに出る重要度 ★

---

1 運動やスポーツの種類

①［　　　　］に挑戦《ちょうせん》する

②［　　　　］に挑戦する

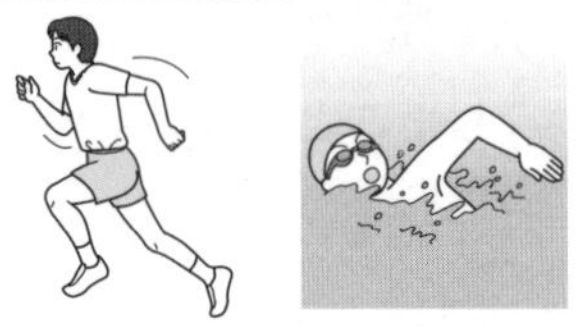

表現する

③［　　　　］と競争する

健康や体力を養う

(1)　日本では，国内のスポーツを活発にするために ④［　　　　］ という法律が作られた。スポーツとは ⑤［　　　　］ の他に ⑥［　　　　］ として，ダンスやキャンプや登山などの ⑦［　　　　］，ストレッチ，柔軟体操まで含《ふく》まれる。

(2)　国連教育科学文化機関（UNESCO《ユネスコ》）の体育およびスポーツに関する ⑧［　　　　］ 第１条で，「体育・身体活動・スポーツの実践は，すべての人の ⑨［　　　　］ である」と定められている。

2 スポーツの学び方

スポーツを行うときの，目的にあった合理的な体の動作。

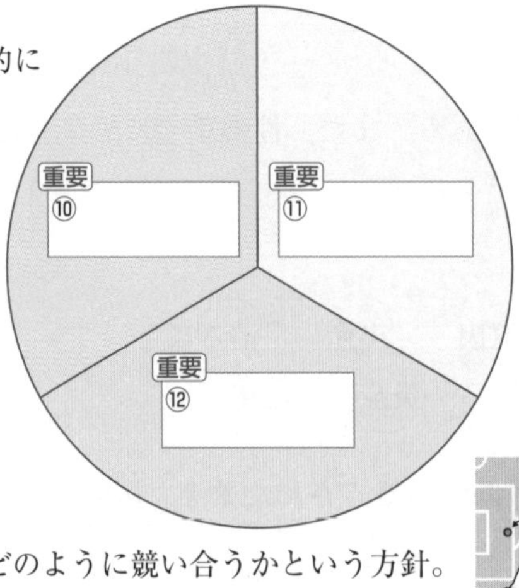

相手と競い合うときの，相手の特徴や，その場面に合わせたプレイの仕方。

相手とどのように競い合うかという方針。

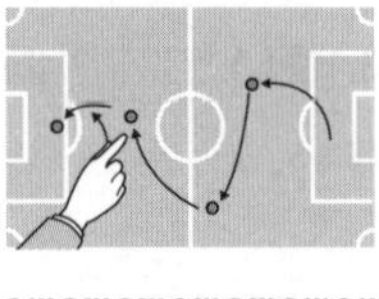

よくまちがえるポイント　生涯にわたって健康の維持・増進を目的にスポーツと関わり，楽しむことを大切にする考え方を，生涯スポーツという。

得点アップ問題

3〔**スポーツを見ること**〕 次の①～⑤にあてはまる言葉を答えなさい。

スポーツの楽しみ方には，スポーツが実際に行われている（①　　　　　　　）へ行って（②　　　　　　　）したり，（③　　　　　　　）などのメディアを通して見たりする方法がある。近年では，（　①　）以外で集まって大型の映像装置などで（　②　）する（④　　　　　　　）や，インターネット上で情報を共有する（⑤　　　　　　　）という方法もある。

4〔**スポーツへの多様な関わり方**〕 次の問いに答えなさい。

(1) 次の①～⑧にあてはまる言葉を，下から選んで答えなさい。

スポーツを通じて幸福で（①　　　　　　　）を営むことは，（②　　　　　　　）の権利であり，全ての国民がその自発性の下に，各々の（③　　　　　　　），適性等に応じて，安全かつ公正な環境の下で（④　　　　　　　）にスポーツに（⑤　　　　　　　），スポーツを（⑥　　　　　　　），又はスポーツを（⑦　　　　　　　）活動に参画することのできる機会が（⑧　　　　　　　）されなければならない。

（「スポーツ基本法」前文より抜粋）

〔確保　関心　全ての人々　定期的　日常的　支える　親しみ　豊かな生活　楽しみ〕

(2) スポーツは，いろいろな役割や関わり方をする人によって支えられているが，どのような場所で，どのような人が関わっているか。簡単に答えなさい。

（　　　　　　　　　　　　　　　　　　　　　　　　　　）

5〔**スポーツの学び方**〕 次の(1)～(4)を読んで，あてはまる言葉を答えなさい。

(1) 目的にかなった合理的（最も適切）な体の動かし方のこと。

（　　　　　　　　）

(2) 作戦を成功させるために選択するプレイの技術。

（　　　　　　　　）

(3) 相手やその日の条件で決める戦い方の方針。

（　　　　　　　　）

(4) ダンスなどで，テーマや感情などを表すこと。

（　　　　　　　　）

12 スポーツを行う前に

月　日

テストに出る重要度 ★★

1 運動やスポーツのもたらす効果

運動

→ 身体への影響

(1) **身体能力の向上**

→筋線維とは，筋肉を構成しているもののこと。

・**筋肉**…**筋繊維**《きんせんい》が太くなる。

・**骨**…骨の 重要 ①［　　　　］ が高くなる。骨粗鬆症《こつそしょうしょう》になりにくくなる。

・**肺，心臓**(呼吸器・循環器)…取りこむことのできる空気の量が多くなる。

重要 ②［　　　　］ も新たに作られる。

・**脳，神経**…柔軟性の向上，巧《たく》みな動きの向上につながる。

(2) **肥満**や 重要 ③［　　　　］ の防止

→ 心への影響

(3) A.「やりとげた」という 重要 ④［　　　　］ の獲得。

B. Aの積み重ねや，技術を身につけることで**自信**が持てる。

C. Bの獲得により，さらに挑戦《ちょうせん》しようという**意欲**につながる。

(4) 不安やストレスからの解放→ 重要 ⑤［　　　　］ することができる。

(5) **ルール**や**マナー**を学ぶことで，フェアプレイの精神が養われる。

(6) 仲間との協力や協調を通して，よりよい**人間関係**を築くことに役立つ。

2 新体力テスト

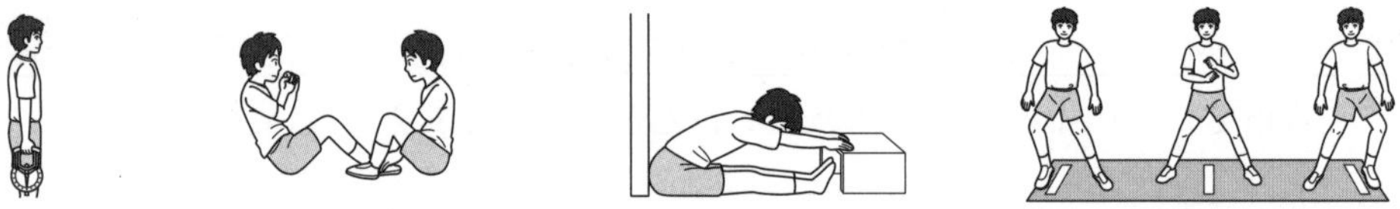

項目	⑥	⑦	⑧	反復横とび
要素	筋力	筋力 筋持久力	柔軟性	敏しょう性

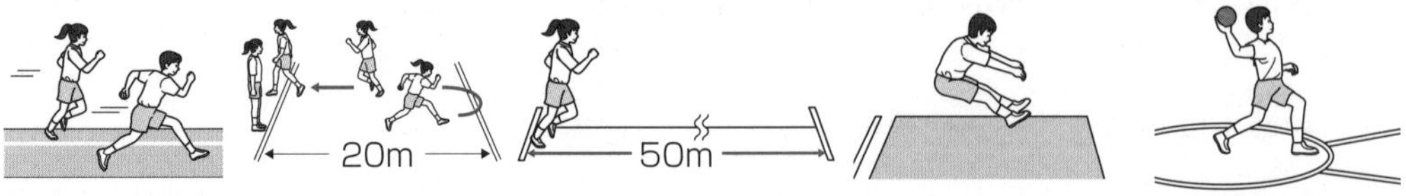

項目	⑨	20m シャトルラン	⑩	⑪	ハンドボール投げ
要素	全身持久力		スピード	瞬発力	巧緻《こうち》性 瞬発力

→持久走とシャトルランは，どちらかを選択する。

よくまちがえるポイント　スポーツなどで負ったけがなどの応急手当の基本としてＲＩＣＥ法(Ｒ＝Rest：安静にする，Ｉ＝Ice：冷やす，Ｃ＝Compression：圧迫する，Ｅ＝Elevation：高くする)がある。

得点アップ問題

3〔スポーツと社会性〕 次の①～⑨にあてはまる言葉を答えなさい。

運動やスポーツを（①　　　　　）に楽しく行うためには，（②　　　　　）を守ること，自分のチームや相手に対しての（③　　　　　）を身につけることが必要である。さらに，仲間と（④　　　　　）してプレイするためには（⑤　　　　　）をとったり，お互いに（⑥　　　　　）ことも必要である。このように，他人を（⑦　　　　　）する態度や（⑧　　　　　）のことを（⑨　　　　　）という。

4〔野外活動の安全な行い方〕 次の問いに答えなさい。

(1) 海や川の危険について，次の①～⑤にあてはまる言葉を，下から選んで答えなさい。

海は，風や地形などで（①　　　　　）が変化する。

また，（②　　　　　）や（③　　　　　）により水温が異なる。（④　　　　　）や岩場では，石や貝がら，（⑤　　　　　）やコケなどに注意する。

〔 水底　水深　潮の流れ　藻　場所 〕

(2) 山の危険について，次の①～⑥にあてはまる言葉を答えなさい。

山の天気は，（①　　　　　）や雨など（②　　　　　）が急に変わることがあるので気をつける。また，山頂とふもと，昼夜の（③　　　　　）も大きい。気温は標高が（④　　　　　）m高くなると（⑤　　　　　）度下がる。落石や（⑥　　　　　）の危険もある。

(3) 野外でスポーツを行うときについて，次の①，②のような場面ではどのような危険が考えられるか。

①

②

①（　　　　　　　　　　　　　　　　）

②（　　　　　　　　　　　　　　　　）

5〔運動後の注意〕 運動の後に，クーリングダウン（クールダウン）を行う理由を答えなさい。

（　　　　　　　　　　　　　　　　）

13 スポーツと文化

月　日

テストに出る重要度 ★★

1 運動やスポーツを行う理由

◆ スポーツがもたらす価値（2017年）

＊18歳《さい》以上に対する調査，上位8項目《こうもく》，複数回答。

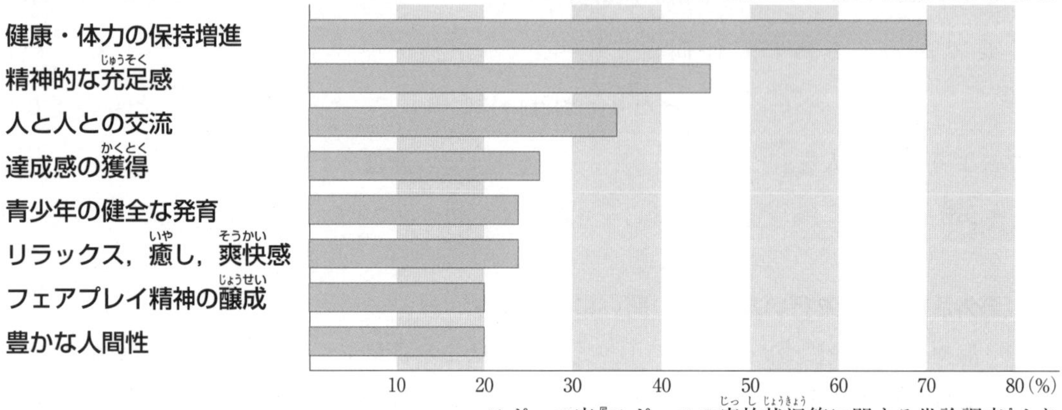

スポーツ庁『スポーツの実施状況《じっしじょうきょう》等に関する世論調査』より

2 スポーツ基本法

スポーツは，世界共通の（①　　　　）である。

スポーツは，心身の（②　　　　），健康及び体力の保持増進，精神的な（③　　　　）の獲得，（④　　　　）その他の精神の涵養《かんよう》等のために個人または集団で行われる運動競技その他の身体活動であり，今日，国民が（⑤　　　　）にわたり心身ともに健康で（⑥　　　　）な生活を営む上で（⑦　　　　）のものとなっている。

（『スポーツ基本法』前文より抜粋）

3 オリンピックの理念・オリンピズム

近代オリンピック

◆ 提唱者

重要 （⑧　　　　　　　　）

◆ 第１回オリンピック競技大会

（⑨　　　　）年　**アテネ大会**

参加国数（⑩　　）

→アメリカ・イギリス・オーストラリア・オーストリア・キプロス・ギリシャ・スイス・スウェーデン・チリ・デンマーク・ドイツ・ハンガリー・フランス・ブルガリアが参加した。

◆ 五つの輪を組み合わせたマーク

（⑪　　　　　　　　）

得点UPテクニック

● オリンピックの周期

古代に行われていた競技会を参考にして始められており，「オリンピアード」という４年間を１周期とする古代の暦《こよみ》の単位で開催《かいさい》されていたため，という説が有力である。起源は紀元前９世紀の古代ギリシャである。

よくまちがえるポイント　「パラリンピック」という言葉は，「Parallel《パラレル》（もう１つの）なオリンピック」という意味である。

得点アップ問題

4〔現代生活におけるスポーツの文化的意義〕　次の①～④にあてはまる言葉を答えなさい。

スポーツは若者だけが楽しむものではなく，だれもが，どこでも，生涯にわたり，その人の(①　　　　　　)や(②　　　　　　)に合わせて(③　　　　　　)を大事にするという考え方を(④　　　　　　)という。
(　④　)は，自分に合ったスポーツを見つけ，無理なく前向きに関わっていくことで，一生スポーツを楽しむ，ということである。

5〔国際的なスポーツ大会〕　次の問いに答えなさい。

(1)　近代オリンピックを提唱した人物の名前を答えなさい。

(　　　　　　)

(2)　次のオリンピック(夏季)の開催都市を下から選んで答えなさい。(2度使うものもある。)

①　1896年(第1回)　(　　　　　　)
②　1964年(第18回)　(　　　　　　)
③　2000年(第27回)　(　　　　　　)
④　2004年(第28回)　(　　　　　　)
⑤　2008年(第29回)　(　　　　　　)
⑥　2016年(第31回)　(　　　　　　)

〔リオデジャネイロ　アテネ　シドニー　東京　長野　北京《ペキン》　バルセロナ〕

(3)　下記は,『オリンピック憲章』の根本原則の2項です。①～④にあてはまる言葉を答えなさい。

オリンピズムの目標は，スポーツを人類の(①　　　　　　)のとれた発達に役立てることにあり，その目的は，人間の(②　　　　　　)保持に(③　　　　　　)を置く，(④　　　　　　)を推進することにある。

6〔オリンピック〕　オリンピック・シンボルの5つの輪には，どんな意味があるか書きなさい。

(　　　　　　)

14 体つくり運動

月　日

テストに出る重要度 ★★

1 体つくり運動

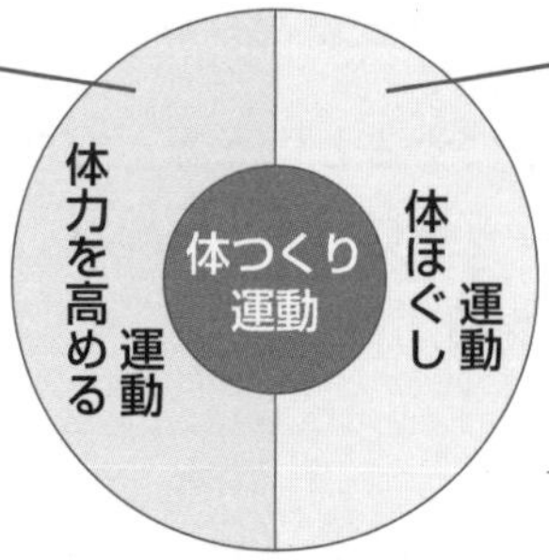

ねらい

- 体の柔らかさの向上
- 力強い動きの向上
- 動きを持続する能力の向上
- たくみな動きの向上

ねらい

- 体や心の状態に気づく
- 体の調子を整える
- 友だちと交流する

→小学校中学年までは，「体力を高める運動」と「体ほぐし運動」に，「多様な動きをつくる運動」を加えて「体つくり運動」となっている。

● 体力を高める運動の例

(1) **体の柔らかさの向上を目指す運動**

柔軟体操

ストレッチ

→このほかに，マッサージや大縄跳び・ボール送りもこれにあたる。

• ① ＿＿＿＿ がよくなり，② ＿＿＿＿ や ③ ＿＿＿＿ に役立つ。

(2) **力強い動きの向上を目指す運動**

④ ＿＿＿＿　⑤ ＿＿＿＿

→無理のない ⑥ ＿＿＿＿ でくり返す。

得点UPテクニック

● 柔軟体操
弾みをつけ，負荷をかけて体を伸ばす動き。

● ストレッチ
弾《はず》みをつけないで，ゆっくりと伸ばす動き。息を吐《は》きながら行うと効果的。

(3) **動きを持続する能力の向上を目指す運動**

⑦ ＿＿＿＿　⑧ ＿＿＿＿

• ⑨ ＿＿＿＿ を体内に取り入れながら長時間行うこれらの運動は，⑩ ＿＿＿＿ と呼ばれる。

(4) ⑪ ＿＿＿＿ **の向上を目指す運動**

ボールを使った運動

バランス運動

• タイミングよく，バランスをとって，リズミカルに動くことを目指す。

得点UPテクニック

● 有酸素的運動
ある程度の負荷をかけて，長時間行う運動なので長距離走は有酸素的運動になるが，短距離走はならない。

● 負　荷
意図的に加える運動の強度のこと。

よくまちがえるポイント

体ほぐし運動の3つのねらい　①体や心の状態に気づく　②体の調子を整える　③友だちと交流する
自分の心や体の調子を整える効果があり，点数などにこだわらずに楽しむことができる。

得点アップ問題

2〔**体つくり運動の効果**〕 次の目的のためには，どのような体操を行うと効果的か。下から選んで，記号で答えなさい。

(1) 健康を維持したい。（　　）

(2) 姿勢をよくしたい。（　　）

(3) 体の動きを持続する能力を高めたい。（　　）

(4) 力強い動きを高めたい。（　　）

(5) 体の柔軟性を高めたい。（　　）

〔**ア** ラジオ体操　**イ** トレーニング体操
ウ エアロビクス　**エ** 矯正体操　**オ** ストレッチ体操〕

復習のポイント

体つくり運動

体ほぐし運動と体力を高める運動から構成される。

・**体ほぐし運動**は，だれにでもできるいろいろな運動を友だちと楽しみながら行い，心と体の状態に気づいたり，体の調子を整えたりする。

・**体力を高める運動**は，スポーツをしたり，健康に生活するための体力を直接高めるために行う。

3〔**体ほぐし運動**〕 次の説明にあてはまる体ほぐし運動を，下の図から選んで，記号で答えなさい。

(1) 用具を使わず，みんなでコミュニケーションをとる運動。（　　）

(2) 2人組で用具を使った運動。（　　）

(3) 1人または3人以上で風船やボールなどの用具を使った運動。（　　）

ア

腰につけたタオルを取り合う。

イ

前の人に合わせてリズム体操。

ウ

体の各部でフラフープを回す。

エ

ころがる下の人の上を進む。

オ

新聞紙を使ってボールを運ぶ。

カ

棒を取り合う。

15 器械運動 ①マット・鉄棒

月　日

テストに出る重要度 ★★

1 マット運動

①　　　系	接転技	前転
		後転
	ほん転技	倒立回転・倒立回転跳び
		②
巧技《こうぎ》系	③　　　技	片足平均立ち
		倒立

得点UPテクニック

- **開脚前転**
  回転したら，足がマットにつく直前に開く。
- **倒　立**
  両手は肩幅くらいに開き，目線は前方にする。
- **側方倒立回転**
  上体を4分の1ひねりながら手をつき，両手両足が一直線上を移動するようにする。

(1) ④

⑤　　　をしっかりして足がマットにつく直前に足を ⑥　　　。両手と足でマットを押し，⑦　　　を浮かせて ⑧　　　立ちをする。

(2) ⑨

前転の最後に ⑩　　　を遠くに伸ばしながら，**足**と**手**を同時につくようにマットを押し，⑪　　　をのばしたまま伸び上がるように立つ。

よくまちがえるポイント　**倒立前転**　倒立では，両手は肩幅くらいに開き，目線はやや前方にする。→倒立から重心をゆっくり前方に移す。→頭を両手の指先より前につき，後頭部，首，背中，腰の順にマットにつける。

得点アップ問題

2〔**マット運動**〕 次の問いに答えなさい。

(1) **A**, **B** の技の名称を答えなさい。

A

(　　　　　　　　　　　　)

B

(　　　　　　　　　　　　)

(2) 次の文から, (1)の **B** の技を行うときの注意点を述べたものを選んで, 記号で答えなさい。 (　　　)

ア 両足で踏み切る。

イ 片足で踏み切る。

ウ 腰を 90 度くらいに曲げる。

エ 足を振りあげ, 腰を曲げない。

オ 後から着く手の指先に注意する。

ここに注目

頭はね起きでは, 尻が前に傾いたら腕とひじを勢いよく前方へのばす。それから, 前に転がらないように手と頭で体を支えるようにする。最後は, ブリッジですばやく起きあがる。

3〔**鉄　棒**〕 次の問いに答えなさい。

(1) 次の連続技のまわり方, おり方のそれぞれの名称を答えなさい。

まわり方(　　　　　　　　)　おり方(　　　　　　　　)

(2) この連続技のおり方の注意点について, ①, ②にあてはまる言葉を答えなさい。

鉄棒の握《にぎ》り方は, (① 　　　　　　　)にする。バランスをとりながら, (② 　　　　　　　)側の足をぬいておりる。

16 器械運動　②平均台・とび箱

月　日

テストに出る重要度 ★★

1 平　均　台

(1) **片足ターン**

(2) **前方歩・後方歩**

①＿＿＿＿を伸ばし，進む足の②＿＿＿＿を伸ばして，台の③＿＿＿＿に触れながら進む。

(3) **ターン**

両手を挙げて④＿＿＿＿で立ち回転する。一動作でターンすると，体がふらつきにくくなる。

(4) **側方歩(前交差)**

⑤＿＿＿＿から足を交差させ，横に出た足に体重を移動しながら進む。

得点UPテクニック

●**平均台のポイント**

平均台の側面に触れながら，少し先を見るように進む。出した足に体重移動させながら進む。

●**とび箱のポイント**

第一空中局面…ロイター板をけってからとび箱に手をつくまで。

第二空中局面…とび箱を手でつきはなしてから着地まで。

2 と　び　箱

⑥＿＿＿＿系	切り返しとび・開脚とび
回転系	⑦＿＿＿＿とび・頭はねとび

(1) ⑧＿＿＿＿

(2) ⑨＿＿＿＿

よくまちがえるポイント

とび箱　足だけではなく，手でもしっかりジャンプして，第二空中曲面をいかに雄大に魅せるかがポイントになる。着地は，手を下におろしながらひざのクッションを使い，やわらかく着くこと。

得点アップ問題

3〔平均台〕 次の問いに答えなさい。

(1) 次のあがり技，おり技のそれぞれの名称を答えなさい。

① **あがり技**

② **あがり技**

③ **おり技**

①（　　　　　　）　②（　　　　　　）　③（　　　　　　）

(2) 次の連続技の矢印部分の技の名称を答えなさい。

（　　　　　　）

復習のポイント

●平均台の技術

・台の上では横歩きをするとバランスをとることが難しい。

・足を交差させて歩くときは前の足のひざを少し曲げるとよい。

4〔とび箱〕 次の問いに答えなさい。

(1) 次の技の名称を答えなさい。（　　　　　　）

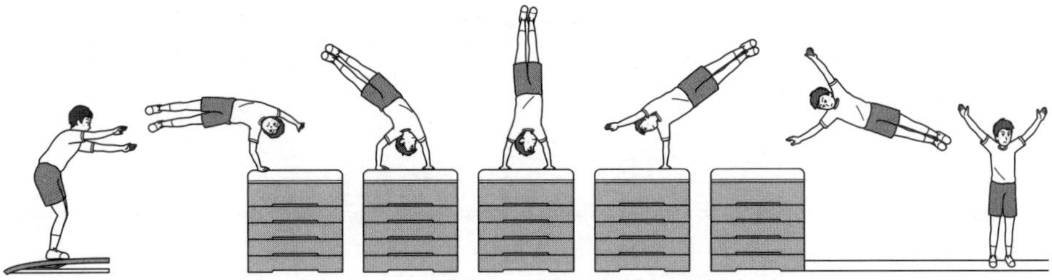

(2) (1)の技の説明文の①～③にあてはまる言葉を答えなさい。

足を振りあげながら，（①　　　　）度ひねって，とび箱に手をつく。足はとび箱の真上を通るように振りあげる。（②　　　　）から着手した手で，とび箱を突きはなしたら，（③　　　　）向きに着地する。

17 陸上競技　①短距離《たんきょり》走・リレー・長距離走・ハードル走

月　日

テストに出る重要度 ★★★

1 短距離走

(1) 短距離走は ① ＿＿＿＿ で行う。

② ＿＿＿＿ →「オンエアマークス」　③ ＿＿＿＿ →「セット」　加速疾走《しっそう》　④ ＿＿＿＿　フィニッシュ

・疾走で上体をゆっくり起こしながらスピードにのせる。
・疾走では最高スピードをフォームをくずさないように維持しながら走る。

(2) **フライング(不正スタート)**

⑤ ＿＿＿＿ や全日本中学校選手権など… ⑥ ＿＿＿＿ から失格になる。
→日本陸上競技連盟が主催する大会。

その他の大会…１回目の不正スタートは ⑦ ＿＿＿＿ され，⑧ ＿＿＿＿ からの走者は**すべて失格**となる。

2 リレー

(1) **第一走者**

⑨ ＿＿＿＿

でスタートする。

(2) **第二走者以降**

⑩ ＿＿＿＿

でスタートする。

(3) ⑪ ＿＿＿＿

バトンパスを行うエリア。バトンパスの最中にバトンが落ちてしまった場合，拾うのは，受け取る走者にバトンが触《ふ》れた後であれば**どちら**も可能である。

(4) ⑪ ＿＿ の ⑫ ＿＿＿＿ でバトンを渡したり，投げて渡したりすると失格になる。また，オープンレーンになる前に**他のレーン**を走ったり，バトンを渡したあと，次の走者を**押したり**しても失格である。

よくまちがえるポイント　**スタートの方法**　短距離走はクラウチングスタート。「位置について」→「用意」→「ドン」で走り始めるが，長距離走はスタンディングスタートで，「位置について」→「ドン」でスタートとなる。

得点アップ問題

3〔**長距離走**〕 次の問いに答えなさい。

> **ここに注目**
>
> ●**長距離の呼吸法**
>
> 自然に行うのがよいが，以下のような呼吸法も参考にする。
>
> ①**2呼2吸**
>
> はく・はく・すう・すう
>
> ②**2呼1吸**
>
> はく・はく・すう
>
> 息を十分にはくと，自然に空気が入ってくる。

(1) 次の①～③にあてはまる言葉や数字を答えなさい。

クロスカントリー競走では，走路をできるだけ草原や森林地帯に設け，1周（①　　　　）～2000m の周回コースにする。男子(ジュニア)の距離は8km，女子(ジュニア)は6km である。男子ロングコースは（②　　　　）km である。

マラソンは，（③　　　　）km を道路で測って行われる。

(2) 次の①～④にあてはまる言葉を，下から選んで答えなさい。

長距離走では，（①　　　　）の力を抜いて，（②　　　　）を自然に振り，（③　　　　）から着地して上下動を少なくする。また，呼吸は（④　　　　）が一般的である。

〔 かかと　　つま先　　肩　　腹　　腕　　2呼2吸 〕

(3) 長距離走で，速く走ったり歩いたりを交互に行うトレーニングの名称を答えなさい。

（　　　　　　　　）

(4) 長距離走のあと，運動強度を調べるためには，何を計測して把握するか。また，レベルアップを目指すには，目標強度を何%にするとよいか，答えなさい。

（　　　　　　）　目標強度（　　　　）%以上

4〔**ハードル走**〕 次の問いに答えなさい。

(1) 中学生のハードル走の正式コースにおけるハードルの高さと台数を答えなさい。

正式コース：男子 110m の場合　（　　　　）cm　（　　　　）台

女子 100m の場合　（　　　　）cm　（　　　　）台

(2) 次の①～⑤にあてはまる言葉を答えなさい。

ハードル走は（①　　　　）スタートで行われる。スタートから第1ハードルまでを（②　　　　）という。ハードルとハードルの間を（③　　　　）という。

理想的なハードリングは，できるだけハードルの（④　　　　）から踏み切って，低い位置を走り越すようなイメージで，ハードルに近くに（⑤　　　　）から着地する。

(3) 右の図を見て，ハードルとハードルの間の距離①は，一般的に何歩で走るように心がけるとよいか，答えなさい。　（　　　　）歩

18 陸上競技 ②走り幅《はば》とび・走り高とび

月　日

テストに出る重要度 ★★★

1 走り幅とび

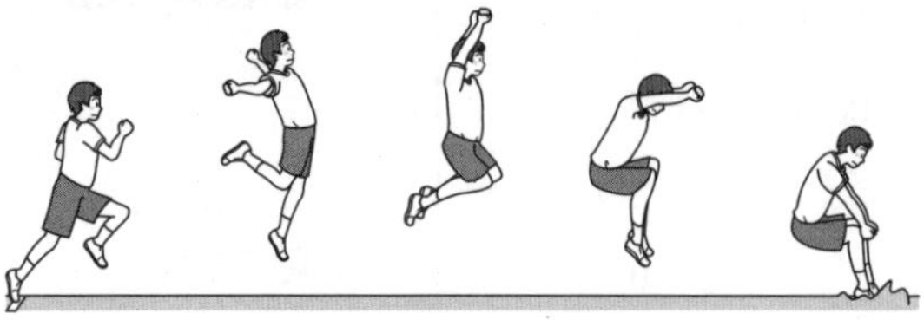

(1) 重要 ①

空中動作のときに ② を

そらせるようにする。

(2) 重要 ③

空中で走るように両足を

④ させる

(3) 計測のしかた

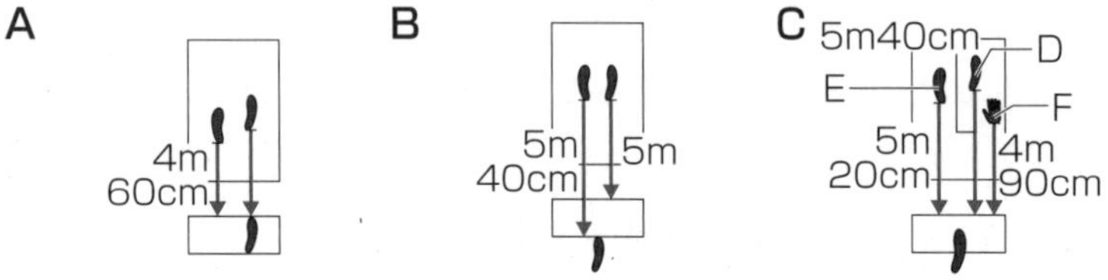

得点UPテクニック

踏《ふ》み切り板と足が直角になるように踏み切ると，有利になる。

A～Cの中で，踏み切りが理想的なのは ⑤ 。

記録が一番よいのは ⑥ で記録は ⑦ 。

Cは，踏み切り板と ⑧ の間の距離を測り，記録は ⑨ である。

2 走り高とび

重要 ⑩

得点UPテクニック

● **跳躍《ちょうやく》距離**

1cm 単位で測り，1cm 未満は切り捨てる。計測は地面から垂直に，バーの上面で一番低いところで測る。

踏み切りの2歩手前で**腰**を落とし，直前の1歩では歩幅を少し**広**くして**足裏**全体で踏み切る。

⑪ **足**からバーを越え，バーを越えたらすぐに振りもどし，

⑫ **足**を振りあげてバーを越える。

よくまちがえるポイント

よい踏み切り方　走り幅とびでは，かかとから入って足の裏全体で踏み切る。**走り高とび**では，かかとから入って柔らかく踏み込むのが特徴である。助走は，走り幅とびのようにスピードをつけない。

得点アップ問題

3 **〔走り幅とび〕** 次の問いに答えなさい。

(1) 次のうち，無効試技となるものを，２つ選んで記号で答えなさい。　(　　)(　　)

ア 踏み切り板の手前で踏み切り，跳躍した。

イ 踏み切るときに，踏み切り板を踏み越して跳躍した。

ウ 着地のときに，足の近くに手をついた。

エ 踏み切り足が合わず，跳躍できずに走り抜けた。

(2) 次の着地が有効なら○，無効なら×を書きなさい。

① 着地点より後ろに倒れたとき。　(　　)

② 着地点より後ろの砂場の外に出たとき。　(　　)

復習のポイント

●走り幅とびの競技ルール

①競技者９人以上の場合
各３回ずつ試技。
→８位以内はさらに３回ずつ試技する。

②競技者８人以下の場合
各６回ずつ試技。

4 **〔走り高とび〕** 次の問いに答えなさい。

(1) 次の図は，はさみとびと背面とびの助走の方向を示している。左足で踏み切る場合，それぞれのとび方の助走は**ア**，**イ**のどちらの方向になるか，記号で答えなさい。

はさみとび(　　)　背面とび(　　)

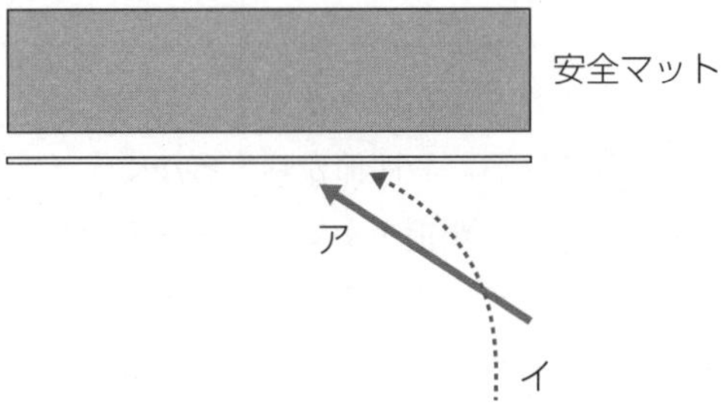

(2) 上体をバーと平行にかぶせてとび越え，振りあげ足と両手で着地するとび方を何というか。

(　　　　　　　　)

(3) 次の中から，無効試技となるものを，２つ選んで記号で答えなさい。　(　　)(　　)

ア 跳躍前に，バーの垂直面を越えた地面に触れたとき。

イ 跳躍後，バーが風で落下したとき。

ウ 踏み切りを両足で行ったとき。

エ ある高さで試技をパスしたとき。

ここに注目

①**はさみとび**では，バーから遠い足で踏み切り，**背面とび**ではかかとから柔らかく踏み切る。

②**背面とび**は，先生の指導の下で行う。安全マットがあっても自分たちだけで行わない。

・試技のパス

ある高さで試技をパスし，次の高さで試技を行える。また，ある高さの１，２回目を失敗しても，そのあとをとべば，次の高さで試技を行うことができる。

19 水　泳

月　　日

テストに出る重要度 ★★★

1 泳法の種類

	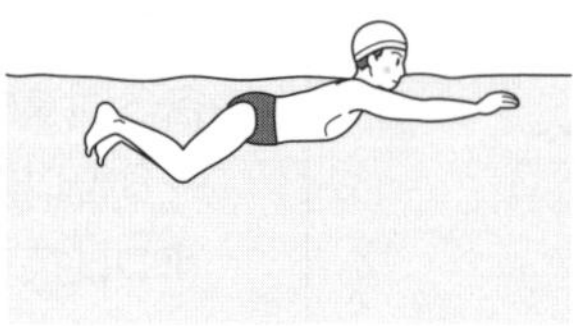	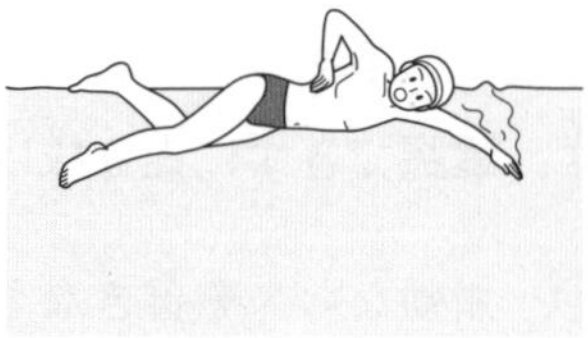	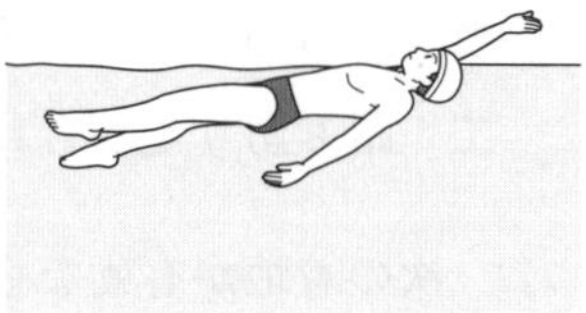
名　称	①	②	③
特　徴	手，足を大きくゆっくりかくと呼吸が楽にでき，④ を泳ぐことにむいている。手と足の動きは**同時**に行う。	一般に ⑤ と知られる。バタ足の**ひざ**が曲がっていたり，背中が反って**あご**が上がっているとなかなか前に進めない。	顔はいつも水面に出ているがきまったリズムで呼吸をする。⑥ をスムーズに回転させ，手足の動きに合わせて呼吸する。
足の動作	両足で水をはさむような動きの ⑦ をする。かかとを引きつけて足首を返す。	左右の足を**交互**《こうご》に動かすバタ足をする。股関節《こかんせつ》から足を動かし，**親指**がかるく触《ふ》れ合うように両足を内側に向けて打つ。	足首を伸ばし，ひざを**柔**《やわ》**らかく**保って斜《なな》め後ろに水をける背面バタ足をする。
スタート	スタート台から ⑧ でスタートする。 ※中学では飛び込みの指導は原則行わない。		⑨ からスタート台を向き**スターティンググリップ**に両手をかけ，スタートの合図でスタートする。
ターン	壁をけるときは，体をあおむけにもどす。	体の ⑩ が壁に触れればよい。	

よくまちがえるポイント　**公式ルールのスタート**　飛び込みスタートは，自由形・平泳ぎ・バタフライ・個人メドレーの場合に行う。背泳ぎ・メドレーリレーの場合は水中からのスタートになる。

得点アップ問題

2〔スタート〕 水泳のスタートの図を見て，次の問いに答えなさい。

A

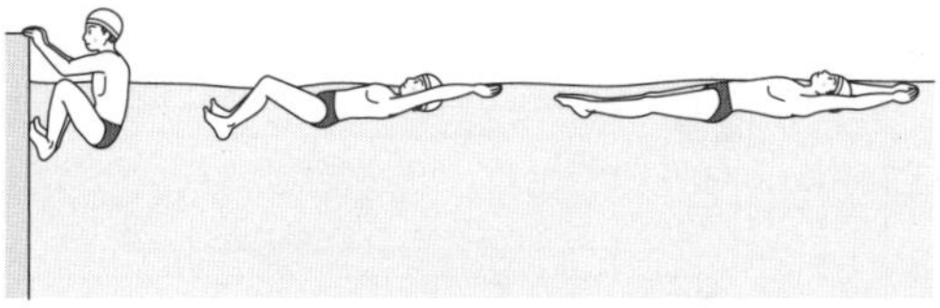

B

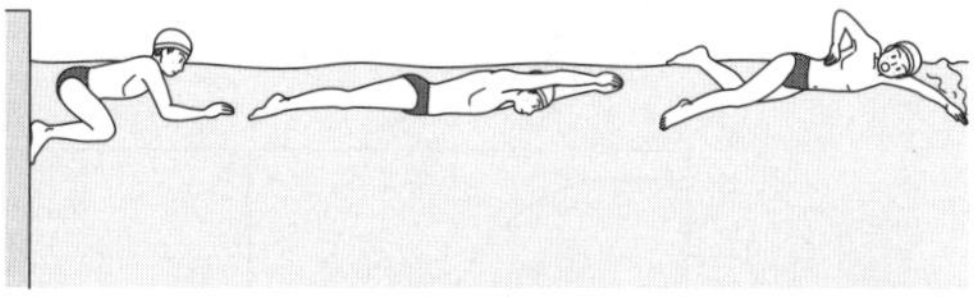

＊A・Bともに水中からのスタートの場合。

(1) A，Bの泳法の名称を答えなさい。

A（　　　　　　　　）　B（　　　　　　　　）

(2) より深く水中を進行するのはAとBのどちらか。記号で答えなさい。（　　）

(3) 次の①～④にあてはまる言葉や数字を答えなさい。

公式ルールのもとに行われる競技会では，審判長の笛の合図で，Bの泳法はスタート台に上がり，Aの泳法は水中に入る。

「用意」の合図で（①　　　　　　）し，「ドン」でスタートする。Aの泳法は，スタートから（②　　　　）m以上体が沈んでいてはいけない。また，Bの泳法のスタートでは，水中で（③　　　　　　）かき（④　　　　　　）けりまでしかできない。

3〔個人メドレー・メドレーリレー〕 次の(1)，(2)のメドレーは，どの順序で泳ぐか。泳法の名称を答えなさい。

(1) 個人メドレー

（　　　　　　）→（　　　　　　）→（　　　　　　）→（　　　　　　）

(2) メドレーリレー

（　　　　　　）→（　　　　　　）→（　　　　　　）→（　　　　　　）

ここに注目

リレーはきめられた距離を４人の泳者が泳ぐのであれば，どの種目で泳いでもよい。メドレーリレーの場合は自由形の泳者が背泳ぎ，平泳ぎ，バタフライで泳ぐと失格になる。

4〔ルール〕 次の水泳のルールの説明のうち，正しいものには○，まちがっているものには×を書きなさい。

(1) バタフライは，左右の手で交互に水をかく。（　　）

(2) クロールのターンでは，体の一部がプールの壁に触れればよい。（　　）

(3) 個人メドレーの最初の泳法はクロールである。（　　）

(4) 平泳ぎにおいて，両手を前で交差させると泳法違反で失格となる。（　　）

月　日

20 ゴール型球技 ①バスケットボール

テストに出る重要度 ★★★

1 コート

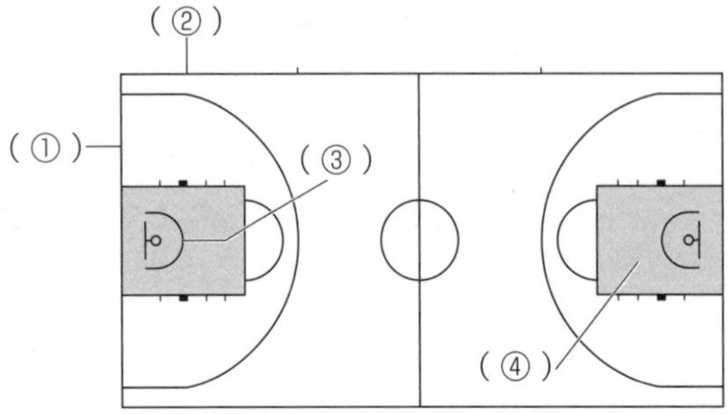

重要 ①

重要 ②

③

重要 ④

得点UPテクニック

センターラインをはさんで，攻撃するゴール側を**フロントコート**，反対を**バックコート**という。

2 技　術

(1) 技　術

重要 ⑤

(2) パス（投法による分類）

重要 ⑥

⑦

(3) パスの種類（ボール軌《き》道《どう》による分類）

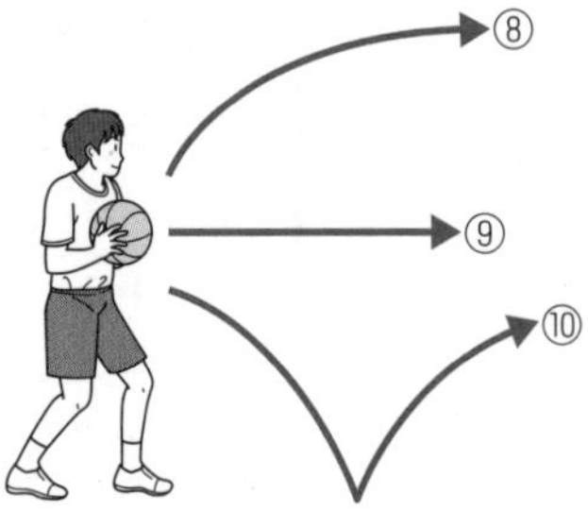

⑧

⑨

⑩

3 ル　ー　ル

(1) ファウル以外での反則を ⑪ という。

(2) ボールをキャッチしてから，そのまま 3 歩以上ボールを持ち運ぶ反則を ⑫ という。

よくまちがえるポイント **ピボットの軸足** ストライドストップの場合は，最初に床に着いた方の足が軸足になる。**ジャンプストップ**の場合は，どちらの足を軸足にしてもよい。

得点アップ問題

4〔**技　術**〕 次の①～④にあてはまる言葉を，下から選んで答えなさい。

空中でボールを取った後，両足を同時に着地する方法を（① 　　　　）といい，片足ずつ着地する方法を（② 　　　　）という。

味方にパスした後，すぐにゴール下に入り，再度パスをもらってシュートする攻撃法を（③ 　　　　）という。

攻撃側が防御側に対して壁をつくり，防御側の動きを止めて攻める方法を（④ 　　　　）という。

〔ストライドストップ　　スクリーンプレイ
ジャンプストップ　　カットインプレイ〕

ここに注目

● **スクリーン(壁)のかけ方**
肩幅よりやや広い足幅をとり，スクリーンをかけた相手にすり抜けられないように，がっちりとセットする。

復習のポイント

● **守備の技能**
・**マンツーマンディフェンス**…チームの各人が自分のマークした相手をすばやく見つけて守る。
・**ゾーンディフェンス**
3－2型、1－2－2型などのさまざまな型がある。中学生以下の大会では禁止されている。

5〔**ルール・反則**〕 次の問いに答えなさい。

(1) 次の表の①～③にあてはまる言葉や数字を答えなさい。

競技人数	1チーム（① 　　）人。交代プレイヤーは7名以内。
ゲームの開始	第1ピリオドはセンターサークルでの（② 　　　　）
得　点	スリーポイントエリアから…3点 ツーポイントエリアから…2点 フリースロー…（③ 　　）点

(2) 次の反則の名称を，下から選んで答えなさい。

① 相手に突き当たる。（　　　　）

② 相手の動きを体で妨げる。（　　　　）

③ 相手をたたいたり，つかんだりする。（　　　　）

④ 相手の制限区域に3秒以上とどまる。（　　　　）

〔ホールディング　チャージング　イリーガル・ユース・オブ・ハンズ
ブロッキング　3秒ルール　5秒ルール〕

(3) 相手にいやがらせをするなど，身体接触を含《ふく》まないプレイヤーのファウルを何というか。
（　　　　）

21 ゴール型球技 ②ハンドボール

月　日

テストに出る重要度 ★★

1 コート

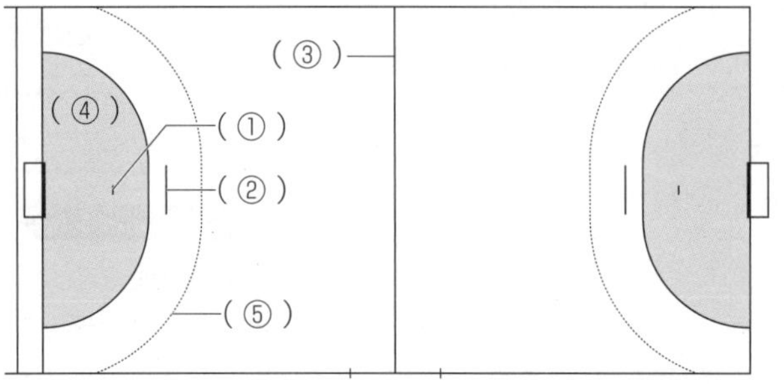

得点UPテクニック

●ボールのあつかい方

手，腕，頭，太もも，ひざ，胴でボールを投げたり，取ったり，止めたり，打ったりすることができる。ボールは，片手でくり返し床にはずませたり，転がしたりできる。ボールを保持できるのは3秒間で，ボールを持ちながら最高で3歩まで動くことができる。

重要 ①［　　　］　重要 ②［　　　］

③［　　　］　④［　　　］

重要 ⑤［　　　］

2 基本技能

(1) パスの種類

A ⑥［　　　］　B ⑦［　　　］

A…ボールのキャッチと同時に ⑧［　　　］ する。⑨［　　　］・中指・薬指の３本で ⑩［　　　］ をきかせて投げる。

B…比較的近くにいる味方にパスを送ったり，⑪［　　　］ の横から意表をついてパスを出したりするときなどに使う。

(2) シュートの種類

シュートの種類は，ディフェンスの上からシュートを打つ場合の ⑫［　　　］，ディフェンスのすきをついて遠いところからロングシュートを行いたい場合に適したステップシュートがある。

よくまちがえるポイント ステップシュートは助走距離が短いため，意表をついたロングシュートを打つのに適している。腰と肩を回転させ，スナップをきかせてシュートするとよい。

得点アップ問題

3 **〔ルール・反則〕** 次の問いに答えなさい。

(1) 次の表の①～③にあてはまる言葉や数字を答えなさい。

競技人数	1チーム（① ）人
ゲームの開始	センターライン中央での（② ）で始める。
得　点	ボールが完全に相手側の（③ ）を通過したら1点。

> **復習のポイント**
> ● **7mスロー**
> 重大な違反や，明らかな得点のチャンスの妨害があったときに，違反されたチームのプレイヤーが直接ゴールへ投げること。レフェリーの笛の後，**3秒以内**に**7mライン**のうしろから行う。

(2) 次の①～⑦にあてはまる言葉を，下から選んで答えなさい。

ボールがサイドラインから外に出た場合は，相手チームの（① ）でゲームを再開する。シュートしたボールが，シュートミスなどでアウターゴールラインから外に出た場合は，（② ）で再開する。

オーバーステップなどの反則があった場合は，（③ ）を行う。また，明らかな得点のチャンスに，ディフェンスの反則があった場合，（④ ）を行う。

（　③　）が適用される反則の種類としては，ボールをひざから下の足で扱った場合の（⑤ ），手で相手をつかまえた場合の（⑥ ），ボールを空中にはじいて移動し，床にふれる前にキャッチした場合の（⑦ ）などがある。

〔ジャックル　　キックボール　　スローイン　　7mスロー
フリースロー　　ホールディング　　ゴールキーパースロー〕

4 **〔ゲームの進め方〕** 次の①～⑤にあてはまる言葉や数字を，下から選んで答えなさい。

(1) ゲームの開始前には，各チームの代表が（① ）を行い，勝ったチームがゲーム開始時に（② ）を行うか，（③ ）を選ぶかのいずれかを決める。

(2) 中学生の場合，ゲームは前半・後半共に（④ ）分で行う。前半と後半の間のハーフタイムは10分で，前半・後半の合計得点が同点の場合は，前半・後半各（⑤ ）分，ハーフタイム1分の延長戦を行う。延長戦でも勝敗が決まらない場合は，それぞれの大会の規定に従う。

〔サイド　　5　　25　　スローオフ　　トス〕

22 ゴール型球技 ③サッカー

月　日

テストに出る重要度 ★★★

1 コート

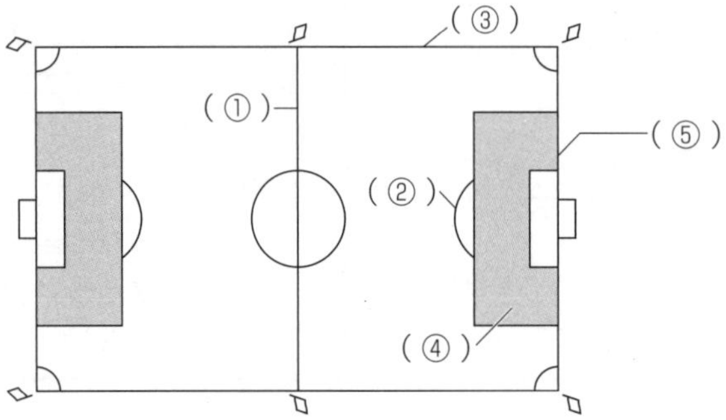

重要 ①

②

重要 ③

④

重要 ⑤

2 基本個人技能

⑥

手や腕《うで》以外の部分を使って，飛んでくるボールの勢いを止める技能。

ヘディング

空中のボールをひたいに当ててパスしたり，シュートしたりする技能。

⑦ パス

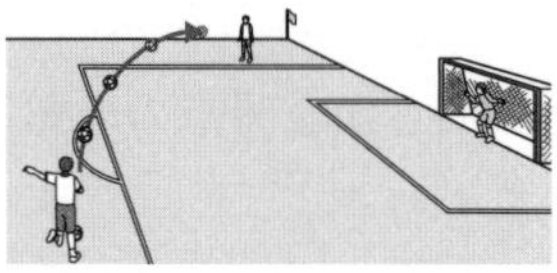

攻撃するサイドを変えるため，フィールドを大きく横切るように出すパス。

3 場面に応じた技能

⑧

→近くの味方にキックで正確にパスを送るとき。

⑨

→コーナーキックなどで，高くボールを上げるキックをしたいとき。

4 審判(主審)のシグナル

警告・退場

⑩

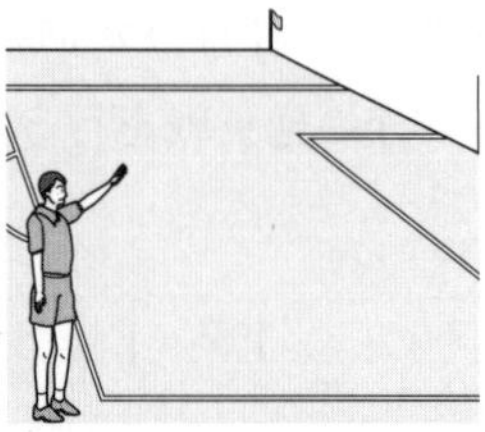

⑪ フリーキック

⑫ フリーキック

よくまちがえるポイント　**無得点か同点の場合**　引き分けとしない場合は，延長戦（前・後半各５～１５分ずつ）か，ペナルティーキック（ＰＫ）方式で勝敗を決定する。

得点アップ問題

5 **〔重要ルール〕** サッカーのルールについて，次の問いに答えなさい。

(1) 次の①～③にあてはまる記号や言葉を答えなさい。

ボールが，相手チームのゴールポストの間とクロスバーの下で，ゴールラインを完全に越《こ》えたときに1得点となる。右図の場合，ゴールとなるのは（① ）と（② ）である。

得点があったときは，点を入れられたチームがセンターマークから（③ ）をしてゲームを再開する。

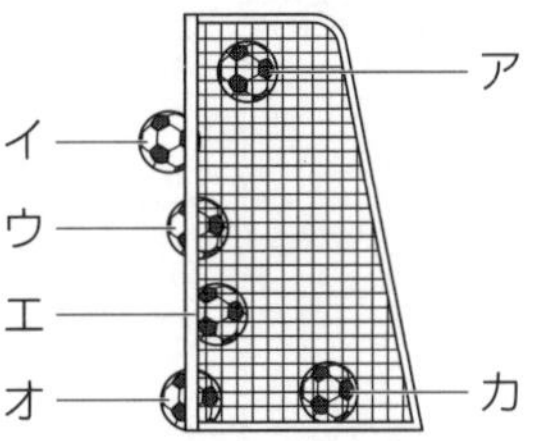

(2) 次のような場合のゲームの再開方法を答えなさい。

① タッチラインからボールが出た場合。

（ ）

② 相手プレイヤーにとびかかった場合。

（ ）

③ シュートしたボールが直接ゴールラインから外へ出た場合。

（ ）

(3) (2)①の場合，相手側は，その場所から何m離れる必要があるか。

（ ）m

復習のポイント

●オフサイド

相手チームのゴールキーパー以外のいちばん後ろで守っている人よりも，相手チームのゴール側の位置にいる人がプレーに関与《かんよ》すること。相手チームの**間接フリーキック**となる。

6 **〔集団技能〕** 図を見て，次の問いに答えなさい。

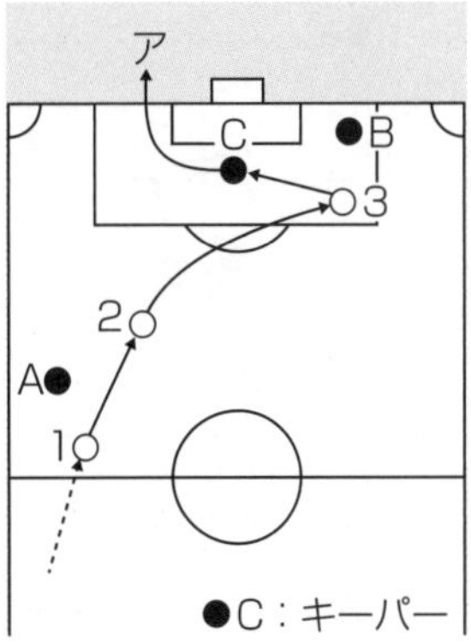

(1) ○**1**は，ボールをドリブルしながら前進して，近くの○**2**にパスをした。

① ○**1**がパスするときに使うのに適当なキックの名称《めいしょう》を答えなさい。

（ ）

② ●**A**は○**1**の肩に自分の肩を押し当ててボールをうばおうとした。この技能を何というか。（ ）

(2) ○**2**は左足で高く上がって右に曲がるキックをした。○**3**は空中でボールを頭でとらえ，シュートを行った。

① ○**2**が行ったキックを何というか。

（ ）

② ○**3**が行った技能を何というか。

（ ）

③ ●**C**がはじいたボールが**ア**のように外に出ると，何によってゲームが再開されるか。

（ ）

7 **〔その他のサッカー用語〕** 守備をしている選手が勢いあまって味方のゴールにシュートしてしまうこと。

（ ）

23 ネット型球技 ①バレーボール

月　日
テストに出る重要度 ★★★

1 コート

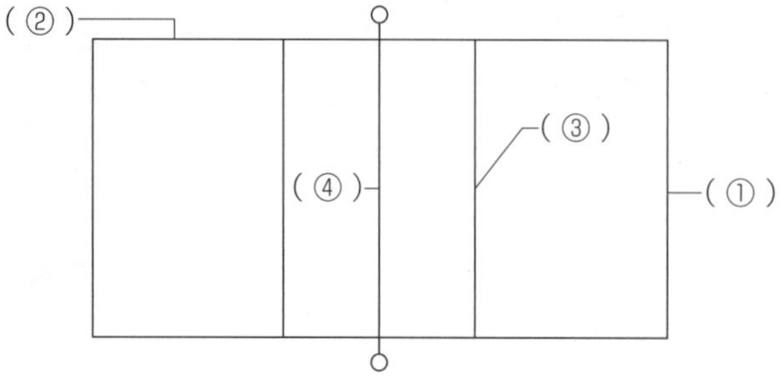

重要 ①

重要 ②

重要 ③

④

2 基本個人技能

得点UPテクニック
ネットの高さは，一般男子は2.43m，一般女子は2.24mだが，中学生男子は2.30m，中学生女子は2.15mである。

(1) 重要 ⑤

腕を伸ばしてボールを額《ひたい》の前の高い位置で構え，トスを上げる。⑥ と肩を引いて，上半身をそらせてバックスイングを行う。ボールは ⑦ で打つ。

(2) 重要 ⑧

ボールを送る方向に体を向け，全身のばねを使って，ネットの左右に ⑨ く，大きく上げる。ボールと触《ふ》れるのは，だいたい指の第2関節までである。

(3) ⑩

⑪ からあおるようにすばやく前傾し，ひざをしっかり曲げて上にジャンプする。⑫ を引いて上体をそらせ，ジャンプの最高点で打つ。

よくまちがえるポイント **得点を得る場合**　ラリーに勝ったり，相手側が反則（フォールト，タッチ・ネットなど）をすると，主審の判定により1点を得ることができる。

得点アップ問題

3〔**場面に応じた技能**〕 次のような場面に行う技能の名称を答えなさい。

(1) 腰より低い高さにきたボールを正確に返すパス。
（　　　　　　）

(2) 胸から上の高さにきたボールを正確に返すパス。
（　　　　　　）

(3) ネット上に上がったボールを，強く相手のコートに打ち込むこと。
（　　　　　　）

(4) ネット上に上がったボールを，スパイクを打つと見せかけて，相手コートの空いているところに落とすこと。
（　　　　　　）

4〔**ルール・反則**〕 次の問いに答えなさい。

(1) ①～⑤にあてはまる言葉を答えなさい。

コートには，各チーム（①　　　　）人のプレイヤーが入る（（②　　　　）人制もある）。交代は1セットに（③　　　　）回まで認められる。

サービス権をもつチームの（④　　　　）でゲームを開始する。（　④　）権をもつチームが，時計回りに1つずつポジションを移動することを（⑤　　　　）という。

ここに注目

●リベロプレイヤー

守備専門のプレイヤーのことで，2人まで登録できる。ほかのプレイヤーとは異なる色のシャツを着てわかりやすくしなくてはならない。また，サービスやブロックを行うことはできない。

(2) 次の反則の名称を，下から選んで答えなさい。

① 1人のプレイヤーが連続して2回ボールに触れたとき。
（　　　　　　）

② 相手コート内にあるボールに，ネットを越《こ》えて触れたとき。
（　　　　　　）

③ プレイヤーの足が，完全に相手コートに侵入したとき。
（　　　　　　）

④ サービス時，ローテーション通りの位置にいなかったとき。
（　　　　　　）

⑤ 主審が合図してから，8秒以内にサービスをしなかったとき。
（　　　　　　）

〔オーバー・ネット　ダブル・コンタクト　ディレイ・イン・サービス
ポジショナル・フォールト　パッシング・ザ・センターライン　フット・フォールト〕

(3) (2)の②と③の反則を合わせて何というか。
（　　　　　　）

24 ネット型球技　②卓球《たっきゅう》・ソフトテニス

月　日

テストに出る重要度 ★★★

1 卓　球

重要 ①[　　　　] ドライブ

得点UPテクニック

●**スマッシュ**

ボールの回転を少しにして,スピードを重視した打法。腰を大きくひねって，足を大きく踏み込む。

②[　　　　] をひねり,わきをしめてボールを打つ。右手で打つ場合は,打つ瞬間に ③[　　　　] に体重移動をするようにすると，強いボールを打つことができる。

2 ソフトテニス

(1) ④[　　　　] **ストローク**

ラケットを持った側にボールが来たときに行う。⑤[　　　　] が上がらないようにラケットをバック側に引き,腰を回転させ,ラケットの先端部分にボールをあてるイメージでボールを打つ。

(2) 重要 ⑥[　　　　]

するどいボールを打ち返すときに行う。持ち方は ⑤[　　　　] グリップ。

⑧[　　　　] を曲げ，後退しながらボールをよく見て，⑨[　　　　] を伸ばして高いところでボールをとらえて打つ。

(3) ⑩[　　　　] **サービス**…下からボールを送り出すように打つ。

(4) ⑪[　　　　] **サービス**…イースタングリップでラケットを上から下に振り，ボールの下面をカットするように打つ。

よくまちがえるポイント

ロビング　ネット付近にいる相手に，山なりのボールを打つ打方。相手の陣形をくずしたり，味方の陣形を整えるのに使う。相手の目の前ではなく，頭上を越すような放物線を描くボールを打つ。

得点アップ問題

3〔**卓球のルール**〕 次の問いに答えなさい。

(1) 卓球の１試合は何ゲームか(中学生の場合)。また，何ゲーム先取すれば勝ちとなるか。

１試合(　　　　　)ゲーム，(　　　　　)ゲーム先手で勝ちとなる。

(2) サービスのルールについて，正しいものには○，まちがっているものには×を書きなさい。

① トスを 10cm 以上上げ，落ちてきたところを打つ。(　　)

② 第１バウンドは自分のコートに，第２バウンドは相手コートに入れなくてはならない。(　　)

③ サービスのときのネットインは反則となり，相手の得点となる。(　　)

(3) 次のうち，相手の得点とならないものを選んで，記号で答えなさい。(　　)

ア フリーハンドがテーブルに触《ふ》れた。

イ レシーバーが構えていないあいだにサービスを行った。

ウ 自分のコート内で，２回バウンドさせて返した。

(4) １ゲームが 10 分を過ぎても終了せず，得点が９点対９点にとどかないときに適用されるルールを何というか。

(　　　　　　　　)

ここに注目

●促進ルール

消極的なプレイにより，試合が長びくのを防ぐためのルール。

適用されると，その後のゲームは促進ルールで行われる。

4〔**ソフトテニスの打法**〕 図を見て，①～④にあてはまる言葉を答えなさい。

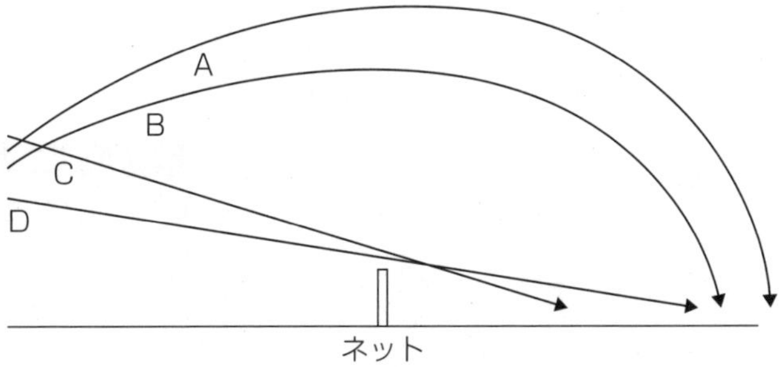

Aのように，相手の頭上を越すように高く打ち上げる打法を(①　　　　　)といい，**B**のように打つ打法を(②　　　　　)という。相手コートに強く打ち込む**C**のような打法を(③　　　　　)といい，**D**のようにネットすれすれの高さにとぶように打つ打法を(④　　　　　)という。

復習のポイント

●ボレー

ノーバウンドのボールをそのまま打ち返す打法。

25 ネット型球技　③バドミントン

月　日
テストに出る重要度 ★★★

❶コート

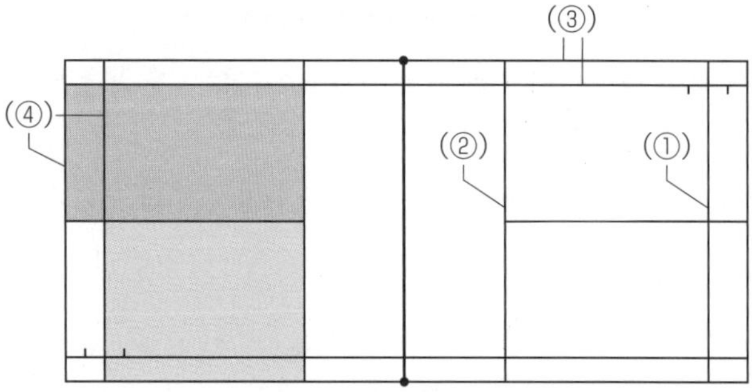

①
②
③
④

└→③・④は，内側がシングル用，外側がダブルス用である。

❷ストロークとサービス

(1) ⑤　　　　ストローク

頭の上でシャトルをとらえる打法。手首の回転をきかせて，できるだけ頭上の高いところで打つ。

➡ほかにも，左頭上にきたシャトルをフォアハンドで打つ ⑥　　　　ストローク，ラケットを斜めにして押し込むようにネット際に落とす ⑦　　　　などがある。

得点UPテクニック

●ハイバックハンドストローク

ネットに対して背を向け，大きく曲げたひじに力をためておく。打点を体の横か少し後方にして打つ。

(2) ⑧　　　　サービス

⑨　　　　シャトルを上げ ⑩　　　　いっぱいに入れるサービス。

➡ほかにも，少し手前の ⑪　　　　のすぐ後ろへ短く打つ ⑫　　　　サービスがある。

得点UPテクニック

●チェンジエンド（エンズ）

1ゲームと2ゲーム，そして3ゲームの中間点でエンドを変えるルールのこと。

よくまちがえるポイント　**サービス時のファウル**　アバブ・ザ・ウエストは，サービスのとき，腰の線より高いところで打った場合のファウル。また，シャトルを打つ瞬間，ラケットのシャフトは下向きでなければならない。

得点アップ問題

3 〔打　法〕 図を見て，①～⑤のような飛び方をする打法の名称《めいしょう》を答えなさい。

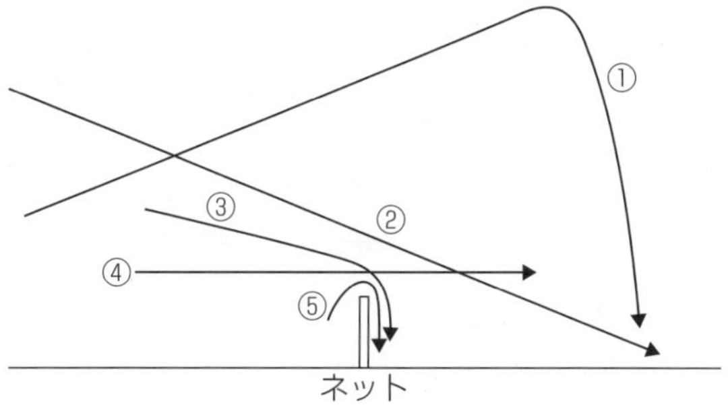

①（　　　　　　　　）　②（　　　　　　　　）
③（　　　　　　　　）　④（　　　　　　　　）
⑤（　　　　　　　　）

復習のポイント

●**スマッシュ**
一番強い攻撃力がある。チャンスがきたら，確実に得点につながるように，強いスマッシュを打ちたい。

●**ヘアピン**
シャトルを打つというより，ラケットで押し出すような感覚で打つ。

4 〔ダブルスのフォーメーション〕 図を見て，次の問いに答えなさい。

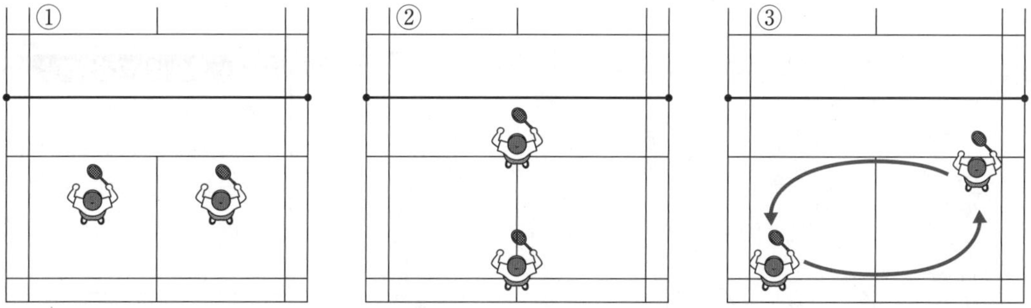

(1) ①～③のフォーメーションを何というか。下から選んで，記号で答えなさい。
①（　　　　　　　　）　②（　　　　　　　　）　③（　　　　　　　　）

〔 ローテーション(インアンドアウト)　　サイドバイサイド　　トップアンドバック 〕

(2) ①～③のフォーメーションの特徴を，下から選んで記号で答えなさい。
①（　　）　②（　　）　③（　　）

ア　守備に強い型で，打つ範囲がわかりやすいが，弱い方が攻撃を受けやすい。
イ　攻撃がしやすく，2人の技能差をカバーしやすいメリットがある。守備には弱い。
ウ　攻守ともうまく行いやすいが，パートナーとの連携がとれていないと混乱することがある。

5 〔ゲームと得点〕 ①～④にあてはまる言葉を答えなさい。

1試合は（①　　　　）ゲームで行う。（②　　　　）ゲーム先取した方が勝ちとなる。（③　　　　）点を先取した側がそのゲームの勝者となる。ただし，20点対20点となった場合は，そのあと最初に（④　　　　）点リードした側が勝ちとなる。

26 ベースボール型球技 ソフトボール

テストに出る重要度 ★★

月　日

1 基本個人技能

(1) ［①　　　　　　　　］

相手をよく見て，投げる方の腕を［②　　　］に引く。右手で投げる場合は，投げたい方向に［③　　　］を踏み出し，手首の［④　　　］をきかせる。

(2) ［⑤　　　　　　　　］

得点UPテクニック

●コールドゲーム
降雨などでゲームが続けられなくなり，球審の判断で打ち切りとなる試合。

打者がボールを打った瞬間にボールの［⑥　　　］と［⑦　　　］を判断し，ボールの下に入る。

(3) 重要 ［⑧　　　　　　　　］

ボールをよく見て，タイミングを合わせて［⑨　　　］スイングをとり，［⑩　　　］をしめてバットを最短距離でボールに当てる。

よくまちがえるポイント **フェアボールとファウルボール** 90度のファウルライン(ライン上もふくむ)の内側のフェア地域に落ちた打球はフェアボール，ファウルライン(ライン上はふくまない)の外側に落ちた打球がファウルボールである。

得点アップ問題

2 **〔ゲームの進め方〕** 次の文中の①～⑤にあてはまる言葉や数字を答えさい。

攻撃と守備は，攻撃チームの（①　　　　）人がアウト（スリーアウト）になるごとに交代する。攻撃と守備を1回ずつ行うと（②　　　　）イニングとなり，これを（③　　　　）回くり返す。

7回終了時に同点でゲームの勝敗が決まらない場合は，無死走者二塁を設定した（④　　　　）で（⑤　　　　）を行う。（　⑤　）は，どちらかのチームが勝ち越すことが決まり次第終了する。

復習のポイント

●**ボールデッド**（試合停止球）の場合，ゲームは一時停止になる。

例 打球がファウルボールのとき　など

●**ボールインプレイ**（試合進行球）の場合，プレイは続行となる。

例 打者が正しく投球を打ったとき，四球になったときなど

3 **〔重要ルール〕** ソフトボールのルールについてまとめた表を見て，次の問いに答えなさい。

投球のルール	ピッチャーは両足を（①　　　　）板につけ，バッターに正対して立ち，（②　　　　）秒以上5秒以内，この姿勢で静止する。 ピッチングは（③　　　　）スローで，手と手首を体側線を通して前に投げる。うでの回転は（④　　　　）回だけ許される。
プ　レ　イ	手首がひじよりも外側に出た状態で投球した。……**ア** 投球するとき，うでを1回転し，ステップを前方に1歩ふみ出した。……**イ** バッティングをしたとき，バッターズボックスの線を踏んだ。……**ウ**

(1) 表中の①～④にあてはまる言葉や数字を答えなさい。

(2) 表中の**ア**～**ウ**について，そのプレイ方法が違反ではないときは○，違反のときは×を書きなさい。

ア（　　　）　**イ**（　　　）　**ウ**（　　　）

ここに注目

●**勝敗の決定**

正式のゲームは，7イニングで行い，5イニング以上を終えていれば正式のゲームと認められる。

4 **〔審判の合図〕** 次の審判の合図は何を表しているか。

①

②

③

①（　　　　　　　　）　②（　　　　　　　　）

③（　　　　　　　　）

27 武　道　柔道《じゅうどう》・剣道《けんどう》・すもう

月　日

テストに出る重要度 ★★

1 柔道の動作

(1) ①

➡投げられたときに安全に自分の体を守る方法

横受け身

後ろ受け身

(2) ②

➡相手をくずしたり，技をかけたりするために，体の位置や向きを変える足の動き。

右足前さばき

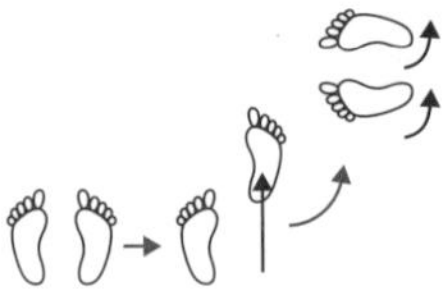

右足前回りさばき

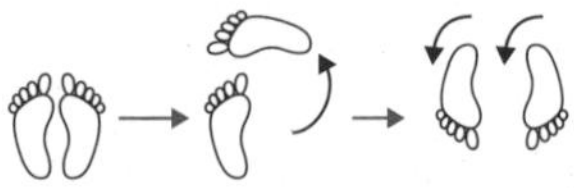

2 剣道の動作・テクニック

③

➡互いに竹刀《しない》を構えたときの相手との距離。

④ の間合い

└➡一歩踏み込むだけで，打突できる間合いのこと。

> **得点UPテクニック**
>
> ●剣道の礼法
>
> ①**立礼**…相手の目を見て上体を傾ける。
>
> ②**座礼**…相手の目を見て首を曲げずに頭を下げる。
>
> ③**左座右起《さざうき》**…手をつかずに座るときは左足から，立つときは右足から行うこと。

3 すもうの基本動作

⑤

→膝を折って座る姿勢を「そんきょ」という。

⑥

⑦

⑧

⑨

⑩

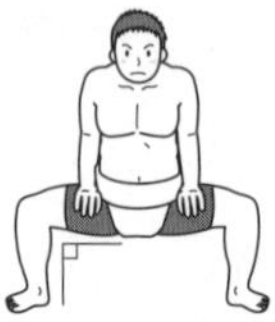

よくまちがえるポイント　**すもうの禁じ手**　すもうの技には，上手投げ，下手投げ，つりだしなどいろいろな種類がある。しかし，張り手，逆指など禁じ手と呼ばれる技を使うと，審査員の協議により負けと判断される。

得点アップ問題

4〔柔道のルール・反則〕 次の問いに答えなさい。

(1) 次の①～④にあてはまる言葉を答えなさい。

試合の始めは，お互いに開始線のテープの位置に立ち，(①)をする。その後，(②)から前に進んで自然本体の姿勢で待ち，主審の「始め」で試合を開始する。「一本」または「(③)」で試合終了となり，もとの位置に戻って，(④)から後ろに下がり(①)をする。

(2) 軽い違反行為は「指導」となるが，次のうち，「反則負け」となるものを選んで，記号で答えなさい。 ( )

ア 1回目の「指導」

イ 2回目の「指導」

ウ 3回目の「指導」

エ 4回目の「指導」

5〔剣道のルール・反則〕 次の問いに答えなさい。

(1) 次のうち，有効打突《だとつ》と認められるものを選んで，記号で答えなさい。 ( )

ア 相打ちで，先に当たったときの打突。

イ 姿勢が崩れた状態の打突。

ウ 発声をともなわない打突。

エ 残心のない打突。

(2) 試合中に不要なつばぜりあいをした場合，どのような罰則《ばっそく》が与えられるか。

( )

復習のポイント

●残心

打突の後でも，攻撃《こうげき》に応えられる心構えのこと。

6〔すもうの技〕 図を見て，次の①～④にあてはまる言葉を答えなさい。

A

B

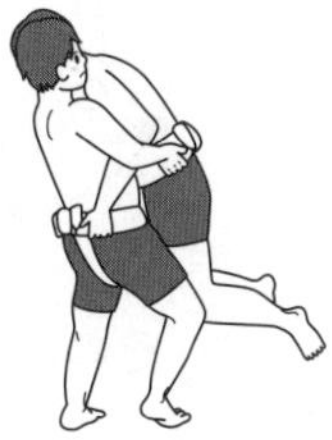

Aは(①)である。(②)を引きつけ，上手から下手の方へひねりながら相手を投げる。

Bは(③)である。胸を合わせて相手を腹にのせ，一気につり上げる。(④)から下手の方へ歩き，相手を土俵の外へ出す。

28 ダンス　創作ダンス・フォークダンス・リズムダンス

月　日

テストに出る重要度 ★★

1 創作ダンス

(1) **創作ダンス**…個人の思いや**イメージ**を自由な動きで表現する。

(2) **表現方法**

①

全員で同じ動きをする

②

対称的な動きをする

③

輪唱のように同じ動きをずらして踊る

2 フォークダンス

(1) **フォークダンス**…全員同時に同じステップやリズムで踊って楽しむもの。

(2) **進行方向**

④

円上を逆時計回りに進むこと。

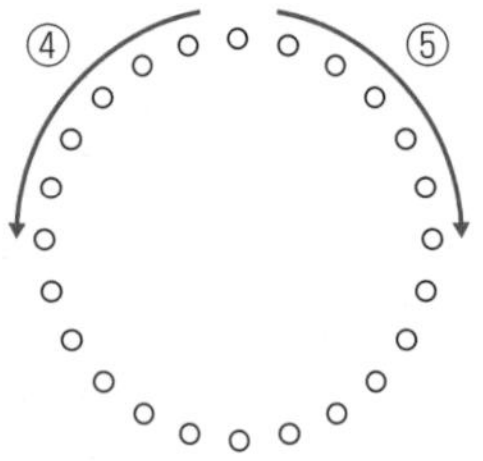

⑤

円上を時計回りに進むこと。

得点UPテクニック

●**いろいろなフォークダンス**

オクラホマミキサー，ネリーブライ(アメリカ)

オスローワルツ（イギリス）

ジェンカ(フィンランド)

など

(3) **フォークダンスの体形**

⑥

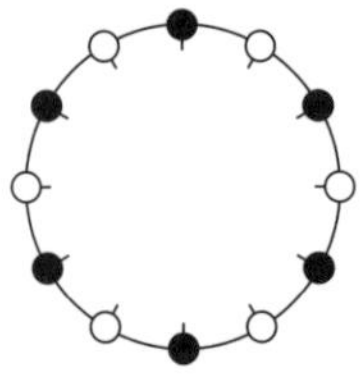

⑦

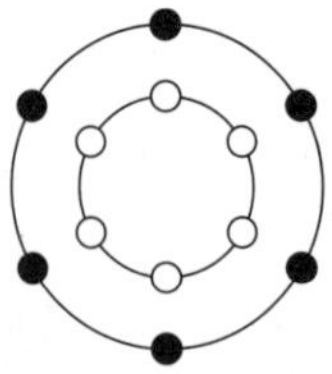

⑧

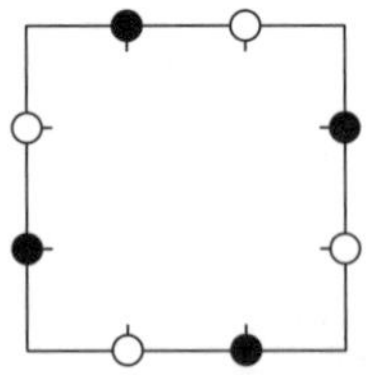

⑨

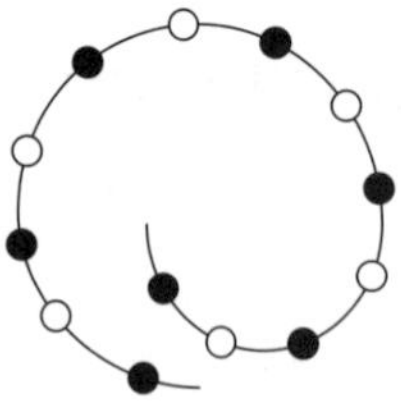

(4) ⑩　　　…その国や地域独特の動きやリズムを反映した踊《おど》り。

●**日本の民俗舞踊**

山形県	⑪	紅花をつけた花笠を持って踊る。
岐阜県	⑫	江戸時代から続けられる盆踊り。

よくまちがえるポイント　中世のヨーロッパ貴族のあいだで社交ダンスが生まれ，これに音楽が結びついてバレエが誕生した。民衆のなかからは，いろいろな民族舞踊が生まれた。

得点アップ問題

3 **〔動きによる表現〕** 次の図は創作ダンスによる集団での表現である。それぞれどのようなものを表現しているか，下から選んで記号で答えなさい。

A

B

> **ここに注目**
> ジャンプやリフトなどを取り入れても，ダイナミックな動きを表現できる。

C

A（　　）　B（　　）　C（　　）

〔 **ア** 落葉　**イ** 燃え上がる炎　**ウ** 水しぶき 〕

4 **〔リズムダンス〕** 次の①～④にあてはまる言葉を答えなさい。

ロックや（①　　　　）などの音楽の（②　　　　）の特徴をとらえ，その（　②　）にのって全身で自由に弾むように踊る。

リズムに（③　　　　）をつけたり，（④　　　　）と動きを合わせたりずらしたりして続けて踊る。

5 **〔フォークダンスのポジション〕** 次の図のポジションの名称を，下から選んで答えなさい。

A

B

C

D

A（　　　　）　B（　　　　）

C（　　　　）　D（　　　　）

〔 バルソビアナポジション　クローズドポジション
オープンポジション　プロムナードポジション 〕

1 エーデルワイス／浜辺の歌

月　　日

テストに出る重要度 ★★★

1 エーデルワイス

作　詞	O.《オスカー》 ①
作　曲	R.《リチャード》 ②
知　識	ミュージカル「③ 」のために書かれた歌の１曲。 └→映画が有名。「ドレミの歌」などでも親しまれている。 アルプス地方の高山植物である ④ を歌った。 └→可憐な花に祖国への愛情を託している。

この曲の調は ⑤ 調，拍子は ⑥ 拍子。

→冒頭に#，♭の調号がないので，ハ長調かイ短調のどちらかであることがわかる。拍子は下から分数のように読む。

記　号	読　み	意　味
Moderato	モデラート	⑦
V	ブレス	⑧ すること

2 浜辺の歌

作詞	重要 ⑨	東京都出身の教師であり国文学者，漢文学者。
作曲	重要 ⑩	秋田県生まれで，人々に愛される多くの童謡を残した。

この曲の調はフラットが１つの ⑪ 調，拍子は ⑫ 拍子。

●浜辺の歌の歌詞

1．あした浜辺を　さまよえば　昔のことぞ　しのばるる
　風の音よ　雲のさまよ　寄する波も　かいの色も
2．ゆうべ浜辺を　もとおれば　昔の人ぞ　しのばるる
　寄する波よ　かえす波よ　月の色も　星のかげも

得点UPテクニック

「浜辺の歌」の歌詞は，１番と２番がそれぞれよく似たパターンで書かれている部分が多い。

よくまちがえるポイント　現代語では，あした＝「明日」，ゆうべ＝「昨夜」となるが，古文ではそれぞれ「朝，朝方」「夕方」というように意味が違ってくるので注意する。

得点アップ問題

3 〔エーデルワイス〕 楽譜《がくふ》を見て，次の問いに答えなさい。

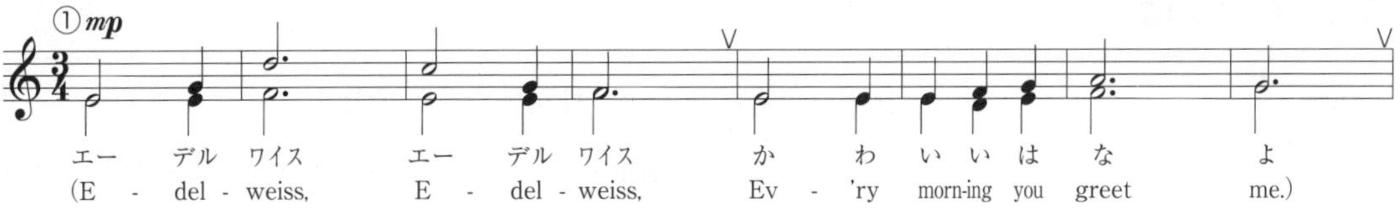

(1) この曲の作詞者と作曲者の名前をそれぞれ答えなさい。

作詞(　　　　　　　　) 作曲(　　　　　　　　)

(2) この曲にふさわしい速度用語を下から選んで，意味も合わせてを答えなさい。

速度用語(　　　　　　　　) 意味(　　　　　　　　)

〔 **Andante** **Allegro** *legato* **Moderato** *a tempo* 〕

(3) この曲は何分の何拍子か答えなさい。 (　　　　　　　　)

(4) ①の記号の読みと意味を答えなさい。

読み(　　　　　　　　) 意味(　　　　　　　　)

(5) この曲は，あるミュージカルのために書かれたものである。そのミュージカルの題名を答えなさい。 (　　　　　　　　)

4 〔浜辺の歌〕 楽譜を見て，次の問いに答えなさい。

(1) この曲の作詞者の名前と出身地を答えなさい。

作詞(　　　　　　　　) 出身地(　　　　　　　　)

(2) この曲の作曲者の名前と出身地を答えなさい。

作曲(　　　　　　　　) 出身地(　　　　　　　　)

(3) ①の箇所の，２番の歌詞を答えなさい。 (　　　　　　　　)

(4) (3)で答えた歌詞の意味を答えなさい。

(　　　　　　　　)

(5) ②にふさわしい用語を３文字で答えなさい。 (　　　　　　　　)

(6) この曲の冒頭に記された$\frac{6}{8}$とは，(ア　　　)分音符を１拍として数える(イ　　　)拍子のことである。**ア**，**イ**にあてはまる数字を答えなさい。

2 赤とんぼ／夏の思い出

月　日

テストに出る重要度 ★★★

1 赤とんぼ

作詞	重要 ①	兵庫県出身の詩人で，抒情的な作風で知られる。
作曲	重要 ②	東京都出身で，歌曲やオペラ，交響曲など多数の曲を残し，日本における西洋音楽の発展に大きな役割を果たした。

記号	読み	意味
p	③	④
＜（クレシェンド記号）	⑤	⑥

●「赤とんぼ」の歌詞

2．山の畑の　桑《くわ》の実を　　小籠《こかご》に摘《つ》んだは　まぼろしか

3．十五で姐《ねえ》やは　嫁《よめ》に行《ゆ》き　　お里のたよりも　絶えはてた

4．夕やけ小やけの　赤とんぼ　とまっているよ　竿《さお》の先

得点UPテクニック
言葉の意味を覚え，歌詞の内容を正しく理解しておこう。歌詞中の時間の流れを把握しよう。

2 夏の思い出

作詞	重要 ⑦	新潟県出身の詩人で，「夏の思い出」，「⑧　　」などの歌曲の歌詞の他，詩集「イラク紀行」などの著作を残した。
作曲	重要 ⑨	東京都出身で，数多い歌曲や合唱曲の他，「めだかの学校」などの童謡も多数残した。
知識		この曲の歌詞に登場する尾瀬（重要 ⑩　　）は，群馬県，福島県，新潟県の3つの県にまたがる高原の中にある⑪　　で，水芭蕉《みずばしょう》など，湿地特有の希少な植物が多くみられることで知られている。 └→その独特の生態系は大変貴重なため，湿原全体が特別天然記念物として大切に保護されている。

よくまちがえるポイント
山田耕筰の「筰」の字を「作」と間違えないように，正確に覚えること。
歌詞に出てくる「負われて」「姐や」などの意味も，現代語や似た単語と取り違えやすいので要注意。

得点アップ問題

3〔赤とんぼ〕 次の問いに答えなさい。

2．山の畑の　桑《くわ》の実を　小籠《こかご》に摘《つ》んだは　まぼろしか　　3．十五で姐《ねえ》やは　嫁《よめ》に行《ゆ》き　お里のたよりも　絶えはてた　　4．夕やけ小やけの　赤とんぼ　とまっているよ　竿《さお》の先

(1) この曲の作詞者と作曲者の名前を答えなさい。作詞（　　　　）　作曲（　　　　）

(2) 楽譜中のⒶにふさわしい数字を選んで，記号で答えなさい。（　　）

ア　58～63（60ぐらい）　**イ**　120　**ウ**　104～112　**エ**　80～88

(3) この曲の拍子を答えなさい。（　　　　）

(4) 楽譜中のⒷ，Ⓒの読みと意味を答えなさい。

Ⓑ　読み（　　　　）　意味（　　　　）

Ⓒ　読み（　　　　）　意味（　　　　）

(5) この曲の歌詞の説明として適切でないものを選んで，記号で答えなさい。（　　）

ア　「おわれて」とは，赤とんぼが追いかけられて，という意味である。

イ　「姐《ねえ》や」とは，子守の娘のことで，実の姉というわけではない。

ウ　1番では，作者は自分がおんぶされていた幼い頃を思い出している。

(6) 2番，3番，4番の歌詞のうち，過去を思い返しているものをすべて選んで，記号で答えなさい。（　　　　）

4〔夏の思い出〕 次の問いに答えなさい。

ここに注目
強弱や表情に関する記号が多く，フェルマータなどよく出題される。

(1) 「おぜ」の説明を選んで，記号で答えなさい。（　　）

ア　遥かな故郷　**イ**　尾根道　**ウ**　湿原の尾瀬ヶ原

(2) この曲の作詞者と作曲者の名前を答えなさい。作詞（　　　　）　作曲（　　　　）

(3) 楽譜中の①～④の強弱記号を，弱い順に並べ，記号で答えなさい。

（　　）→（　　）→（　　）→（　　）

(4) ⑤，⑥にあてはまる適切な歌詞を答えなさい。

⑤（　　　　　　）　⑥（　　　　　　）

3 早春賦《そうしゅんふ》／荒城《こうじょう》の月

月　日

テストに出る重要度 ★★★

1 早　春　賦

→この曲の構成は二部形式と呼ばれる。

作詞	重要 ①	大分県出身。
作曲	重要 ②	東京都出身で，重要 ③ ＿＿＿＿ の父。

この曲の調はフラットが3つの ④ ＿＿＿＿ 調で，拍子は ⑤ ＿＿＿＿ 拍子。

得点UPテクニック

rit.，*a tempo*，繰《く》り返し記号などは要チェック。

春を待ちわびる気持ちを歌った歌詞であり，１番では谷のウグイスが，２番では葦の芽が，３番では筆者＝人の様子が，それぞれ描写されている。

● **「早春賦」の歌詞**

1．春は名のみの　風の寒さや　谷の鶯《うぐいす》　歌は思えど
　時にあらずと　声も立てず　時にあらずと　声も立てず

2．氷解け去り　葦《あし》は角《つの》ぐむ　さては時ぞと　思うあやにく
　今日もきのうも　雪の空　今日もきのうも　雪の空

3．春と聞かねば　知らでありしを　聞けば急《せ》かるる　胸の思いを
　いかにせよとの　この頃《ごろ》か　いかにせよとの　この頃か

2 荒 城 の 月

作詞	重要 ⑥	宮城県出身。漢文調の勇壮で力強い作風で有名。
作曲	重要 ⑦	東京都出身。⑧ ＿＿＿＿ に留学したものの結核を発病して帰国。 童謡「⑨ ＿＿＿＿ 」，「⑩ ＿＿＿＿ 」などで知られる。

記　号	読　み	意　味
Andante	アンダンテ	⑪ ＿＿＿＿ 速さで

よくまちがえるポイント
「早春賦」の歌詞には，古い言葉が多く用いられているので，言葉の意味は必ずチェックしておきたい。そうすれば，冒頭を「春　花の実の」などと意味不明な解答をせずに済む。

得点アップ問題

3〔早春賦〕 次の問いに答えなさい。

ア 

イ 

ウ 

(1) この曲の作詞者と作曲者を答えなさい。

作詞(　　　　　　　　) 作曲(　　　　　　　　)

(2) この曲の拍子と調名を答えなさい。

拍子(　　　　　　　　) 調名(　　　　　　　　)

(3) ①～③の記号の読みと意味を答えなさい。

① 読み(　　　　　　) 意味(　　　　　　　)

② 読み(　　　　　　) 意味(　　　　　　　)

③ 読み(　　　　　　) 意味(　　　　　　　)

(4) Ⓐ～Ⓒにあてはまる適切な楽譜を右の**ア**～**ウ**より選び，記号で答えなさい。

Ⓐ(　　) Ⓑ(　　) Ⓒ(　　)

4〔荒城の月〕 次の問いに答えなさい。

(1) この曲の作詞者と作曲者を答えなさい。

作詞(　　　　　　　　) 作曲(　　　　　　　　)

(2) ①に入る適切な速度記号を答えなさい。 (　　　　　　　　)

(3) ②につく臨時記号と読みを答えなさい。 記号(　　　　　) 読み(　　　　　　)

(4) ③に適切な旋律を書きなさい。

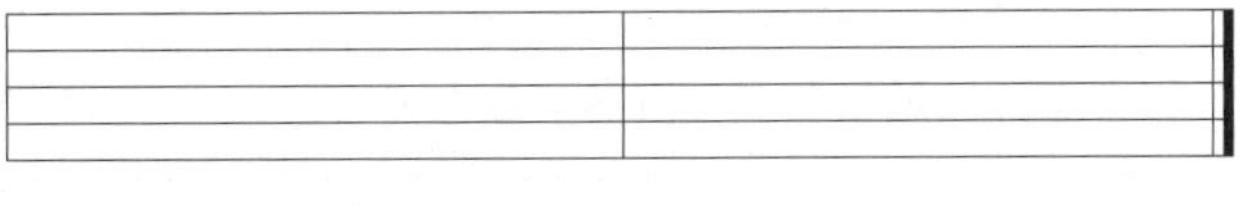

4 春　―第１楽章―

月　日

テストに出る重要度 ★★

❶ 作曲者と楽曲について

作曲	重要 A.《アントニオ》①	② のベネツィア（ベネチア）出身。楽曲は，J.《ヨハン》 S.《セバスチャン》 **バッハ**やヘンデルにも影響を与え，「③ 」とも呼ばれている。
知識	④	１つの 重要 ⑤ と合奏とのかけ合いを楽しむ器楽曲。「春」は，協奏曲「四季」の最初の曲で，重要 ⑥ と呼ばれる14行からなる詩に合わせて書かれており，情景の変化に合わせ，その様子が音楽によって生き生きと描かれている。
	独奏楽器	「春」の独奏楽器は ⑦ 。
	⑧ 形式	合奏部分と独奏部分が交互に現れる形で書かれる形式。

❷ 春　―第１楽章―　に現れる様々な旋律とソネットの関係

春がやって来た。

小鳥は楽しい歌で，春を歓迎する。

泉はそよ風に誘われ，ささやき流れて行く。

黒雲と稲妻が空を走り，雷鳴は春が来たことを告げる。

嵐がやむと，小鳥はまた歌い始める。

得点UPテクニック

各々のソネットに合わせた旋律《せんりつ》を答える問題はよく出題されるので，出だしの部分を聞きながら，それぞれの旋律の特徴的な形を頭にいれておく。小鳥の鳴き声や嵐など，視覚的に感じながら覚えるとよい。

❸ 「春」に用いられる楽器

「春」は，独奏 重要 ⑨ と ⑩ 合奏，⑪ を担当する楽器によって演奏される。⑪ とは，簡単に書かれた低音の楽譜に演奏者が自分で和音を付け足しながら演奏するもので，バロック時代にはよく用いられた。

よくまちがえるポイント

「協奏曲」の漢字は，独奏楽器と合奏（弦楽合奏やオーケストラなど。「春」の場合は弦楽合奏）とがお互いに協力しあう楽曲と覚えよう。間違っても「競走曲」などと書かないように。

得点アップ問題

4〔**春　―第1楽章―**〕 次の問いに答えなさい。

ア

イ

ウ
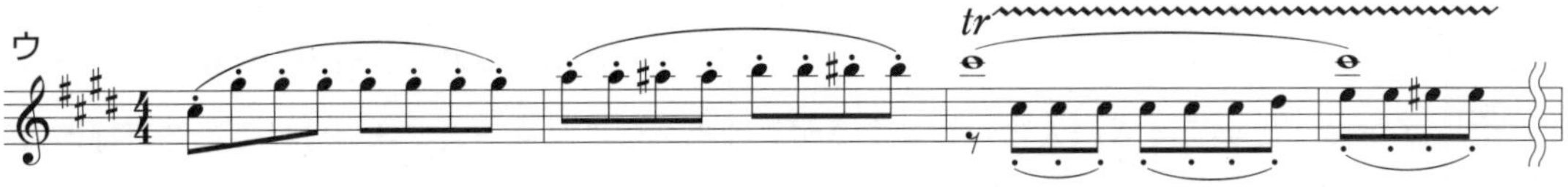

エ

オ

(1)　この曲の作曲者と，出身国を答えなさい。

作曲（　　　　　　　　　　）　出身国（　　　　　　　　　　）

(2)　この曲は，短い詩をもとに作曲されている。この詩のことを何というか。

（　　　　　　　　）

(3)　次の詩①～⑤にあてはまる楽譜を，楽譜内の**ア～オ**より選んで，記号で答えなさい。

①　春がやって来た。（　　）

②　鳥は楽しい歌で春を歓迎する。（　　）

③　泉にそよ風が吹くと，ささやき流れていく。（　　）

④　黒雲と稲妻が空を走り，雷鳴は春を告げるためにやってくる。（　　）

⑤　嵐がやむと，鳥はまた歌いながらもどる。（　　）

(4)　この曲は，独奏楽器と弦楽合奏によって演奏される。このような楽曲のことを何いうか。漢字３文字で答えなさい。（　　　　　　　　）

(5)　この曲で独奏を担当する楽器の名称を答えなさい。（　　　　　　　　）

(6)　楽譜中の**ア～ウ**は，それぞれ合奏，独奏のどちらによって演奏されるか。

ア（　　　　　　　）　**イ**（　　　　　　　）　**ウ**（　　　　　　　）

5 魔王―Erlkönig《エルケーニヒ》―／ブルタバ(モルダウ)

月　日

テストに出る重要度 ★★

1 「魔王―Erlkönig―」の作詞者，作曲者，楽曲

作詞	J.《ヨハン》 W.《ヴォルフガング》 v.《フォン》 重要 ①	② を代表する文学者。W.《ヴォルフガング》 A.《アマデウス》 モーツァルトや L.《ルードヴィッヒ》 v.《ヴァン》 ベートーヴェンなどに影響を与える。
作曲	F.《フランツ》 P.《ペーター》 重要 ③	④ のウィーン郊外に生まれる。管弦楽曲やピアノ曲など多くの作品を残した。
知識	⑤ と ⑥ によって演奏される。詩の中には語り(手)，父，子，魔王という４人の人物が登場するが，独唱者はこれを一人で歌い分ける。３連符の連打による伴奏は馬の足音を表し，物語に従う旋律の変化が聞きどころである。	

2 「魔王―Erlkönig―」の楽譜より

①
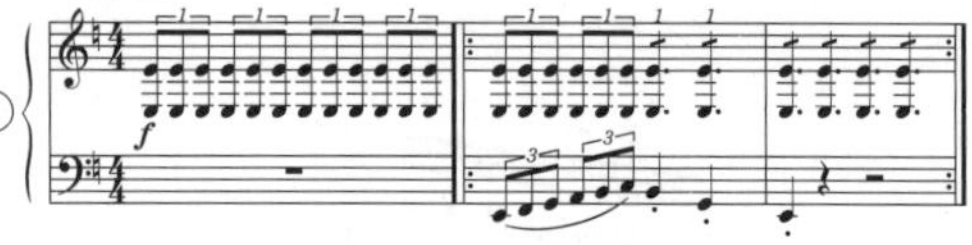

②

③

④

⑤
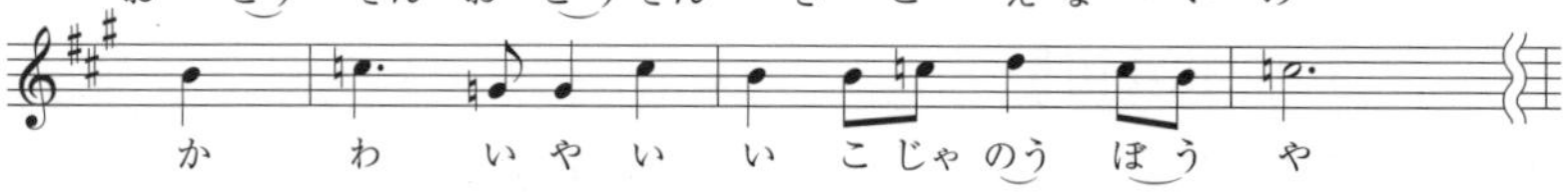

① ⑦ が走る足音を表している。　② ⑧

③ ⑨　④ ⑩　⑤ ⑪

└→魔王は終盤手前までは猫なで声で誘い，父は穏やかになだめるように歌う。

3 「ブルタバ(モルダウ)」の作曲者，楽曲

└→以下，「ブルタバ」とする。

作曲	B.《ベドルジフ》 重要 ⑫	⑬ 出身。彼のように，祖国への思いを託《たく》した作品を残した作曲家を 重要 ⑭ と呼ぶ。
知識	重要 ⑮ は，自然の風景や物語などをオーケストラによって自由な形式で表現する楽曲で，「ブルタバ」では，ブルタバ川が， 重要 ⑯ の町へと流れていく姿をとおして，祖国の自然や人々の生活が描かれている。	

よくまちがえるポイント 「魔王」で歌い分けられる４人は，父，子，魔王と語り（手）である。魔王とその娘は子に姿が見えるだけであり，馬もセリフは言わない。語り(手)を忘れないようにする。

得点アップ問題

4〔**魔王−Erlkönig《エルケーニヒ》−**〕 次の問いに答えなさい。

ア

イ

ウ

エ

オ

(1) この曲の作詞者および作曲者の名前と出身国をそれぞれ答えなさい。

作詞（　　　　　　　　）出身国（　　　　　　　　）

作曲（　　　　　　　　）出身国（　　　　　　　　）

(2) 楽譜中の**ア**〜**オ**は，それぞれどの登場人物の旋律か答えなさい。

ア（　　　　　）**イ**（　　　　　）**ウ**（　　　　　）

エ（　　　　　）**オ**（　　　　　）

(3) 楽譜中の**イ**，**オ**のうち，先に歌われるのはどちらか。（　　　）

5〔**ブルタバ**〕 次の問いに答えなさい。

① 第1の源流

② 第2の源流

③ 森の狩猟

④

⑤
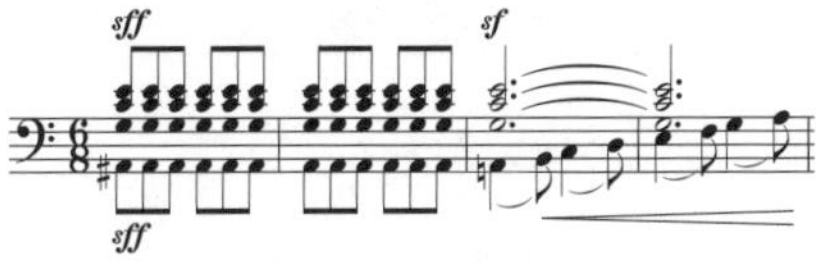

⑥

⑦

(1) 自然の情景や物語などを題材に，オーケストラによって自由な形式で演奏される，このような楽曲のことを何というか。（　　　　　）

(2) この曲の作曲者と出身国を答えなさい。

作曲（　　　　　　　　）出身国（　　　　　　　　）

(3) ①，②，③はそれぞれ何の楽器で演奏されるか。楽器の名称を答えなさい。

①（　　　　　　）②（　　　　　　）③（　　　　　　）

(4) ④〜⑦の旋律はそれぞれどんな情景を描いたものか，下から選んで記号で答えなさい。

④（　　）⑤（　　）⑥（　　）⑦（　　）

ア 聖ヨハネの急流　**イ** ビシェフラトの動機（モチーフ）

ウ （村の）農民の結婚式　**エ** 幅広く流れるブルタバ（広々とした流れ）

6 箏曲《そうきょく》「六段《ろくだん》の調《しらべ》」／伝統的な楽器

月　日

テストに出る重要度 ★★

1 「六段の調」の楽曲と作曲者

作曲	重要 ①	検校とは，名前ではなく，職業組織の中の最高位を表す。 箏の調弦の基本となる「重要 ②　　　」を確立したと伝えられる。
知識	「六段の調」のように複数の「段」から成る箏曲のことを，「重要 ③　　　」と呼ぶ。	
知識	初段…ゆったりした速度で演奏される。…徐々に速度を上げる 六段…急速 **曲の終わる手前**…再び速度を緩め，ゆったりとした終わりを迎える。	重要 ④

独奏のほか，重要 ⑤　　　　という演奏形態で演奏される事もある。

└→三味線，尺八と共に演奏する形態。

2 箏《そう》について

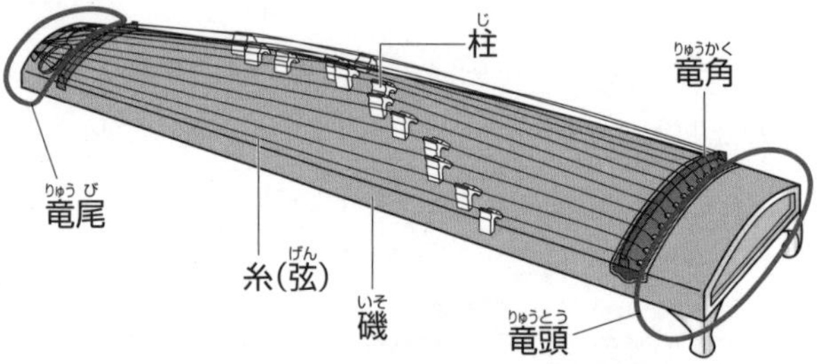

余韻《よいん》を変える演奏法

⑥　　　　…右手で弾《ひ》いた後，左手で糸を引き寄せて戻し，余韻を複雑に変化させる。

⑦　　　　…右手で弾いた後，左手で柱《じ》の左側を押して弦を緊張させ，音を上げる。

3 日本の伝統的な楽器とその特徴

	名　称	特　徴
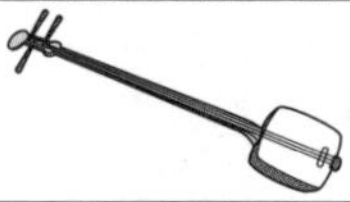	⑧	太棹《ふとざお》・中棹《ちゅうざお》・細棹《ほそざお》の種類がある。
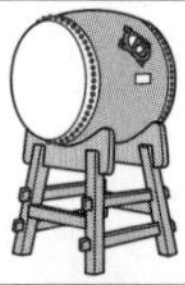	⑨	木をくり抜いた胴の両面に鉄の鋲《びょう》で皮を打ちつけたもの。盆踊《ぼんおど》りや祭囃子《まつりばやし》に用いられる。
	⑩	両面の皮をひもや金具で締《し》めたもの。能《のう》や歌舞伎《かぶき》，祭囃子に用いられる。
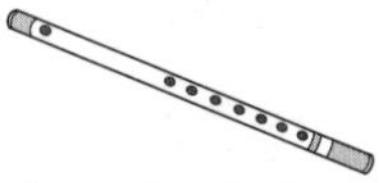	⑪	祭囃子や神楽《かぐら》，民謡《みんよう》などの郷土芸能や，歌舞伎に用いられる。
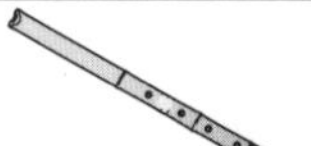	⑫	独奏や三曲合奏，民謡の伴奏にと広く用いられる。

よくまちがえるポイント
「八橋検校」の「検校」は，名前ではなく職業における位を示す言葉である。
「箏」は，「こと」とも読むが，琴とは別の楽器なので，混同しないようにしよう。

得点アップ問題

4 **〔箏曲《そうきょく》「六段《ろくだん》の調《しらべ》」〕** 次の問いに答えなさい。

(1) 作曲者の名前と，活躍《かつやく》した時代を答えなさい。

作曲（　　　　　　　　）　時代（　　　　　　　　）

(2) この曲のように，複数の部分に分かれた箏曲の名称を答えなさい。（　　　　　　）

(3) 日本の伝統音楽には，ゆったりと始まり，次第に速度をあげ，最後に再びゆったりとなって終わる曲が多い。このような速度変化の名称を答えなさい。（　　　　　　）

(4) 箏と三味線《しゃみせん》，尺八《しゃくはち》の合奏のことを何というか。（　　　　　　）

(5) この曲の作曲者が確立した箏の基本的な調弦の名称を答えなさい。（　　　　　　）

(6) 右手で弦を弾いた後，左手で弦を押し余韻を変える奏法を何というか。（　　　　　　）

5 図の①～⑤の名称を答えなさい。

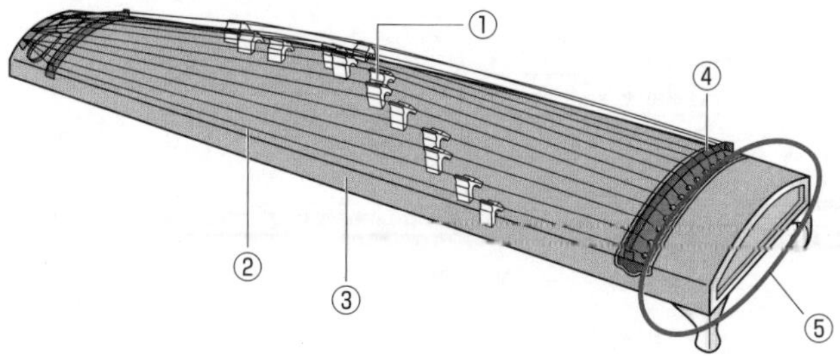

①（　　　　　　）
②（　　　　　　）
③（　　　　　　）
④（　　　　　　）
⑤（　　　　　　）

6 **〔日本の伝統楽器〕** 日本の伝統楽器について，適切なものをすべて選び，記号で答えなさい。

（　　　　　　）

ア 三味線は奈良時代，雅楽《ががく》と共に唐より伝わり，次第に民衆の間で用いられるようになった。
イ 篠笛《しのぶえ》は，篠竹で作られた横笛で，郷土芸能や民謡，歌舞伎などに幅広く用いられる。
ウ 長胴太鼓は，両面の皮を紐や金具で締《し》めた太鼓で，豊かな音量が特徴である。
エ 箏に用いられる爪《つめ》には角爪，丸爪があり，それぞれ演奏するときの構え方も違う。
オ 尺八は竹で作られた縦笛で，古くから郷土芸能などに広く親しまれてきた楽器である。
カ 長胴太鼓は，祭囃子《ばやし》や盆踊りなどでも用いられる代表的な日本の太鼓である。
キ 三味線の中でも太棹《ふとざお》は義太夫節に，細竿は長唄にと，ジャンルにより使い分けられる。
ク 右手で弦を弾いてから左手で弦を押し，余韻を変える箏の奏法を押し手という。

7 **〔日本の伝統楽器〕** (1)～(5)は，何の楽器の説明か。楽器名を答えなさい。

(1) 民謡や神楽などに用いられる横笛。さまざまな長さのものがある。（　　　　　　）

(2) 竹で作られた縦笛。息づかいや首の動きなどで音高を調節する。（　　　　　　）

(3) 胴の両面に鉄鋲で皮を打ちつけた太鼓。大きく豊かな音が出る。（　　　　　　）

(4) 両面の皮をひもなどで締めた太鼓。2本の鉢を使って演奏する。（　　　　　　）

(5) ばちで弾いて演奏する弦楽器。棹の太さなどで種類が異なる。（　　　　　　）

7 花 / 花の街

月　日

テストに出る重要度 ★★★

1 花

作詞	重要 ①	東京出身の詩人で，東京音楽学校などで教授を務めた。
作曲	重要 ② →P.122「荒城の月」参照。	
知識	組歌「③　　　」の中の１曲。主旋律が１番，２番，３番でそれぞれ少しずつ違っており，歌詞の言葉の響きや内容に合わせて自在に変化している。	

●「花」の歌詞

何にたとうべき…④　　　　みずや…⑤

あけぼの…⑥　　　　長堤…⑦　　　　くるれば…⑧

2「花」の旋律の変化

２番は低音が主旋律を受け持ち，冒頭から３小節目に大きな特徴がある。

３番はフェルマータがあり，３番の最後の部分であることが一目である。

１番，２番とリズムが異なる。１番「かいの／しずくも」，２番「みずや／ゆうぐれ」に対し，３番は「げに／いっこくも」である。

3 花 の 街

作詞	重要 ⑨	「花の街」の他，「夏の思い出」の歌詞も手がけている。
作曲	重要 ⑩	「夕鶴」，混声合唱組曲「筑後川」などの作品も残す。

この曲の調は，⑪　　　が１つの⑫　　　調で，拍子は４分の２拍子。

よくまちがえるポイント
「花」の旋律のまぎらわしい違いについては，歌詞との関わりを感じながら，何度も歌って覚えよう。特に2のように１度しか出て来ない旋律については，何番かをよく覚えておきたい。

得点アップ問題

4〔花〕 楽譜を見て，次の問いに答えなさい。

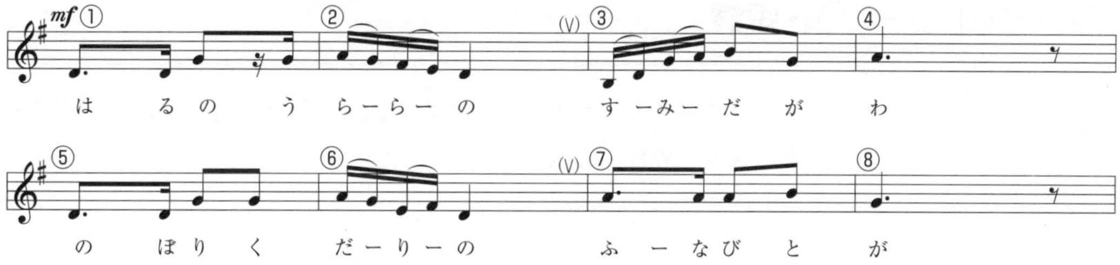

(1) この曲の作詞者と作曲者を答えなさい。

作詞(　　　　　　　　) 作曲(　　　　　　　　)

(2) この曲の拍子と調名を答えなさい。 拍子(　　　　　　) 調名(　　　　　　)

(3) 上の楽譜は，この曲の１番の冒頭部分であるが，１番以外の旋律が２か所だけ混ざっている。それぞれ間違った旋律の小節の番号を①～⑧から選び，本来は何番の旋律であるかを答えなさい。 間違った小節の番号(　　) 本来は何番か(　　)番

間違った小節の番号(　　) 本来は何番か(　　)番

5〔音楽記号〕 次の(1)～(2)の意味を持つものを下から選んで，記号で答えなさい。またそれぞれの読みを答えなさい。

(1) だんだん遅く 記号(　　) 読み(　　　　　　)

(2) 音符(休符)をほどよく伸ばす 記号(　　) 読み(　　　　　　)

〔ア *a tempo* イ *crescendo* ウ *rit.* エ ＞ オ 𝄐〕

6〔花の街〕 楽譜を見て，次の問いに答えなさい。

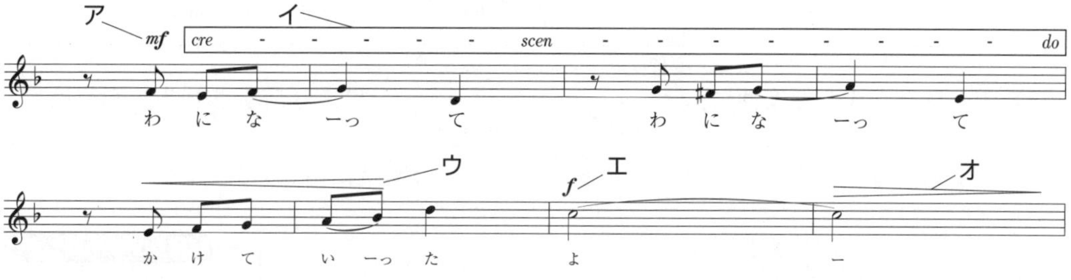

(1) この曲の作詞者と，この作詞者が書いたほかの代表的な歌曲の名称を答えなさい。

作詞(　　　　　　　　) ほかの代表的な歌曲(　　　　　　　　)

(2) 楽譜中の**ア**～**オ**の中で同じ意味を持つものを記号で答えなさい。また，その意味を答えなさい。 記号(　　)と(　　) 意味(　　　　　　)

(3) この楽譜に続く部分のはじめに記されている記号を，下の**ア**～**オ**より選び，記号で答えなさい。 (　　)

〔ア *f* イ ＜ ウ *pp* エ *mp* オ *a tempo*〕

8 フーガ(小フーガ)ト短調／交響曲第５番 ハ短調

月　　日

テストに出る重要度 ★★

1 フーガ(小フーガ)ト短調

└→以下，「フーガ」とする。

作曲	J.《ヨハン》 S.《セバスティアン》 重要 ①	ドイツのアイゼナハ出身。オルガン曲や宗教曲，管弦楽曲，室内楽曲などの数多くの作品を残す。

重要 ②［　　　　］によって独奏される。当時好まれた 重要 ③［　　　　］という形式によって書かれ，繰り返される 重要 ④［　　　　］と 重要 ⑤［　　　　］が特徴である。

楽曲の冒頭部分（フーガ形式の特徴）

パイプオルガンの各部の名称

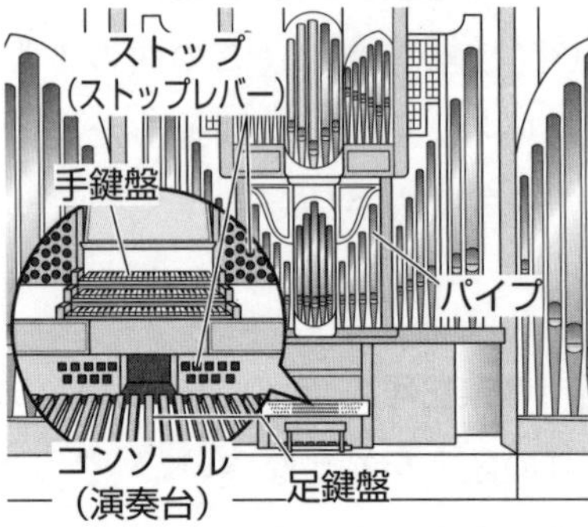

2 交響曲第５番 ハ短調

作曲	L.《ルードヴィッヒ》 v.《ヴァン》 重要 ⑥	ドイツのボン出身。⑦［　　　　］で作曲を学んだ。生涯で，重要 ⑧［　　］曲の交響曲，ピアノソナタ，協奏曲などを残した。

複数の楽章から成る器楽曲で，重要 ⑨［　　　　］により演奏される。楽章は ⑩［　　］つ。ソナタ形式は主に ⑪［　　　　］楽章と ⑫［　　　　］楽章に用いられる。

ソナタ形式

得点UPテクニック

●フーガやソナタなどの形式はこの単元の大きなポイントなので，曲を聴《き》きながらよく理解しておくこと。

●パイプオルガンのしくみや特徴についても要チェック。

よくまちがえるポイント

○形式名や主題，提示部などの用語は，内容とともに正確に記憶しよう。

○ソナタ形式，フーガ形式，それぞれ時代も形も全く違うので，良く理解してテストに臨もう。

得点アップ問題

3〔フーガ ト短調〕「フーガ ト短調」について，次の問いに答えなさい。

(1) この曲の作曲者と出身国を答えなさい。
作曲（　　　　　　　　）出身国（　　　　　　　　）

(2) この作曲家が活躍した主な場所を2つ答えなさい。（　　　　　　）（　　　　　　）

(3) この曲の独奏で用いられている楽器の名称を答えなさい。（　　　　　　　　）

4〔フーガ ト短調の構成〕 次の①～④にあてはまる言葉を答えなさい。

（①　　　　　　）は作曲者の時代に好まれた形式で，複数の（②　　　　　　）の間で（③　　　　　　）と（④　　　　　　）が繰り返される特徴がある。

5〔パイプオルガン〕 次の文の①～④にあてはまる言葉を，下から選んで記号で答えなさい。

パイプオルガンは，数々の（①　　）の組み合わせを音源に，（②　　）によって演奏される。音高は（　①　）の（③　　），音色は（　①　）の材質や構造によって決まる。各種の（　①　）を操る装置を（④　　）と呼び，これを使って数々の音を複雑に組み合わせる事で，独特の荘《そう》厳《ごん》な響《ひび》きが作られる。

〔**ア** 長さ　**イ** スタンプ　**ウ** ストップ　**エ** 太さ　**オ** 弦
カ パイプ　**キ** 鍵盤　**ク** 指揮者〕

6〔交響曲第5番 ハ短調〕「交響曲第5番 ハ短調」について，次の問いに答えなさい。

(1) この曲の作曲者と出身国を答えなさい。
作曲（　　　　　　　　）出身国（　　　　　　　　）

(2) この曲は全部でいくつの楽章から成るか，答えなさい。（　　　　）楽章

(3) この曲の最初の楽章を構成している形式名を答えなさい。（　　　　　　）

(4) この形式にはいくつの主題があるか，答えなさい。（　　　　）

7〔交響曲第5番 ハ短調〕「交響曲第5番 ハ短調」について，次の楽譜中の①～④にあてはまる言葉を，Ⓐには演奏される楽器の名称を答えなさい。

①（　　　　　　）　②（　　　　　　）　③（　　　　　　）
④（　　　　　　）　Ⓐ（　　　　　　）

9 歌舞伎《かぶき》「勧進帳《かんじんちょう》」／能「羽衣《はごろも》」

テストに出る重要度 ★★

1 歌　舞　伎

重要 ①［　　　　］時代に生まれた。起源は，②［　　　　　　］が始めた「③［　　　　　　］」といわれる。演劇など他の芸能が取り込まれ，生み出された総合芸術である。

2 歌舞伎「勧進帳」

兄の頼朝《よりとも》に追われた義経《よしつね》の一行が安宅《あたか》の関に到着する。

弁慶《べんけい》はにせの勧進帳を読み，富樫左衛門《とがしのさえもん》に応える。

疑われた義経を，強力《ごうりき》と言い張り弁慶は金剛杖《こんごうづえ》で打ちつける。

└→荷物持ちの下男

殺気立つ四天王《してんのう》を押しとどめ，弁慶は無事にこの場を切り抜けようとする。

関所を通した富樫に，弁慶は延年《えんねん》の舞《まい》でこたえる。

皆を先に逃がした後，弁慶は飛《と》び六法《ろっぽう》(六方）を踏みながら勇壮に退場する。

3 能について

室町時代の初めに 重要 ④［　　　　　］，重要 ⑤［　　　　　］親子により集大成された伝統芸能。

演技	⑥	主役。⑦［　　　］と演技，⑧［　　　］によって主人公を演じる
	⑨	相手役。
伴奏	⑩	謡によって物語の情景や⑪［　　　　　　］を表現する。
	⑫	笛（能管《のうかん》），小鼓《こつづみ》，大鼓《おおつづみ》，太鼓《たいこ》で伴奏を受け持つ。

能舞台の名称

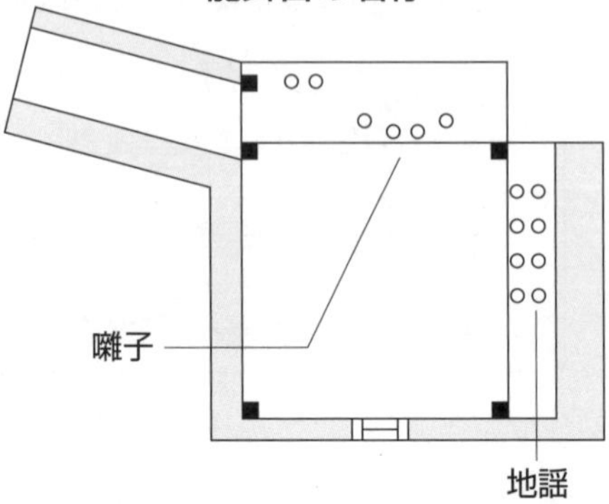

よくまちがえるポイント　強力＝ごうりき，謡＝うたい，面＝おもて，など，漢字の読みが通常と違い，独特な用語が多いので注意する。「羽衣」は，知られている昔話とはストーリーが違うところもチェック。

得点アップ問題

4 〔歌舞伎《かぶき》「勧進帳《かんじんちょう》」〕 次の問いに答えなさい。

(1) 次の①～⑧にあてはまる言葉を，下から選んで入れなさい。

歌舞伎は，(①　　　　　　)時代に生まれた演劇で，出雲のお国によって催《もよお》された「(②　　　　　　)」がその起源とされる。そこに演劇の要素が加わるなどして，他の芸能との融合を経ながら発展したものである。歌舞伎の総合芸術としての特徴は，その名に現れているように，歌＝音楽，(③　　　　　　)＝舞踊《ぶよう》，(④　　　　　　)＝演技の3つの芸能の合体であり，歌では(⑤　　　　　　)，(⑥　　　　　　)節などの音楽が使われ，(　④　)には「見得《みえ》」や「(⑦　　　　　　)」などの歌舞伎独特の表現による演技が見られる。「勧進帳」での歌には(　⑤　)が用いられ，(⑧　　　　　　)と囃子《はやし》が唄の伴奏をつとめる。また「勧進帳」の最後の場面では，弁慶が片足で3歩ずつ跳びながら行う「飛び(　⑦　)」と呼ばれる勇壮な演技が見られる。

〔江戸　平安　室町　雅楽　かぶき踊《おどり》　能　舞　伎　長唄《ながうた》　今様
義太夫《ぎだゆう》　黒田　勧進　六法　八法　三味線　琵琶　箏　尺八〕

(2) 次のうち，適切なものをすべて選び，記号で答えなさい。　(　　　　　　)

ア　勧進帳に用いられる音楽，長唄は，唄と囃子によって構成されている。

イ　勧進帳での義経一行は山伏の姿に，弁慶は強力《ごうりき》と呼ばれる荷物持ちの姿に変装している。

ウ　勧進帳は寄付金について記した巻物で，弁慶は劇中そらで偽《にせ》の巻物をすらすら読みあげる。

エ　長唄の演奏者は，唄方，三味線方，囃子方に分けられ，笛はその中の囃子方に属する。

5 〔能「羽衣《はごろも》」〕 次の問いに答えなさい。

(1) 能の基本的な様式が完成した時代と，その集大成を行った親子の名前を答えなさい。

完成した時代(　　　　　　)時代　親子の名前(　　　　　　　　　　)

(2) 能では，主役と相手役をそれぞれ何というか。

主役(　　　　　　)　相手役(　　　　　　)

(3) 楽器演奏を担当する演奏者を何というか。　(　　　　　　)

(4) 声の表現を担当する演奏者を何というか。　(　　　　　　)

(5) (3)を構成する楽器名を4つ答えなさい。

(　　　　　　)(　　　　　　)(　　　　　　)(　　　　　　)

(6) (4)の演奏者は，通常何人か。　(　　　)人

(7) 「羽衣」での主役と相手役をそれぞれ答えなさい。

主役(　　　　　　)　相手役(　　　　　　)

(8) (4)の演じる表現には，言葉に独特の抑揚をつけて語られる(　①　)と，言葉に旋律を付けて歌うように表現される(　②　)とがある。①，②にあてはまる言葉を答えなさい。

①(　　　　　　)　②(　　　　　　)

10 日本の郷土芸能／世界の芸能と音楽

テストに出る重要度 ★★

1 日本の郷土芸能

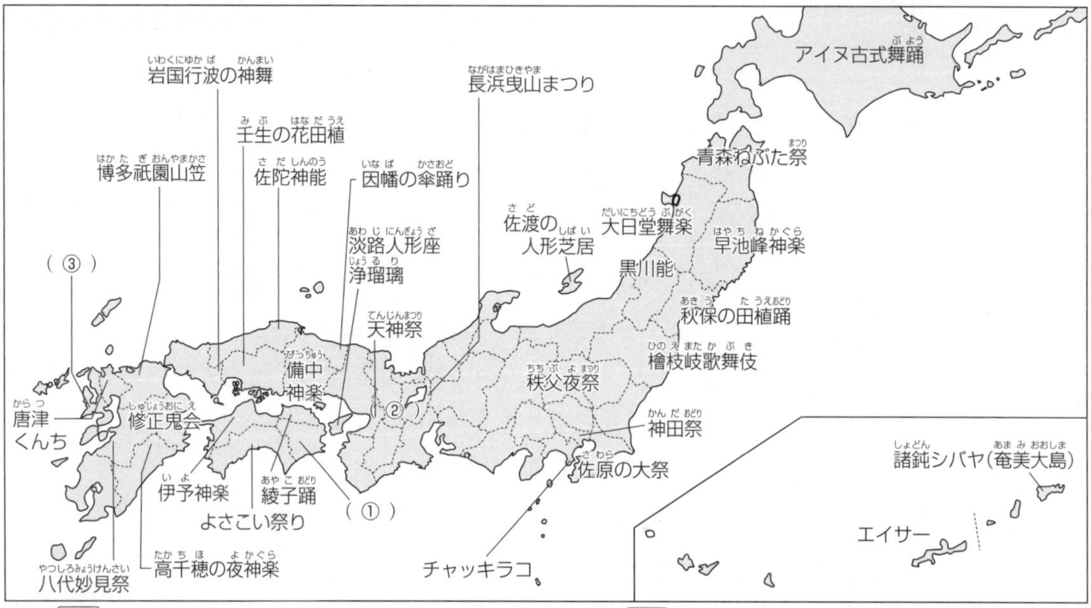

(1) 重要 ①［　　　　］…**徳島県**の盆踊り。

(2) 重要 ②［　　　　］…**京都**の八坂《やさか》神社の祭り。

(3) 重要 ③［　　　　］…**長崎県**の諏訪《すわ》神社の祭り。「龍踊《じゃおど》り」で知られる。

2 世界の芸能と音楽

(1)

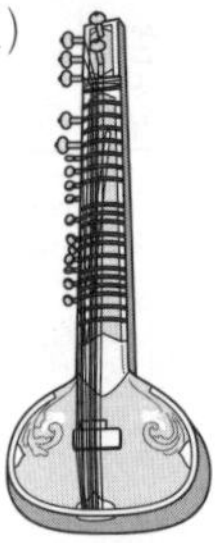

④［　　　　］

(2)

⑤［　　　　］

(3)

⑥［　　　　］

(4)

⑦［　　　　］

(1) ⑧［　　　　］の弦楽器。棹《さお》の中に共鳴弦が仕組まれ，特徴的な余韻《よいん》の響きを持つ。

(2) ⑨［　　　　］のボリビアなど，アンデス地方の弦楽器。

(3) ⑩［　　　　］という金属製の弦を２本のばちでたたいて演奏する。

(4) ⑪［　　　　］の民衆音楽の楽団。ヴァイオリンやトランペット，大小のギターで賑《にぎ》やかに演奏する。

よくまちがえるポイント
祭りの名称や楽器名などが正解でも，県名や国名などが正確に書けずに失点することのないように。南アメリカと南アフリカ，オーストリアとオーストラリア等，勘違いや書き間違えも多いので注意。

得点アップ問題

3 **〔日本の郷土芸能〕** 次の(1)～(5)の祭りの名称と開催される地域を，下の語群A，Bからそれぞれ選んで答えなさい。

(1) 毎年７月，１か月に渡って続く伝統的な祭りで，美しく装飾をほどこした山鉾が有名。

(2) 豊作を祈って行われる行事で，田んぼの主が取る音頭に合わせて，お囃子《はやし》が賑《にぎ》やかに演奏し，大勢の早乙女《さおとめ》が唄いながら田植えをしていく。

(3) 諏訪《すわ》神社のお祭りで，異国情緒豊かな芸能が様々に演じられる。龍《じゃ》踊りは特に有名。

(4) 代表的な盆踊りで，踊り手が「連《れん》」という集団を作って練り歩くのが特徴。

(5) 勇壮な武者の姿などをかたどった，大型の山車灯篭《だしとうろう》が街を練り歩く夏祭り。

(1)(　　　・　　　)　(2)(　　　・　　　)　(3)(　　　・　　　)
(4)(　　　・　　　)　(5)(　　　・　　　)

A〔 ねぶた祭　祇園《ぎおん》祭　天神祭　長崎くんち　阿波おどり
　エイサー　壬生《みぶ》の花田植　よさこい祭り 〕

B〔 **ア** 沖縄県　**イ** 青森県　**ウ** 東京都　**エ** 京都府　**オ** 大阪府
　カ 広島県　**キ** 長崎県　**ク** 徳島県　**ケ** 岐阜県 〕

4 **〔世界の芸能と音楽〕** 次の(1)～(5)の芸能の名称とその芸能をもつ地域を，下の語群A，Bからそれぞれ選んで答えなさい。

(1) 歌とせりふ，しぐさ，立ち回りを組み合わせた伝統的な音楽劇で，演じる役がらの年齢や性別によって，発声法が変わる。

(2) ２本のばちで金属製の弦をたたく，ツィンバロムという独特の楽器を含む合奏で，他にヴァイオリンなどが用いられる。緩《ゆる》やかな部分と速い部分に分かれた舞曲が有名。

(3) 山岳地方に伝わる音楽で，裏声を巧《たく》みに交えた軽やかな歌唱表現を特徴とする。この独特な歌い方は，羊飼いたちが山間で互いに連絡を取り合ったものが起源とされる。

(4) 多数の弦を持つ弦楽器で，棹《さお》の内部の共鳴弦が作り出す神秘的な余韻《よいん》の響きが特徴である。

(5) 村々に古くから伝わる合奏形態で，青銅でできた打楽器を主体とした独特な響きを持つ。

(1)(　　　・　　　)　(2)(　　　・　　　)　(3)(　　　・　　　)
(4)(　　　・　　　)　(5)(　　　・　　　)

A〔 ヨーデル　ガムラン　ジンジュ(京劇)　シタール　ロマの音楽 〕

B〔 **ア** ハンガリーなど　**イ** インドネシア(ジャワ島)　**ウ** 中国
　エ スイスなど　**オ** インド 〕

11 リコーダー／ギター

月　日

テストに出る重要度 ★★★

❶ リコーダーの構造

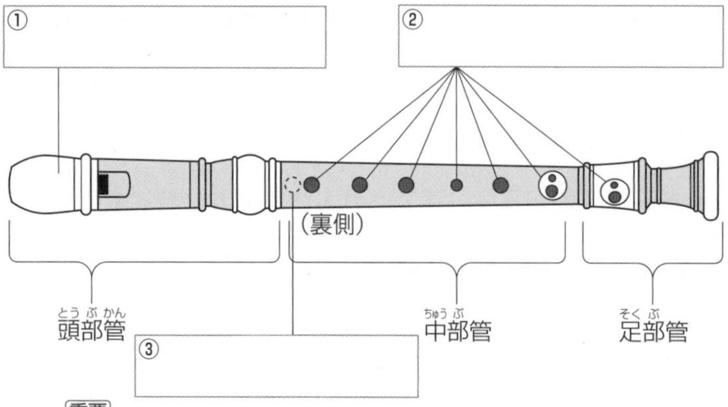

重要 (1) ⑥ …舌《した》を使って「tu《トゥ》」と発音する。

重要 (2) ⑦ …高音を出すために，③ に小さな隙間《すきま》を作る運指。

(3) **アーティキュレーション**…音のつなぎ方，切り方のこと。⑥ を上手に使うことでさまざまな表情のアーティキュレーションが工夫できる。

❷ リコーダーのチューニング

A

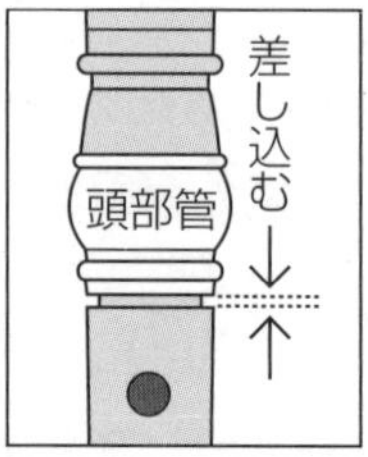

B

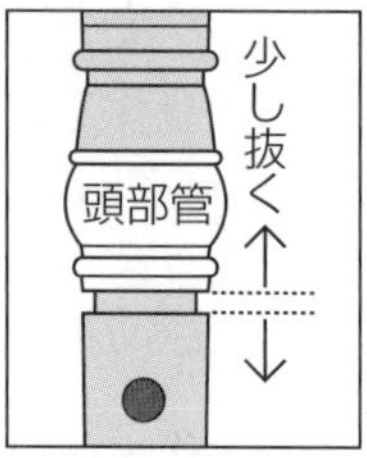

A. ピッチを ④ するとき

B. ピッチを ⑤ するとき

❸ アルト・リコーダーの運指の例

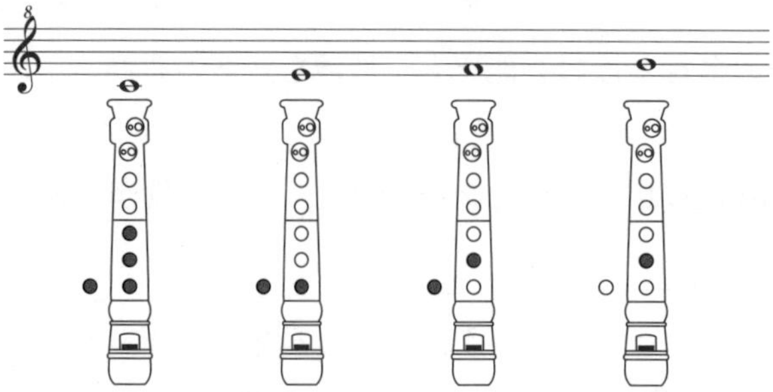

得点UPテクニック

リコーダーの運指の問題は，頭で覚えるより体で覚えるとよい。具体的には，普段からリコーダーの練習をきちんとしておくことで，指が自然に運指を覚えてくれるようになる。あとはテストの際，鉛筆などをリコーダーに見立てれば簡単に正しい運指の解答が得られる。

❹ ギターの構造

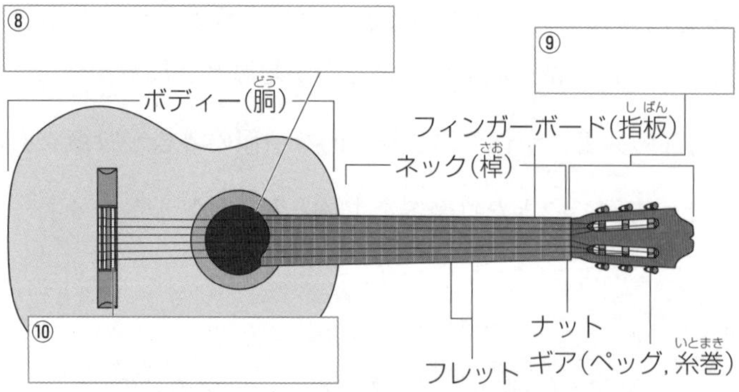

❺ ギターの調弦《ちょうげん》

開放弦の音　〈記音〉

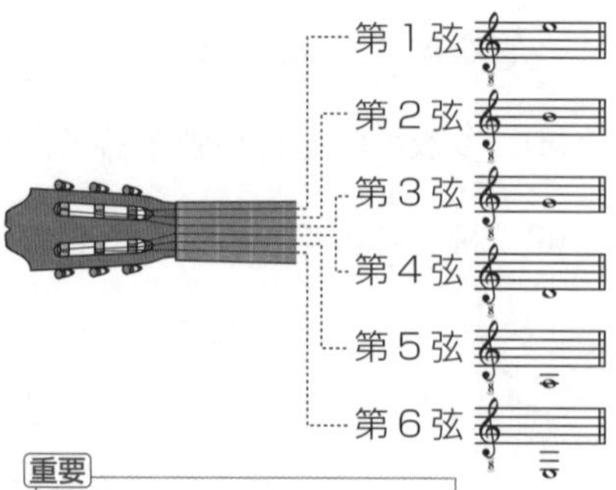

右手の指の奏法には，弾いた指先を隣の弦に当てて止める 重要 ⑪ 奏法と，弾いた指先を弦に当てず手のひら側に曲げる 重要 ⑫ 奏法がある。

よくまちがえるポイント

タンギング，フレットなどの用語は，正確に覚える。早合点や勘違いの解答は意外と多い。リコーダーの運指は，実際に指で覚えておく方が間違いがない。真面目に練習しよう。

得点アップ問題

6〔リコーダー〕 次の問いに答えなさい。

(1) リコーダーのピッチを上げたいとき，頭部管をどうすればよいか。
(　　　　　　　　　　)

(2) サムホールにわずかな隙間《すきま》をつくって，高音を出す運指を何というか。カタカナ4文字で答えなさい。 (　　　　　)

(3) 息を吹き込むときに，舌を使って音を出したり止めたりすることを何というか。
(　　　　　)

(4) (3)をするとき，舌はどんな発音をすればよいか。記号で答えなさい。 (　　)

ア ku－ku－　　**イ** tu－tu－　　**ウ** pu－pu－　　**エ** ru－ru－

7〔リコーダー〕 次のそれぞれの音について，下の**ア**～**コ**より適切なアルトリコーダーの運指を選び，記号で答えなさい。

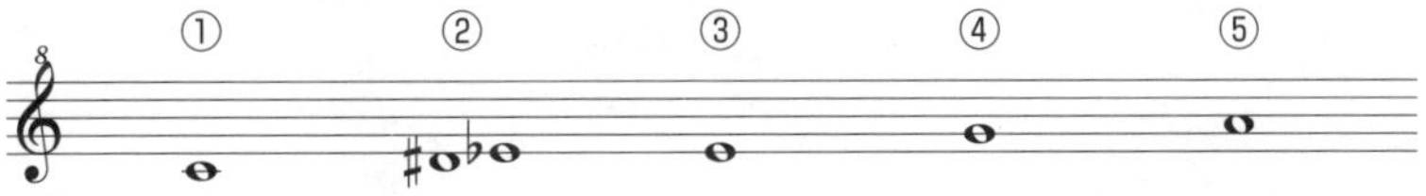

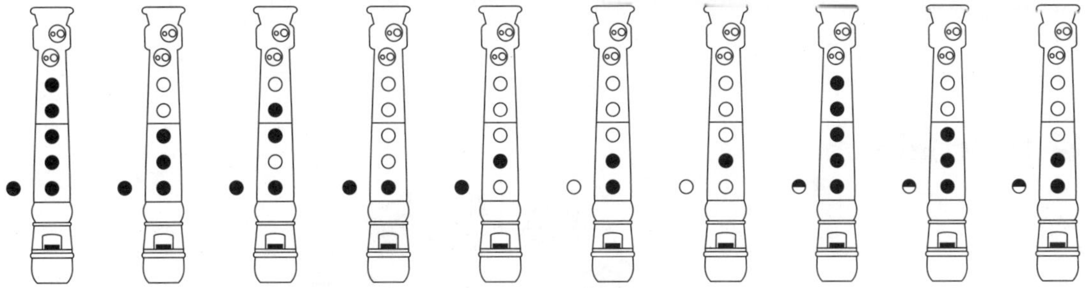

①(　　) ②(　　) ③(　　) ④(　　) ⑤(　　)

8〔ギター〕 次の問いに答えなさい。

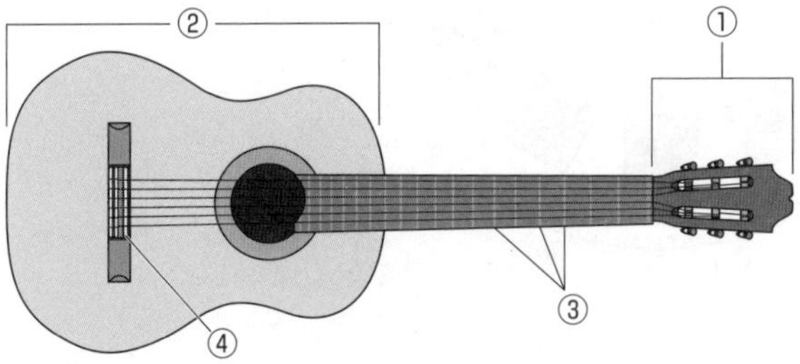

(1) ①～④の名称を答えなさい。

①(　　　　　　)

②(　　　　　　)

③(　　　　　　)

④(　　　　　　)

(2) ギターについて述べたもので，正しいものを選んで，記号で答えなさい。(　　)

ア 弦が6本のギターでは，解放弦の状態で最低音から最高音の音程はちょうど2オクターブある。

イ アポヤンド奏法は，旋律《せんりつ》やしっかりした低音を弾くために適している。

ウ 左手で弦を押さえながら右手で複数の弦をかき鳴らす奏法を，アルペッジョという。

1 色の基礎知識／モダンテクニックを学ぶ

月　　日

テストに出る重要度 ★★

1 モダンテクニック

①

↳油性の絵の具などを水面にたらす。

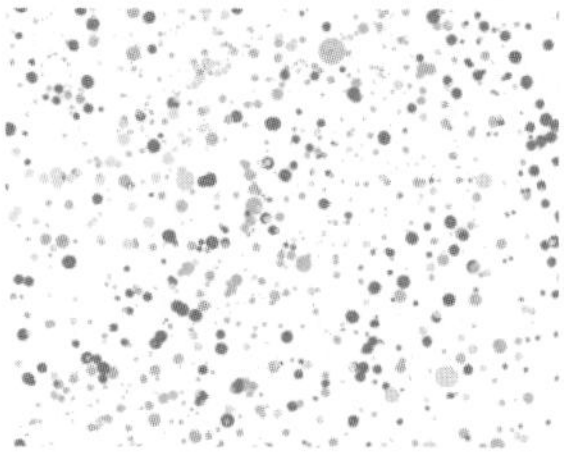

②

↳霧状になった絵の具でぼかしたような細かい模様を作る。

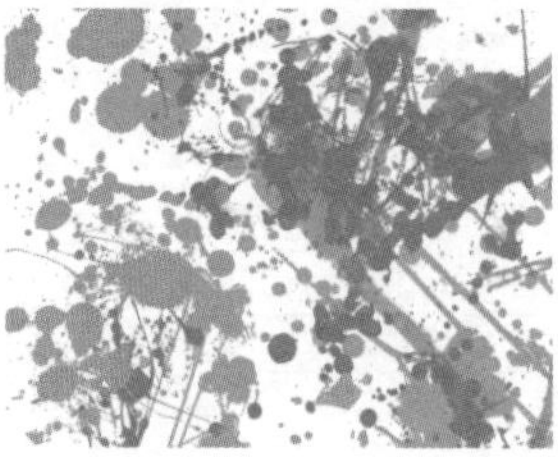

③

↳絵の具をたらしたり，息を吹きつけたり紙を傾けたりする。

④

↳さまざまな材料を貼り付ける。

得点UPテクニック

ほかにも，凹凸《おうとつ》のあるものに薄い紙を当て，その上から鉛筆などでこすり，形や模様を写し出す**フロッタージュ**（こすり出し）や，切り抜いた図柄を刷り出す**ステンシル**などさまざまな技法がある。

2 色の仕組み

⑤

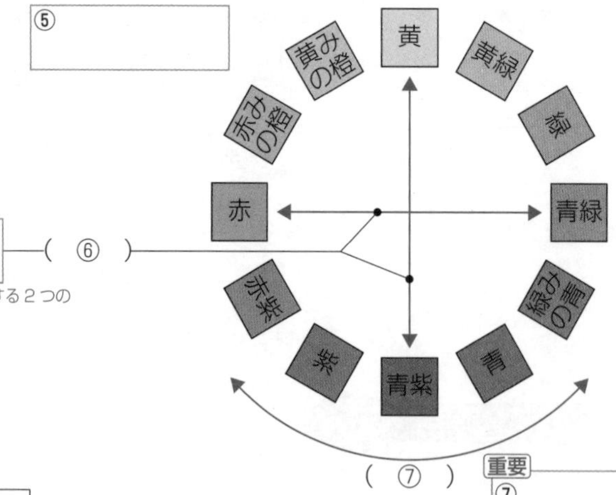

⑥

↳反対側に位置する２つの色の関係。

重要 ⑦

↳色みの違い。

重要 ⑧

↳色の明るさの度合い。

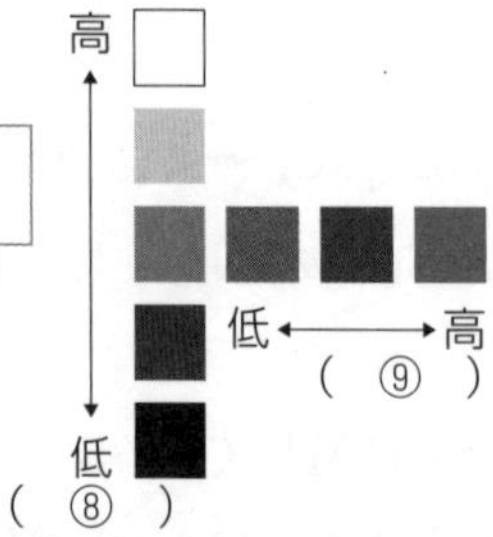

重要 ⑨

↳色のあざやかさの度合い。

⑦・⑧・⑨＝ ⑩

よくまちがえるポイント　色の三属性（三要素）は，色相＝色みの違い，明度＝明るさの度合い，彩度＝あざやかさの度合いからなる。この３つは，すべての色の位置を立体的に表現した色立体で表すことができる。

得点アップ問題

3 〔色の種類〕 次の①～⑦にあてはまる言葉を下から選んで答えなさい。

(1) 色は(① 　　　)と有彩色に分けられる。(①)は，白や(② 　　　)や灰色など，色みがない色を指す。そのため，(③ 　　　)だけをもち，(④ 　　　)と(⑤ 　　　)をもたない。

(2) 有彩色に(①)を混ぜると，さまざまな明度や彩度の色をつくりだすことができる。有彩色に(⑥ 　　　)を混ぜれば(③)が高くなり，(⑦ 　　　)を混ぜると低くなる。このようにして，明るい水色やピンク色などの色をつくることができる。

〔 明度　　白　　色相　　無彩色　　黒　　彩度 〕

4 〔色の対比〕 次の問いに答えなさい。

(1) この図の配色では，どちらの台形がより明るく感じられるか。記号で答えなさい。

ア

イ

(　　)

(2) この図は色の三属性のうち，どの属性の対比によって印象が異なって見えるものか。
三属性の名称(要素)を答えなさい。 (　　　　)

復習のポイント

①**明度対比**…同じ色でも暗い背景では明るく，明るい背景では暗く感じられる。
②**色相対比**…同じ色でも背景の色相の違いによって，色みが違って見える。
③**彩度対比**…同じ色でも彩度の低い背景ではあざやかに，彩度の高い背景ではにぶく感じられる。

5 〔三原色と色の混合〕 次の問いに答えなさい。

(1) 次の図は，色の三原色を表している。**ア**にあてはまる色の名称を答えなさい。

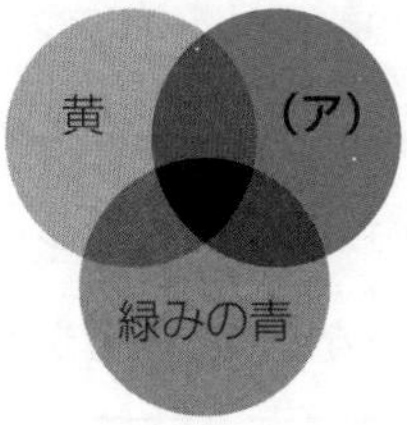

(　　　)

ここに注目

● **色の三原色**…赤紫(M＝マゼンタ)，緑みの青(C＝シアン)，黄(Y＝イエロー)である。
● **光の三原色**…赤(R＝レッド)緑(G＝グリーン)，青紫(B＝ブルー)である。

(2) 次の文の①～⑤にあてはまる言葉を答えなさい。

色の混合は，混合して色の数が増えるほどあざやかさも明るさも下がり，(① 　　　)に近づいていく。これを(② 　　　)という。色と色を混ぜてもつくりだすことができない色を(③ 　　　)という。色の混合については，色料(絵の具やインクなど)と光(テレビなどの光)では異なり，光を重ねて混ぜるほど明るさが上がり，(④ 　　　)に近づく。このような混色を(⑤ 　　　)という。

2 鉛筆で描く／水彩で描く

月　日

テストに出る重要度 ★★

1 鉛筆やペンで描く

●技　法

重要
①

└→線を平行に引いたり，交差させたりして描く。

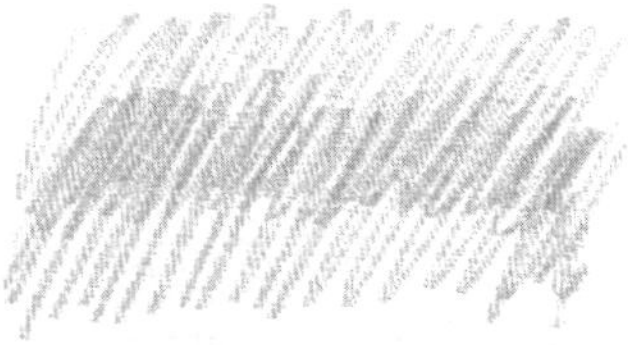

鉛筆を寝かせて調子をつける。

2 水彩画の用具や使い方

●技　法

②

└→乾いた筆で描くことで，かすれた感じを表現することができる。

③

└→絵の具を塗った後に水を含んだ筆でなぞり，色をにじませる。

得点UPテクニック

●水彩絵の具の混色

混色は無限に色を作ることができる。紫や緑だけではなく，白や黒を使って肌色や茶色，深緑なども作ることができる。

	用具の種類	使い方や特徴
透明水彩絵の具 └→水に溶けやすい種類の絵の具	・水に溶ける。 ・色を重ね塗りをすると，④　　の色が透《す》けて見える。 ・筆は穂先の異なるものを用意し，使った後は⑤　　で洗う。	・絵の具は，２～３色を混ぜて⑥　　し，色をつくるとよい。色を重ねることを**重色**という。 ・あまり湿ってない絵の具を筆につけ塗る⑦　　や，紙に水を塗り，乾かないうちに絵の具をつける⑧　　などの描き方がある。
不透明水彩絵の具	・⑨ 乾くと水に溶けない。上から色を塗ることができ，いろいろな素材に描ける。	・絵の具に混ぜる⑪　　の量で，**透明水彩絵の具**のような表現や，**油絵の具**のような厚塗りの表現ができる。
	・⑩ 乾いても水に溶ける。発色がよく，面をムラなくに塗るのに向いている。	・広い面を塗る⑫　　，ポスター作成や平面構成に役立つ直線を引くのに役立つ**溝《みぞ》引《び》き**などの方法がある。

よくまちがえるポイント　**混色・点描・重色**　絵の具は，パレット上で混ぜていろいろな色をつくる。点描は，紙の上で色の点を並べることで，見た目には混色しているように見える技法。重色は，薄めの色を重ねる技法。

得点アップ問題

3 〔さまざまな画材による表現〕 次の絵を見て，使われた画材を下から選んで答えなさい。

①

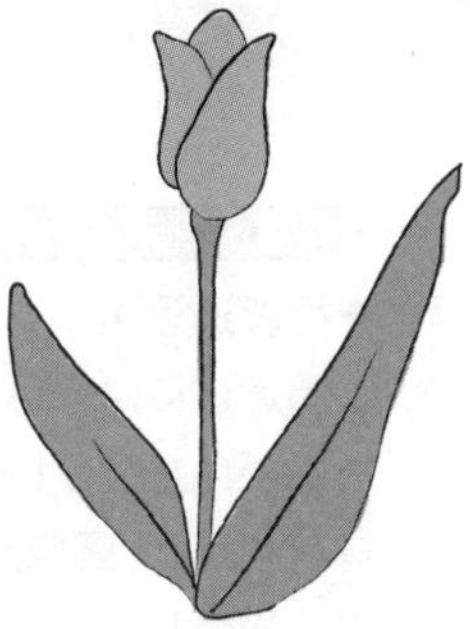

(　　　　　　)

②

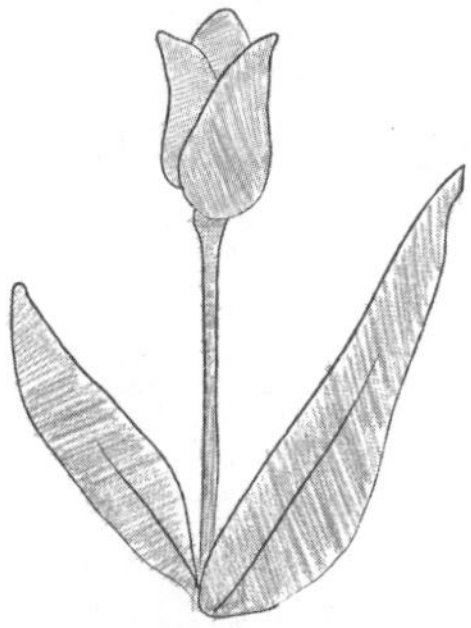

(　　　　　　)

③

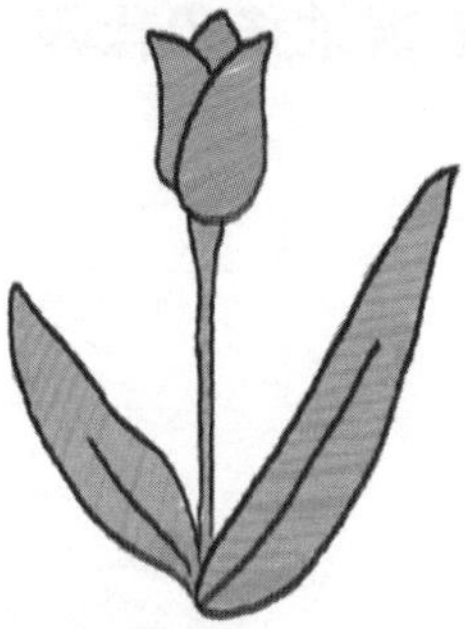

(　　　　　　)

〔 鉛筆　アクリルガッシュ　ペン　マーカー　パステル　ポスターカラー 〕

4 〔水彩絵の具の使い方〕 次の①～⑤にあてはまる言葉を，下から選んで答えなさい。

水彩画には，絵の具を多めの水でとき，下の色が透ける描き方の(①　　　　　)と，絵の具を少なめの水でとき，下の色を隠す描き方の(②　　　　　)がある。

絵の具は，(③　　　　　)に出し，いつも同じ場所に出す。絵の具を溶いたり，混ぜたりするときには，(③)の広いところで少しずつ混ぜる。色と色は少し離《はな》して置くとよい。

鉛筆でスケッチしたものに色を塗っていく場合には，(④　　　　　)色から塗っていく。最初の色が乾いてから，(⑤　　　　　)色を重ねる。

〔 透明描法　線描　不透明描法　パレット
筆洗　明るい　暗い 〕

5 〔水彩画の技法や特徴〕 次の水彩画の技法や特徴について，正しいものには○，まちがっているものには×を書きなさい。

(1) 水彩画は，絵の具の量を調節することで，明るさや透明感を表現できる。 (　　)

(2) 紙に水を塗り，その上から絵の具を塗ると，にじみの表現ができる。 (　　)

(3) 水彩画は，ぼかしの効果を生かす描き方にはあまりふさわしくない。 (　　)

復習のポイント

●絵の具

水彩絵の具は，絵の具と水の量を変えながら描くと，さまざまな表現ができる。

●ポスターカラー

ポスター制作などで広い面積を同じ色で塗る場合には，途中で色が足りなくなることのないように，必要な量を多めにつくっておく。

●アクリルガッシュ

乾《かわ》くと，水で洗い流せなくなるため，筆やパレットはすぐに洗う。必要な量だけを出すようにする。

紙のほかに，ガラスや布など，いろいろな素材に描くことができる。

3 遠近感を学ぶ／色と平面構成

月　日

テストに出る重要度 ★★★

1 遠近法の種類

①［　　　　］…絵のなかに距離感や空間を表現するための描き方。

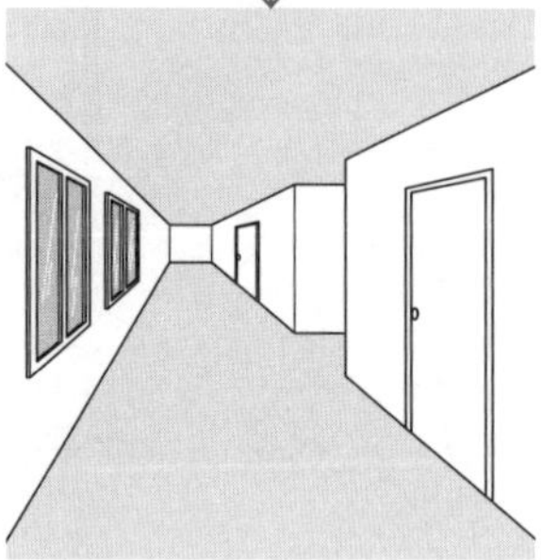

重要 ②［　　　　］
→近くのものを濃くしっかりと描き，遠くのものを淡いタッチで弱く描いて遠近感を表す

重要 ③［　　　　］…水平線と 重要 ④［　　　　］を定めてその位置関係から遠近感を表す。

得点UPテクニック

● **色彩遠近法**

遠近法には，ほかにも人が色から受ける感覚を利用し，**暖色系（進出・膨張《ぼうちょう》）**の色と**寒色系（後退・収縮《しゅうしゅく》）**の色を使い分けて表現する色彩遠近法などがある。

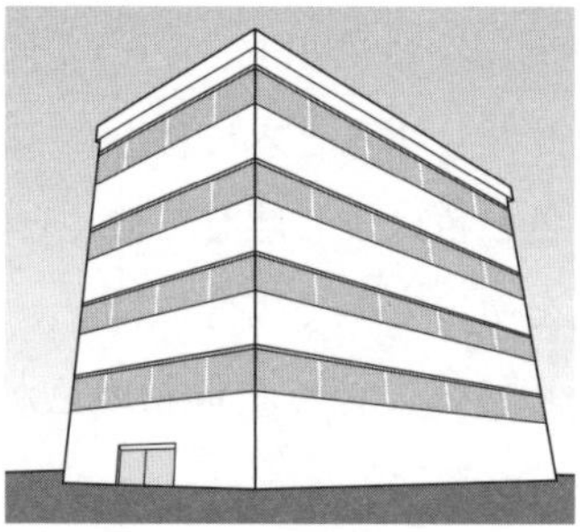

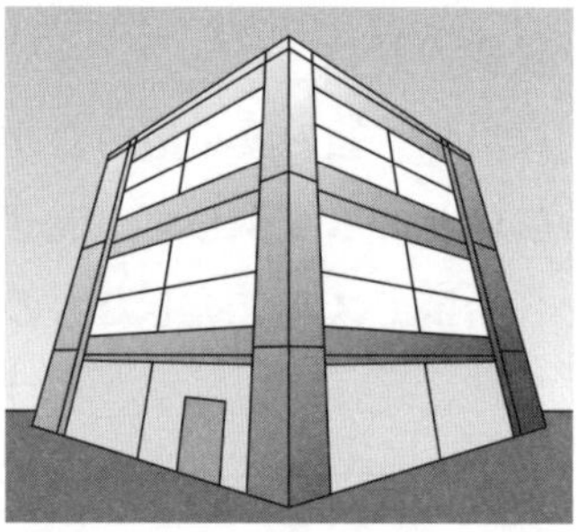

⑤［　　　　］
→水平線上の一点に消失点がある

重要 ⑥［　　　　］
→水平線上の二点に消失点がある

重要 ⑦［　　　　］
→水平線上の二点に加え，縦方向にも消失点がある

2 配色計画

⑧［　　　　］…色の組み合わせを考え，配置したり構成したりすること。

(1) ⑨［　　　　］色…ドミナントカラー　→全体を支配している色のこと

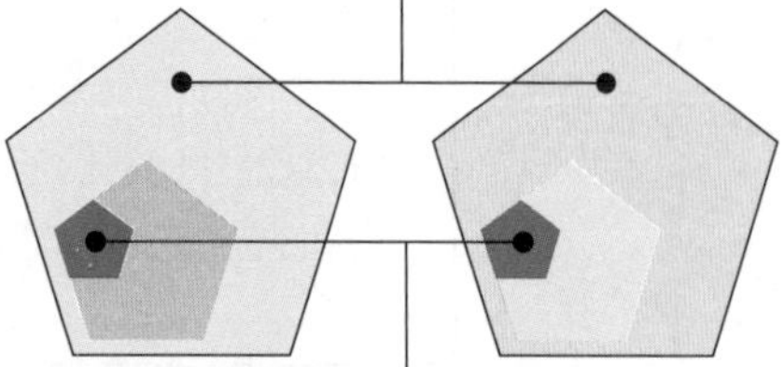

(2) ⑩［　　　　］色…アクセントカラー　→全体の感じを引きしめる色のこと

得点UPテクニック

● **セパレーション**

となり合う色どうしの印象が弱い場合などに，白や黒などのほかの色（明度の高い色）を縁取りなどの形で加え，分離の効果を生かす方法

よくまちがえるポイント　遠近法は，消失点が水平線上にいくつあるかでその図法を判断することができる。消失点を2つもつ場合は二点透視図法，さらに縦方向に1つ加わると三点透視図法となる。

得点アップ問題

3〔透視図法〕 次の図には，透視図法が使われています。それぞれの図に，———と・で消失点を表しなさい。

①
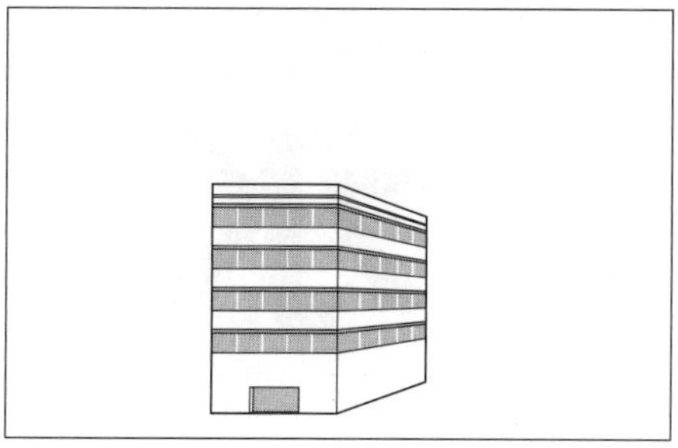

②
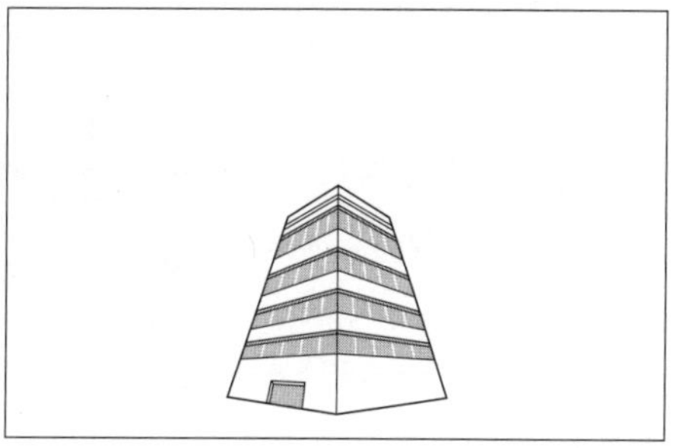

4〔遠近法の種類〕 次の絵に効果的に使われている透視図法の名称を答えなさい。

（　　　　　　　　　　）

5〔風景画・人物画の描き方〕 次の①～⑥にあてはまる言葉を，下から選んで答えなさい。

風景画で，奥行きや遠近感を出すには，（①　　　　）のものの形をぼんやりと描き，（②　　　　）のものを濃くしっかりと描く（③　　　　）や，線の方向で空間を表す，（④　　　　）などの方法がある。

人物画を描くときには，対象をよく観察し，その人の特徴をつかんで表現するばかりでなく，（⑤　　　　）や省略などをすることで，描き手の気持ちや意図などを伝えることができる。

人間の顔は，正面か横向きか，見上げた顔を描くかうつむいた状態の顔を描くかなど，いろいろな向きにより印象が変わる。見る（⑥　　　　）を変えて，表情の特徴をとらえ，人物の動きや背景なども考えながら表現する。

〔 空気遠近法　　強調　　角度　　遠く
線遠近法　　近く 〕

復習のポイント

● **風景画のポイント**
手の指や見取りわくを使って，風景をとらえ，いろいろな角度の中から構図を決める。構図の中でも，自分が気になるものや描きたいものを強調して描くなど，自由な表現をして工夫する。

● **人物画のポイント**
人間の顔や人体は，正中線を中心に左右対称となっている。

4 デザインを学ぶ

月　　日

テストに出る重要度 ★★

1 文字のデザイン

	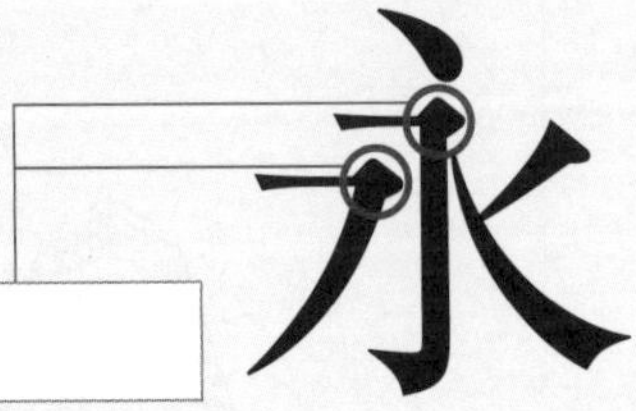 ①	
書体名	②	③
特　徴	横の線が細く縦《たて》の線が太い，和文の書体。	縦横の線の太さがほぼ同じで，目立たせることを優先した書体。
用　途	新聞の記事部分など。	印刷物の見出しなど，強調したい部分。

2 ユニバーサルデザインとバリアフリー

	④	⑤
対　象	⑥［　　］，⑦［　　］，身体的能力のほか，何の区別なく，できるだけさまざまな立場の人。	高齢者や体に障がいをもつ人。
特　徴	• 公平な利用，その利用における ⑧［　　］の高さ。 • 危険につながらないこと，身体的な ⑨［　　］の低さ。 • アクセスと利用のために十分な ⑩［　　］をもつこと。	特定の人が感じる不便さを取り除く目的のデザインを目指す。
例	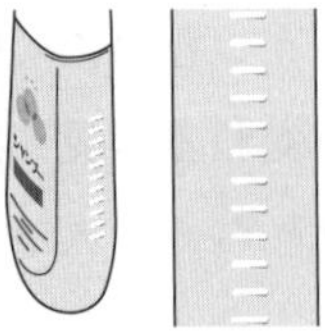 シャンプーとリンスを判別することができるパッケージのくふう。	 ⑪［　　］をつけた ⑫［　　］。

よくまちがえるポイント　ユニバーサルデザインは，多くの人を対象とする。一方，バリアフリーデザインは，特定の人が感じる不便さを取り除くという目的のデザインである。

得点アップ問題

3〔**レタリングの制作手順**〕 次の文は，レタリングの制作工程である。

正しい手順になるように並べ，記号で答えなさい。

ア 枠内に下書きを書く。

イ 字の大きさを決め，方眼紙などに枠取《わくど》りをする。

ウ 輪郭《りんかく》線に絵の具やペンなどで墨入れをする。

エ 輪郭線の内側を塗《ぬ》る。

オ 定規《じょうぎ》で輪郭線を入れる。

カ 清書する紙に転写(写す)する。

イ →（　　）→（　　）→（　　）→（　　）→ **エ**

復習のポイント

●レタリング

広告などで，視覚的な印象を意識して文字をデザインすることである。

文字を一字ずつ決められた枠内に書く場合，ひらがなは漢字よりも比較的に大きく見えるため，漢字よりも少し小さく書くとバランスがよい。

4〔**ポスターのデザイン**〕 次の問いに答えなさい。

(1) ポスターは，多くの人に情報を伝えると同時に，何を伝えるために作るか。（　　　　）

(2) イベントの開催の告知，マナーや倫理感向上などの訴え，環境保護など，ポスターを作る根本的な目的のことを何というか。（　　　　）

(3) ポスターや広告を作るときに使う，伝えたいことを簡単な言葉で表現したものを何というか。（　　　　）

(4) 次の文のうち，ポスターに必要な条件や効果について，正しいものには○，まちがっているものには×を書きなさい。

① ポスターのデザインは自由な表現が可能だが，掲示される場所との調和を考えることも重要である。（　　）

② ポスターに描くコピーは，できるだけ短く，効果的に表現できるものを考えるとよい。（　　）

③ ポスターの文字は，大きくすることで最も目立ち，その内容がわかりやすく伝わるようになる。（　　）

④ 主題に合わせて，イラストやコピー，色，書体などを組み合わせ，全体のバランスを考えてデザインする。（　　）

ここに注目

ポスターや案内，マークなど，視覚を通じて情報を伝えるデザインを**視覚伝達デザイン**という。

イラストレーションやアニメーションなどもデザインに含まれる。

5〔**学校での環境デザイン**〕 学校内で，次のようなことを伝えたい場合，どのような方法で行うとよいか，答えなさい。

・全学年で，校庭の草ぬきのボランティア活動に参加することをすすめたい。

（　　　　　　　　　　　　　　　　　　）

5 土で制作する／石で制作する

月　日

テストに出る重要度 ★

1 粘土とその扱い方

●粘土の種類

①	天然の土からつくられており，水で硬《かた》さを調整できる粘土。
②	繰り返し使える，④ で練ってつくられた粘土。
③	紙からつくられた粘土。

2 彫像《ちょうぞう》と塑像《そぞう》

重要
(1) ⑤ …粘土など，自由に取ったり付け加えたりできる素材で彫刻《ちょうこく》を作ること。

●手　順

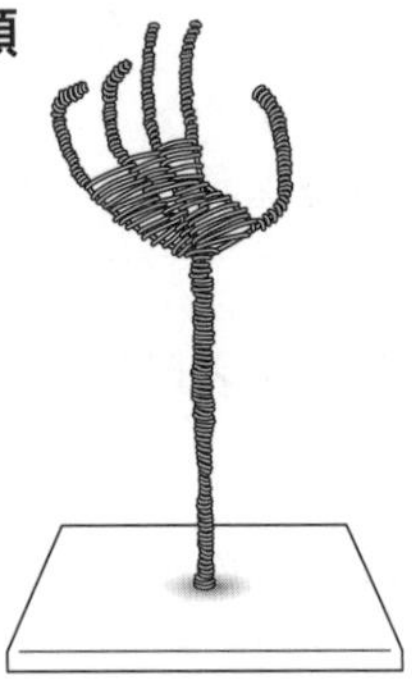

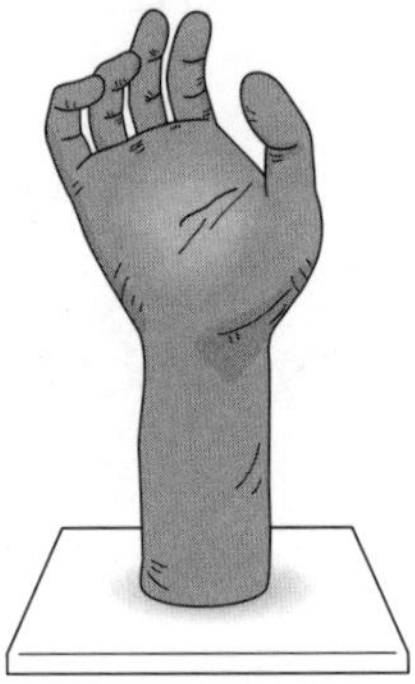

全体のバランスを見ながら，⑧ 側から ⑨ 側へ肉付けをしていく。

木や ⑥ で骨組みを作って

⑦ や麻ひもをつける。

重要
(2) ⑩ …木や石などの素材を，外側から内側に向けて彫《ほ》り刻《きざ》んで彫刻を作ること。

⑪

└→完全な立体で形づくる

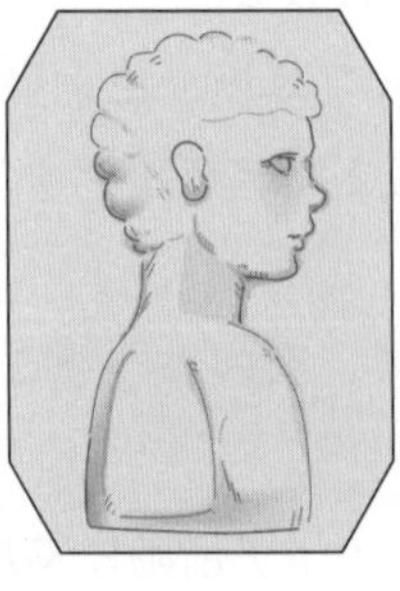

⑫

└→平面に浮き出てくるように半立体でつくる

得点UPテクニック

レリーフの表現方法には，次のようなものがある。

- **高肉彫り**
  丸彫りに近い表現で，最も高く盛り上げて彫る。
- **中肉彫り**
  高肉彫りと薄肉彫りの中間で，一般的な彫り方。
- **薄肉彫り**
  材料の面より，ほんの少しの凹凸をつける彫り方。
- **肉合《ししあい》彫り**
  材料の表面よりくぼんだような彫り方をしたもの。

よくまちがえるポイント

六古窯《ろっこよう》 中世から現代に続く日本の代表的な焼き物。瀬戸焼（瀬戸），常滑焼（常滑），越前焼（越前），信楽焼（信楽），丹波焼（丹波），備前焼（備前）があり，それぞれの外観と地域を整理する。

得点アップ問題

3〔焼き物の成形〕 次の問いに答えなさい。

(1) 次の［　］は，焼き物の制作工程を示している。①～⑤にあてはまる言葉を，下から選んで答えなさい。

- ［採土《さいど》］…原料の土を採る。
- ［土練り］…粘土の内部の(①　　　　　)を抜き，密度を均一に保つ。
- ［②　　　　　］…形をつくる。粘土の厚みは一定にし，しっかりと接合する。
- ［加飾《かしょく》］…(　②　)に，模様や装飾《そうしょく》を入れる。
- ［乾燥《かんそう》］…1 週間ほど，風のない室内か日陰でよく乾燥させる。
- ［③　　　　　］…焼成温度は 750 ～ 850℃で，約 6 時間焼く。
- ［施釉《せゆう》］…釉薬をかける。
- ［④　　　　　］…釉薬を溶《と》かし素地を焼き締める。温度は(⑤　　　　　)程度。

［ 空気　水分　素焼き　成形　焼成　約 800℃　約 1000℃　約 1200 ～ 1300℃ ］

(2) (1)②の制作工程に関する説明文の，①～③にあてはまる言葉を答えなさい。

- (①　　　　　)…ひも状にした陶土《とうど》を下から順に積み上げ，成形する。
- 板づくり(たたらづくり)…板状に切った陶土を(②　　　　　)成形する。
- たまづくり…(③　　　　　)を使って陶土を回転させながら成形する。

(3) (1)②のときに用いるもので，作品と同じ陶土を水で溶いたものを何というか。また，その役割を答えなさい。

水で溶いたもの(　　　　　)

役割(　　　　　)

復習のポイント

●**陰　刻**
形となる線あるいは面のところを彫り取って作る技法。

●**陽　刻**
表現しようとする形が残され，そこに絵の具などの色がついて，紙には形を残す技法。

4〔石　彫〕 次の問いに答えなさい。

(1) 木や石などの素材で彫像を作る場合，粘土による塑像《そぞう》との違いと注意点を簡単に答えなさい。

(　　　　　)

(2) 印石を使って印鑑を制作する場合，表現しようとする線または面を彫り残す作り方を何というか。(　　　　　)

6 木で制作する

1 版画の種類と方法

①	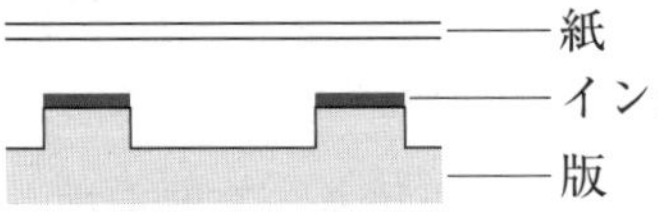	盛り上がった部分にインクをのせ，こすって刷り取る方法である。主に，木版画に使われる。
②	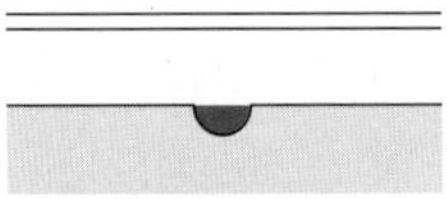	版のくぼみにインクをつめ，くぼみ以外の部分のインクをふき取ってプレス機にかけて刷り取る。
③	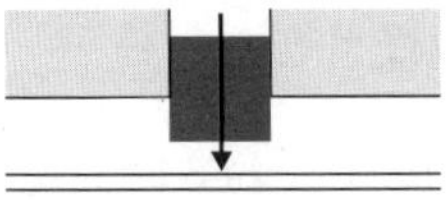	版に穴をあけて，その穴からインクを通し，絵を直接刷り込む方法。
④	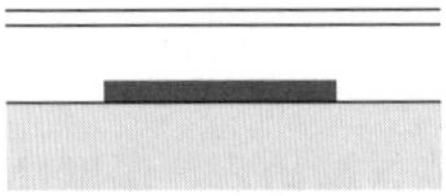	版に油性インクをのせて刷り取る方法。

2 〔彫刻刀の使い分け〕

彫刻刀の名称	彫り跡	彫刻刀の形	使い方
⑤	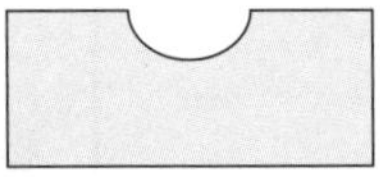	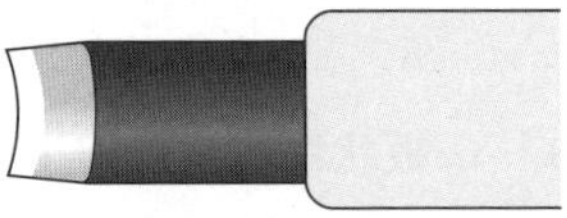	いろいろな太さのものがあり，太いものは大きな面をけずる。
⑥	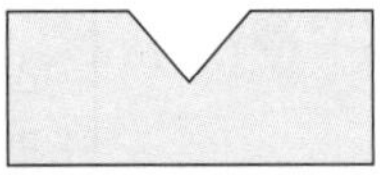	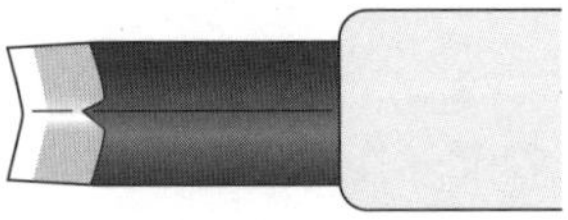	彫る角度や向きをかえるといろいろなことが表現できる。
⑦	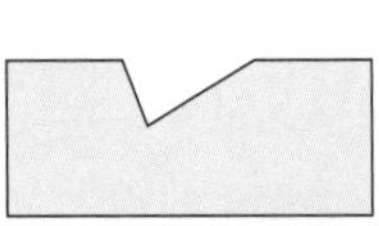	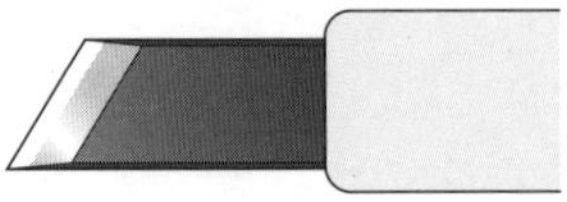	線を表すときに使う。鋭くけずることができる。
⑧	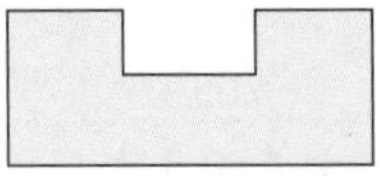	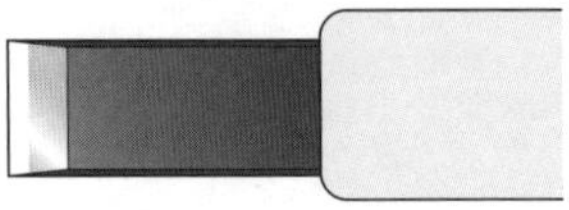	広い面を彫るときに使う。刃を裏にするとぼかしの表現ができる。

よくまちがえるポイント
木版画　板を彫刻刀で彫り，絵の具やインクを置いて凸面の形を紙に刷り取る。このほかに，凹版，平版，孔版などの版画の種類があるので，それぞれの技法と特徴を整理したい。

得点アップ問題

3 〔木版画の制作〕 次の①～⑩にあてはまる言葉を，下から選んで答えなさい。

(1) 木版画の制作工程は，（①　　　　　）を描く→転写する→（②　　　　　）→（③　　　　　）でこすって刷る，である。

(2) 木版画の彫《ほ》り方には，輪郭《りんかく》線を残して周りを彫る（④　　　　　）と，反対に輪郭線を彫って白くぬく（⑤　　　　　）がある。（　④　）の場合，インクの色がつく部分が少なくなるため（⑥　　　　　）印象に，（　⑤　）の場合はインクの部分が多くなるため，（⑦　　　　　）印象になる。

(3) 版にインクをつける場合，（⑧　　　　　）で均一になるようにのばしてつける。

(4) 多色刷りをする場合には，1枚の版で部分的に違う色をつける（⑨　　　　　）と，複数の版でそれぞれの色をつけて刷る（⑩　　　　　）の方法がある。

（　⑩　）では，色をのせる場合，薄い色から濃い色の順に刷っていく。

〔 一版多色木版画　多版多色木版画　明るい　ばれん
彫る　陰刻　ローラー　暗い　下絵　陽刻 〕

> **復習のポイント**
>
> **一版多色木版画**と**多版多色木版画**の表現の仕上がりの違い
>
> 一版多色木版画では，彫った部分が白く残り，多版多色木版画では彫った部分が黒い仕上がりとなる。

4 〔木工の技法〕 次の文の①～⑨にあてはまる言葉を，下から選んで答えなさい。

(1) のこぎりで切る

材料の木を片手でしっかりと（①　　　　　）動かないようにして切る。手引き糸のこぎりで切るときは，刃が材料の木と（②　　　　　）になるようにする。

(2) やすりで削る

やすりは，切った板の形を整える，（③　　　　　）などに使う。板を固定させるためには，（④　　　　　）やクランプなどの器具を使う。紙やすりは番号が大きいほうが目が（⑤　　　　　）。

(3) 接着剤で接合する

接着剤は（⑥　　　　　）ぐらいにつけ，余分なものはふき取る。

(4) 接合する

木の繊維《せんい》と直角にくぎを打つ場合には，板の厚みの（⑦　　　　　）倍ほどの長さのくぎを使う。木を凹凸に切り抜き，くぎを使わずに組み結合することもできる。

げんのうは，先に（⑧　　　　　）ほうで打ち，仕上げは（⑨　　　　　）ほうで打ち込む。

〔 1.5　3　丸い　押さえて　はみ出す　万力
細かい　磨く　平らな　垂直 〕

7 金属で制作する

月　日

テストに出る重要度 ★

1 銅　版　画

①［　　　　　　］…銅板やアルミ板にニードルで直接彫って，インクをできた凹部につめ，紙に刷り取る技法。

2 金属を加工する用具

(1) 打ち出す

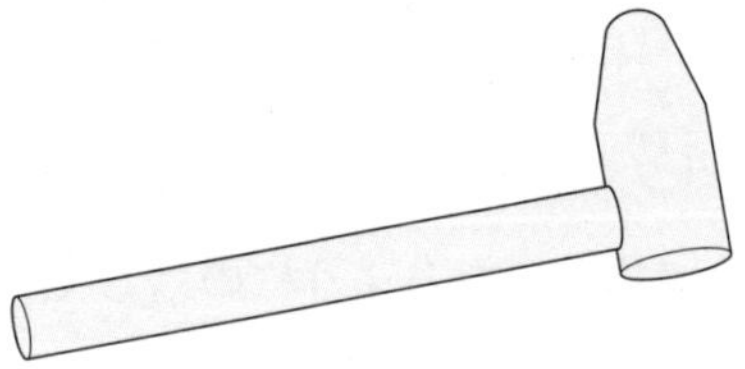

②［　　　　　　］

↳木製のものと金属製のものがある

板材を③［　　　　］や油粘土の上に置き打ち出す。

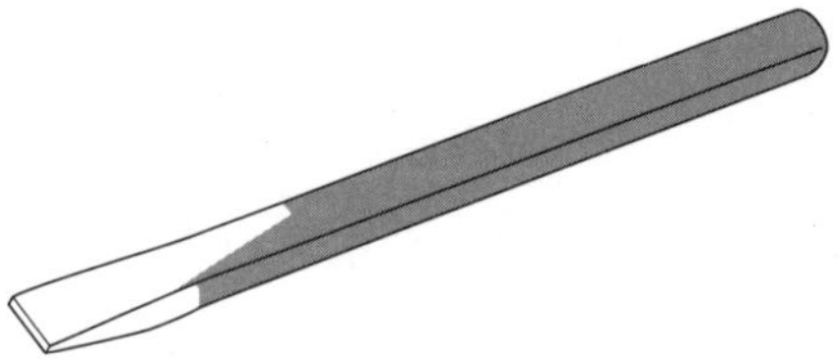

④［　　　　　　］

輪郭線をなぞる⑤［　　　　］や，表面の加工に用いる。

(2) 切　る

●金切りばさみ

刃の形状	刃の種類	用　途
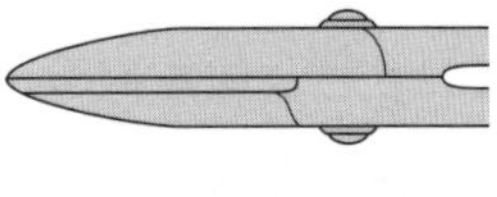	⑥	まっすぐに金属板を切るときに使う。
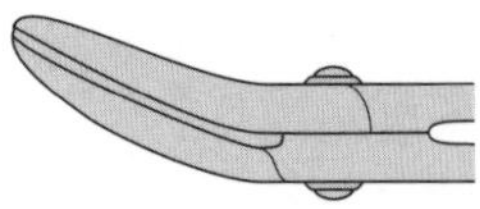	⑦	曲線を切るときに使う。
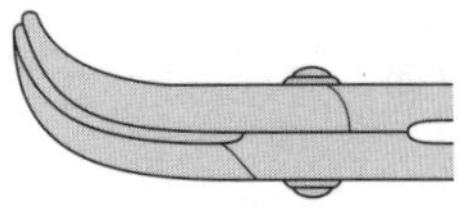	⑧	穴をあけるときに使う。

得点UPテクニック

●針　金

太さや硬さの異なる針金や，色のついたビニールが巻かれた針金などがある。芯《しん》になるものに巻き付けたあとで芯を抜くとその形を残す。

針金を切る場合には，ペンチを使い，さらに細かく曲げたりするときにはラジオペンチを使う。

●アルミニウム缶

アルミニウム缶の板は軟《やわ》らかいため，身近な道具でも押して曲げることができる。

よくまちがえるポイント **金属の特徴**　金属の板材や線材は，たたいたり，曲げたり，引き延ばしたりして加工できるのが特徴で，細かい細工をすることもできる。用具をうまく活用して，イメージを形にする。

得点アップ問題

3〔**版画の種類**〕 次の①～⑥にあてはまる言葉を，下から選んで記号で答えなさい。

	凸版	①	②	孔版《こうはん》
種　類	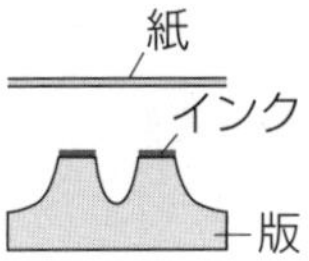 凸部にインクをつけて，刷り取る。	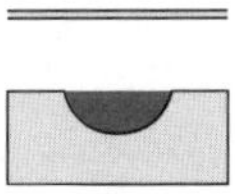 凹部にインクを入れ，不要な部分をふき，圧力で刷る。	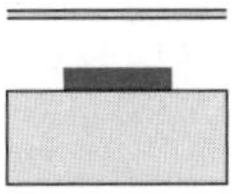 平面にインクのついた所とつけない所をつくり刷る。	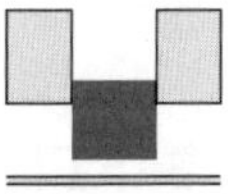 インクが抜ける穴をつくり，上から刷る。
例	木版画	③	リトグラフ	④
材　料	版木など	銅版など	石灰石，アルミ版など	絹など
刷り取りした時の画面	反転する	反転する	⑤	⑥

ア　ドライポイント　　**イ**　反転する
ウ　シルクスクリーン　　**エ**　平版
オ　凹版　　**カ**　反転しない

ここに注目

●**コラグラフ**
紙や板にもの（厚紙，ひもなど）を貼り付けてできた凹凸の面に，絵の具をつけて写し取る。

●**スチレンボード**
スチレンボードは軟らかい素材であるため，ペンなどでひっかいて簡単に溝をつくることができる。同じ版に違う色をつけて刷る方法もある。

4〔**針金で作る**〕 次の①～④にあてはまる言葉を，下から選んで答えなさい。

(1)　針金は，生活で使う道具やアクセサリーなどのように，細かく手間のかかった細工物を作るのに使われている材料の1つである。

日本の伝統工芸でも，青森の（①　　　　）は，原画を描いてから，木でしんを組み立て，針金でその形を作っている。京都の（②　　　　）では，伝統の亀《きっ》甲《こう》（六角形）編みにより，網の目のように針金をねじり合わせ，茶こしや焼き網《あみ》などが編んでつくられる。

(2)　針金で工作をするときには，針金を切るために（③　　　　）を使い，曲げたり，切ったり，まきつけたりするために（④　　　　）などを使用する。

金網細工　　京和傘　　ニッパー　　ねぶた
だんじり　　ラジオペンチ

復習のポイント

他にも，純銀の線を使う，秋田の**銀線細工**などがある。

8 伝統美術を学ぶ―浮世絵・水墨画―

月　日

テストに出る重要度 ★★

1 浮世絵

(1) **浮世絵**…江戸時代に発達した日本独自の 重要 ①［　　　　］

(2) ②［　　　　］…鈴木春信《すずきはるのぶ》らにより考案された，多色刷りの浮世絵。

(3) **製作工程**

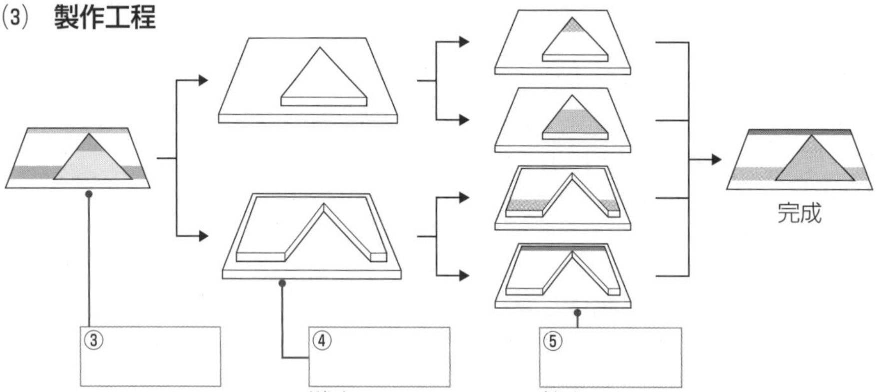

担当	絵師	彫師《ほりし》	摺師《すりし》
作業	絵柄などを決める。墨一色で描かれる。	絵をもとに版木を作る。刷りの色数などによって，版木は複数用意する。	色をつけて刷る。1版ずつずれないように重ねて刷る。

得点UPテクニック

開国すると日本の美術品が多くヨーロッパへ渡る。浮世絵も例外ではなかった。浮世絵の大胆な構図や表現方法は，西洋のたくさんの画家に影響を与えた。ゴッホはそのうちの一人で，彼の作品の中にそれは見て取ることができる。

2 水墨画

(1) **水墨画**…無彩色での表現方法であるが，墨の 重要 ⑥［　　　　］によっていろいろな表現が可能である。

(2) **墨の濃さによる種類**

⑦［　　　　］

⑧［　　　　］

⑨［　　　　］

(3) **技　法**

⑩［　　　　］
→一筆の中で筆の立て方を工夫してグラデーションを表現する

⑪［　　　　］
→濃さの異なる墨を重ねることで起きるにじみを利用して，質感や立体感を表現する

⑫［　　　　］
→最初の墨が乾いてから，濃さの違う墨を重ねる

よくまちがえるポイント
浮世絵　風景画(葛飾北斎「富嶽三十六景」他)・美人画(喜多川歌麿「ビードロを吹く女」他)・役者絵(東洲斎写楽《とうしゅうさいしゃらく》「市川鰕蔵《いちかわえびぞう》の竹村定之進《たけむらさだのしん》」他)などの種類がある。

得点アップ問題

3 〔水墨画の技法〕 次の問いに答えなさい。

(1) 次の水墨画の技法を何というか。

① 線で輪郭《りんかく》を描かずに，墨の濃淡で物を描く方法。

② 描いた墨が乾いてから墨を重ねて描くことで，重厚感などを出す方法。

①(　　　　　　　　)　②(　　　　　　　　)

(2) 直線や曲線を描く場合の筆の使い方を何というか。(　　　　　　　　)

4 〔水墨画での墨の効果〕 次の(1)～(3)は，水墨画を描くときの筆づかいについて説明したものである。あてはまる図を選んで，記号で答えなさい。

(1) 筆の穂先の水分を少なくして，かすれた線を描く。(　　)

(2) 和紙に墨で丸を描き，その中心に水を一滴ずつたらしてにじませる。(　　)

(3) 幅《けば》のある刷毛《はけ》の穂先を使って描く。(　　)

ア

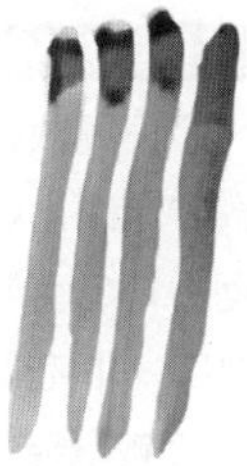

イ

ウ

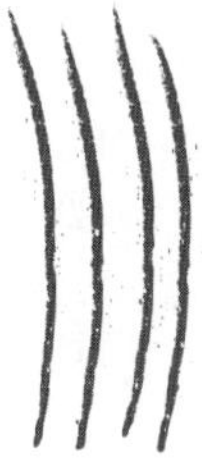

5 〔日本の伝統文様《もんよう》〕 次の日本の伝統的な文様の名称を，下から選んで書きなさい。

①

(　　　　　　)

②

(　　　　　　)

③

(　　　　　　)

〔 矢絣《やがすり》文様　青海波《せいがいは》文様　唐草《からくさ》文様 〕

ここに注目

- 青海波文様は，海の波の形を表している。
- 唐草文様は世界各地に見られる形である。

9 日本の美術史

月　日

テストに出る重要度 ★★

1 日本史における美術の変遷《へんせん》

	特　徴
縄文時代	日常生活に使われた縄の模様がついた縄文土器。 宗教的な儀式に使われたと思われる土偶《どぐう》。
弥生時代	青銅でつくられた釣鐘《つりがね》型の 重要 ① 。
古墳時代	人や動物の形をした 重要 ② 。 古墳の内部には壁画《へきが》が残されている。
飛鳥・奈良時代	日本最初の仏教文化が栄える。 ・③ …広隆《こうりゅう》寺 ・西壁女子群像…④ ・⑤ …法隆寺
奈良時代	・金堂…唐招提寺《とうしょうだいじ》 ・⑥ …法隆寺 ・⑦ …薬師寺東院堂 ・⑧ …興福寺
平安時代	日本独自の作風を持つようになる。 ⑨ ・ ⑩ など。
鎌倉時代	武家社会の文化が中心となる。 ・⑪ 武士の肖像画。人物を写実的に似せて描かれたのが特徴。 **・彫刻** 東大寺南大門の**金剛力士像**…運慶・快慶らの作。 ⑫

「法隆寺／便利堂」

「神護寺」

得点UPテクニック

奈良時代には，仏教の伝来とともに大陸各地の宝物がシルクロードを経由して都である奈良に集まり，正倉院に納められた。

よくまちがえるポイント
一木造《いちぼくづくり》と寄木造《よせぎづくり》　一木造…１本の木から彫り出す。広隆寺の弥勒菩薩像　寄木造…いくつかの木材を合わせてつくる。中宮寺の弥勒菩薩像。それぞれの違いに注意する。

得点アップ問題

2 **〔室町・安土桃山時代の美術〕** 次の文にあてはまる人物名や建築名を，下から選んで答えなさい。

① 禅宗の僧侶。「秋冬山水図《しゅうとうさんすいず》」の作者でもある。

② 城郭《じょうかく》・寺院建築の発展とともに活躍した人物で，その作品としては「松林図屏風《しょうりんずびょうぶ》」が有名。

③ 安土桃山時代につくられ，現存するものとしては最大の城郭。白鷺城ともよばれる。

④ 唐獅子図屏風《からじしずびょうぶ》の作者。シルクロードから伝来した聖獣である唐獅子（ライオン）を描いている。

⑤ 東山文化を代表する建築で，書院造と禅宗の様式をそなえ，住宅風の意匠《いしょう》が取り入れられている。

①（　　　　）　②（　　　　）　③（　　　　）

④（　　　　）　⑤（　　　　）

〔 狩野永徳《かのうえいとく》　狩野探幽《かのうたんゆう》　長谷川等伯《はせがわとうはく》　雪舟《せっしゅう》　姫路城《ひめじじょう》　鹿苑寺《ろくおんじ》金閣　慈照寺《じしょうじ》銀閣 〕

復習のポイント

●金閣と銀閣

金閣は，鹿苑寺に足利義満が建立した**北山文化**を代表する建築。

銀閣は，慈照寺に足利義政が建立した**東山文化**を代表する建築。

金箔《きんぱく》を貼ってつくられた金閣とは異なり，銀閣は地味で質素な外観。

3 **〔江戸時代～現代の美術〕** 次の問いに答えなさい。

(1) 次の①～⑤と関わりの深いものを下から選んで，記号で答えなさい。

① 狩野永徳「唐獅子図屏風」（　　）

② 池大雅《いけのたいが》「楼閣山水図屏風《ろうかくさんすいびょうぶ》」（　　）

③ 俵屋宗達《たわらやそうたつ》「風神雷神図屏風《ふうじんらいじん》」（　　）

④ 平賀源内《ひらがげんない》「西洋婦人図《せいようふじんず》」（　　）

⑤ 菱川師宣《ひしかわもろのぶ》「見返り美人」（　　）

〔 **ア** 浮世絵　**イ** 文人画　**ウ** 洋風画
エ 琳派《りんぱ》　**オ** 狩野派 〕

ここに注目

琳　派

装飾的な大画面を得意とした画派。尾形光琳と俵屋宗達はその代表的な画家である。

尾形光琳の代表作としては，「紅白梅図屏《こうはくばいずびょう》風《ぶ》」「燕子花図《かきつばた》」「八橋《やつはし》蒔絵螺鈿箱《まきえらでんばこ》」などがある。

(2) 次の文のうち，正しいものには○，まちがっているものには×を書きなさい。

① 西洋美術の影響を受け，イタリアの印象派を学んだ黒田清輝の作品に，「湖畔」「読書」がある。（　　）

② 平山郁夫は，原爆の後遺症の苦しみから仏教に関心を抱き，シルクロードの作品を多数残した。（　　）

③ 石ノ森章太郎は日本を代表する漫画家の一人で，「火の鳥」「鉄腕アトム」他多数の作品を残した。（　　）

10 世界の美術史

1 世界の美術の変遷

原始時代 ～古代オリエント	・重要 ①□（フランス）， 重要 ②□（スペイン） →原始時代の人々が，狩猟を中心とした生活を営んできた様子を描く。 ・重要 ③□（エジプト） ・④□（ギリシャ）
古代ギリシャ ローマ	・⑤□ →エンタシスの柱を用いてつくられている。これは日本の ⑥□ にもみられる建築方法である。  ・**コロッセウム** →古代ローマ時代に競技場としてつくられた建物。 ⑦□ の建築様式が特徴である。
中世ヨーロッパ	・⑧□ → ⑨□ やシャルトル大聖堂に代表される，壮麗な教会建築が多い。 →高い尖塔と大きな窓，内部のステンドグラスや十字形の平面に ⑩□，⑪□ などが特徴的。 ・⑫□ →聖ソフィア大聖堂に代表されるように，丸屋根やアーチ型の窓と内部のモザイクの壁画が特徴的。

得点UPテクニック
ギリシャの彫刻は，**アルカイックスマイル**といわれる，口角を少し上げ，ほほ笑むような表情をしていることが特徴である。

得点アップ問題

2〔ルネサンスの美術〕　次の説明にあてはまる人物の名称を答えなさい。

①　「ダヴィデ像」「アダムの創造」などの作品で有名な人物。

（　　　　　　　　）

②　万能の天才といわれ，「モナ・リザ」や「最後の晩餐《ばんさん》」などが知られている人物。（　　　　　　　　）

③　「小椅子《いす》の聖母」のような聖母子像を数多く描いた人物。

（　　　　　　　　）

> **復習のポイント**
>
> **●ルネサンス**
>
> 14～16世紀にヨーロッパに広まった革新的な文化復興活動。ギリシャ・ローマ文化の復興と個性の解放を求めた。
>
> **●ロココ美術**
>
> フランスの宮廷を中心とした優美な美術。装飾性の高い形や明るく軽快な色彩を用いるのが特徴。

3〔バロック～後期印象派〕　次の問いに答えなさい。

(1)　明暗の対比を表現した「夜警」を描いた人物は誰か。

（　　　　　　　　）

(2)　16世紀から18世紀にかけて広がった，オランダやスペインなどの宮廷を中心とした王朝風のはなやかな美術で，色彩の豊かさや動きのある絵画表現が特徴である絵画や彫刻などを総称して何というか。（　　　　　　　　）

(3)　印象派という呼称のもととなった，「印象・日の出」を描いた人物は誰か。

（　　　　　　　　）

4〔近代・現代の美術〕　19世紀以降の絵画作品について，次の問いに答えなさい。

(1)　光の美しさを研究し，明るい色で戸外の風景などを表現しようとする試みがなされた。この一派のことを何と呼ぶか。（　　　　　　　　）

(2)　近代彫刻の父といわれ，「考える人」「青銅時代」などの作品で有名な人物は誰か。

（　　　　　　　　）

(3)　キュビズムの創始者で，「ゲルニカ」を描いた人物は誰か。

（　　　　　　　　）

(4)　現実を超えた無意識の世界を描いた一派を何というか。

（　　　　　　　　）

(5)　(4)の一派に属し，古典的な写実の方法で細部を描き，超現実的な世界を描いた代表的な人物は誰か。

（　　　　　　　　）

> **ここに注目**
>
> 現代美術の各派には次のような種類がある。それぞれの特徴をつかむ。
>
> **●野獣派（フォービズム）**
>
> 原色で自由な筆づかいをする表現。
>
> **●立体派（キュビズム）**…自然を多角的にとらえた。
>
> **●超現実派（シュールレアリズム）**…人間の心の奥底を表現。
>
> **●抽象派**…色や形だけの抽象的な表現。
>
> **●パリ派（エコール・ド・パリ）**…情緒的な表現をした。
>
> **●表現派**…感情を反映させた表現をした。

装丁デザイン　ブックデザイン研究所
本文デザイン　A.S.T DESIGN
図　版　ユニックス

中学 まとめノート 実技4科

編著者　中学教育研究会
発行者　岡本明剛
印刷所　ユニックス
発行所　受験研究社

〒550-0013 大阪市西区新町2丁目19番15号
注文・不良品などについて：(06)6532-1581(代表)／本の内容について：(06)6532-1586(編集)

Printed in Japan　高廣製本
落丁・乱丁本はお取り替えします。

ひっぱると，はずして使えます。

まとめノート

中学 実技4科

技術・家庭　保健体育　音楽　美術

Technology and Home Economics　Health and Physical Education　Music　Art

解答編

技術・家庭　技術分野

1 材料の特徴《とくちょう》

月　日　テストに出る重要度 ☆☆☆

1 木材の特徴

→木材は主に建築材に用いられる針葉樹と家具材に用いられる広葉樹がある。

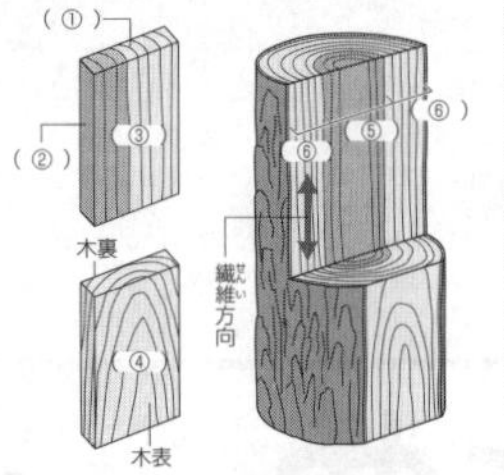

①こぐち
②こば
③まさ目材(まさ目板)
④板目材(板目板)
⑤心材
⑥辺材

2 金属の特徴

→力に対しては下の表のような特徴があるが，ほかには光沢があり，熱や電気を伝えやすいといった特徴もある。

性質		
⑦ 弾性《だんせい》	力を加えて，その力を除くともとに戻《もど》る。	小さな力
⑧ 塑性《そせい》	大きな力を加えて，その力を除いてももとに戻らない。	大きな力
⑨ 展性《てんせい》	たたくと薄《うす》く広がる。	たたく
⑩ 延性《えんせい》	引っ張ると細長くのびる。	引っ張る
加工硬《こう》化《か》	変形した部分の組織が変化してかたくなる現象。	曲げた部分が元に戻りにくい

3 プラスチックの特徴

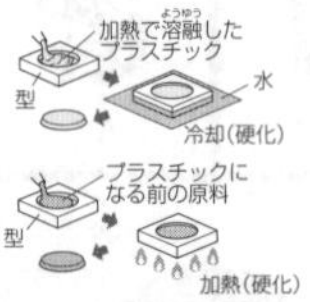

固まったあとも熱を加えるとやわらかくなる性質。
→⑪熱可塑性《ねつかそせい》 プラスチック
→ポリエチレン，アクリル樹脂などがある。

一度固まるとまた熱を加えてもやわらかくならない性質。
→⑫熱硬化性《ねつこうかせい》 プラスチック
→強度が高いので，食器や電気製品の基板などに用いられる。

4　よくまちがえるポイント　まさ目材(まさ目板)は年輪に直交する方向で切り出した板材。木目がまっすぐな模様《もよう》になる。板目材(板目板)は，年輪に対し接線の方向で切り出した板材である。木目は山形などの模様になる。

4 ①木表《きおもて》　②板目材（板目板）　③まさ目材（まさ目板）　④まさ目材（まさ目板）

5 (1)繊維《せんい》方向

(2)例 繊維方向は平行よりも直角に加わる力にとても強い。

(3)合板，集成材（他にパーティクルボード，ファイバーボードなど）

6 (1)合金　(2)イ

7 ①石油　②固体　③熱可塑性《ねつかそせい》　④熱硬化性《ねつこうかせい》

解説

1 木材の切り出し方の違《ちが》いによる板材の名称《めいしょう》をおさえておく。木目がまっすぐなほうがまさ目材（まさ目板）である。

2 金属の加わる力に対する性質を名称とともにしっかり覚える。弾性《だんせい》と塑性《そせい》，展性《てんせい》と延性《えんせい》は混乱しないように注意する。

5 (2)木材は繊維《せんい》方向に加わる力の方向によって強さが大きく違う。

(3)木質材料は，木材の欠点を補うためにつくられた。変形が少ない，大きな材料をつくることができるなどの利点がある。

2 製　　図

月　日　テストに出る重要度 ☆☆

1 構想図

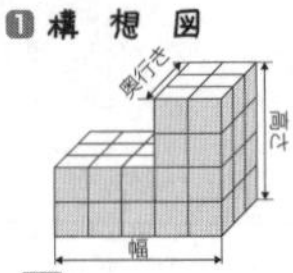

重要 ①キャビネット図
→立体の正面の正確な形がわかる。

幅：高さ：奥行き＝② $1:1:\frac{1}{2}$

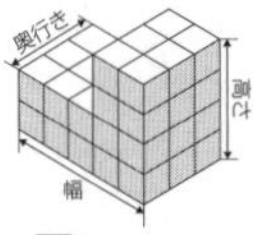

重要 ③等角図
→各辺の割合を変えずに全体の形を表すことができる。

幅：高さ：奥行き＝④ 1：1：1

2 製作図

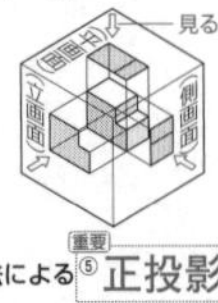

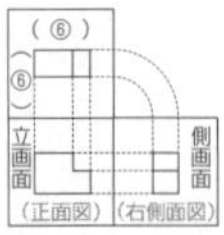

第三角法による 重要 ⑤正投影図
→キャビネット図や等角図では表しにくい複雑な部分も表すことができる。工業製品の製図に使われている。

⑥平画面(平面図)

3 製図のきまり

線の種類	線の用途《ようと》	太さ	線形
⑦ 実線	外形線	太線	――
	寸法線	細線	――
	寸法補助線	細線	――
⑧ 破線	隠れ線	細線または太線	⑨ - - - -
一点鎖《さ》線《せん》	中心線	細線	⑩ -・-・-・
二点鎖線	想像線	細線	-・・-・・-

寸法補助記号の用途	記号	呼び方	寸法補助記号の用途	記号	呼び方
⑪ 直径	ϕ	マル	⑫ 半径	R	アール
正方形の辺	□	カク	45°の面取り	C	シー

6　よくまちがえるポイント　キャビネット図は，初めに水平線をかき，正面の実物と同じ形にかく。等角図は，初めに水平線をかき，次に垂直線と，水平線に対して 30°の線を左右にかく。

4 【キャビネット図】

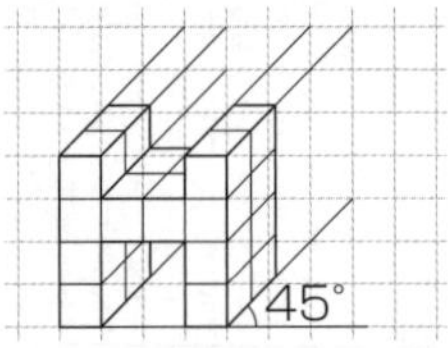

【等角図】

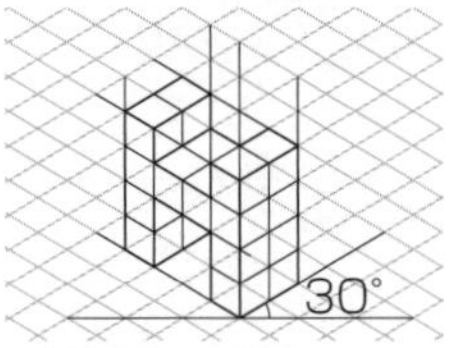

5 ①側画面（右側面図）　②平画面（平面図）　③立画面（正面図）

6 ①中心線　②隠れ線　③寸法線　④寸法補助線　⑤外形線

7 エ

解説

1 キャビネット図と等角図の特徴《とくちょう》をおさえておく。立体の正面の形が正確にかかれているのがキャビネット図。全体の形が実物と同じ割合でかかれているのが等角図である。

2 製作図には，第三角法による正投影図《せいとうえいず》が適している。

4 キャビネット図，等角図ともにかき初めに注意する。また，キャビネット図の奥行きを示す線の角度 45°と，等角図の左右に傾ける線の角度 30°を混同しないように正確に覚えておく。

3 木材を用いた製作 ①工程表～切断

月　日

テストに出る重要度 ★★

1 けがき(墨《すみ》付け)に使う工具

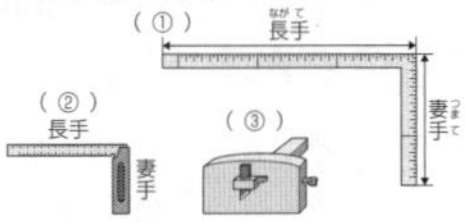

重要 ①さしがね
→寸法を測ったり，けがきをしたりするときに使う。直角の検査にも使う。

重要 ②直角定規(スコヤ)
→寸法をはかったり，直線や直角の線を引くときに使う。

重要 ③けびき
→同じ幅の寸法を正確にはかりとるときに使う。

2 けがきの方法

(1) こばに直角な直線のけがきの方法

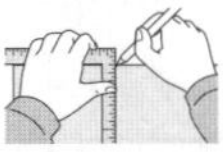

さしがねの**長手**の ④内側 を**基準面**や板にしっかりあてる。さしがねを持っている方の手の親指で，**妻手**を押《お》さえて直角な直線を引く。

(2) こばに平行な直線のけがきの方法

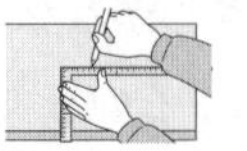

基準面の**こば**から等しい長さの点を2点とって結ぶ。
⑤けびき を使っても平行な直線が引ける。

(3) 穴《あな》あけのけがきの方法

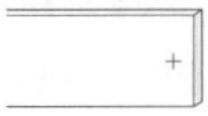

穴あけの中心に ⑥十字 のけがき線をかく。

3 両刃《りょうば》のこぎりの構造

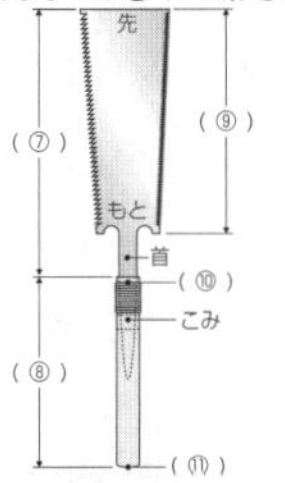

⑦のこ身
→「先」は「もと」にくらべて薄く，刃の幅かくが大きい。また，刃形が大きい。

⑧柄《え》

⑨刃わたり

⑩柄がしら

⑪柄じり

得点UPテクニック
●のこぎりの構造
両刃のこぎりには，横びき用の刃と縦びき用の刃がある。その構造を理解するとともに，構造に適した切断のしかたや各部の名称を覚える。刃先が交互に左右にふり分けられている構造を「あさり」と呼ぶことも覚えておく。また，適切なのこぎりの使い方も知っておく。

8 よくまちがえるポイント 木材をのこぎりを使って切断する場合，刃わたりの8割くらいを広く使う。また，押すときではなく，手前にひくときに強く力を入れると，効率よく作業できる。

4　例 ①部品表　②工程表(製作工程表)

5　(1)例 材料を切断するときなどに必要な線やしるしを材料にかく作業。

(2)ア　(3)①ウ　②イ　③ア

6　(1)Aア　Bイ　(2)イ

解説

1　けがきに使う工具である。さしがね，直角定規(スコヤ)，けびきの名称と用途《ようと》はしっかり覚えておく。

2　木材にけがきをする場合，基準面はまっすぐな面を選び，節は欠けやすいのでさける。終わったらもう一度確認する。

3　両刃《りょうば》のこぎりは，左右で刃形が異なり，そのことによって，材料を効率よく切断できるようになっている。

5　(2)のこぎりの溝の幅《はば》やかんなでけずり取る幅を考えてけがく必要があるからである。

6　(2)**ア**のこ身のもとに近い方で切りはじめる。**ウ**柄の中心から柄じりの方を持つようにする。**エ**両手でのこぎりをにぎる。

4 木材を用いた製作 ②切削《せっさく》～穴あけ

月　日

テストに出る重要度 ★

1 かんなの名称 →かんなを置くときは，刃先をいためないようにこばを下にして置く。刃先を下にして置いてはいけない。

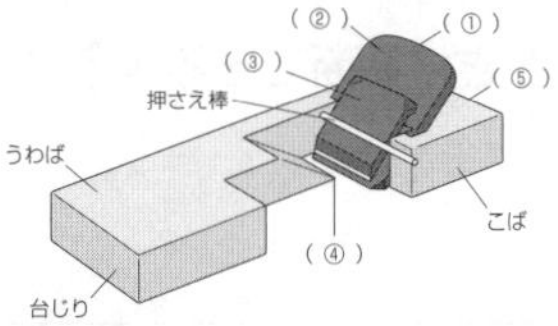

重要 ①かしら

重要 ②かんな身

重要 ③裏がね

④くず返し

重要 ⑤台がしら

2 材料のけずり方

(1) 平面けずり(平けずり)

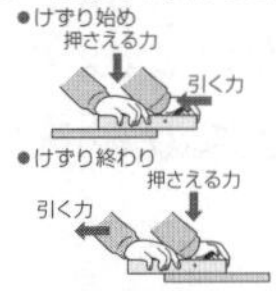

材料を 重要 ⑥ならい目 方向でけずれるようにしっかり固定する。かんなを上から押さえ，もう一方の手を台がしらにあててかんなを引く力を加える。材料にかんなを密着させて一気に，まっすぐ引くようにする。

(2) こばけずり →繊維方向に一気にけずるのがポイント。

かんなの ⑦こば を工作台に平行になるようにあて，先端《せんたん》から末端まで一気に引くようにする。

(3) こぐちけずり →一気にけずるとこぐちの終わりの端が割れるので，一気にけずらない。割れた場合は，接着剤で接着させる。

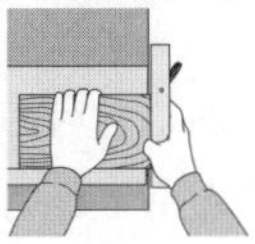

材料が割れないように先端から ⑧ $\frac{2}{3}$ くらいまでけずる。次に，材料を裏返して残りの $\frac{1}{3}$ をけずる。

3 のみの名称 →のみは四角い穴をあけたりみぞをほったりするのに使う。

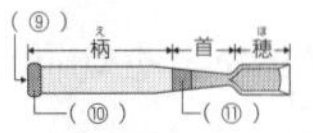

重要 ⑨柄がしら

重要 ⑩かつら

⑪口金

10 よくまちがえるポイント かんな身を出す場合は，かんな身や裏がねのかしらを，かんな身の面に対して垂直にたたく。また，かんな身を抜《ぬ》く場合は，台がしらのかどを，かんな身と平行に左右交互《こうご》にたたく。

4　(1)例 仕上がり寸法線までけずって大きさや形を整えたり(，切断した面をなめらかにして仕上がりをきれいにすること。)

(2)ア，イ(順不同)

(3)さか目けずり

(4)裏がね　(5)ウ

5　(1)①卓上ボール盤(他にハンドドリル，電気ドリル)　②角のみ盤

(2)例 ①かつら　②柄がしら　③垂直

解説

2　平面けずりの場合，かんなに体重をかけ，腰をまっすぐに移動させて引く。こぐちけずりは繊維方向と直角または斜《なな》めにけずるので割れやすい。

4　(1)切削の目的は，大きく2つある。切断した表面をなめらかにすることと形や大きさの調整である。

(2)木目にそったならい目の方向にけずる。木裏は木表と同じ方向である。

(4)裏がねは，かんなくずを押さえて短く折り曲げるので表面が粗《あら》くなるのを防ぐ。

5　(2)のみを使うときは正しい姿勢に注意する。

技術
家庭
保健
体育
音楽
美術

5 木材を用いた製作 ③検査~仕上げ

テストに出る重要度 ☆☆　月　日

1 検査と修正

	検査	修正
寸法	部品の寸法を ①さしがね などで測定する。 └寸法の測定には，これの他に鋼尺を用いてもよい。 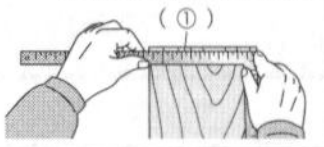	小さい方の板に合わせて大きい方の板に寸法線などの ②けがき をする。 その後，幅や長さを合わせるために ③かんな でけずる。
直角度	こば，こぐちの直角度を ④直角定規(スコヤ) で3か所で調べる。 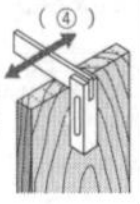	③ や ⑤ベルトサンダ などで，高い部分をけずり，平らにする。 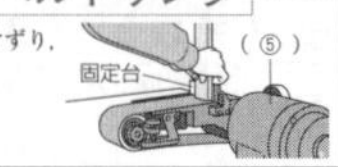
平面度	① や ④ をあてて，すきまがないか調べる。	中央が高い場合は，少しずつけずり平らにする。中央が低い場合は，⑥こば，⑦こぐち 面をけずる。

2 くぎ打ち

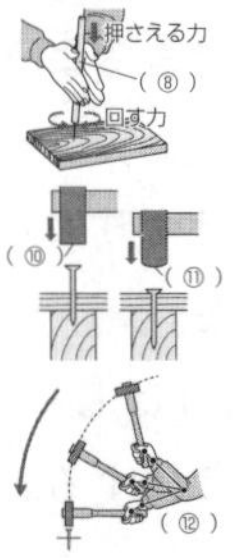

くぎを打つ場合，まず用途に合った ⑧きり を使って
└四つ目ぎり，つぼぎり，三つ目ぎりなどの種類がある。
⑨下穴 をあける。次に，⑨ にくぎを差し込み，最初はげんのうの ⑩平らな 面を使用する。終わりは ⑪曲 面を使って打つ。

げんのうの使い方は，柄の端を持ち，⑫ひじ を支点にして，手首もって打ちつける。

得点UPテクニック

●検査と修正

組み立てる前のけがき工具による部品の検査方法と組み立てた後の工具による検査方法を理解し，不具合が見つかった場合に修正する方法も覚えておく。

また，修正に使う工具の適切な使い方も確認しておく。

12 よくまちがえるポイント　ねじ接合に使うねじ回し(ドライバ)には，プラスとマイナスがある。ねじの頭部の溝の大きさに合ったねじ回しを使うことが大切である。合うものを選ぶ場合は，大きめのものから試していく。

3 ①仮組立て　②接合部のけがき　③組立て
④組立ての検査・修正

4 (1)ウ　(2)四つ目ぎり
(3)例 くぎ接合よりも強く接合できる。
例 いろいろな材料に使用できる。
(4)例 ①垂直　②右

5 (1)①素地研磨（素地磨き）　②面取り
(2)紙やすり（研磨紙）

解説

1　部品の寸法を調べる場合は，さしがねなどを使う。同じ寸法のものは重ねて比較《ひかく》するのもよい。直角度は，直角定規を用いて3か所を調べる。

2　⑪くぎ打ちの終わりは，板面に傷がつかないように，げんのうの曲面で打つ。

4　(3)ねじ接合は，くぎ接合より強い接合力がある。下穴も，三つ目ぎりや卓上《たくじょう》ボール盤《ばん》を用いて，くぎ接合より太い穴をあける。

5　素地研磨《けんま》（素地磨き）では，傷やけがき線を木片に巻きつけた紙やすりでけずって消す。そのとき，繊維方向に強くけずる。

6 金属・プラスチックを用いた製作 ①工程表~切削

テストに出る重要度 ☆☆☆　月　日

1 けがき

(1) 金属へのけがき(切断)

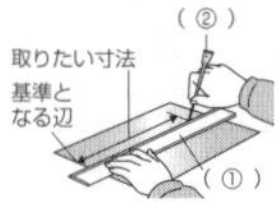

切断する場合のけがきは，基準となる辺に
重要 ①鋼尺《こうじゃく》 を合わせて寸法を取り，
└目盛りを読むときは，真上から読む。
重要 ②けがき針 をあてて線をかく。
└先端を鋼尺に密着させ，進行方向に少し傾けて線を引く。

(2) 金属へのけがき(穴あけ)

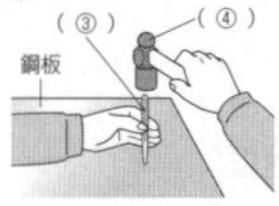

穴あけの部分の中心に十字の印をかく。十字の印の中心に
重要 ③センタポンチ の先を合わせ，
④ハンマ で軽くたたいてくぼみ(印)をつける。

(3) プラスチックへのけがき

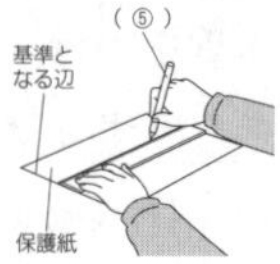

保護シール(保護紙)がはってある場合は，シールに ⑤えんぴつ でけがく。保護シール(保護紙)がない場合は，アルコール系 ⑥インキ などで，直接けがく。
└油性のマーカーでもよい。

2 切削

(1) やすりの名称

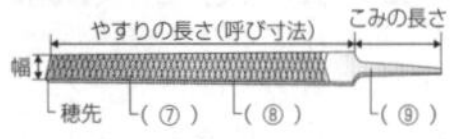

⑦面
⑧こば
⑨こみ

得点UPテクニック

●やすりがけの姿勢

材料の正面に立ち，足を肩幅に前後に広げる。利き手のひじを体につけ，体全体を使ってけずる。押すときに力を入れ，やすりの長さ全体を使ってけずる。

(2) やすりがけのしかた

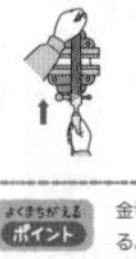

⑩直進法
└一般的な方法。せまいところをけずり，きれいに仕上がる。

⑪斜進法
└広い面を荒けずりする。

14 よくまちがえるポイント　金切りばさみを使って金属を切断する場合，刃の中ほどを使って，刃を完全に閉じないようにして切る。刃先まで使うと，割れ目が入るので注意する。

3 (1)例 もっとも直線になっている辺。　(2)イ

4 ①プラスチックカッタ　②けがき　③半分
④背

5 (1)ウ　(2)例 押すときに切断できるように刃を取りつけること。

6 イ

解説

1　①鋼尺《こうじゃく》は，斜めから読むと誤差が出るので注意する。④ハンマで何回もたたかないこと。

2　やすりを実際に使うときは，こみの部分に柄《え》をつける。

3　(1)まっすぐな辺がない場合は，基準となる線をかく。
(2)**ア**鋼尺か直角定規を用いる。**エ**折り曲げ線も実線でかく。

5　(1)**ア**，**イ**は両刃のこぎりの刃である。弓のこの刃は，のこぎりの刃と比べて丸くなっているのが特徴である。

6　**イ**のボルトクリッパは，パイプなどを切断するときに用いる工具である。

7 金属・プラスチックを用いた製作 ②穴あけ～仕上げ

月　日

テストに出る重要度 ☆☆

❶穴　あ　け

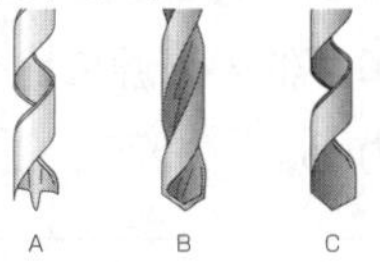

A. ①木材 用ドリルの刃先

B. 木材・金属・プラスチック用ドリルの刃先

C. ②プラスチック 用ドリルの刃先

❷ねじ切り

(1) おねじのつくり方

重要 ③ダイス を，刻印面が見えるように 重要 ④ダイス回し に取りつける。刻印面を材料にあて，④ が材料に対して直角になるように押さえながら，食いつくまで右に回す。

(2) めねじのつくり方

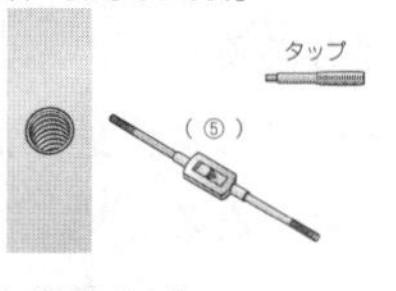

まず下穴をあける。下穴が垂直になるように材料を万力に固定する。

重要 ⑤タップ回し に 重要 ⑥先タップ を取りつける。⑥ が下穴に対してまっすぐに入るようにして ⑤ を水平に回す。

→荒加工用。

→タップに少しでも傾きがあれば，逆回転させる。ときどき切削油をさす。

❸折り曲げ

(1) 金属棒の曲げ方

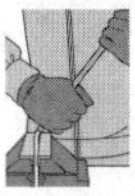

金属棒の片側を ⑦万力 に固定して，⑧パイプ をかぶせて曲げる。

(2) 金属板の曲げ方

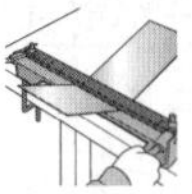

折り曲げ機を使って，けがき線と ⑨抑え刃 を正確に合わせて折り曲げる。⑩当て木 を使って折り曲げることもできる。

(3) プラスチック板の曲げ方

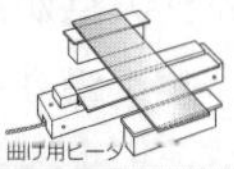

折り曲げる部分を ⑪ヒーター で加熱して，やわらかくなったら温めた面を外側にして作業台の角などに当てて折り曲げる。

16 よくまちがえるポイント めねじの下穴径はめねじの内径より少し大きめにする。めねじの内径とは，山のいちばん低いところを結んだ長さ，谷の径は，山のいちばん高いところを結んだ長さのことである。

❹ (1)卓上ボール盤《ばん》 (2)ア

(3)例 かえり（バリ）を，それより径の大きいドリルでけずる。

(4)塑性

(5)例 曲げられた部分の組織が変化してかたくなること。

(6)ウ

(7)例 材質に関係なく接合でき，分解して簡単に取り外すことができるから。

(8)例 ①水　②粗い

解説

❶ ①と②は，先端の形に着目する。

❸ リベット接合は，取り外しができない。

❹ (2)**イ**板材はクランプで固定する。**ウ**そのままにして動かすと，ドリルを固定するチャックハンドルが飛んでいく危険がある。**エ**ドリル刃は，用途に合ったものを使う。

(3)他に，平やすりでけずり取る。という方法もある。

(7)ハンガーラックをつくっているので，分解して取り外せる点がその理由の1つになる。

8 エネルギー

月　日

テストに出る重要度 ☆☆☆

❶エネルギーの変換《へんかん》

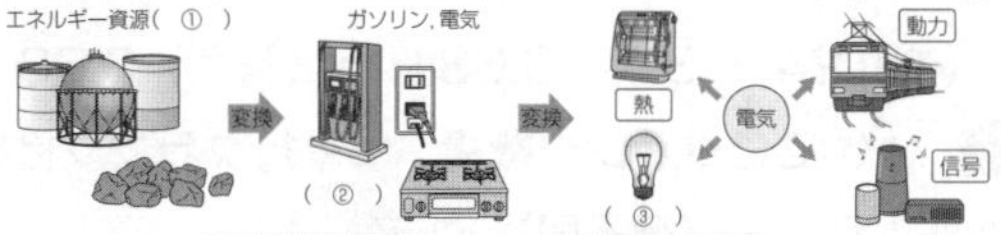

エネルギー資源（①化石燃料）から電気や ②ガス ，ガソリンなどのエネルギーに変換。電気は ③光 や熱，動力などのエネルギーに変換して利用される。

❷発電のしくみ(太陽光発電)

→天候に影響されるので，1基あたりの発電量は，ほかの発電方法より少ない。

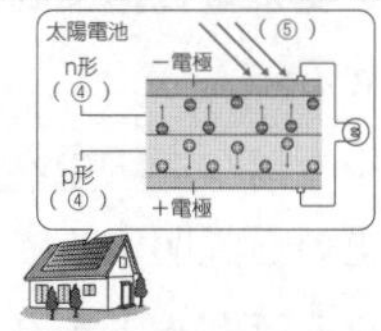

④半導体 で ⑤光 を電気に変える。

化石燃料を使用する ⑥火力 発電や落下する水の力を利用する水力発電などよりも，発電時のコストは比較《ひかく》的高い。

→石炭，石油，天然ガスなどである。

→再生可能エネルギーである。

❸家庭の二次エネルギーの利用

⑦電気 → 光 エネルギー

⑧電気 → 運動 エネルギー

⑨化学 → 熱 エネルギー

❹発電別のエネルギー変換効率

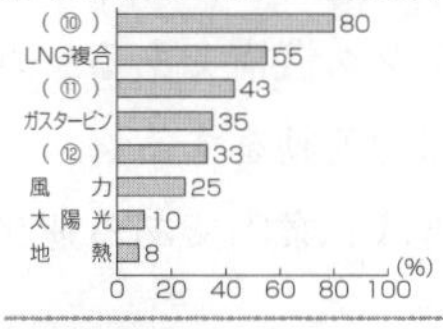

⑩水力 発電

→発電時のコストは低い。

⑪火力(火力蒸気) 発電

→二酸化炭素を多く排出する。

⑫原子力 発電

→安全対策が特に必要である。

18 よくまちがえるポイント エネルギー変換について，水力発電は，高いところにある水の位置エネルギーが，落ちるときに運動エネルギーに変化する。これが発電機を回転させ電気エネルギーをつくる。

❺ (1)エネルギー変換　(2)化石燃料

(3)ア，エ（順不同）

(4)再生可能エネルギー

(5)地熱，バイオマス，太陽光（順不同）

(6)エネルギー変換効率

(7)(式) 25÷100×100＝25　((6)の値) 25%

(8)①白熱電球　②ＬＥＤ電球

解説

❷ 太陽光エネルギーは，再生可能エネルギーである。発電時のコストは高いものの，設置費用は安い。今後も注目されるエネルギーの1つである。

❸ 洗濯機は，電気エネルギーを運動エネルギーに変えている。

❹ 水力発電は，落下する水の位置エネルギーを運動エネルギーに変えて，水車を回すだけで発電しているので変換効率が高い。

❺ (3)化石燃料は主要なエネルギー源で，人の生活には欠かせないものだが，2つの大きな問題をもっている。この問題点は，再生可能エネルギーという言葉とともに覚えておくようにする。

9 電気エネルギーの変換と利用

月　日

テストに出る重要度 ★★★

1 発電所から家庭までの電気エネルギー

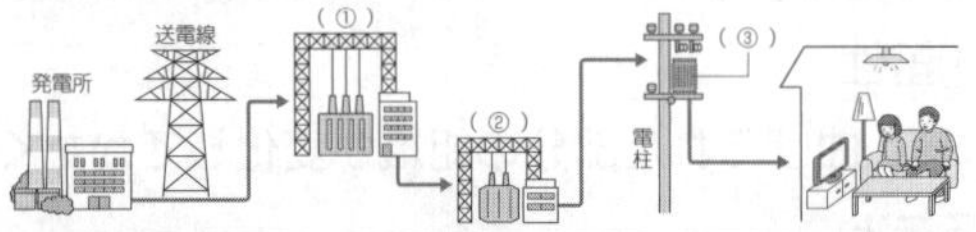

①超高圧変電所 ②配電用変電所 ③柱上変圧器

→発電所から配電用変電所まで電気を送ることは送電。

→配電用変電所から家庭まで電気を送ることは配電。

2 熱エネルギーへの変換

方式	利用機器	しくみ
ジュール熱	電気ストーブ 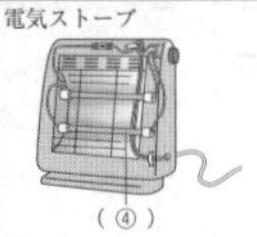	ニクロム線などの ④発熱体 を使い，⑤ジュール熱 を発生させる。（→導線に流す電流と発生する熱量の関係は「ジュールの法則」。）
高周波加熱	電子レンジ 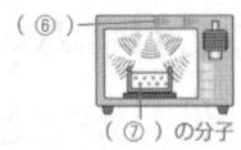	⑥マイクロ波 が食品中の（→マグネトロンで発生する。）⑦水 の分子を振動《しんどう》させ摩《ま》擦《さつ》熱を発生させる。

3 光エネルギーへの変換

種類	構造	しくみ
白熱電球	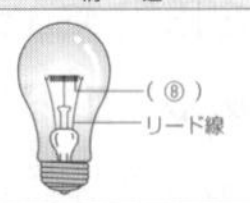	電流が流れると ⑧フィラメント(タングステン線)（→二重コイルにしてあり，ジュール熱が発生する。）が発熱，高温になり，発光する。
蛍光灯	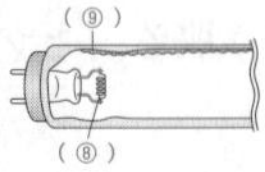	放電により管内部に塗られている ⑨蛍光物質 が発光する。

よくまちがえるポイント　発電所から家庭に送られる電気エネルギーは，電圧や電流の向きが周期的に変化する交流(AC)。電池や太陽光で発電される電気エネルギーは，電圧が変化しない直流(DC)。

4　①磁力　②直流整流子モータ　③永久磁石　④ブラシ交換　⑤速度調整

5　(1)化学　(2)①イ　②オ　③エ　④ア

6　(1)例 エネルギー変換効率が他の光源に比べ悪いので，使われなくなったから。　(2)ア

解説

1　この電気は，電圧が周期的に変化する交流（AC）である。東日本と西日本では異なる周波数の交流電気を使っている。

2　ジュール熱を発生させる方式を利用した機器には，アイロンや電気毛布などもある。

4　②模型用に使われているモータには，速度調整や正・逆回転が簡単という利点がある。

5　(1)電池内部にある化学変化を起こす物質がもつ化学エネルギーが電気エネルギーに変換《へんかん》されたもの。この電気エネルギーは電流の向きが変化しない直流（DC）である。

6　白熱電球は，変換効率が悪いという欠点がある。一方，蛍光灯は，変換効率がよいが，繰《く》り返し点滅《てんめつ》すると寿命《じゅみょう》が短くなるという欠点をもっている。

10 動力の伝達と変化のしくみ

月　日

テストに出る重要度 ★★★

1 動力伝達のしくみ

(1) かみ合いで伝達する →歯車を使ったものとチェーン伝達のものがある。

種類	使用例	特徴
①平歯車 	時計内部 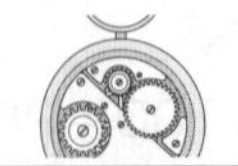	2軸の間隔《かんかく》は小さく，平行である。確実に ②動力 を伝える。
③ラックとピニオン 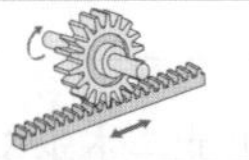	カメラの三脚《さんきゃく》 	回転運動を ④往復直線 運動に変える。

(2) 摩擦《まさつ》で伝達する →摩擦車を使ったものとベルト伝達のものがある。

種類	使用例	特徴
⑤摩擦車 	自転車の発電機 	2軸の間隔は小さく，回転は逆。大きな力が加わると，⑥すべり を大きくして破損を防ぐ。

2 運動を変化させるしくみ

(1) リンク機構

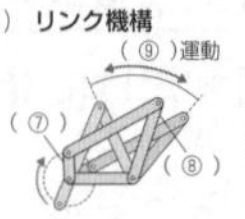

最短で回転をするリンク(棒)(= ⑦クランク)と，⑧てこ が ⑨揺動《ようどう》 運動をする。

→上下や左右に揺れ動く運動のこと。

(2) 往復スライダクランク機構

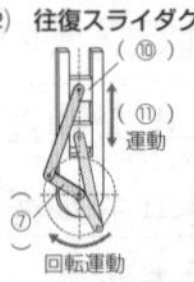

⑦ の回転運動を，⑩スライダ の ⑪往復 運動に変換したもの。

(3) カム機構

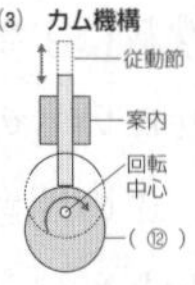

原動節となる 重要 ⑫カム が回転し，直接従属節に往復や揺動運動を伝える。

よくまちがえるポイント　機械の動力であるモータなどは回転運動が中心。この動力を効率よく伝えるのが歯車や摩擦車。また，回転運動を揺動運動や往復運動に変えるのがリンク機構やスライダクランク機構，カム機構。

3　例 Aはかみ合いで，Bは摩擦で動力を伝達する。

4　(1)トルク

(2)(式) 24 ÷ 38 = 0.631…　(答え) 0.63

5　(1)①てこクランク機構　②平行クランク機構

(2)A，D，E（順不同）　(3)ア

解説

2　カムの取り付け位置や形を変えると，揺動《ようどう》運動や往復直線運動もつくり出せる。

3　回転運動の動力を伝達する方法だが，かみ合いと摩擦《まさつ》に焦点をあて，その違《ちが》いを説明する。

4　(1)回転軸《じく》の半径が大きくなるほど，トルクは大きくなる。ねじ回し（ドライバ）に太い柄《え》をつけると大きな力が出るのはこのためである。

(2)速度伝達比は従動車の歯数÷原動車の歯数で求められる。

5　(1)右側の部分がてこクランク機構である。Aが回転すると，対辺のDが揺動運動をする。

(3)揺動スライダクランク機構は，案内である連接棒が揺動運動をする。

11 電気と機器の保守点検

月　日

テストに出る重要度 ☆☆

❶ 電気回路

→電源・負荷(モータなど)・スイッチ・導線から構成される電気の通り道。

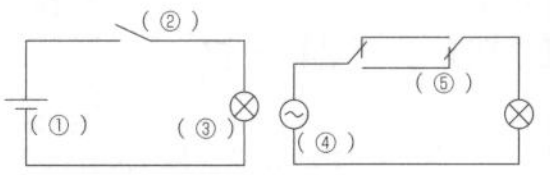

→いずれもJISで定められた図記号である。

①直流電源(電池)　②スイッチ　③電球　④交流電源　⑤切り替えスイッチ

❷ 電気機器の事故防止

→電気機器や屋内配線には事故防止のために分電盤・接地線・ヒューズなどが用いられる。

(⑥)ヒューズ

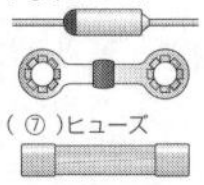

(⑦)ヒューズ

⑥温度 ヒューズ…定められた温度を超《こ》えると，溶《と》けて直流回路をしゃ断する。

⑦電流 ヒューズ…定められた電流値を超えると，中にある**金属**が溶けて回路をしゃ断する。

❸ 機器の安全な利用

● ボール盤の銘板《めいばん》の表示　→PSEは，特定電気用品以外の表すマークである。

(⑧)	100V
定格周波数	50/60Hz
電動機の(⑨)	250/230w
(⑩)	30分

PS E

重要 ⑧定格電圧　重要 ⑨定格消費電力　重要 ⑩定格時間

❹ 機器の保守点検

● 電源プラグの組立て　→修理後は，導通試験行う。

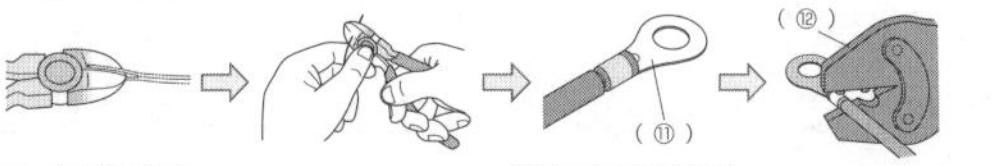

コードの先を**穴あきニッパ**などで切り開く。 → 穴あきニッパで**ビニル被覆《ひふく》**を取る。 → ⑪圧着端子に差し込《こ》む。 → ⑪［　］に差し込んだコードの心線を⑫圧着ペンチで圧着する。

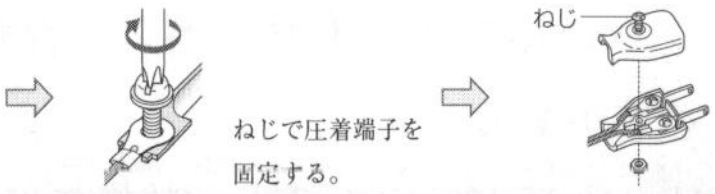

→ ねじで圧着端子を固定する。 → 組み立てる

 よくまちがえるポイント　安全に使用できる範囲を定めた電流，電圧，時間をそれぞれ定格電流，定格電圧，定格時間という。そのときの消費電力を定格消費電力という。

5

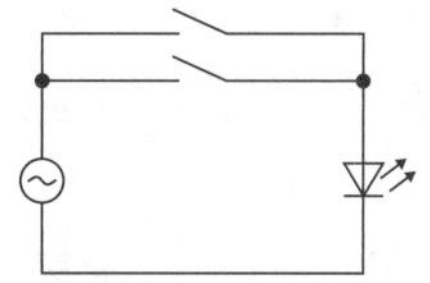

6 イ

7 (1)分電盤

(2)例 コンセントと電源プラグの間にたまったほこりと湿気のために出火する現象。

8 ウ

9 ①ロックナット　②調整ナット　③10m　④つま先

解説

1 ここに出ている図記号はかけるようにしておく。

2 接地線はろう電による感電事故を防ぐ。

4 実際の作業を想定してみると理解しやすい。

5 導線の接続を表す●は，T字で接続する場合はかき入れなくてもよいが，十字で接続する場合はかき入れるようにする。

6 ア，イの平面の位置の違いに着目する。

8 取扱説明書の指示にしたがって点検する。

9 ブレーキの点検は大切である。

12 作物の植え付け

月　日

テストに出る重要度 ☆☆

❶ 栽培《さいばい》方法

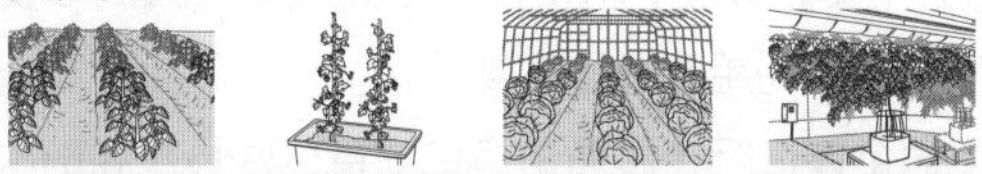

①露地栽培　②容器栽培 →鉢・プランターで栽培する方法。　③施設《しせつ》栽培 →ビニルハウスなどの施設で栽培する方法。　④養液栽培(水耕) →培養液で作物を栽培する方法。

❷ 土壌《どじょう》の性質

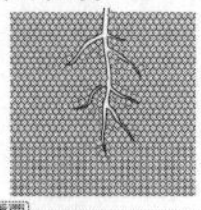

重要 ⑤単粒《たんりゅう》構造 →水はけや通気性が悪い。

たい肥を加える。
よく**耕す**(深さは20cm程度)。

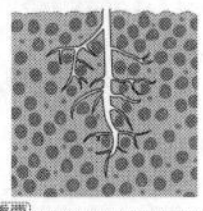

重要 ⑥団粒《だんりゅう》構造 →水はけや通気性がよい。

❸ たねまき

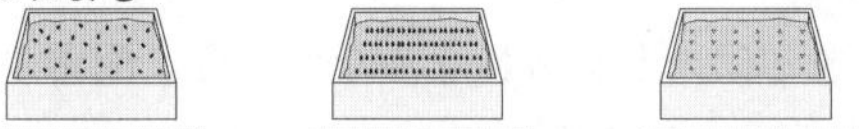

⑦ばら まき → **レタス**など →ベビーリーフなどの小さい種。

⑧すじ まき → **ホウレンソウ**など →コマツナなどの普通の大きさの種。

⑨点 まき → **ダイコン**など →アサガオなどの大きめの種。

❹ 肥料の三要素

		はたらき	欠乏《けつぼう》の状態
P	⑩リン	開花や結実をよくし，植物全体の生育を促す。	下葉から赤紫《あかむらさき》色に変色し，生育が衰《おとろ》える。
N	⑪窒素《ちっそ》	茎や葉，根の生育を促し，植物を大きく育てる。	下葉から黄色に変色し，生育が衰える。
K	⑫カリウム	根や茎を丈夫にし，根の生育を促す。	葉先から黄色に変色し，果実の質が低下する。

 よくまちがえるポイント　肥料の三要素のはたらきについて，リンは花や果実などの生育に，窒素は茎や葉，根の生育に，カリウムは根や茎の生育と光合成をさかんにするのに役立つ。

5 気象的要素（気象環境），生物的要素（生物環境），土壌的要素（土壌環境）（順不同）

6 (1)窒素，過多　(2)団粒構造

(3)ア　(4)酸度調整

7 ア

8 例 苗が密集した状態から，栽培に適した苗以外を取りのぞく作業のこと。

解説

2 ミミズやたい肥をえさとする微生物《びせいぶつ》を加えると，団粒構造《だんりゅう》を促進《そくしん》し，維持《いじ》しやすい。

4 植物の再生する力を利用したものである。

6 (1)肥料の三要素のリン，カリウム，窒素《ちっそ》とその効果やこれらが欠乏，過多のときの症状は覚えておく。　(3)たい肥は有機質肥料である。化学的に製造された肥料は，無機質肥料である。

(4)苦土《くど》とはマグネシウムのことである。

7 発芽には，水分，酸素，温度が欠かせない。光はなくても発芽する。

8 間引く苗は，苗が集中していて育つのが遅かったり，早いものを選ぶ。また，虫がついていたり病気にかかっているものも間引く。

13 定植～収穫《しゅうかく》

月　日

テストに出る重要度 ☆☆

1 定植後の管理

支柱立て

①茎

が倒《たお》れたり折れたりするのを防ぐ。

→根を傷つけないように立てる。

②誘引《ゆういん》

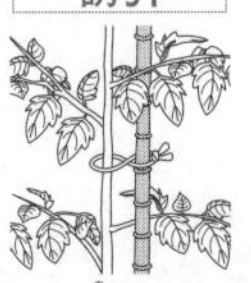

①［　］が伸《の》びてきたら支柱とひもで

③8の字 に

結ぶ。

→ゆとりをもたせて結ぶ。

重要 ④摘芽《てきが》

花や果実に栄養分を集中的に送るため主茎《しゅけい》以外の余分な

⑤えき芽《が》(わき芽)

を取る。

→切り口を広げないように注意する。

⑥追肥

生育状況に応じて何回かに分けて肥料を与える。

→根が伸びる方向に与える。

病虫害の防除

作物をネットで虫や鳥から守ったり，土にシートをかぶせて菌が入るのを防いだりする。

重要 ⑨摘しん(芯)

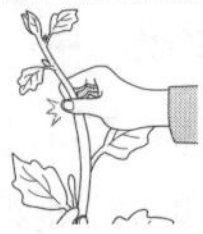

①［　］が支柱よりのびたら先端《せんたん》部を取る。

⑦かん水

土の表面が乾《かわ》いてきたら，根元周辺にたっぷり水を与える。鉢《はち》やプランターの ⑧底 から水が出るまで行う。

⑩果実 や

⑤［　］の成長を促す。

収穫

→大きさや色，形，やわらかさなどから時期を判断する。

よくまちがえるポイント　食用の作物の収穫時期では，キャベツやネギは花芽がつくと味が落ちるので，つく前に，キュウリも若い果実のときに収穫する。一方，トマトは甘《あま》みが増すので成熟したときに収穫する。

2 (1)ア　(2)①除草　②朝　③根元　④害虫

(3)例 性質の異なる作物を間に栽培《さいばい》する。

(4)共栄作物（コンパニオンプランツ）　(5)ウ

3 ①ダイコン　②ニガウリ（ゴーヤ）

③スイカ

解説

1 ④摘芽《てきが》では，⑤えき芽（わき芽）を 90° 横に曲げて付け根から摘《つ》み取る。土寄せは，マルチングした場合は不要。

2 (1)茎をゆとりをもたせて8の字に結ぶ。結び目は支柱側に作るようにする。

(2)除草は，与えた肥料を奪《うば》われないように雑草を早めに抜《ぬ》き取る作業である。水は，葉や花にではなく根元に与える。

(3)例えば，1年目にトマトとダイコンを栽培したなら，2年目はトウモロコシとハクサイを栽培するようにする。

(4)トマトとバジルの場合は，トマトがよく育ち，味がよくなる効果がある。

(5)ウドンコ病は，カビが原因なので，乾燥させるように意識する。

14 動物の飼育・生産生物の栽培

月　日

テストに出る重要度 ☆

1 動物を育てる管理技術

①給餌

家畜《かちく》の種類や生育段階などに合わせて与える。

②環境《かんきょう》・衛生

病気を防ぎ，畜舎などの環境を清潔に保つ。

③繁殖《はんしょく》

人工授精の技術により，品種改良が進んでいる。

④動物福祉《ふくし》の視点

飼育時に苦しみや痛みを減らす工夫が必要。

2 動物(乳牛)の管理作業の例

(1) 給餌《きゅうじ》は発育段階に合わせて必要な量を与える。

(2) 夏は大型扇風機《せんぷうき》などで風通しをよくし，⑤温度 が上がらないようにする。

(3) 畜舎内のふん尿は ⑥環境 に配慮《はいりょ》しながらすぐに処理する。

(4) 出産から約 ⑦10か月 が搾乳《さくにゅう》期間になる。

3 水産物の管理技術

(1) 天然の ⑧自然環境 を利用して，水産物を増やす工夫

サケやホタテガイの ⑨放流

人の手で ⑩稚魚《ちぎょ》(稚貝) になるまで成長させ，河川や湖，海に放つこと。

(2) ⑪養殖技術 で水産物を増やす方法

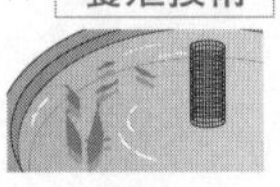

海や河川などの一部や陸上の施設などで，魚類や貝類，海藻《かいそう》類などの水産物を ⑫人の手で で育てること。

よくまちがえるポイント　家畜の管理技術には，家畜自体と環境に関する管理技術が，水産生物の管理技術には，人工的に行う養殖技術と自然環境を活用する増殖技術がある。

4 (1)給餌《きゅうじ》，環境《かんきょう》・衛生，繁殖《はんしょく》，動物福祉《ふくし》の視点

(2)ア

5 (1)例 川辺や水中にすむ動植物で人間の食品や生活に利用できる生物。

(2)魚全体に行き渡るように，食べ残しがないように与える。

(3)①養殖技術　②増殖技術　③生産性

④緩やかな　⑤放流　⑥移植

(4)ア

解説

1 動物によって適する気象が異なることに注意し，音などはストレスにならないように配慮《はいりょ》する。

2 家畜《かちく》の病気感染を防ぎ健康に生育させるには畜舎内を清潔第一に心がけることが大切である。消毒など衛生管理も必要である。

3 水産生物の管理技術の1つである増殖技術は，自然環境を活用したものである。

4 (2)搾乳期間は出産から約 10 カ月。

5 (1)人間に役に立つ生物であることが条件。

(2)食べ残しがあると水質の悪化につながる。

(4)稚魚《ちぎょ》には繁殖力はない。

15 情報ネットワークの利用とモラル

月　日　テストに出る重要度 ★★

1 情報を扱う機器の構成

(1) ハードウェア

主に ①出力機能 をもつ。　主に ②入力機能 をもつ。

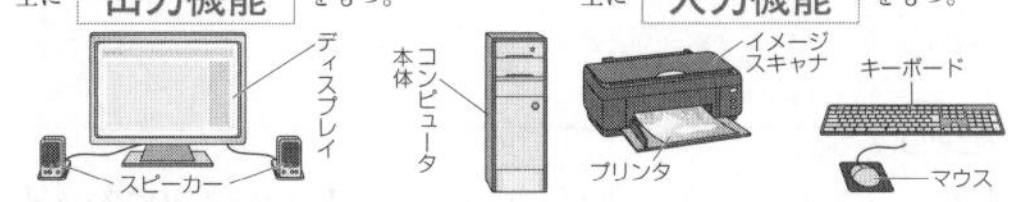

(2) ソフトウェア

最初に動く ③基本ソフトウェア(OS《オーエス》)

└→アプリケーションソフトウェアが効率よくはたらくように管理する。

⇨ 目的に応じて… ④アプリケーション(応用) ソフトウェア

└→ワードプロセッサソフトウエア，表計算処理ソフトウエアなどがある。

2 情報通信ネットワークの構成

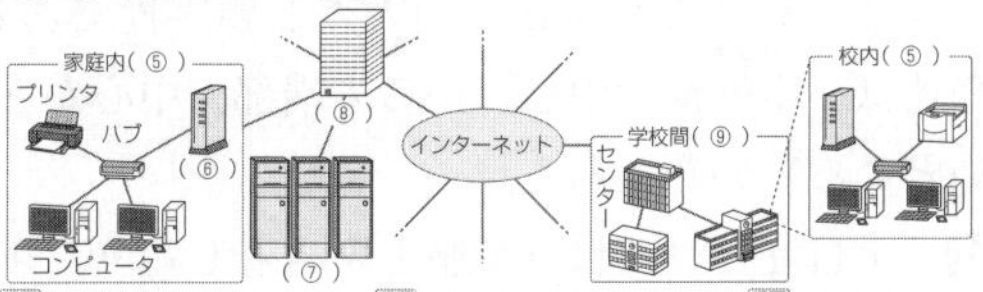

重要 ⑤ LAN　重要 ⑥ ルータ　重要 ⑦ サーバ

重要 ⑧ IPS(プロバイダ)　重要 ⑨ WAN

3 インターネットの利用

Webページの発信と閲覧《えつらん》

1発信者が ⑩プロバイダ のWebサーバにデータを送る。固有の ⑪ URL が割り当てられる。

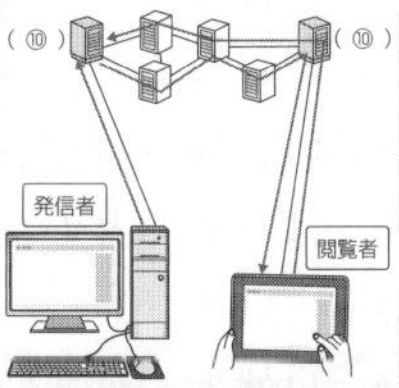

2発信者が ⑫ブラウザ ソフトウェアに見たいWebページの ⑪ を入力し，データの発信を要求する。

3要求されたデータが閲覧者に送信される。

32 よくまちがえるポイント　個人情報は「個人情報の保護に関する法律」で保護されている。個人情報は，氏名や住所，電話番号など，本人と特定されるものをいう。生年月日は，個人情報になる場合とそうでない場合がある。

4 (1)ア

(2)コンピュータウイルス

(3)例 フィルタリング機能をもったソフトウエアを利用する。　例 ウイルス対策のソフトウエアを入力する。

5 例 個人情報や著作権法を守り，プライバシーを尊重する。

6 (1)①著作権　②産業財産権

(2)ウ

解説

3 ネットワーク上のデータのやりとりは通信プロトコル（通信規約）に基《もと》づいて行う。

4 (1)アは，重要なデータやシステムの調子が悪くなった場合に備えて行う対策法である。

(3)ほかの対策としては，修正プログラムを使ってソフトウエアを更新《こうしん》する，ブラウザソフトウエアにセキュリティレベルを設定するなどが考えられる。

5 著作権法，プライバシーの2つの言葉は入れたい。

6 (2)イは，死後70年を超《こ》えれば利用できる。

16 情報処理のしくみと生活での活用

月　日　テストに出る重要度 ★★★

1 コンピュータの5つの機能

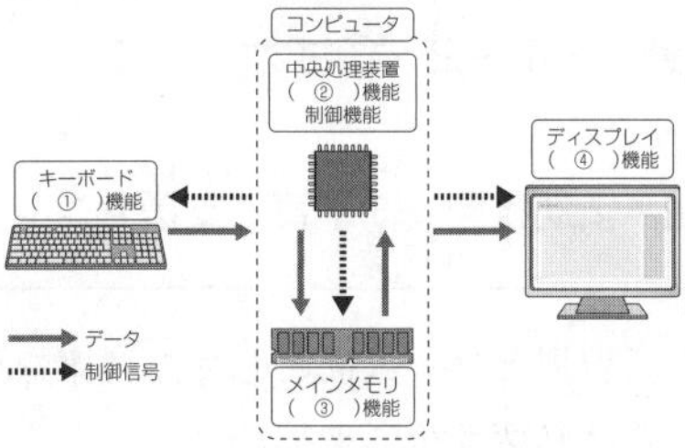

重要 ① 入力 機能

重要 ② 演算 機能

重要 ③ 記憶 機能

重要 ④ 出力 機能

2 デジタル化の方法

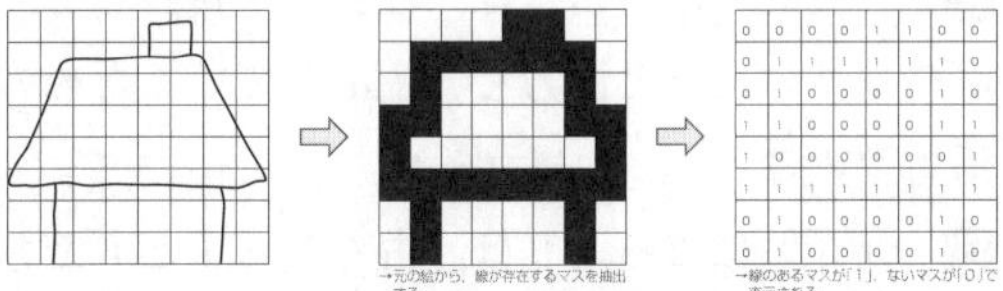

→元の絵から，線が存在するマスを抽出する。

→線のあるマスが「1」，ないマスが「0」で表示される。

3 コンピュータによる計測・制御システム

⑤センサ ― ⑥インタフェース ― ⑦コンピュータ ― ⑥インタフェース ― ⑧アクチュエータ

⑤センサ	⑥インタフェース	⑦コンピュータ	⑥インタフェース	⑧アクチュエータ
光や温度などの情報を電気信号に変える。	⑤と⑦の間で情報をつなぐ役割をする。	⑤からの情報をもとに判断・処理して，⑧に命令を出す。	⑤と⑦の間で情報をつなぐ役割をする。	⑦からの命令で目的の仕事をする。

→赤外線や温度，加速度など様々なセンサがある。

→モータやヒータなどがある

⑨アナログ 信号　⑩デジタル 信号　⑨アナログ 信号

34 よくまちがえるポイント　コンピュータでは，画像を格子に分け，その格子の集まりで表す。格子1つを画素(ピクセル)という。画像のきめ細かさである解像度は，画素数で表すが，画素数が多いほど解像度は高い。

4 例 ①アナログ　②デジタル

③デジタル化　④複製　⑤まとめて

5 (1)

0	0	0	0	0	0	0	0
0	1	1	1	1	1	0	0
0	1	0	0	0	1	0	0
0	1	0	0	0	1	0	0
0	1	1	1	1	1	0	0
0	1	0	1	0	0	0	0
0	1	0	0	1	0	0	0
0	1	0	0	0	1	0	0
0	0	0	0	0	0	0	0

(2) 72（ビット）

9（バイト）

6 ①キーボード　②ワードプロセッサソフトウェア　③デジタルカメラ　④図形処理ソフトウェア　⑤デジタルビデオカメラ　⑥動画編集ソフトウェア

7 エ

解説

1 CPU（中央演算処理装置）はデータを処理し，ほかの装置を制御するコンピュータの中心部分。主記憶装置は，CPUで処理されるプログラムやデータを一時的に記憶する。

2 線がある格子を塗《ぬ》りつぶしていく。塗りつぶした格子の数字は「1」になる。

5 (2)ビットは情報量の最小単位。1つの格子が1ビット。8ビットが1バイトになる。

7 イUSBメモリの内容は失われない。

技術・家庭　家庭分野

17 幼児の心身の発達

月　日

テストに出る重要度 ☆☆☆

1 体の発達

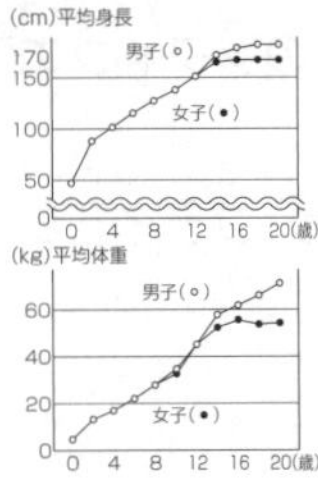

(1) 左のグラフから，生まれたときの身長は約 ①50 cm で，1歳《さい》くらいには，約 ②1.5 倍になる。

また，生まれたときの体重は約 ③3 kgで，1歳になると約 ④3 倍，4歳で**約5倍**になる。

(2) 中学生と比べたときの幼児の体の特徴《とくちょう》は，

・身長に対して頭が ⑤大きい 。

・身長に対して足の長さが ⑥短い 。

・バランスが取りにくいので，**転びやすい**。

2 身体機能の発達

(1) **全身の運動機能** →発達には個人差がある。

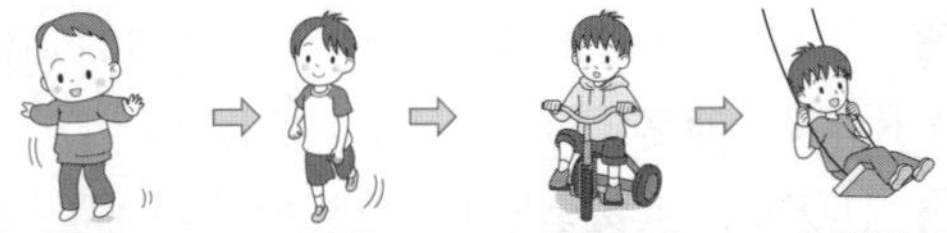

一人で ⑦歩く 。大人と遊ぶ。

⑧走る 。跳《と》ぶ。

⑨三輪車 をこぐ。片足跳びができる。

⑩ブランコ をこぐ。スキップができる。

(2) **手先の器用さ・言葉の発達**

⑪積み木 をつかむ。単語を言う。

⑫はさみ で切る。二語文→多語文

えんぴつでかく。日常会話ができる。

36　よくまちがえるポイント　発達の順序は，首がすわってから，おすわりができるようになり，はいはいからつかまり立ち，一人で立てるようになり，一人で歩くようになることも覚えておく。

3 例 ①乳児期　②幼児期　③個人差　④体温　⑤汗《あせ》　⑥多い

4 (1)①オ　②イ　③ア　④ウ　⑤エ

(2)イ→エ→ア→ウ

(3)①○　②○　③×　④○　⑤×

解説

1　出生時には，身長50cm，体重3kg(3000g)だったのが，1歳《さい》になると身長約75cm，体重約9kgになる。

発達の大きな特徴は，個人差と順序性である。発達は，中枢部《ちゅうすうぶ》（中心）から末端部《まったんぶ》（中心から遠いところ）の順である。

4　(1)自立とは，自分で服を脱ぎ着したり，排せつしたりすることで，自立心が芽生えると，自分の欲求や行動をコントロールする自律心も身につくようになり，協調性もうまれる。

(2)幼児の問いかけに対してくり返し答えることが大切である。言葉は会話の積み重ねで覚えていく。幼児の心の発達には，周囲とのコミュニケーションが大きく関わっている。

(3)⑤外で遊んで，自然とふれあい，体を動かすことが，幼児の成長には大切である。

18 子どもをとりまく環境《かんきょう》

月　日

テストに出る重要度 ☆☆

1 基本的生活習慣 →生きていくうえで必要となるもの。

①食事	②排せつ	③睡眠《すいみん》	④着脱衣《ちゃくだつい》	⑤清潔

スプーンやはしで食べる。	一人でトイレにいき，しまつできる。	一人で寝起きできる。	一人で脱ぎ着できる。	歯みがき，うがいができる。

2 社会的生活習慣 →社会的なもの。

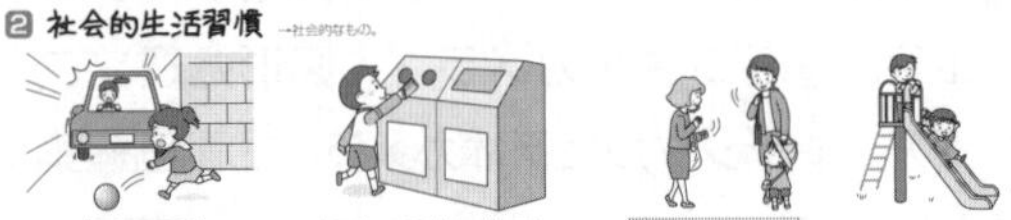

交通 ⑥安全 を守る。

ごみは，ごみ箱に捨てる。⑦公共物 を大切にする。

⑧あいさつ をする。

順番を守る。

3 おもちゃの選び方

(1) 自分やほかの人を傷つけない ⑨安全性 が確かなもの。

(2) つくりがじょうぶなもの。

(3) ⑩心身 の発達に合っているもの。

(4) 遊びが ⑪発展 するもの。

(5) ⑫STマーク がついているもの。

ST

得点UPテクニック

幼児は遊びを通して，さまざまな能力を発達させる。

例 なわとび(運動)　絵本(言語，情緒，知的)　積み木(手先の運動，知的)　ごっこ遊び(社会性，言語)など

38　よくまちがえるポイント　基本的生活習慣とは，生きていくうえで必要な生活習慣であり，自立への第一歩である。社会的生活習慣とは，社会の一員として，家族や地域の人と協力して生活していくための生活習慣のことである。

4 ①遊び　②昼寝《ひるね》　③自由　④運動　⑤社会性　⑥基礎《きそ》

5 ①ウ　②オ　③エ　④ア　⑤イ

6 例 ①栄養　②1～2　③甘さ　④アレルギー

7 (1)保育園　(2)幼稚園　(3)子育て支援《しえん》センター

解説

1　基本的生活習慣とは，人間として，健康な生活をおくるために必要な生活習慣のこと。

2　社会的生活習慣とは，社会の一員として，家庭や地域の人々と協力して生活していくための生活習慣のこと。

5　③「おにごっこ」は，古くから子どもたちの間で受け継《つ》がれてきた遊びで伝承《でんしょう》遊びという。他には，こま，お手玉，あやとりなどがある。

6　幼児は，大人に比べて胃が小さく，一度にたくさん食べることができないため，食事の一部としておやつをとる。

7　保育園は厚生労働省の管轄《かんかつ》で，幼稚園は文部科学省の管轄である。

19 食生活・食文化

月　日

テストに出る重要度 ☆☆☆

1 栄養素のはたらき 重要

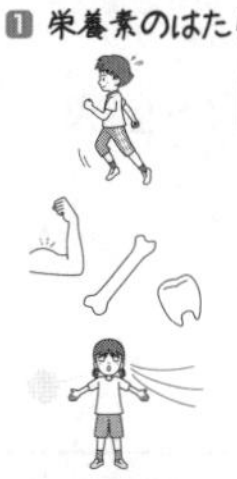

①エネルギー になる。

体の ②組織 をつくる。

体の ③調子 を整える。

炭水化物
脂質
たんぱく質
無機質
ビタミン

2 食事摂取《せっしゅ》基準

		エネルギー	⑤たんぱく質	無機質		ビタミン					ナトリウム（食塩相当量）
				⑥カルシウム	鉄	ビタミンA	ビタミンB_1	ビタミンB_2	ビタミンC	ビタミンD	
		④kcal	g	mg	mg	μg	mg	mg	mg	μg	g
12～14歳	男	2,600	60	⑧1,000	11.5	800	1.4	1.6	95	5.5	8.0
	女	⑦2,400	55	800	14.0	700	1.3	1.4			7.0

└→中学生の時期は，成長が著しく，活動も盛んなので，いくつかの栄養素の摂取基準は成人に比べて多い傾向にある。

得点UPテクニック
食事摂取基準とは，1日にとることが望ましいエネルギーや栄養素の量を示したものである。

3 6つの基礎《きそ》食品群

1群　たんぱく質を多く含む……………………肉・魚・卵・豆・豆製品

2群　無機質(カルシウム)を多く含む………牛乳・乳製品・小魚・海そう

3群　ビタミンA(カロテン)を多く含む……⑨緑黄色野菜

4群　⑩ビタミンC を多く含む…その他の野菜・果物

5群　⑪炭水化物 を多く含む………米・パン・めん・いも類・砂糖

6群　⑫脂質 を多く含む………サラダ油・バター・マヨネーズ

40　よくまちがえるポイント　食品群別摂取量のめやすとは，食事摂取基準を満たすため，毎日，どのような食品をどれくらい食べたらよいかを食品群ごとに示したものである。

4 ①糖質（ぶどう糖） ②4 ③食物繊維《せんい》
④腸 ⑤9 ⑥体温 ⑦細胞膜《さいぼうまく》
⑧筋肉 ⑨組織 ⑩アミノ酸
⑪カルシウム ⑫骨 ⑬鉄 ⑭貧血
⑮目 ⑯炭水化物 ⑰C ⑱D

5 ①こまつな・3（群） ②ご飯・5（群）
③しょうゆ・1（群） ④チーズ・2（群）

解説

2 中学生の時期は，体をつくるたんぱく質やカルシウム，鉄や活動のもとになるエネルギーなどを十分にとる必要がある。

栄養バランスのとれたよい食事をし，運動をして十分な休養をとることは健康な体ですごすだけでなく心も安定する。

4 ①糖質は体内で消化されてぶどう糖になり，グリコーゲンとして体内に蓄《たくわ》えられる。

5 ①こまつな（3群）それ以外（4群）
②ご飯（5群）それ以外（2群）
③しょうゆ（1群）それ以外（6群）
④チーズ（2群）それ以外（1群）である。

20 食品の選択《せんたく》・購入

月　日

テストに出る重要度 ☆☆

1 加工食品の種類 →食品の保存性を高めたり，簡易に調理が行えたりする。

- ①乾燥《かんそう》 食品…水分を除く(乾物，干物《ひもの》など)

- ②冷凍 食品…温度を下げる

- ③発酵 食品…微生物《びせいぶつ》を利用(みそ，ヨーグルトなど)

- ④レトルト 食品・缶詰《かんづめ》など…密封《みっぷう》・加熱殺菌

- 塩漬け，砂糖漬け，酢《す》漬け(梅干し，ジャムなど)

- ⑤インスタント 食品…調理の簡便化

得点UPテクニック
加工食品の特徴《とくちょう》
・保存性が高い
・調理の手間を省ける
・味がよい
・価格が安定している

2 食品のマーク

⑥JAS《ジャス》 マーク　⑦冷凍食品認定《にんてい》証 マーク　⑧特定保健用食品 マーク

3 食中毒の予防の三原則

- 細菌《さいきん》を ⑨つけない →手を洗う。
- 細菌を ⑩増やさない →低温で保存する。
- 細菌を ⑪殺す →加熱する。

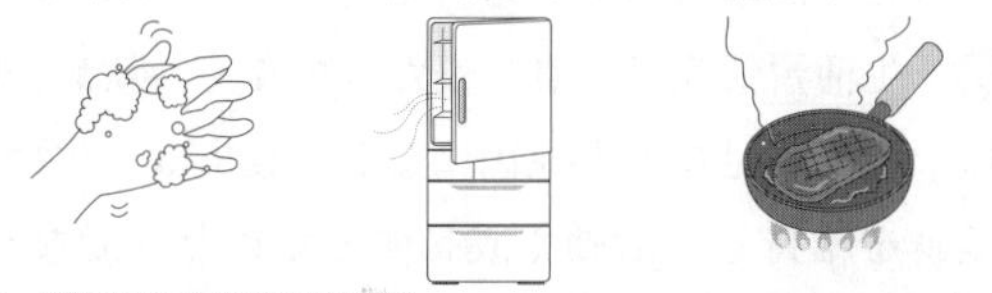

└→細菌は，温度，水分，栄養分の3つの条件がそろうと増殖する。

42　よくまちがえるポイント　消費期限…急速(おおむね5日以内)に劣化《れっか》しやすいもの(生鮮食品，弁当，そうざいなど)
賞味期限…品質の劣化が比較的《ひかくてき》遅く，長期保存が可能なもの(加工食品，菓子，冷凍食品など)

4 例 ①生鮮《せいせん》食品 ②旬《しゅん》（出盛《でさか》り期） ③味
④栄養価 ⑤価格

5 ①ク ②カ ③キ ④イ ⑤ケ ⑥ア
⑦オ ⑧ウ ⑨エ

6 (1)例 ①保存性 ②加工食品 ③食品表示（栄養成分表示） ④添加物《てんかぶつ》（食品添加物） ⑤安全性
(2)①オ ②ウ ③イ ④エ ⑤ア

解説

消費者に分かりやすい食品表示をするために，食品表示法が制定された。

・期限は消費期限や賞味期限で表示される。

・アレルギーを引きおこす物質のうち，必ず表示される7品目（特定原材料）が，乳，卵，小麦，えび，かに，そば，落花生である。

4 旬の時期は，地域や食品によって異なる。最近では，品種改良や栽培《さいばい》方法の工夫などにより，1年中，季節に関わりなく生鮮食品を手に入れることができるようになり，旬が分かりづらくなってしまっている。

6 加工食品は調理の手間を省いたり，長く保存できたり，味がよいなどいろいろな目的で作られている。

21 食品の調理

月　日　テストに出る重要度 ★★★

1 和食の配膳図

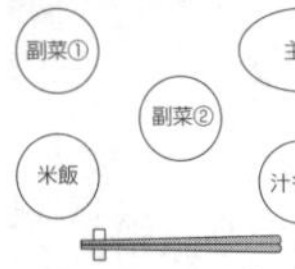

①一汁三菜《いちじゅうさんさい》
↳ご飯(主食)に，汁ものの(一汁)とおかずを3種（主菜1品，副菜2品）を組み合わせた食事のこと。

得点UPテクニック
●日本型食生活
米飯と魚，大豆，野菜，海そうなどの伝統的な食材を組み合わせており，たんぱく質やビタミン，食物繊維《しょくもつせんい》も多くとれるので栄養のバランスのよい健康的な食事として世界的にも注目されています。

2 いろいろな切り方 重要

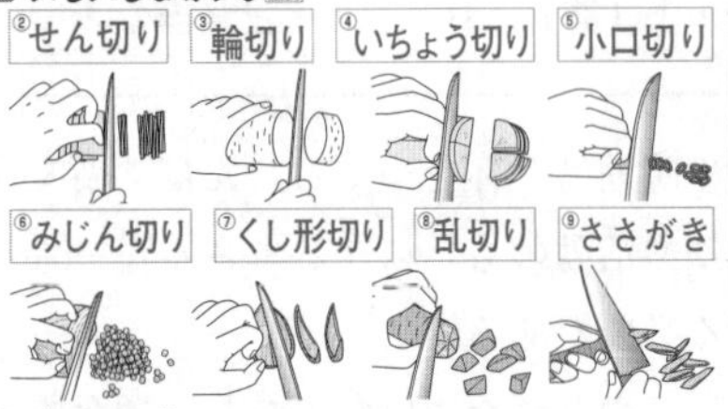

得点UPテクニック
●包丁の各部の名称

●安全な使い方

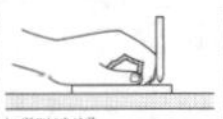
↳指先は丸める。

3 肉の調理

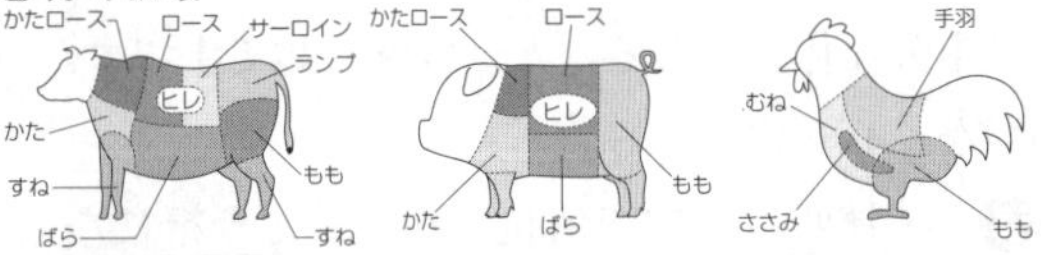

4 魚の選び方

●1尾《び》の場合

A．目が ⑩透明《とうめい》 で，外に張り出していて，**にごり**がない。

B．⑪うろこ がしっかりついている。

C．えら(えら蓋の内側)があざやかな**赤色**をしている。

D．身に**弾力**がある。

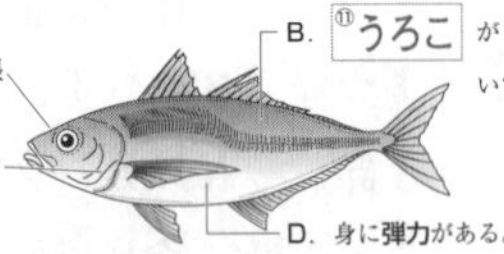

●切り身の場合

パック入りで売られているものは，⑫液汁《えきじゅう》 がたまっていないもの。

44　よくまちがえるポイント　野菜の調理上の性質は，生で食べる場合はビタミンCの損失が少ないことである。加熱する場合はやわらかくなり，かさが減るので，多く食べることができる。

5 (1)計量カップ　200mL，大さじ 15mL
(2)例 ①野菜　②煮沸《しゃふつ》(熱湯)　③火

6 ウ→オ→イ→エ→カ→ア→キ

7 例 ①加熱　②たんぱく質　③中火～強火
④うま味　⑤空気　⑥旬《しゅん》（出盛《でさか》り期）
⑦塩　⑧ビタミンC　⑨かさ　⑩褐変《かっぺん》
A－やすい　B－する

解説

1 和食（一汁三菜）は，主食が炭水化物，主菜でたんぱく質，副菜で無機質やビタミンなどの栄養をとることができるので，健康的でバランスのよい食事である。和食は，2013年12月にユネスコ無形文化遺産に登録された。

3 肉には，牛肉，ぶた肉，とり肉などの種類やその部位によって，適する調理方法がある。

5 (1)計量カップやスプーンによる食品の重量の目安も表で確認しておく。

7 野菜に塩をふると，水分が出てしんなりしてしまう。調味料やあえものは，水分が出てしまわないよう，食べる直前にかける。

22 地域の食材と食文化

月　日　テストに出る重要度 ★★

1 日本各地の郷土料理

(1) ご飯をつぶして杉の棒にくっつけて焼いたものを出汁の入った鍋で煮込んだもの。(秋田県)　①きりたんぽ鍋

(2) アサリなどの貝類とネギ，あげを煮込んだものをご飯にかけたどんぶり。(東京都)　②深川丼(めし)

(3) 豚肉・野菜・魚介がたっぷり入った，とり，豚骨スープの麺料理。まぜるという日本語表現でもある。(長崎県)　③ちゃんぽん
↳他に，中華料理や西欧料理を日本風にアレンジした卓袱(しっぽく)料理もある。

(4) ゴーヤ(にがうり)と豆腐などをまぜて炒めたもの。(沖縄県)　④ゴーヤチャンプル

2 食料自給率

重要 ⑤食料自給率 は年々低下し，2017年には**38%**で先進国の中で最低水準である。

⑤［　］が下がった理由として，食生活が**洋風化**し，日本の主食である**米**の消費が減少したことや，**畜産物**や**油脂《ゆし》**の消費が増加し，飼料用穀物の輸入が拡大したことなどが考えられる。

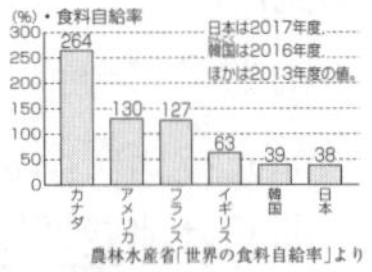

農林水産省「世界の食料自給率」より

3 食料生産と輸送

⑥フードマイレージ とは，食品を輸送する時に，環境《かんきょう》に与える影響力の大きさのことである。日本は，多くの食品を輸入に頼っている。
↳[輸送量(t)×輸送距離(km)]

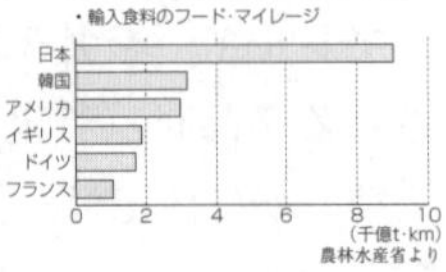

農林水産省より

最近は，重要 ⑦地産地消《ちさんちしょう》 の取り組みにより，
↳地元で生産された食材を，地元で消費すること。

輸送にかかるエネルギーを減らすことができ，旬《しゅん》の食べ物を新鮮《しんせん》なうちに食べることができる。

4 食文化

	春		夏		秋		冬	
行事	⑧ひな祭り	端午の節句(こどもの日)	七夕	土用の丑の日	月見	秋の彼岸	⑪冬至《とうじ》	お正月
料理	ちらしずし	⑨かしわもち ちまき	そうめん	うなぎ料理	⑩だんご	おはぎ	かぼちゃ	雑煮 お節料理

46　よくまちがえるポイント　行事食…季節ごとの行事やお祝いの時に食べる特別な料理。
郷土料理…その土地ならではの食材や独自の調理方法で作られ，その地域で広く受け継がれてきた料理。

5 ①キ　②ケ　③イ　④カ　⑤コ　⑥ウ
⑦エ　⑧オ　⑨ク　⑩ア

6 ①カルシウム　②バランス　③糖分
④塩分（③④順不同）　⑤動物性　⑥生活習慣病
⑦リズム　⑧食文化
⑨食料自給率　⑩フェアトレード
⑪食品安全基本法　⑫食品安全委員会

7 (1)行事食　(2)例 おせち料理，お雑煮

解説

1，**5** 郷土料理は古くから，各地域の気候・風土に合った食材を使い，輸送が発達していなかったころに作られた料理が多いので，その土地で手に入りやすい。

2，**3** 環境《かんきょう》への負荷を減らすためにも，自給率を上げて輸入食材を減らしたり，地産地消を実践《じっせん》することが求められている。

6 生活習慣病は，食習慣だけでなく，飲酒や喫《きつ》煙《えん》，運動不足なども原因になる。食事は，生命や健康を維持し，活動や成長するためだけでなく，楽しみやふれあいの場となり，食文化を伝えるという役割がある。

23 住まいのはたらき

月　日
テストに出る重要度 ☆☆☆

❶ 住まいの役割

①生命 と生活・財産を守る場　②くつろぎ と安らぎの場　家族生活と ③成長 の場

日射，風雨などの**自然災害**や危険から身を守る。

生活行為や**健康**を維持する。

家族や地域の人とのつながりを通して，子どもが育つ。

❷ 生活行為《こうい》と住空間 重要 →住空間は基本的に下の6つに分類される。

④家族生活 の空間
・⑤食事
・団らん

その他の空間
・⑩収納
・出入り
・移動

⑥生理・衛生 の空間
・⑦入浴
・洗面
・排《はい》せつ

⑧個人 の空間
・⑨睡眠
・勉強
・趣味

⑪家事 の空間
・調理
・洗濯《せんたく》
・アイロンかけ

得点UPテクニック
- **食寝《しょくしん》分離**…衛生面やプライバシー確保のために，食事する部屋と寝る部屋を別々にすること。
- **就寝《しゅうしん》分離**…子どもの年齢や男女の性別に応じて，寝室を分けること。

❸ 住まい方の工夫

●**洋室** →気密性が高く，プライバシーが守られる。

・部屋の使用目的に応じて家具や部屋数が必要である。
・窓やドアは**開き戸**。
・立ったり座ったりの姿勢が楽である。

●**和室** →開放的で，用途に合わせた形になる。

・部屋を場合に応じて様々な目的に使える。
・障子《しょうじ》やふすまなどは**引き戸**。
・畳《たたみ》は ⑫吸湿《きゅうしつ》性 や弾力性があり，素足《すあし》の生活に適している。

得点UPテクニック
日本は，南北に長く，地域の気候風土や季節に応じて住まいや住まい方が工夫されている。

48 よくまちがえるポイント 軒《のき》は屋根の下にあり，外壁より出ている部分で，庇《ひさし》は，窓や出入り口などの上に取り付けられている部分。いずれも，日差しや雨を防ぐために取り付けられている。

❹ (1)①ア　②イ　③エ　④オ　⑤ウ　⑥イ
⑦エ　⑧オ　⑨ウ　⑩ア
(2)①間取り図　②食寝《しょくしん》分離　③就寝《しゅうしん》分離

❺ (1)①気候　②玄関《げんかん》　③畳　④和風
⑤家具　⑥洋風　⑦高層
(2)北海道…例 寒気の侵入《しんにゅう》を防ぐために，二重玄《げん》関《かん》や暖房《だんぼう》効果の高い二重窓，融雪装置《ゆうせつそうち》のついた屋根などがある。
沖縄…例 台風の被害《ひがい》を防ぐために，周囲を石垣《いしがき》や樹木で囲んだ平屋作りの建物，深い軒《のき》で強い日差しを遮《さえぎ》り，広い開口部は風通しをよくしている。

解説

❷，❹ 生活行為と住空間は，間取り図（部屋の配置や広さなどを示した図）を使って考えると分かりやすい。

❸，❺ 高温多湿の夏に対応するために，障子《しょうじ》やふすまなどの引き戸は取り外して風を通すことができる。畳には，保湿性と吸湿《きゅうしつ》性があるため，冬は暖かく，夏はさらりとした感触が心地よいので，日本の暮らしに適している。

24 住まいの安全と室内環境《かんきょう》

月　日
テストに出る重要度 ☆☆☆

❶ 家庭内事故

家庭内事故死の主な原因　＊数値は四捨五入している。

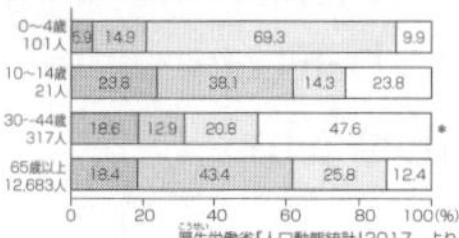

厚生《こうせい》労働省「人口動態統計」2017 より

(1) 家庭内事故では，65歳以上の ①高齢者《こうれいしゃ》 と，②乳幼児 の犠牲《ぎせい》者が多い。
(2) 家庭内事故の原因として多いのは，③でき死，④窒息，転倒・転落である。
(3) **バリアフリー**とは，段差をなくしたり，手すりをつけたりして，生活上の支障をなくすことである。

❷ 地震対策

●家具の安全対策
⑤L型金具 で固定

●寝る場所の安全確保
×

→テレビやタンスの下じきになる危険がある。

●避難経路の確保
×

→物が倒れて戸が開かなくなる危険がある。

得点UPテクニック
非常持ち出し品(袋)
・食料，水

・衣類，生活用品

・貴重品，救命・避難具

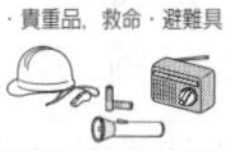

❸ 換気《かんき》の方法

⑥自然 換気

窓を開けて行う。
→入口の対角線上に出口を設けると効率がよい。

⑦人工 換気

換気扇《かんきせん》など機械を使う。

50 よくまちがえるポイント バリアフリーデザイン…体の不自由な人や高齢者が，生活に支障がないように考えられたデザイン。
ユニバーサルデザイン…すべての人が，安全で快適に暮らせるように考えられたデザイン。

❹ ①カビ　②結露《けつろ》　③除湿機　④二酸化炭素
⑤換気《かんき》　⑥騒音《そうおん》　⑦時間帯　⑧じゅうたん
⑨カーテン　⑩化学物質　⑪シックハウス症候群《しょうこうぐん》

❺ 階段…例 手すりやすべり止めをつける。十分な明るさにする。
浴室…例 手すりをつける。段差をなくす。床をすべりにくいものにする。

❻ ①○　②○　③×　④○　⑤×

❼ 例 扉の横のタンスが倒れて扉をふさぐと逃げられなくなる。　例 布団の横に本棚があり，倒れてくると危険である。

解説

❶，❺ 浴室の対策としては，バリアフリーにするという解答でもよい。

❹ ②結露《けつろ》を防止するには，換気《かんき》する，家具を外部に面する壁からはなす，押し入れにすのこをしくなど，空気の流れをよくすることが大切である。

❻ ③出入り口に物を置くと，避難《ひなん》経路の確保が困難になる。⑤日ごろから，近所付き合いを大切にしておくと，犯罪防止や災害時に協力し合える。

25 衣生活

月　日

テストに出る重要度 ★

❶ 衣服の働き

・体を ①清潔 に保つ。

・暑さや寒さから守る。

・②けが や汚れから守る。

・③職業 や所属を表す。

・④個性 を表す。

・⑤社会的慣習 に合わす。

自分の好みに合う服を選び，まわりの人への印象などを考え，重要 ⑥ TPO　T…時間，(time) P…場所，(place) O…場合(occation)に合った服装を選ぶことが大切である。

❷ 衣服の構成

洋服

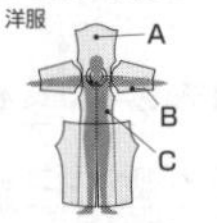

A. うしろ身ごろ
B. そで
C. 前身ごろ
D. えり
E. おくみ

和服

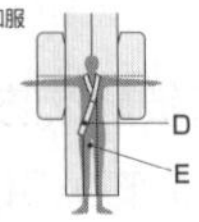

得点UPテクニック
●**平面構成**…和服は，直線に裁《た》った布を縫《ぬ》い合わせて平面的に作られている。
●**立体構成**…洋服は，体に合わせて裁断した曲線のあるパーツを縫《ぬ》い合わせて立体的に作られている。

❸ 既製服の表示

サイズ表示

日本では ⑦JIS《ジス》(日本産業規格) で定められている。

重要 ⑧組成《そせい》 **表示**

布に用いられている繊維《せんい》の種類《しゅるい》と混用《こんよう》率を示す。

重要 ⑨取り扱い表示

洗濯《せんたく》などの手入れ方法を示す。

原産国表示

衣服が裁断，縫製《ほうせい》された国を示す。

得点UPテクニック
違う種類の繊維を混ぜて使うことを混用《こんよう》といい，各種の繊維の長所を生かして短所を補うことができる。

❹ 取《と》り扱《あつか》い表示

⑩40℃ を限度として，洗濯機で洗濯できる。	40℃を限度として ⑪手洗い ができる。	塩素系及び酸素系の漂白ができる。	アイロンかけは禁止。	⑫日陰 のつり干しがよい。

→2016年12月1日より，JISによる表示記号からISOによる表示記号に変更・統一された。

よくまちがえるポイント　採寸の仕方は，胸囲《きょうい》(女子の場合はバスト，男子の場合はチェストといい)，胴囲《どうい》(ウエスト)，腰囲《ようい》(ヒップ)を測り，自分の体に合うサイズの既製服《きせいふく》を選ぶとよい。

❺ (1)①イ　②エ　③カ　④オ　⑤ア　⑥ウ
(2)コーディネート　(3)①ア　②ウ　③イ，エ

❻ (1)ウ→ア→エ→イ→オ
(2)例 製作する。ゆずってもらう。
(3)ア，イ，オ（順不同）　(4) JIS《ジス》（日本産業規格）

解説

❶ 衣服の社会的なはたらきや，服装が与える印象について理解し，TPOに応じた着方を工夫する。

❷ 和服は日本の民族衣装として，大切に受け継いでいきたい衣服である。

❹ 2016年12月から取り扱い表示が変更になっている。いままでは家庭洗濯の方法についての表示だったが，新しい表示は国際規格に合わせられ，商業洗濯にも適応される厳しい方法が表示される。

❺ (2)素材や色，柄，上下の組み合わせを考えて全体がよく見えるようにする。

❻ (2)手持ちの服を点検し，費用や収納スペース，環境《かんきょう》への影響《えいきょう》などを考えて衣服を入手するとよい。(3)衣服を選ぶときは，手持ちの衣服との組み合わせや，TPOに合っているか，品質や表示を確かめ，価格が予算の範囲《はんい》内かを考える。

26 衣服の手入れ

月　日

テストに出る重要度 ★

❶ 布の組織

●平織

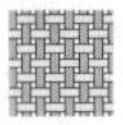

●あや織

●編み物(編物)

得点UPテクニック
その他，ほつれにくく，繊維《せんい》をからみあわせて布にしたフェルト・不織布《ふしょくふ》があり，使い捨てマスクなどに使用されている。

❷ 繊維《せんい》の種類と手入れに関する性質

	種類		特徴	洗剤
天然繊維	①植物 繊維	②綿 麻	**吸湿《きゅうしつ》性**がよい。**肌《はだ》ざわり**がよい。じょうぶで，水にぬれると**強く**なる。	弱アルカリ性
	③動物 繊維	④毛	**虫の害**を受けやすい。日光で**黄変**する。	中性
		⑤絹	上に加え，**光沢**がある。	
化学繊維	⑥ポリエステル ⑦アクリル		ぬれても**縮まない**。**乾き**が早い。**毛玉**ができやすい。**再汚染《おせん》**しやすい。	弱アルカリ性
	ナイロン		しなやかで軽く，ぬれても**縮まない**。	

❸ 洗剤によるよごれの落ち方

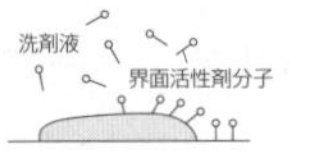

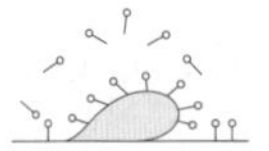

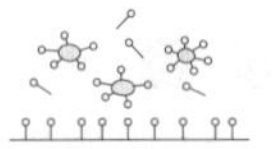

A. 重要 ⑧界面活性剤 (洗剤の成分)が汚れのまわりにつく。

B. 水の流れで分子にかこまれた汚れが離れる。

C. 水の中に汚れはちらばり，もう一度つくことはない。

❹ アイロンかけ

(1) ⑨取《と》り扱《あつか》い表示 を確認して適温に設定する。布の繊維が2種類ある時は ⑩低い 温度に合わせる。

(2) そで，えり，カフスなど，⑪細かい 部分からはじめ，肩，前みごろ，後ろみごろの ⑫広い 部分の順で布の**たて方向**にかける。→てかる布(制服など)をかけるときはあて布の上からかける。

よくまちがえるポイント　洗濯《せんたく》する時の洗剤は，使用量のめやすを守るようにする。使用量のめやす以上を使っても，汚れ落ちは変わらない。

❺ (1)①エ　②ウ　③ア　④オ　(2)混用
(3)①弱アルカリ性　②中性　③弱アルカリ性

❻ A①液温　②非常に弱い　B③漂白《ひょうはく》できない
C④ 60℃（低温）　⑤タンブル乾燥
D⑥ 110℃　E⑦日陰　⑧つり干し

❼ 例 (1)①同じ　②取り出しやすい
(2)③ポケット　④防虫剤

❽ (1)衣替え　(2)虫干し

解説

❸ 界面活性剤《かいめんかっせいざい》には，水と油をなじませ，汚れを繊維から離す働きがある。

❺ (1)天然繊維《せんい》のうち，動物繊維（毛，絹）は，中性洗剤《せんざい》で洗濯《せんたく》する。

(2) 例 ポリエステルと綿の混用効果

ポリエステル100%…しわになりにくい。
＋
綿100%…湿気《しっけ》を吸う。
↓
ポリエステル 65%　綿 35%
・適度に湿気《しっけ》をすう。　・しわになりにくい。

❻ 洗濯には，洗濯機のほかに，手洗いやドライクリーニングなどがある。

27 衣服の製作

月　日

テストに出る重要度 ☆☆

❶ 布の方向

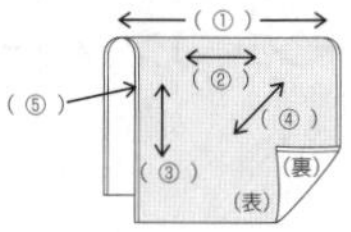

① 布幅《ぬののはば》
② よこ
③ たて
④ ななめ
└→ななめ 45°を正バイアスという。
⑤ みみ

得点UPテクニック

●布目線
型紙を布のたて方向に合わせるためのしるし。
●わ
布を折り返したときの折り山の部分。
●みみ
布幅の両端《はし》の部分。
●布は，ななめ方向に力を加えると伸びやすい。

❷ まち針のとめ方

とめる順序

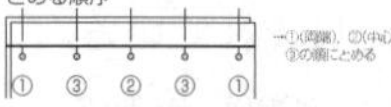

→①(両端)，②(中心)，③の順にとめる

正しいとめ方　よくないとめ方

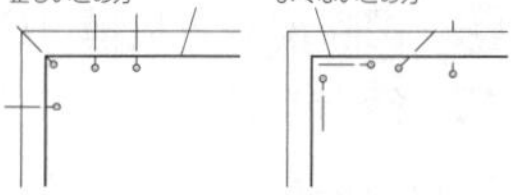

得点UPテクニック

しるしとしるしを合わせて，縫《ぬ》う方向（出来上がり線)に対して，針を直角にとめる。

❸ ミシン

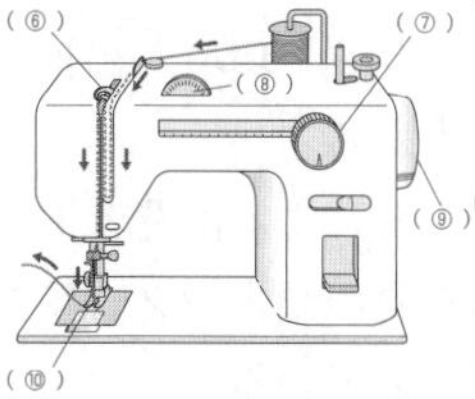

重要 ⑥ 天びん
⑦ 送り調節ダイヤル
⑧ 上糸(糸巻き)調節装置
重要 ⑨ はずみ車
⑩ おさえ

得点UPテクニック

角の曲がり方
①角に針を刺したまま，おさえを上げる。
②布の向きを変えておさえを下ろして再び縫う。

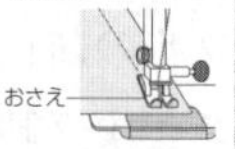

❹ いろいろな縫い方

⑪ 返し 縫い　⑫ 三つ折り 縫い　割り縫い

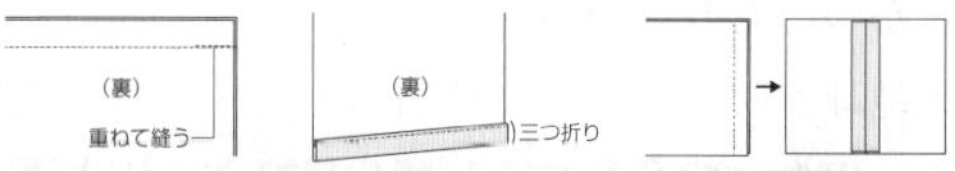

56 よくまちがえるポイント 上糸(糸巻き)調節装置…上糸の調子を強くしたり弱くしたりして，糸調子を調節する。
送り調節ダイヤル…縫い目の大きさを調節する。

❺ オ→ウ→イ→エ→ア→カ

❻ ①裁《た》ちばさみ　②まち針　③ルレット
④リッパー　⑤ピンキングばさみ

❼ ⑴①太い　②水平　⑵③高い　⑶④細い
⑷⑤首　⑸⑥深く

❽ 例 ①安定　②平らな　③コントローラ
④ゆっくり　⑤針先

解説

❶ 布には，たて・よこの方向があります。織物のたて糸方向を「たて」，よこ糸方向を「よこ」といい，たて方向に対して左右の端《はし》になる部分を「みみ」といいます。

❸ 上糸をかける手順
①押さえを上げ，はずみ車を手前に回し，天びんを上げる。

❺ デザインを決めて（計画）から，採寸して型紙をつくり，製作に必要な材料を準備する。

❻ ③ルレット…布の間にチャコペーパー（布用複写紙）をはさんでしるしをつける道具。
④リッパー…縫い目を切る道具。

28 消費生活

月　日

テストに出る重要度 ☆☆☆

❶ 販売《はんばい》の方法

① 店舗《てんぽ》 販売　② 無店舗 販売

③ 通信 販売　④ 訪問 販売　その他

→移動販売
生産者からの直接購入

❷ 支払い方法

⑤ 前払い

プリペイドカード

⑥ 即時払い

現金
デビットカード
→金融機関の口座から，即時代金を引き落とし，支払いにあてるカード。

⑦ 後払い

クレジットカード

❸ 契約《けいやく》の成立（売買契約の場合）

意志の合致
＝
⑧ 契約 の成立

消費者
義務
代金の支払い。
権利
商品の受けとり。

販売者
義務
商品の引き渡《わた》し。
権利
代金の受けとり。

❹ 悪質商法

A. ⑨ キャッチセールス
路上で呼び止めて，営業所などに誘い込んで契約させる。

B. ⑪ アポイントメントセールス
電話やはがきで営業所などに呼び出し，高額な教材などを売りつける。

C. ⑩ マルチ商法
自分が商品を買うだけでなく，さらにその商品を他の人に売ったり，会員を増やすことで利益が得られるといって勧誘する。

D. ⑫ ネガティブオプション
商品を一方的に送りつけ，その代金を請求する。

58 よくまちがえるポイント クーリング・オフは「頭を冷やして考える」という言葉からきていて，家でゆっくり考えながら注文できる通信販売(インターネット通販を含む)は，基本的にはクーリング・オフの対象にはならない。

❺ ①ア，オ，ク，ケ　②イ，ウ，エ，カ，キ，コ（それぞれ順不同）

❻ ①イ　②ア　③ウ

❼ 例 ⑴A①現金　B②現金
C③一括《いっかつ》　④分割（③④順不同）
⑵Aイ，オ　Bア，エ
Cウ，カ（それぞれ順不同）

❽ 例 ⑴① 3,000　②未使用　⑵③8
⑶④書面　⑤はがき　⑷⑥通信

解説

❶，❻ 無店舗《てんぽ》販売《はんばい》には，通信販売や訪問販売の他に，自動販売機，消費生活協同組合の共同購入，消費生活協同組合は店舗もある。

❷，❼ 前払いには，プリペイド式の電子マネーもある。デビットカードは，使用すると，即座《そくざ》に代金が金融《きんゆう》機関の口座から引き落とされる。

❹ 悪質な販売者が消費者をだまして契約《けいやく》する販売方法を悪質商法という。

❺ 物資は形がある商品で，サービスは具体的な形がない商品である。

❽ ⑵マルチ商法は 20 日間である。⑶クーリング・オフは，口頭や電話ではなく，必ず書面で行う。

29 消費者の権利と環境《かんきょう》

月　日　テストに出る重要度 ★★

1 消費者の8つの権利

(1) 生活の**基本的ニーズ**が保障される権利
(2) ①知らされる 権利
(3) ②安全 である権利
(4) **補償**を受ける権利
(5) ③選択 する権利
(6) **消費者教育**を受ける権利
(7) ④意見 を反映させる権利
(8) **健全**な環境の中で生きる権利

得点UPテクニック
安全である権利，知らされる権利，選択する権利，意見が反映される権利の4つの権利は，1962年にアメリカのケネディ大統領が提唱《ていしょう》した。

2 消費者の5つの責任

(1) ⑤批判 的な意識をもつ責任
(2) **主張**し行動する責任
(3) 社会的**弱者**へ配慮する責任
(4) **環境**へ配慮する責任
(5) 消費者として**連帯**する責任

└→国際消費者機構(CI＝Consumers International)が提唱した。

3 循環《じゅんかん》型社会

A. ⑥リデュース(Reduce, 発生抑制) …ごみそのものを減らす。
B. ⑦リユース(Reuse, 再使用) …何回も繰《く》り返し使う。
C. ⑧リサイクル(Recycle, 再資源化) …分別して再び資源として利用する。

得点UPテクニック
リフューズ(refuse)「断る」や，リペア(repair)「修理して使う」などを加えて，4Rや5Rなどの取り組みもある。

4 いろいろなマーク

⑨JIS《ジス》 マーク　⑩PSC(安全) マーク　⑪エコ マーク　⑫グリーン マーク

グリーンマーク

よくまちがえるポイント 消費者を支える主な機関として，国民生活センター（国)や消費生活センター（自治体)がある。また，消費者庁(2009年に設置)や法テラスなども消費トラブルに対応している。

5 (1)消費者保護基本法　(2)消費者基本法
(3)製造物責任法（PL法）　(4)消費者契約法
(5)特定商取引法（特定商取引に関する法律）

6 (1)フェアトレード　(2)グリーン・コンシューマー　(3) SDGs　(4)循環型社会
(5)地球温暖化

7 例 ①包装　②くり返し　③分別　④電気

解説

2 国際消費者機構（CI）で提唱されている。

3 循環型社会形成推進基本法（2000年制定）に基づいて，3R（スリーアール）の取り組みが行われている。

4 暮らしの中には，安全，品質，環境《かんきょう》，福祉に関する表示やマークが他にもある。

5 (5)訪問販売《はんばい》や通信販売などによる消費者トラブルの防止のために，不当行為の禁止やクーリング・オフ制度などについて定めている。

6 (1)環境に配慮《はいりょ》された商品には，エコマークなどがつけられている。
(5)地球温暖化は，化学燃料（石油・石炭・天然ガス）の燃焼で発生する二酸化炭素が主因と考えられている。

保健体育　保健分野

1 からだの発育と発達

月　日　テストに出る重要度 ★★★

1 身長と体重の変化

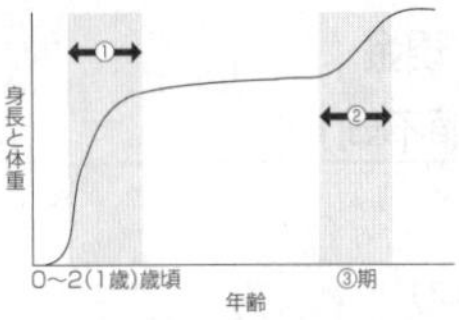

重要 ①第1発育急進期
重要 ②第2発育急進期
└→一般に女子のほうが早い。
重要 ③思春 期
└→小学校高学年から高校生は「子供から大人へ」かわる時期である。

2 体の各器官の名称

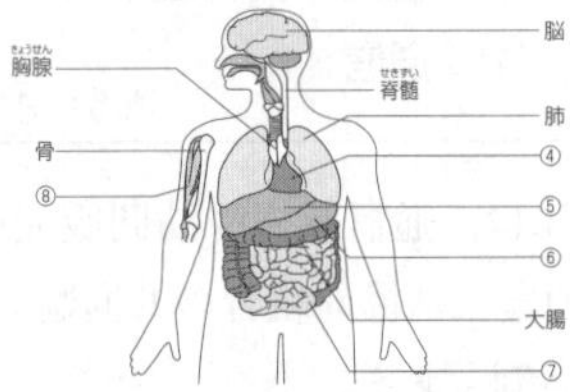

④心臓
⑤肝臓
⑥胃
⑦小腸
⑧筋肉

3 体の発育と，呼吸器・循環器の発達

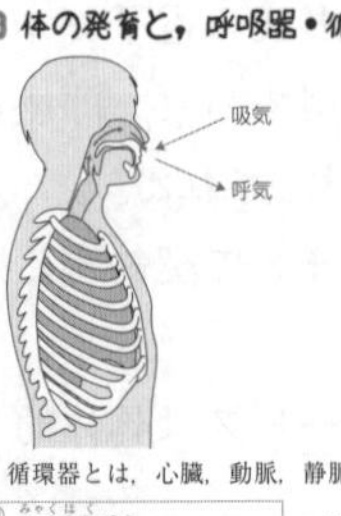

体の発育により細胞の数が増え，より多くの**酸素**や栄養素が必要になることで，⑨呼吸器官 や循環器官が発達する。

呼吸器とは，鼻（口），のど（気管），気管支，肺のことである。発達を知る手掛かりとして，**呼吸数の減少や肺活量の増大**があげられる。これは ⑩肺胞 の数が増えて一つ一つも大きくなり，肺自体が大きくなるからである。

循環器とは，心臓，動脈，静脈，毛細血管などのことである。発達を知る手掛かりとして，⑪脈拍《みゃくはく》数(心拍数) の減少や ⑫拍出《はくしゅつ》量 の増大があげられる。

よくまちがえるポイント 肺活量とは，空気をいっぱいに吸い込んだ後，できる限り吐き出した空気の量のこと。拍出量とは，心臓の収縮(拍動)によって送り出される血液の量のこと。

4 例 ①身長　②体重　③第2発育急進期
④思春期　⑤個人差

5 (1)

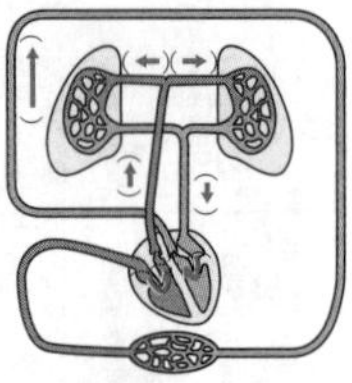

(2)①肺　②肺静脈　③心臓　④動脈　⑤毛細血管
⑥静脈　⑦肺動脈

6 (1)ウ　(2)例 調和のとれた健康的な生活を送ることで，体をよりいっそう発育，発達させることができるから。

解説

1 第1発育急進期は乳児期，幼児期前半（2歳頃）をいう。乳児は生まれてから1歳までの時期を指す。

4 第2発育急進期に特に発育する器官は，心臓，肺，骨，筋肉などである。それによって持久力，筋力も大きくなる。

6 (1)イ．思春期になると外見を気にして無理なダイエットをすることがあるが，栄養失調になり，発育不全，月経不順など悪い影響がおこる。

2 生殖《せいしょく》機能の成熟

月　日

テストに出る重要度 ★★★

1 体の変化が起こる仕組み

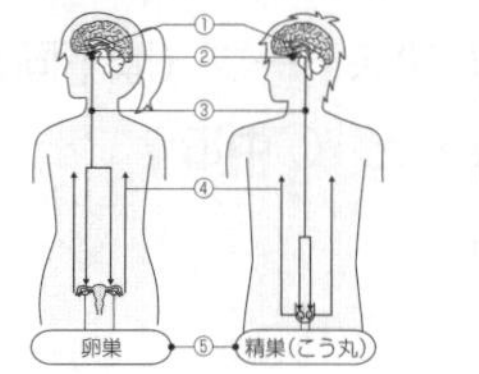

①視床下部

重要 ②下垂体

重要 ③性腺刺激《せいせんしげき》ホルモン

④性ホルモン

⑤性腺

2 女子の排卵《はいらん》・月経の仕組み

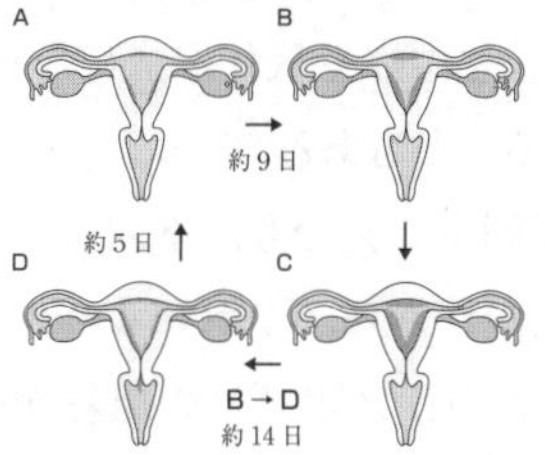

A. 重要 ⑥卵巣《らんそう》 で**卵胞《らんほう》**が成熟し始め，子宮内膜《ないまく》が厚くなり始める。

B. 子宮内膜が十分厚くなったら，**卵胞**から，子宮へ**卵子**が出される。

C. ⑦受精 （卵子と精子がくっつくこと）しなかった場合，**卵子**は体外に出される。

D. 子宮内膜が剥《は》がれて体外に出される。

3 男子の生殖器と射精の仕組み

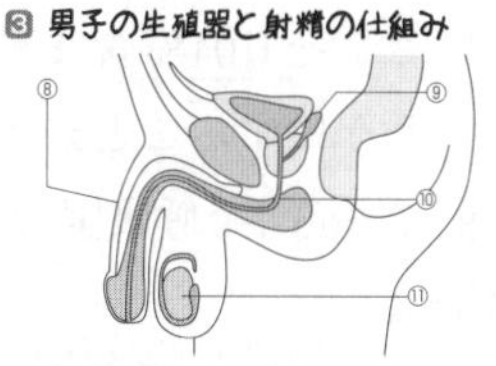

⑧陰茎

⑨精のう

⑩尿道

重要 ⑪精巣

得点UPテクニック

精巣が発育(発達)すると，精巣の中で精子がつくられ，精のうや前立腺からの分泌液(粘液)と混ざって，精液となる。精液が尿道を通り，体の外に放出される現象を射精という。

よくまちがえるポイント　卵子は，およそ28日に1回定期的に体外に出される ……………（排卵）

4 例 ①思春期　②卵巣　③女性ホルモン　④精巣　⑤男性ホルモン　⑥個人差

5 (1)① 100万～200万　② 20万～40万　③ 400～500　④ 1億～6億　⑤ 50～100　⑥ 1兆5千億

(2)①ぼうこう　②子宮　③卵巣　④卵管　⑤膣　⑥陰茎　⑦精巣　⑧精管　⑨前立腺　⑩精のう

6 ①○　②×　③×　④○　⑤×　⑥○

解説

1 思春期になると下垂体から性腺刺激ホルモンが分泌され，それによって性腺（卵巣，精巣）の働きが活発になる。

2 周期は25日～38日くらいである。

4 男子はがっちりした肩幅の広い体形になり，射精がおこる。女子は乳房が大きくなり，丸みをおびた体形になる。また排卵，月経がおこる。

6 ②インターネットには情報があふれていて，簡単に手に入れることができる。しかし，それらの情報の中には間違っているもの，危険なものもあるので，情報が正しいものか，必要なものかを判断しなければならない。

3 心の発達

月　日

テストに出る重要度 ★★★

1 心の発達と大脳

心の成り立ちとしてあげられる3つの働き

重要 ①知的機能	言葉を使う，理解する，記憶する，考える，判断する　など	
重要 ②情意機能	感情	うれしい，悲しい，楽しい，怒り　など
	意志	行動を決める， 目標に向かって行動しようとする心　など
重要 ③社会性	自主性，協調性，責任感　など	

2 大脳の働き

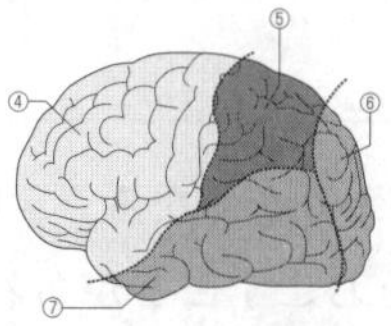

名称	④前頭葉	働き	思考　意思 創造　抑制
名称	⑤頭頂葉	働き	感覚
名称	⑥後頭葉	働き	視覚
名称	⑦側頭葉	働き	記憶

3 自己形成

⑧思春期 になると，自分のことをみつめ，自分の可能性や能力，性格などを考えるようになる。また，他人からどう見られているかを気にしたり ⑨比べたり するようになり，こうなりたいという気持ちから ⑩理想 と ⑪現実 の違いに悩んだりするようになる。

こうして悩んだり考えたりをくり返すうちに自分のいいところ，悪いところ，やりたいことなどが明確になって自分を認識していくことを，重要 ⑫自己認識 という。このように，自分の行動や考え方が作られていくことを**自己形成**という。

得点UPテクニック

●知的機能の発達

「言葉を使う」「理解する」「記憶する」「考える」「判断する」「新しいことに対処する」などの働きをいう。「新しいことに対処する」能力は，年齢とともに発達し，青年期以降に緩やかに低下する。一方，知識や経験を基に対処する能力は，高齢まで維持されることを覚えておく。

よくまちがえるポイント　思春期になると，他者に認められたい感情が芽生えて，「自立」に向かい始める。親に反抗的になるが，「反抗」は「自立」への通過点でもある。

4 例 ①器官　②欲求不満　③ストレス（②③順不同）　④健康　⑤適切

5 ①欲求不満　②迷惑　③自分の気持ち　④対処

6 (1)イ　(2)例 相手からすぐに返事がくるとは限らない点。

7 ①ア，エ　②イ，ウ，オ（それぞれ順不同）

解説

3 自立したいという気持ちが強くなると，自分らしさを出したい，人にいろいろ言われたくないという思いもある。しかし，本当に困ったとき，親や先生，友人に相談することは大切である。

5 欲求不満への対処の仕方でよくないのは自分でかかえこんだり，我慢したり，八つ当たりすることである。欲求を実現するために努力することが大切で，結果うまくいかなくても決して無駄にはならない。

6 返事を気にするあまり，スマートフォンを手離せないとか，相手とのやりとりの中ですれ違ったりしないようにしたい。文字だけのやりとりは誤解をまねくこともあるので注意する。

4 環境《かんきょう》の変化と対応

月　日　テストに出る重要度 ☆☆

1 体の適応能力

周囲の気温に対して体の諸器官がそれに対応すること… ① 適応

暑さに対して	寒さに対して
重要 ② 汗 が出る →体から熱を**逃がす**ため。	皮膚の ④ 血管 が収縮する →体から熱を**逃がさない**ため。
皮膚の ③ 血管 が広がる →熱を**発生させない**ため。	体が ⑤ 震える →熱を**発生させる**ため。

2 暑さ・寒さとその調節

⑥ 気温	17 ~ 28℃
⑦ 湿度	30 ~ 80%
気　流	0.5 m / 秒以下

暑さ・寒さの感じ方には，⑥　，⑦　，**気流**が関係している。⑥　が同じでも，⑦　が高いときは蒸し暑く感じ，気流(風)があれば涼しく，時には寒く感じることがある。人の体は暑いときに**汗**をかいたり，寒いときに**震《ふる》えて**熱をつくったりして体温を**保つ**ようにはたらく。これを ⑧ 体温調節 という。

重要 ⑨ 至適温度 とは，暑くも寒くもなく，活動するのに**最も適した温度の範囲**をいう。

3 熱　中　症

熱中症の症状	対　処　法
・めまいがする。 ・⑩ 筋肉 がつる。	涼しい場所に移動し水分や ⑪ 塩分 を補給する。
・吐き気がする。 ・意識障害	涼しい場所に移動し，体を冷やす。

●熱中症への対処

→意識がない場合はすぐに救急車を呼ぶ。

A. ⑫ 意識 の確認
・適切に応答するか。
・言動におかしいところはないか。

⇒ B. 水分の摂取
・スポーツドリンクのほか，濃度が 0.1 ~ 0.2% の食塩水もよい。

⇒ その後，症状が改善するかを観察し，医療機関にも相談する。

 よくまちがえるポイント　熱中症は症状の軽い順に熱失神(軽度)，熱けいれん(軽度)，熱疲労(中等度)，熱射病(重度)に分類される。

4 ⑴例 ①増える　②上昇　③ほこり　④汚《よご》れ　⑤増加　⑥酸素

⑵ 0.15（%以下）

5 ⑴練炭，たばこの煙，石油ストーブ（順不同）

⑵①ヘモグロビン　②酸素欠乏　③中毒

⑶例 無色で，無臭である。

6 ア，エ（順不同）

解説

1 一定の温度をこえたり，下回ったりすると，体は適応できなくなる。熱中症や低体温症になり，最悪の場合には死亡することもある。

2 この至適温度の範囲をこえたり，下回ったりすると体温調節に負担がかかる。これにより，学習や作業の能率がおちたり，スポーツの記録がのびなくなったりする。

4 二酸化炭素は空気中におよそ 0.04% 含まれているが，0.1% をこえないようにすることが大切だ。3 ~ 4% になると頭痛，5 ~ 6% で呼吸困難，10% をこえると命の危険がある。

5 一酸化炭素は無色で無臭である。一酸化炭素中毒がおこると最悪の場合，死亡する。

5 水とごみの処理

月　日　テストに出る重要度 ☆☆

1 体内での水の役割

① 体温 の調節	② 体液 の調整
・汗をかいて体温を下げる。 ・水分が不足していると，**熱中症**になる。	・**血液の濃度**を調整し，**酸素や栄養素**が適切に運ばれるように手助けをする。
③ 老廃物 の運搬《うんぱん》	④ 栄養素 の運搬
・老廃物を，**汗や尿**などとして体外に排出する。	・④　や酸素を水に溶かして，細胞に運搬する。

2 水の役割とその利用

(1) **体内の水分量**…体重の 重要 ⑤ 60 ~ 70 %

(2) **1 日に排出する水の量**
・尿，便… 1.3 ~ 1.6 L
・呼吸，汗…0.9 ~ 1.2 L
合計　約 2.5 L

(3) **1 日に摂取する水の量**
・食事中の水分…1.0 L
・飲料…重要 ⑥ 1.2 L
・体内で作られる水分…0.3 L
合計　約 2.5 L
→人間が生命を維持するために必要な水分量である。

3 飲料水の確保

取水　浄水場
→水を衛生的に問題のない状態に処理する。

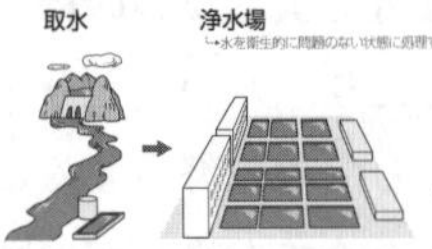

A ⑦ 沈でん 池
↓
B ⑧ ろ過 池
↓
C 消毒
↓
D ⑨ 水質検査

⇒ 各家庭・工場へ

4 3　R

リデュース　リユース　リサイクル
ごみの量を減らそう・繰り返し使おう・資源として活かそう

Reduce…重要 ⑩ リデュース（減量・抑制）
→物を使う量を減らしたり，長く使ったり，包装を断ったりする。

Reuse…重要 ⑪ リユース（再利用）
→くりかえし使用する。

Recycle…重要 ⑫ リサイクル（再生利用）
→資源として再生させ，再び利用する。

 よくまちがえるポイント　水は用途によって呼び方がある。飲料用，家庭の洗濯，入浴，炊事，水洗便所などに使われる生活用水。病院や公園などで使われる公共用水。農業や工業などで使われる産業用水など。

5 例 ①水洗便所　②し尿　③台所　④生活雑排水　⑤下水処理場　⑥し尿処理施設　⑦浄化槽　⑧下水道　⑨農地

6 ⑴① 75（70 ~ 80）　② 70　③ 2　④ 20　⑵①食事　②酸素　③体温調節　④老廃物　⑤生命維持

7 例 浄水場でごみや細菌などが取り除かれ，水質検査で水質基準を満たしていることが確認されたうえで供給される。

解説

1 暑い時期に体内の水分がたりなくなる（＝脱水症状になる）と，熱中症をおこすことがある。血液中の水分が不足すると血管に血のかたまりができやすくなる。

4 ごみの減量をすすめるのに分別回収は大切である。資源として再利用できるものを種類別にして分けることでごみは減らせる。

5 地域によって下水道が整備されていないところでは，生活排水がそのまま川などに流されており，合併処理浄化槽の整備が進められている。

6 交通事故の危険

月　日
テストに出る重要度 ★★★

1 傷害《しょうがい》の要因

重要 ①人的要因

A. ②行動 の仕方
・ルールを守らない。
・注意事項を確認しない。
・危険な場所に行く。

B. ③心身 の状態
・あせって急いでいる。
・体調が万全でない。

事故や傷害の発生

重要 ④環境要因

C. ⑤施設 や設備
・暗い。　・滑りやすい。
・見通しが悪い。
・壊《こわ》れている。

D. ⑥気象 の条件
・風が強い。
・寒さで道が凍結《とうけつ》している。

2 傷害とその原因

●10～14歳の死亡原因と，事故死の内訳(2017年)

自殺	⑦がん	事故	先天奇形	心臓病	その他
22.9%	22.7%	11.7%	8.5%	4.6%	29.6%

⑧交通事故	水死	⑨転倒・転落	窒息	火災	その他
29.4%	29.4%	13.7%	9.8%	7.8%	9.9%

3 中学生の交通事故の現状

●交通事故の発生要因

13～15歳の交通事故負傷者の状態別割合で最も多いもの→ 重要 ⑩自転車乗車中

人的要因	環境要因	⑪車両要因
・安全確認を行わない。 ・2人乗りなど，交通規則を守らない。	・天気が悪い。 ・道が狭く，死角が多い。	・ライトがつかない。 ・ブレーキがきかない。

得点UPテクニック

●自転車事故と賠償《ばいしょう》

自転車事故で加害者になった場合，賠償責任を負うことになる。そうならないためにも自転車安全利用五則などのルールを守って乗ることを心掛ける。万が一のことを考え，備え（保険）も大事である。

72 よくまちがえるポイント　自転車は，道路交通法では車両の一種であり規定が設けられている。自転車と歩行者の事故で，歩行者が死傷した場合など，未成年であっても数千万円の損害賠償が発生したこともある。

4 例 ①交通法規　②防ぐ　③危険予測
④危険回避（③④順不同）　⑤環境　⑥優先

5 (1)自転車専用通行帯
(2)(大切なこと)例 車両の点検，整備をする。
(理由)例 車両の欠陥や整備不良は交通事故につながるため。　例 (3)①ライト　②反射材
(4)例 奥の車道を車が止まらずに走ってくるかもしれない。

6 ①離岸流　②慌《あわ》てない　③岸と平行　④岸

解説

1 その他にも，スマートフォンを操作しながら歩いたり，いらいらした気持ちでいたりするなど，いくつもの要因が重なると事故にあう。

3 ヘルメットをかぶって乗るようにし，傘さし運転はしない。

5 他に，「中央線よりをバイクが走ってくる」ということも考えられる。

6 海岸の地形がくぼんでいたり，浜にごみがたまっていたり，波の形が他と違うところは離岸流が起きやすい。速さが秒速2mの所もあるので，逆らって泳ぐことは困難である。

7 災害から身を守る

月　日
テストに出る重要度 ★★★

1 自然災害

自然災害の例	どのような被害が出るか
①台風	洪水，土砂崩《くず》れ，倒木《とうぼく》，河川の氾濫《はんらん》
②大雨	家屋の浸水，道路の冠水《かんすい》，河川の氾濫

2 地震による一次災害と二次災害

●地震の発生

重要 ③一次災害 の例

家屋の ④倒壊

家具の ⑤転倒 や落下

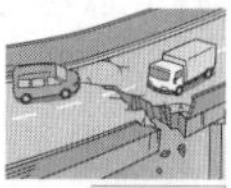

道路の ⑥破壊

重要 ⑦二次災害 の例　→この他に，地盤の液状化，地割れなどが二次災害としてあげられる。

⑧土砂崩れ

⑨火災

⑩津波

3 普段からの備え

(1) 普段から話し合っておくこと

A. ⑪避難場所 の確認。
B. 災害時の連絡のとりかた。

(2) 普段から準備しておくもの

A. 家具などの ⑫転倒防止 や器物の落下防止。
B. 水や食料の備蓄，非常用持出袋の用意。

得点UPテクニック

●災害時の連絡手段

災害時には電話がかかりにくくなるため，安否を確認するための次のようなサービスを活用する。
○災害用伝言ダイヤル「171」
○災害用伝言板（各電話会社，web171）
○SNS

74 よくまちがえるポイント　警報，注意報が発令された場合，注意報でも災害に備え，早めに避難《ひなん》準備をすることが望ましい。特に，津波注意報が発令されてから海岸に様子を見に行くようなことは絶対にしないこと。

4 例 ①地震　②台風　③ゲリラ豪雨　④噴火
⑤情報　⑥避難

5 (1)ウ
(2)例 ①熊本地震　②東日本大震災　③津波
④二次災害

6 例 家具を固定する。

7 例 地震のときに棚などが倒れるのを防ぐ。

解説

1 海や川の近くに住む人は高台への道順，高いビルの位置を確認しておく。

3 各市町村から配布されている，ハザードマップには災害が起きたときに危険な場所などが示されているので避難に役立つ。家族間の連絡方法を日頃から話し合っておく。

5 (1)緊急地震速報とは震源近くの地震計でとらえた強い地震の規模，強さなどを自動計算し，気象庁が速報で発表したもの。揺《ゆ》れが到達するまで数秒から数十秒と短いが，命を守るためにできることはあるので素早く動く。

6 他に，「非常持出袋の準備をしておく。」「防災訓練に参加する。」といった備えが考えられる。

8 健康な生活

月　日

テストに出る重要度 ★★

1 健康の成り立ち

健康は，**主体の要因**と，**環境の要因**が関係して成り立っている。

主体の要因

- 重要 ①素因
  年齢，性別，免疫，遺伝。
- ②生活習慣 や行動
  運動，食事，睡眠。
  喫煙・飲酒の習慣。

→免疫の働きも主体の要因である。

環境の要因

- ③物理的 環境の要因
  温度，湿度。
- ④化学的 環境の要因
  有害化学物質，放射線。
- ⑤生物学的 環境の要因
  細菌，ウイルス，動物，植物，昆虫。
- ⑥社会的 環境の要因
  家庭や地域との関係，医療機関の充実。

2 世界保健憲章《けんしょう》

(1) WHO（World Health Organization）…重要 ⑦世界保健機関

(2) 世界保健憲章の前文の中で，健康について，「⑧肉体的，精神的および⑨社会的に完全に**良好な状態**であって，単に病気でないとか**病弱でない**ということではない」と定義している。

3 運動の効果

(1) **脳**
緊張や，⑩ストレス
を和らげる。

(2) **心臓**
重要 ⑪拍出量 が多くなる。

(3) ⑫骨
太く長くなる。

得点UPテクニック

●**運動の効果と必要性**
中学生の時期は，運動能力，特に持久力をあげるのに適した時期である。運動にはストレスを和らげるなど精神的にもよい効果がある。勉強だけしている人よりも，1日の運動量が多い人の方が学力テストの得点が高いなどの研究結果がある。

76 **よくまちがえるポイント** 骨や関節がいちじるしく発達する中学生の時期に，負荷のかかりすぎる運動を繰り返し行っていると，スポーツ障害を起こすこともあるので，注意しながら行う。

4 例 ①安全であること　②効果があること　③楽しいこと　④種類　⑤時間（①～③，④⑤各順不同）

5 (1)①たんぱく質　②筋肉　③歯　④鉄　⑤ビタミンA　⑥大腸がん　⑦高血圧
(2)例 流通にかかわるコストが削減できる。
(3)①主食　②主菜　③牛乳・乳製品

6 ウ

解説

1 健康であり続けることと病気の予防は，主体である人とその人を取り囲むいろいろな環境がよい状態であり続けることが重要である。

3 運動は，ストレスを軽くしたり，脳を活性化させたりする。また筋力が強くなり，体力も向上する。肥満や生活習慣病になるリスクも減る。

5 (2)他に，「食文化の継続」「地域への愛着」「新鮮な食品を栄養価のあるうちに食べられる。」といったよい点がある。

6 ア．塩分の取りすぎは高血圧の原因になる。
イ．規則正しい食生活は健康のためになる。
エ．3食きちんととるより，2食のほうが太りやすい。無理なダイエットは栄養失調になる。
オ．インスタント食品ばかりだと栄養が偏《かたよ》る。

9 喫煙《きつえん》・飲酒・薬物

月　日

テストに出る重要度 ★★★

1 喫煙と健康

①味覚 が低下する。

②心臓 への負担が増す。

③食欲 が減退する。

頭痛・めまい・④思考力低下

⑤息切れ・運動能力の低下

肌荒《はだあ》れ・発汗《はっかん》

得点UPテクニック

妊娠している女性が喫煙したり，周りに喫煙する人がいることで受動喫煙すると，たばこに含まれる有害な物質が胎児の体に入る。すると，胎児の発育に悪影響を及ぼしたり，早産のリスクが高くなる。

2 飲酒と健康

→一度に大量のアルコールを摂取することで，アルコールの急性中毒の症状が現れることがある。

血中アルコール濃度(%)	酔《よ》いの状態と心身への影響《えいきょう》
0.02～	・さわやかな気分になる。　・皮膚《ひふ》が赤くなる。 ・判断力が少しにぶくなる。
0.05～	・⑥脈 が速くなり，体温が上がる。
0.15～	・立ち上がるとふらつき，⑦気(声) が大きくなる。
0.16～	・⑧吐き気 がする。　・千鳥足《ちどりあし》になる。
0.31～	・意識がもうろうとなり，まともに立てない。
0.41～0.50	・意識がなくなり，⑨死亡 する。

3 薬物乱用の悪循環《あくじゅんかん》

薬物を使いたいという欲求に襲《おそ》われる。

→薬物の 重要 ⑩依存状態 。

⇩

⑪幻覚 や妄想《もうそう》に支配される。

→薬物の 重要 ⑫慢性《まんせい》中毒 。

78 **よくまちがえるポイント** たばこは，自分が喫煙《きつえん》していなくても，同じ空間で喫煙している人がいると，その煙を吸っていることと同じである。（受動喫煙）

4 (1)①有害物質　②ニコチン　③一酸化炭素（②③順不同）　④ 200　⑤ 60　⑥発がん性物質
(2)①副流煙　②主流煙

5 例 ①薬が切れる　②脱力感　③疲労感（②③順不同）　④精神　⑤幻覚（幻視や幻聴）　⑥妄想（⑤⑥順不同）　⑦精子数　⑧月経異常　⑨障害

6 思考力，自制心（力），運動能力（運動機能）（順不同）

7 例 心身の発育発達期のため，さまざまな器官に障害が起こりやすく依存症になるから。

8 依存症

解説

1 (1)喫煙したときの症状の他，健康への悪影響も多くある。慢性気管支炎や歯周病，心臓病などである。

5 薬物の中には「脱法」「合法」と呼ばれている，一見法にふれておらず，問題ないように売られているものもある。しかし，何が含まれているか分からないので，名前にまどわされて手を出すことがあってはならない。

7 興味本位や，まわりの先輩《せんぱい》や大人が勧《すす》めてきても決して試してはいけない。

10 感染症《かんせんしょう》と医療品《いりょうひん》

月　日

テストに出る重要度 ★★

1 感染と発病

感染経路	病　名	病原体
重要 ①飛まつ 感染 └→咳やくしゃみなどのしぶきを吸いこむことで感染する。	インフルエンザ	インフルエンザウイルス
	風しん	風しんウイルス
重要 ②空気 感染 └→咳やくしゃみなどで空気中にウイルスが空気中に飛び散ったものの水分が蒸発し，微粒子となって感染する。	麻しん	麻しんウイルス
	結核	結核菌
重要 ③経口 感染 └→ウイルスや菌に汚染されたものを飲食すること。また，感染者の吐しゃ物などに接触し，それが口内などに入ることによって感染する。	ノロウイルス感染症	ノロウイルス
	コレラ	コレラ菌

2 感染症の予防対策

(1) 感染源に関する対策

④熱湯 をかける。

⑤日光 にあてる。

(2) 感染経路に関する対策

⑥マスク をする。

手洗い・うがいをする。

(3) 抵抗力に関する対策

十分な ⑦睡眠 。 栄養のある ⑧食事 。 ⑨体力 をつける。 ⑩予防接種 を受ける。

得点UPテクニック

●感染症の予防

私たちの体には，病原体への抵抗力《ていこう》（対抗《たいこう》する力）が備わっている。その1つが免疫《めんえき》である。感染症を予防するには，日頃からの習慣（手洗い・うがい・食事・休養・予防接種・換気《かんき》など）に加え，消毒や殺菌をすることも効果的である。

3 性感染症

病　名	病原体	症　状
⑪性器クラミジア 感染症	クラミジア・トラコマチス	女性：無症状が多い。腹膜炎。 男性：尿道からのうみ。排尿痛。
りん菌感染症	⑫りん菌	

80　よくまちがえるポイント　予防接種とは，その病原体の毒性を弱めたものなどを人体に注射することにより，体に免疫《めんえき》をつける行為。

4 (1)例 ①微生物 ②他の人 ③感染 ④発病 ⑤感染症 ⑥潜伏《せんぷく》期間 (2)イ

5 (1)例 ①性的接触 ②粘液 ③病原体 ④エイズ（後天性免疫不全症候群）

(2)①性的接触 ②治ることはない ③医療機関 ④尿道 ⑤炎症《えんしょう》 ⑥不妊 ⑦妊娠 ⑧胎児 ⑨流産 ⑩原因

6 例 医薬品の主作用を最大限に働かせるため。

解説

1 その他，感染者の吐物《とぶつ》に触ってしまった場合も感染の危険がある。

2 せきやくしゃみがでる場合は，まわりにとび散らないようにマスクをする。ティッシュペーパーなどで鼻と口をおおう。すぐに手を洗うなどの周囲への気配りが必要である。

5 (1) HIV の感染経路は性的接触，血液，母子の3つに限られる。感染したとしても早期に発見して治療をすれば発病を抑《おさ》えることができる。正しい知識を身につけ，偏見《へんけん》や差別を無くすことが大切だ。

保健体育　体育分野

11 スポーツへの関わり

月　日

テストに出る重要度 ★

1 運動やスポーツの種類

①自然 に挑戦《ちょうせん》する

②記録 に挑戦する

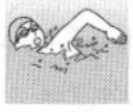

表現する

③相手 と競争する

健康や体力を養う

(1) 日本では，国内のスポーツを活発にするために ④スポーツ基本法 という法律が作られた。スポーツとは ⑤運動競技 の他に ⑥身体活動 として，ダンスやキャンプや登山などの ⑦野外活動 ，ストレッチ，柔軟体操まで含《ふく》まれる。

(2) 国連教育科学文化機関（UNESCO《ユネスコ》）の体育およびスポーツに関する ⑧国際憲章 第1条で，「体育・身体活動・スポーツの実践は，すべての人の ⑨基本的権利 である」と定められている。

2 スポーツの学び方

スポーツを行うときの，目的にあった合理的な体の動作。

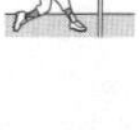

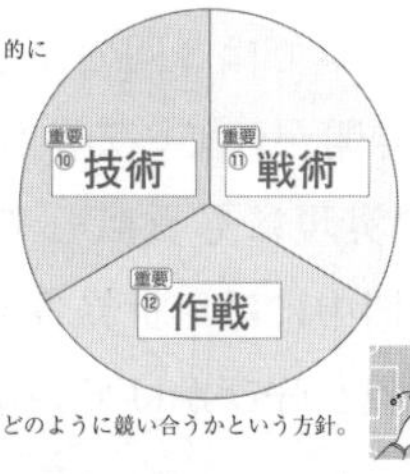

相手と競い合うときの，相手の特徴や，その場面に合わせたプレイの仕方。

相手とどのように競い合うかという方針。

82　よくまちがえるポイント　生涯にわたって健康の維持・増進を目的にスポーツと関わり，楽しむことを大切にする考え方を，生涯スポーツという。

3 例 ①会場 ②観戦 ③テレビ ④パブリックビューイング ⑤ソーシャルビューイング

4 (1)①豊かな生活 ②全ての人々 ③関心 ④日常的 ⑤親しみ ⑥楽しみ ⑦支える（⑥⑦順不同）⑧確保

(2)例（スポーツクラブなどで）監督，コーチ，マネージャー，トレーナー，ファン，サポーターなど。（スポーツ大会などで）選手の補助係，観客の誘導係，会場整備係，ボランティアなど。

5 (1)技術 (2)戦術 (3)作戦 (4)表現の仕方

解説

1 狩りや遊びなどからルールを決め，競技へと変わり，現代でもよく知られているスポーツへと変わっていった。今では楽しみのため，健康のため，礼儀を身につけるためというように目的もいろいろである。

4 (2)調べるという関わり方もある。自分の学校の試合結果や好きなスポーツ選手のことを新聞やインターネットなどで調べることができる。深く知ることによって，スポーツに関心が高くなる。

12 スポーツを行う前に

月　日

テストに出る重要度 ★★

1 運動やスポーツのもたらす効果

運動

身体への影響

(1) 身体能力の向上

・筋肉…筋繊維《きんせんい》が太くなる。

→筋線維とは、筋肉を構成しているもののこと。

・骨…骨の 重要 ①密度 が高くなる。骨粗鬆症《こつそしょうしょう》になりにくくなる。

・肺，心臓(呼吸器・循環器) …取りこむことのできる空気の量が多くなる。

重要 ②毛細血管 も新たに作られる。

・脳，神経…柔軟性の向上，巧《たく》みな動きの向上につながる。

(2) 肥満や 重要 ③生活習慣病 の防止

心への影響

(3) A.「やりとげた」という 重要 ④達成感 の獲得。

B. Aの積み重ねや，技術を身につけることで自信が持てる。

C. Bの獲得により，さらに挑戦《ちょうせん》しようという意欲につながる。

(4) 不安やストレスからの解放→ 重要 ⑤リラックス することができる。

(5) ルールやマナーを学ぶことで，フェアプレイの精神が養われる。

(6) 仲間との協力や協調を通して，よりよい人間関係を築くことに役立つ。

2 新体力テスト

項目	⑥握力	⑦上体起こし	⑧長座体前屈	反復横とび
要素	筋力	筋力 筋持久力	柔軟性	敏しょう性

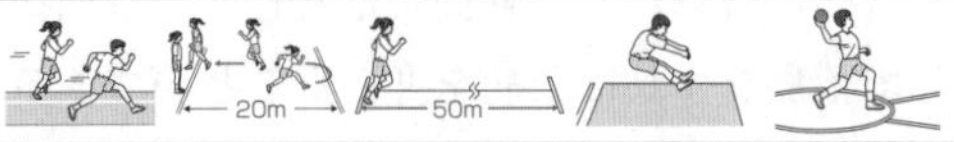

項目	⑨持久走	20m シャトルラン	⑩50m 走	⑪立ち幅とび	ハンドボール投げ
要素	全身持久力		スピード	瞬発力	巧緻性《こうち》 瞬発力

→持久走とシャトルランは，どちらかを選択する。

 よくまちがえるポイント　スポーツなどで負ったけがなどの応急手当の基本としてＲＩＣＥ法(R = Rest：安静にする，I = Ice：冷やす，C = Compression：圧迫する，E = Elevation：高くする)がある。

3 例 ①公正　②ルール　③マナー　④連携　⑤コミュニケーション　⑥助け合う　⑦尊重　⑧考え方　⑨スポーツマンシップ

4 (1)①潮の流れ　②場所　③水深(②③順不同)　④水底　⑤藻

(2)例 ①落雷　②天候　③気温の差　④ 100　⑤ 0.6　⑥雪崩

(3)①例 急な増水によって中州に設置したテントが流されるかもしれない。

②例 登山中に急に天気が悪化するかもしれない。

5 例 疲労が回復しやすいから。

解説

1 スポーツを続けていると，体や心が変化してくる。筋肉が太くなり，心臓や肺の機能も高まり，持久力がついてくる。また、肥満や生活習慣病の予防にもなる。ストレッチでリラックスしたり，目標を達成することで、自信がついたり，頑張ろうとする意欲もわいたりする。

5 激しい運動を急にやめてしまうと吐《は》き気をもよおしたり，めまいを起こすことがあるので，ストレッチなどをして筋肉をもとに戻す。

13 スポーツと文化

月　日

テストに出る重要度 ★★

1 運動やスポーツを行う理由

◆ スポーツがもたらす価値（2017年）

＊18歳《さい》以上に対する調査，上位8項目《こうもく》，複数回答。

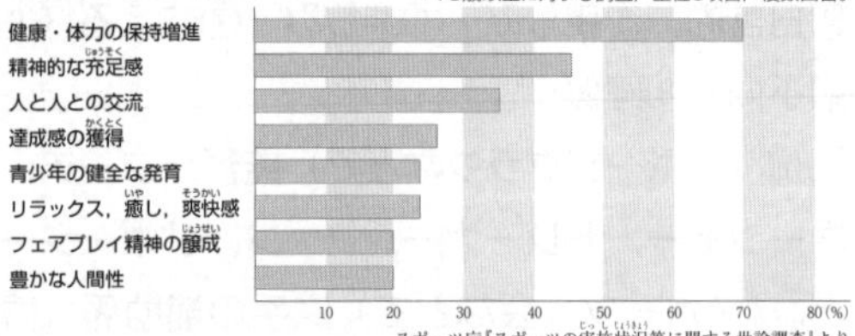

スポーツ庁『スポーツの実施状況《じっしじょうきょう》等に関する世論調査』より

2 スポーツ基本法

スポーツは，世界共通の ①人類の文化 である。

スポーツは，心身の ②健全な発達 ，健康及び体力の保持増進，精神的な ③充足感 の獲得， ④自律心 その他の精神の涵養《かんよう》等のために個人または集団で行われる運動競技その他の身体活動であり，今日，国民が ⑤生涯《しょうがい》 にわたり心身ともに健康で ⑥文化的 な生活を営む上で ⑦不可欠 のものとなっている。

(「スポーツ基本法」前文より抜粋)

3 オリンピックの理念・オリンピズム

近代オリンピック

◆提唱者

重要 ⑧ピエール・ド・クーベルタン

◆第１回オリンピック競技大会

⑨ 1896 年　アテネ大会

参加国数 ⑩ 14

→アメリカ・イギリス・オーストラリア・オーストリア・キプロス・ギリシャ・スイス・スウェーデン・チリ・デンマーク・ドイツ・ハンガリー・フランス・ブルガリアが参加した。

◆五つの輪を組み合わせたマーク

⑪オリンピック・シンボル

得点UPテクニック

●オリンピックの周期

古代に行われていた競技会を参考にして始められており，「オリンピアード」という４年間を１周期とする古代の暦《こよみ》の単位で開催《かいさい》されていたため，という説が有力である。起源は紀元前９世紀の古代ギリシャである。

 よくまちがえるポイント　「パラリンピック」という言葉は，「Parallel《パラレル》（もう１つの）なオリンピック」という意味である。

4 例 ①趣味　②目的（①②順不同）　③親しむこと　④生涯スポーツ

5 (1)ピエール・ド・クーベルタン

(2)①アテネ　②東京　③シドニー　④アテネ　⑤北京《ペキン》　⑥リオデジャネイロ

(3)①調和　②尊厳《そんげん》　③重き　④平和な社会

6 例 世界の５つの大陸の意味があり，オリンピックで結ばれていることを表している。

解説

2 このスポーツ基本法に基づいて 2012 年にスポーツ基本計画を定めた。その目標として子どもの体力を上げる，成人のスポーツ実施率を上げる，指導者や施設の充実をめざす，オリンピックのメダル数を増やすなどがある。

5 (2)これまで日本では 3 回のオリンピックが東京と札幌，長野で開かれている。国際的なスポーツ大会は平和の実現にも貢献していて，オリンピックの大会期間中には，世界各地で起きている争いに対して休戦を呼びかけている。

14 体つくり運動

月　日　テストに出る重要度 ☆☆

■ 体つくり運動

体つくり運動
- 体力を高める運動 → ねらい
  - 体の柔らかさの向上
  - 力強い動きの向上
  - 動きを持続する能力の向上
  - たくみな動きの向上
- 体ほぐし運動 → ねらい
  - 体や心の状態に気づく
  - 体の調子を整える
  - 友だちと交流する

→小学校中学年までは，「体力を高める運動」と「体ほぐし運動」に，「多様な動きをつくる運動」を加えて「体つくり運動」となっている。

●体力を高める運動の例

(1) 体の柔らかさの向上を目指す運動

柔軟体操　ストレッチ

→このほかに，マッサージや大縄跳び・ボール送りもこれにあたる。

・①血行 がよくなり，②疲労回復 や ③リフレッシュ に役立つ。

(2) 力強い動きの向上を目指す運動

④上体起こし　⑤手押し車

→無理のない ⑥負荷 でくり返す。

(3) 動きを持続する能力の向上を目指す運動

⑦ジョギング　⑧サイクリング

・⑨酸素 を体内に取り入れながら長時間行うこれらの運動は，⑩有酸素的運動 と呼ばれる。

(4) ⑪たくみな動き の向上を目指す運動

ボールを使った運動　バランス運動

・タイミングよく，バランスをとって，リズミカルに動くことを目指す。

得点UPテクニック
- ●柔軟体操
  弾みをつけ，負荷をかけて体を伸ばす動き。
- ●ストレッチ
  弾《はず》みをつけないで，ゆっくりと伸ばす動き。息を吐《は》きながら行うと効果的。

得点UPテクニック
- ●有酸素的運動
  ある程度の負荷をかけて，長時間行う運動なので長距離走は有酸素的運動になるが，短距離走はならない。
- ●負　荷
  意図的に加える運動の強度のこと。

よくまちがえるポイント　**体ほぐし運動の3つのねらい**　①体や心の状態に気づく　②体の調子を整える　③友だちと交流する　自分の心や体の調子を整える効果があり，点数などにこだわらずに楽しむことができる。

2 (1)ア　(2)エ　(3)ウ　(4)イ　(5)オ

3 (1)イ，エ　(2)ア，カ　(3)ウ，オ（それぞれ順不同）

解説

1　簡単な運動をすることで，自分の体の状態に気づくことができる。体ほぐし運動の3つのねらいを覚えよう。

ストレッチは，動的と静的の2種類に分けることができる。柔軟性《じゅうなんせい》を高めることで血行がよくなり，疲労《ひろう》回復になるため，けがの防止にも効果がある。

2　エアロビクスとは，エアロビック・エクササイズのことで，有酸素的運動を指す。リズミカルに呼吸しながら，1回12分間以上継続して行う運動。ジョギング，サイクリング，水泳などが代表的で，いずれも心筋機能の向上や肥満防止に役立つ。

3　(2)用具を使った楽しい動きには，他にもボールや縄とびなどがある。身近なものを利用して動きを工夫してみよう。

15 器械運動　①マット・鉄棒

月　日　テストに出る重要度 ☆☆

■ マット運動

①回転 系	接転技	前転
		後転
	ほん転技	倒立回転・倒立回転跳び
		②はね起き
巧技《こうぎ》系	③平均立ち 技	片足平均立ち
		倒立

得点UPテクニック
- ●開脚前転
  回転したら，足がマットにつく直前に開く。
- ●倒　立
  両手は肩幅くらいに開き，目線は前方にする。
- ●側方倒立回転
  上体を4分の1ひねりながら手をつき，両手両足が一直線上を移動するようにする。

(1) ④開脚前転

⑤踏み切り をしっかりして足がマットにつく直前に足を ⑥開く 。両手と足でマットを押し，⑦ 尻 を浮かせて ⑧開脚 立ちをする。

(2) ⑨伸《しん》しつ前転

前転の最後に ⑩ 足 を遠くに伸ばしながら，**足**と**手**を同時につくようにマットを押し，⑪ひざ をのばしたまま伸び上がるように立つ。

よくまちがえるポイント　**倒立前転**　倒立では，両手は肩幅くらいに開き，目線はやや前方にする。→倒立から重心をゆっくり前方に移す。→頭を両手の指先より前につき，後頭部，首，背中，腰の順にマットにつける。

2 (1)A－頭はね起き　B－側方倒立回転
(2)イ，エ，オ（順不同）

3 (1)(まわり方) 後方支持回転　(おり方) 転向前おり　(2)例 ①片さか手　②順手握り

解説

1　倒立回転では，頭倒立から前転などの練習をしてから，倒立の補助などをしてもらいながらのぞむと無理がない。

2　A．はね起きは，腰が頭上を通過すると同時に両手でマットを押し放す。

B．側方倒立回転は，一直線上を横に回転しながら前に移動する技。あとから着く手の指先に注意をはらいながら手の近くに足をおろし，手でつきはなして起きあがる。

逆さまになって，自分がいまどういう状態にいるかという感覚が大切なので，その感覚を養うためにも倒立の練習が大切。

3　後方支持回転は，下半身の回転によって上半身の回転がつくられる感覚を身につけること。回転の後半で手首を返し，上体を起こす。

16 器械運動 ②平均台・とび箱

月　日

テストに出る重要度 ★★

❶平　均　台

(1) 片足ターン

(2) 前方歩・後方歩

①背筋 を伸ばし，進む足の ②つま先 を伸ばして，台の ③側面 に触れながら進む。

(3) ターン

両手を挙げて ④つま先 で立ち回転する。一動作でターンすると，体がふらつきにくくなる。

(4) 側方歩(前交差)

⑤前 から足を交差させ，横に出た足に体重を移動しながら進む。

得点UPテクニック

●平均台のポイント

平均台の側面に触れながら，少し先を見るように進む。

出した足に体重移動させながら進む。

●とび箱のポイント

第一空中局面…ロイター板をけってからとび箱に手をつくまで。

第二空中局面…とび箱を手でつきはなしてから着地まで。

❷と　び　箱

⑥切り返し 系	切り返しとび・開脚とび
回転系	⑦回転 とび・頭はねとび

(1) ⑧開脚伸身とび

(2) ⑨屈伸とび

よくまちがえるポイント　**とび箱**　足だけではなく，手でもしっかりジャンプして，第二空中曲面をいかに雄大に魅せるかがポイントになる。着地は，手を下におろしながらひざのクッションを使い，やわらかく着くこと。

❸ (1)①横向きとびあがり支持

②とびあがり開脚立ち　③かかえこみとびおり

(2)側方倒立回転おり

❹ (1)側方倒立回転とび

(2)例 ① 90　②あと　③横

解説

❶ 片足ターンは，上にあげる足を軸足につけるようにし，つま先立ちで行う。ポーズをとるときには，目線を少し上にし，指先はピンと伸ばすと美しくみえる。

❷ 切り返し系の技は，すべて真下より斜め前に倒すようなイメージで行う。

❸ (2)この連続技は，かけあがりから，伸身ジャンプ→片足1／2ターン→両足1／2ターンと展開する。

❹ まず側方倒立回転をマットで練習し，できるようになってきたら，段を低くしたとび箱で練習していく。

右（左）足を振りあげ，右（左）手で押すようにする。

17 陸上競技 ①短距離走《たんきょり》・リレー・長距離走・ハードル走

月　日

テストに出る重要度 ★★★

❶短距離走

(1) 短距離走は ①クラウチングスタート で行う。

②位置について（→「オンエアマークス」）　③用意（→「セット」）　加速疾走《しっそう》　④中間疾走　フィニッシュ

・疾走で上体をゆっくり起こしながらスピードにのせる。

・疾走では最高スピードをフォームをくずさないように維持しながら走る。

(2) フライング(不正スタート)

⑤国際大会 や全日本中学校選手権など…（→日本陸上競技連盟が主催する大会。） ⑥1回目 から失格になる。

その他の大会…1回目の不正スタートは ⑦警告 され，⑧2回目 からの走者は**すべて失格**となる。

❷リ　レ　ー

(1) 第一走者

⑨クラウチングスタート でスタートする。

(2) 第二走者以降

⑩スタンディングスタート でスタートする。

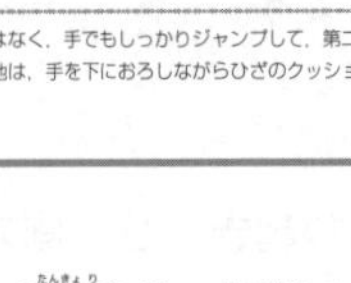

(3) ⑪テークオーバーゾーン

バトンパスを行うエリア。バトンパスの最中にバトンが落ちてしまった場合，拾うのは，受け取る走者にバトンが触《ふ》れた後であれば**どちら**も可能である。

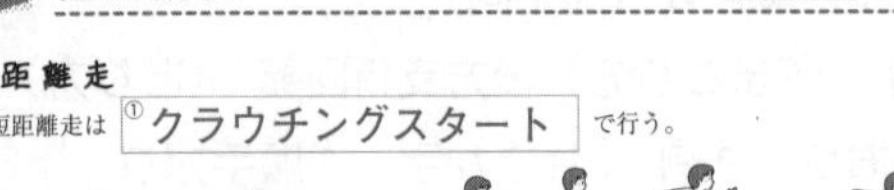

(4) ⑪ の ⑫外 でバトンを渡したり，投げて渡したりすると失格になる。また，オープンレーンになる前に**他のレーン**を走ったり，バトンを渡したあと，次の走者を**押したり**しても失格である。

よくまちがえるポイント　**スタートの方法**　短距離走はクラウチングスタート。「位置について」→「用意」→「ドン」で走り始めるが，長距離走はスタンディングスタートで，「位置について」→「ドン」でスタートとなる。

❸ (1)① 1500　② 12　③ 42.195

(2)①肩　②腕　③かかと　④2呼2吸

(3)インターバルトレーニング　(4)脈拍数（目標強度）80（%以上）

❹ (1)男子 91.4(cm)　10(台)　女子 76.2(cm)　10(台)　(2)①クラウチング　②アプローチ　③インターバル　④遠く　⑤つま先

(3)3(歩)

解説

❶ (2)フライング（不正スタート）は，各レースで1回のみで，そのあとにフライング（不正スタート）をした走者は失格になる。

❷ (3)落としたバトンを拾うためにレーンを離れても失格にはならない。しかし，離れた場合，離れた地点より距離が短くならない地点からす早く戻る。

❸ (2)④長距離の呼吸法は，他に2呼1吸（はく→はく→すう）などがある。歩幅を広くとる走法をストライド走法，狭くとる走法をピッチ走法という。

❹ ハードルは前傾姿勢でとび越す。ぬき足は水平にする。

18 陸上競技 ②走り幅《はば》とび・走り高とび

月　日

テストに出る重要度 ★★★

1 走り幅とび

(1) 重要 ① そりとび

空中動作のときに ② 胸 をそらせるようにする。

(2) 重要 ③ はさみとび

空中で走るように両足を ④ 交差 させる

(3) 計測のしかた

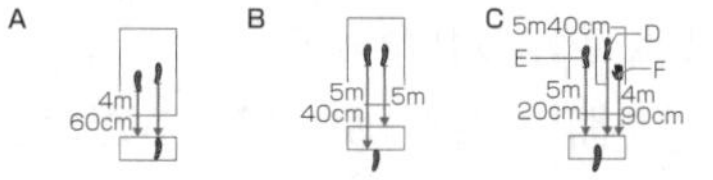

得点UPテクニック
踏《ふ》み切り板と足が直角になるように踏み切ると，有利になる。

A～Cの中で，踏み切りが理想的なのは ⑤ A 。

記録が一番よいのは ⑥ B で記録は ⑦ 5 m 。

Cは，踏み切り板と ⑧ F の間の距離を測り，記録は ⑨ 4m90cm である。

2 走り高とび

重要 ⑩ はさみとび

得点UPテクニック
●**跳躍《ちょうやく》距離**
1 cm 単位で測り，1 cm 未満は切り捨てる。計測は地面から垂直に，バーの上面で一番低いところで測る。

踏み切りの2歩手前で**腰**を落とし，直前の1歩では歩幅を少し**広**くして**足裏**全体で踏み切る。

⑪ 振りあげ 足からバーを越え，バーを越えたらすぐに振りもどし，

⑫ 踏み切り 足を振りあげでバーを越える。

よくまちがえるポイント **よい踏み切り方**　走り幅とびでは，かかとから入って足の裏全体で踏み切る。**走り高とび**では，かかとから入って柔らかく踏み込むのが特徴である。助走は，走り幅とびのようにスピードをつけない。

3 (1)イ，エ（順不同）(2)①○　②×

4 (1)はさみとび　ア　背面とび　イ

(2)ベリーロール　(3)ア，ウ（順不同）

解説

2 踏み切りは，進行方向に対してつま先が向くようにする。また，かかとから柔《やわ》らかく入る。踏み切りは，片足で行う。

3 (1)走り幅とびの計測は，踏《ふ》み切り線に最も近い砂場の跡から，踏み切り線（踏み切り板の最も砂場に近い線）までを測る。

順位は，記録のよい者から順に，同記録の場合は2番目の，それも同じ場合は3番目の記録で決める。

4 (3)バーをこえる前に，バーの助走路側の垂直面やその延長面から先の地面や着地場所に，体のどこかが触《ふ》れたり，支柱の横を走り抜けたりした場合，無効試技となる。両足で踏み切るのも無効試技。

走り高とびの計測は，バーの中央で最も低いところの上辺から地面までを垂直に測る。1 cm 未満は切り捨てる。

19 水　泳

月　日

テストに出る重要度 ★★★

1 泳法の種類

			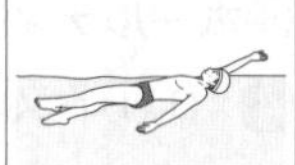
名　称	① 平泳ぎ	② クロール	③ 背泳ぎ
特　徴	手，足を大きくゆっくりかくと呼吸が楽にでき，④ 長距離 を泳ぐことにむいている。手と足の動きは**同時**に行う。	一般に ⑤ 自由形 と知られる。バタ足の**ひざ**が曲がっていたり，背中が反って**あご**が上がっているとなかなか前に進めない。	顔はいつも水面に出ているがきまったリズムで呼吸をする。⑥ 肩 をスムーズに回転させ，手足の動きに合わせて呼吸する。
足の動作	両足で水をはさむような動きの ⑦ カエル足 をする。かかとを引きつけて足首を返す。	左右の足を**交互《こうご》**に動かすバタ足をする。股関節《こかんせつ》から足を動かし，**親指**がかるく触《ふ》れ合うように両足を内側に向けて打つ。	足首を伸ばし，ひざを**柔《やわ》らかく**保って斜《なな》め後ろに水をける背面バタ足をする。
スタート	スタート台から ⑧ 飛び込み でスタートする。※中学では飛び込みの指導は原則行わない。		⑨ プールの中 からスタート台を向き**スターティンググリップ**に両手をかけ，スタートの合図でスタートする。
ターン	壁をけるときは，体をあおむけにもどす。	体の ⑩ 一部 が壁に触れればよい。	

よくまちがえるポイント **公式ルールのスタート**　飛び込みスタートは，自由形・平泳ぎ・バタフライ・個人メドレーの場合に行う。背泳ぎ・メドレーリレーの場合は水中からのスタートになる。

2 (1)A－背泳ぎ　B－クロール　(2)B

(3)①静止　②15　③1　④1

3 (1)バタフライ→背泳ぎ→平泳ぎ→自由形

(2)背泳ぎ→平泳ぎ→バタフライ→自由形

4 (1)×　(2)○　(3)×　(4)○

解説

1 背泳ぎは，ターンのとき以外は常にあおむけの姿勢である。呼吸は，口から息を吸い，鼻から吐《は》き出す。

平泳ぎの腕は，逆ハート形になる。クロールの腕は，S字を描くように動かす。

2 背泳ぎのスタートは，両足が水面の上でも下でもよい。壁を蹴《け》り，手は指の先から入水する。

3 リレーの引き継ぎでは，前の競技者が壁に触れる前にスタートすると失格となる。

4 (1)バタフライ→クロール

(2)クロールのターンはフリップターンといい，体のどこか一部分がかべに触れればよい。

(3)クロール→バタフライ

技術
家庭
保健
体育
音楽
美術

20 ゴール型球技 ①バスケットボール

月　日

テストに出る重要度 ★★★

1 コート

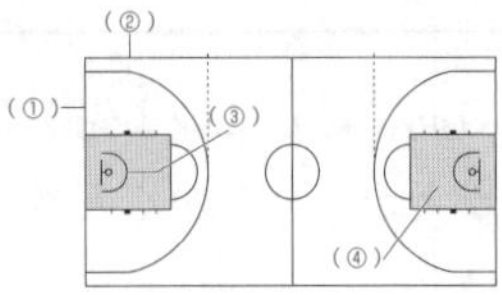

重要 ①エンドライン
重要 ②サイドライン
③ノーチャージセミサークル
重要 ④制限区域

得点UPテクニック
センターラインをはさんで，攻撃するゴール側を**フロントコート**，反対を**バックコート**という。

2 技　術

(1) 技　術　　(2) パス(投法による分類)

重要 ⑤ピボットターン　重要 ⑥チェストパス　⑦ショルダーパス

(3) パスの種類(ボール軌道《きどう》による分類)

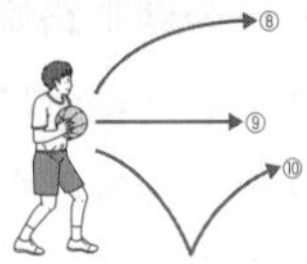

⑧フロートパス(ループパス)
⑨ストレートパス
⑩バウンスパス

3 ル　ー　ル

(1) ファウル以外での反則を ⑪バイオレーション という。
(2) ボールをキャッチしてから，そのまま3歩以上ボールを持ち運ぶ反則を ⑫トラベリング という。

100 よくまちがえるポイント **ピボットの軸足** ストライドストップの場合は，最初に床に着いた方の足が軸足になる。**ジャンプストップ**の場合は，どちらの足を軸足にしてもよい。

4 ①ジャンプストップ　②ストライドストップ　③カットインプレイ　④スクリーンプレイ

5 (1)①5　②ジャンプボール　③1
(2)①チャージング　②ブロッキング
③イリーガル・ユース・オブ・ハンズ
④3秒ルール　(3)テクニカルファウル

解説

1 ③のノーチャージセミサークルとスローインラインは，新しく設けられたもの。

2 ボールは指を開いて持つが，できるだけ手のひらはボールにつけないようにする。

片方の足を軸足にして，もう片方の足を動かすことをピボットターンという。このとき，ボールは軸足から遠いところで持つ。

3 フリースローの場合，シューターは5秒以内に打たなくてはならない。

4 スクリーンを使うときは，スクリーナーのスレスレを通る。ボールを受けるときは，見えないところからパスがきてもすぐに対応できるようにディフェンスに注意する。

21 ゴール型球技 ②ハンドボール

月　日

テストに出る重要度 ★★

1 コート

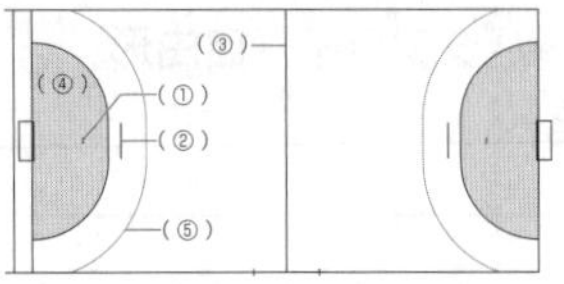

重要 ①ゴールキーパーライン　重要 ②7mライン
③センターライン　④ゴールエリア
重要 ⑤フリースローライン

得点UPテクニック
●ボールのあつかい方
手，腕，頭，太もも，ひざ，胴でボールを投げたり，取ったり，止めたり，打ったりすることができる。ボールは，片手でくり返し床にはずませたり，転がしたりできる。ボールを保持できるのは3秒間で，ボールを持ちながら最高で3歩まで動くことができる。

2 基本技能

(1) パスの種類

A ⑥ショルダーパス　B ⑦アンダーハンドパス

A…ボールのキャッチと同時に ⑧バックスイング する。⑨人差し指 ・中指・薬指の3本で ⑩スナップ をきかせて投げる。

B…比較的近くにいる味方にパスを送ったり，⑪ディフェンス の横から意表をついてパスを出したりするときなどに使う。

(2) **シュートの種類**

シュートの種類は，ディフェンスの上からシュートを打つ場合の ⑫ジャンプシュート ，ディフェンスのすきをついて遠いところからロングシュートを行いたい場合に適したステップシュートがある。

102 よくまちがえるポイント ステップシュートは助走距離が短いため，意表をついたロングシュートを打つのに適している。腰と肩を回転させ，スナップをきかせてシュートするとよい。

3 (1)①7　②スローオフ　③ゴールライン
(2)①スローイン　②ゴールキーパースロー
③フリースロー　④7mスロー　⑤キックボール
⑥ホールディング　⑦ジャックル

4 (1)①トス　②スローオフ　③サイド
(2)④ 25　⑤5

解説

2 A．ボールは，親指と小指でしっかり握り，人差し指・中指・薬指で支える。手のひらはボールにつけないようにする。

B．アンダーハンドパスは，相手プレイヤーに接近され，パスが出しにくい場合に役立つパス。

3 (2)フリースローとなる場合は，他に，オーバーステップ（ボールを持って4歩以上歩く），ダブルドリブル（ドリブルが終わってから，再度ドリブルをする）などがある。

4 スローオフを選んだチームが，センターラインでスローオフをして競技が開始となる。

選手の交代は，試合中いつでも何回でもできる。後半は，サイドを変え，前半でスローオフを行わなかったチームがスローオフを行う。

22 ゴール型球技 ③サッカー

月　日

テストに出る重要度 ★★★

❶コート

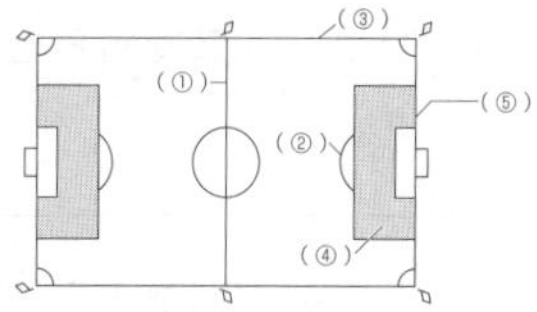

重要 ①ハーフウェーライン（センターライン）

②ペナルティーアーク

重要 ③タッチライン

④ペナルティーエリア

重要 ⑤ゴールライン

❷ 基本個人技能

⑥トラッピング(トラップ)

手や腕《うで》以外の部分を使って，飛んでくるボールの勢いを止める技能。

ヘディング

空中のボールをひたいに当ててパスしたり，シュートしたりする技能。

⑦クロス　パス

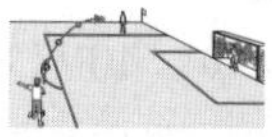

攻撃するサイドを変えるため，フィールドを大きく横切るように出すパス。

❸ 場面に応じた技能

⑧インサイドキック

→近くの味方にキックで正確にパスを送るとき。

⑨インフロントキック

→コーナーキックなどで，高くボールを上げるキックをしたいとき。

❹ 審判(主審)のシグナル

警告・退場

⑩コーナーキック

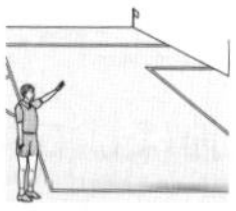

⑪直接　フリーキック

⑫間接　フリーキック

よくまちがえるポイント　**無得点か同点の場合**　引き分けとしない場合は，延長戦（前・後半各５～15分ずつ）か，ペナルティーキック(ＰＫ)方式で勝敗を決定する。

5　(1)①ア　②カ（①②順不同）　③キックオフ

(2)①スローイン　②直接フリーキック

③ゴールキック　(3)2(m)

6　(1)①インサイドキック

②ショルダーチャージ　(2)①インフロントキック

②ヘディング　③コーナーキック

7　オウンゴール

解説

2　ヘディングには，首を固定し体をそらした反動を使って行うスタンディングヘディングと，高くあげたボールをシュートしたりパスしたりするのに使うジャンピングヘディングがある。

3　プッシングなどの相手に対する反則には，その地点からフリーキックが与えられる。

4　違反のあった地点から，相手チームに直接フリーキックが与えられる。ペナルティーエリア内での違反の場合，相手チームにペナルティーキックが与えられる。

6　(1)②ショルダーチャージは，両プレイヤーがプレイできるところにボールがあり，プレイしていることが明確に分かるときに限り，認められる。

23 ネット型球技 ①バレーボール

月　日

テストに出る重要度 ★★★

❶コート

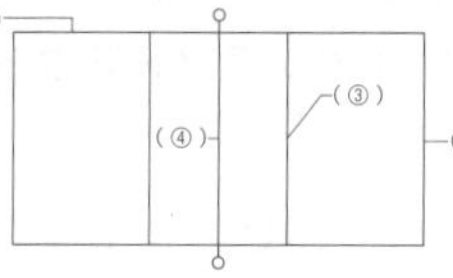

重要 ①エンドライン

重要 ②サイドライン

重要 ③アタックライン

④センターライン

❷ 基本個人技能

得点UPテクニック

ネットの高さは，一般男子は2.43m，一般女子は2.24mだが，中学生男子は2.30m，中学生女子は2.15mである。

(1) 重要 ⑤フローターサービス(サーブ)

腕を伸ばしてボールを額《ひたい》の前の高い位置で構え，トスを上げる。⑥ひじ　と肩を引いて，上半身をそらせてバックスイングを行う。ボールは ⑦手のひら　で打つ。

(2) 重要 ⑧オープントス(ハイセット)

ボールを送る方向に体を向け，全身のばねを使って，ネットの左右に ⑨高　く，大きく上げる。ボールと触《ふ》れるのは，だいたい指の第２関節までである。

(3) ⑩スパイク(アタック)

⑪かかと　からあおるようにすばやく前傾し，ひざをしっかり曲げて上にジャンプする。⑫ひじ　を引いて上体をそらせ，ジャンプの最高点で打つ。

よくまちがえるポイント　**得点を得る場合**　ラリーに勝ったり，相手側が反則（フォールト，タッチ・ネットなど）をすると，主審の判定により１点を得ることができる。

3　(1)アンダーハンドパス

(2)オーバーハンドパス　(3)スパイク（アタック）

(4)フェイント

4　(1)①6　②9　③6　④サービス

⑤ローテーション

(2)①ダブル・コンタクト　②オーバー・ネット

③パッシング・ザ・センターライン

④ポジショナル・フォールト

⑤ディレイ・イン・サービス

(3)ペネトレーション・フォールト

解説

2　フローターサービスは，ボールに体重をかけて打つ。ネットの左右両サイドに高いトスを上げて攻撃をすることをオープン攻撃という。

3　(1)アンダーハンドパスを打つ場合，ひじは曲げないようにし，ボールが当たった瞬間に両手の親指を下の方に伸ばすようにする。

4　サービスを打つときに，足がエンドラインを踏んだり，サイドラインを踏みこえたりすると，フット・フォールトとなる。チームで4回以上ボールに触れると，フォアヒットという反則になる。

24 ネット型球技 ②卓球《たっきゅう》・ソフトテニス

月　日

テストに出る重要度 ★★★

1 卓　球

重要

①フォアハンド ドライブ

得点UPテクニック

●スマッシュ

ボールの回転を少しにして,スピードを重視した打法。腰を大きくひねって，足を大きく踏み込む。

②腰 をひねり,わきをしめてボールを打つ。右手で打つ場合は,打つ瞬間に ③左足 に体重移動をするようにすると，強いボールを打つことができる。

2 ソフトテニス

(1) ④フォアハンド ストローク

ラケットを持った側にボールが来たときに行う。⑤ひじ が上がらないようにラケットをバック側に引き,腰を回転させ,ラケットの先端部分にボールをあてるイメージでボールを打つ。

重要

(2) ⑥スマッシュ

するどいボールを打ち返すときに行う。持ち方は ⑦イースタン グリップ。

⑧ひざ を曲げ，後退しながらボールをよく見て，⑨ひじ を伸ばして高いところでボールをとらえて打つ。

(3) ⑩アンダーハンド サービス…下からボールを送り出すように打つ。

(4) ⑪カット(サイドカット) サービス…イースタングリップでラケットを上から下に振り，ボールの下面をカットするように打つ。

よくまちがえるポイント **ロビング** ネット付近にいる相手に，山なりのボールを打つ打方。相手の陣形をくずしたり，味方の陣形を整えるのに使う。相手の目の前ではなく，頭上を越すような放物線を描くボールを打つ。

3 (1)(1試合) 5(ゲーム)，3(ゲームで勝ちとなる)　(2)①×　②○　③×　(3)イ

(4)促進《そくしん》ルール

4 ①ロビング　②中ロビング　③スマッシュ

④シュート

解説

1 卓球のグリップには，シェークハンドとペンホルダーの2種類がある。

3 (1)1ゲームは11点を先取した方が勝ちとなるが，10点対10点となったときはジュースとなり，先に2点リードした方が勝つ。

(2)① 10cm → 16cm,

③サービスのときのネットインはレット（得点や失点にならないラリー）となり，何度でもやり直しができる。

4 ソフトテニスでは，1ゲームは4点先取で勝ち，6ゲーム先取で1セット勝ちとなるルールである。

スマッシュは，ひじを伸ばして，高いところでボールをとらえる。

25 ネット型球技 ③バドミントン

月　日

テストに出る重要度 ★★★

1 コート

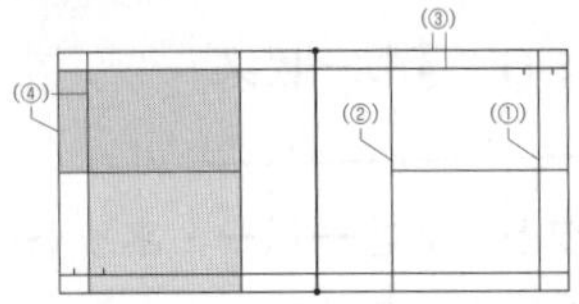

①ロングサービスライン

②ショートサービスライン

③サイドライン

④バックバウンダリーライン

└→①・④は，内側がシングル用，外側がダブルス用である。

2 ストロークとサービス

(1) ⑤オーバーヘッド ストローク

得点UPテクニック

●ハイバックハンドストローク

ネットに対して背を向け，大きく曲げたひじに力をためておく。打点を体の横か少し後方にして打つ。

頭の上でシャトルをとらえる打法。手首の回転をきかせて，できるだけ頭上の高いところで打つ。

➡ほかにも，左頭上にきたシャトルをフォアハンドで打つ ⑥ラウンドザヘッド ストローク，ラケットを斜めにして押し込むようにネット際に落とす ⑦ヘアピン などがある。

(2) ⑧ロングハイ サービス

得点UPテクニック

●チェンジエンド(エンズ)

1ゲームと2ゲーム，そして3ゲームの中間点でエンドを変えるルールのこと。

⑨高く シャトルを上げ ⑩バックバウンダリーライン いっぱいに入れるサービス。

➡ほかにも，少し手前の ⑪ショートサービスライン のすぐ後ろへ短く打つ ⑫ショート サービスがある。

よくまちがえるポイント **サービス時のファウル** アバブ・ザ・ウエストは，サービスのとき，腰の線より高いところで打った場合のファウル。また，シャトルを打つ瞬間，ラケットのシャフトは下向きでなければならない。

3 ①クリアー　②スマッシュ　③ドロップ

④ドライブ　⑤ヘアピン

4 (1)①サイドバイサイド　②トップアンドバック　③ローテーション（インアンドアウト）

(2)①ア　②イ　③ウ

5 ①3　②2　③21　④2

解説

2 オーバーヘッドストロークは，右足を後方に引いて，ラケットを振りあげ（テイクバック），手首の回転をきかせて，肩のすぐ上のできるだけ高いところで打ち（インパクト），力を抜いて振りおろす（フォロースルー）ようにする。

4 ダブルスでは，同じ組のプレイヤーとパートナーが続けてシャトルを打つとフォルトとなる。

5 スコアが29点対29点になった場合は，30点目を得点した方が，勝者となる。ラリーに勝った側が1点を得るラリーポイント制である。

各ゲームでは，ゲームごと，および第3ゲームでどちらかが11点になったとき，エンドを交替する。

26 ベースボール型球技 ソフトボール

月 日 テストに出る重要度 ★★

1 基本個人技能

(1) ①オーバースロー(スローイング送球)

相手をよく見て，投げる方の腕を ②後ろ に引く。右手で投げる場合は，投げたい方向に ③左足 を踏み出し，手首の ④スナップ をきかせる。

(2) ⑤キャッチング(捕球)

得点UPテクニック
●コールドゲーム
降雨などでゲームが続けられなくなり，球審の判断で打ち切りとなる試合。

打者がボールを打った瞬間にボールの ⑥方向 と ⑦飛距離 を判断し，ボールの下に入る。

(3) 重要 ⑧バッティング(打撃)

ボールをよく見て，タイミングを合わせて ⑨バック スイングをとり，⑩わき をしめてバットを最短距離でボールに当てる。

112 よくまちがえるポイント **フェアボールとファウルボール** 90度のファウルライン(ライン上もふくむ)の内側のフェア地域に落ちた打球はフェアボール，ファウルライン(ライン上はふくまない)の外側に落ちた打球がファウルボールである。

2 ①3 ②1 ③7 ④タイブレーカー ⑤延長戦

3 (1)①投手 ②2 ③アンダーハンド ④1
(2)ア× イ○ ウ○

4 ①プレイボール ②ストライク（アウト） ③セーフ

解説

1 ソフトボールは，親指・人差し指・中指の3本で，手のひらとボールの間に少しすき間をあけて握る。キャッチングのときは，立った姿勢で，体の正面の位置でボールを受ける。ひじやひざは軽く曲げる。キャッチしたら，すぐにスローイングの姿勢に入る。ピッチングには，スリングショット，ウインドミル，エイトフィギュア（8の字型）などがある。

3 (2)**ア**投球時，手首の位置は腰より低く，ひじよりも内側におくのが正しい投球動作。**ウ**打撃時，ボックス外に足を出した場合は不正打球でアウトとなる。線を踏んでおり，足がボックスの外に完全に出ていない場合は不正打球にならない。

27 武　道 柔道《じゅうどう》・剣道《けんどう》・すもう

月 日 テストに出る重要度 ★★

1 柔道の動作

(1) ①受け身
➡投げられたときに安全に自分の体を守る方法

(2) ②体さばき
➡相手をくずしたり，技をかけたりするために，体の位置や向きを変える足の動き。

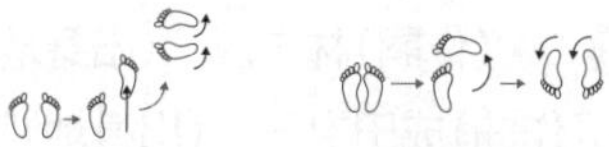

2 剣道の動作・テクニック

③間合い
➡互いに竹刀《しない》を構えたときの相手との距離。

④一足一刀 の間合い
└→一歩踏み込むだけで，打突できる間合いのこと。

得点UPテクニック
●剣道の礼法
①**立礼**…相手の目を見て上体を傾ける。
②**座礼**…相手の目を見て首を曲げずに頭を下げる。
③**左座右起《さざうき》**…手をつかずに座るときは左足から，立つときは右足から行うこと。

3 すもうの基本動作

⑤ちりちょうず →膝を折って座る姿勢を「そんきょ」という。

⑥調体(てっぽう)

⑦仕切り

⑧四股

⑨右四つ

⑩腰わり

114 よくまちがえるポイント **すもうの禁じ手** すもうの技には，上手投げ，下手投げ，つりだしなどいろいろな種類がある。しかし，張り手，逆指など禁じ手と呼ばれる技を使うと，審査員の協議により負けと判断される。

4 (1)①礼 ②左足 ③それまで ④右足
(2)ウ

5 (1)ア (2)例 1回ごとに反則となり，2回で相手に一本が与えられる。

6 ①上手投げ ②まわし ③つりだし ④上手

解説

1 柔道の基本姿勢は自然（本）体という。両足を肩幅と同じくらいに開き，重心を両足に均等にかけて立った自然な形である。

2 竹刀《しない》で打ったり突《つ》いたりすることを打突《だとつ》という。一歩一振りで打てる距離のことを「一足一刀《いっそくいっとう》の間合い」という。

3 すもうのおもな技には，おし・突き・より，突きおとしなどのひねりわざ，上手投げなどの投げわざなどがある。

4 おさえ込《こ》みから10秒以上20秒未満，相手をおさえこんだときの判定を技ありという。

5 (1)有効打突とは，充実した気勢，適正な姿勢をもって……打突し，残心あるものであると規定されている。

28 ダンス　創作ダンス・フォークダンス・リズムダンス

月　日　テストに出る重要度 ★★

❶ 創作ダンス

(1) **創作ダンス**…個人の思いやイメージを自由な動きで表現する。

(2) **表現方法**

①ユニゾン

全員で同じ動きをする

②シンメトリー

対称的な動きをする

③カノン

輪唱のように同じ動きをずらして踊る

❷ フォークダンス

(1) **フォークダンス**…全員同時に同じステップやリズムで踊って楽しむもの。

(2) **進行方向**

④LOD

円上を逆時計回りに進むこと。

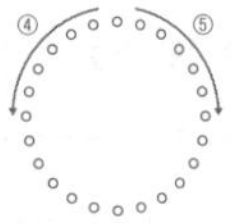

⑤逆 LOD

円上を時計回りに進むこと。

得点UPテクニック

●いろいろなフォークダンス
オクラホマミキサー，ネリーブライ(アメリカ)
オスローワルツ（イギリス）
ジェンカ(フィンランド)
など

(3) **フォークダンスの体形**

⑥シングルサークル

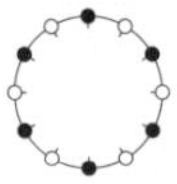

⑦ダブルサークル

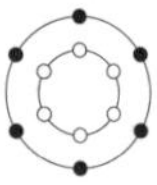

⑧スクエアフォーメーション

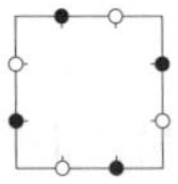

⑨ブロークンサークル

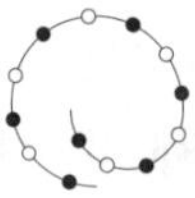

(4) ⑩民族舞踊《ぶよう》…その国や地域独特の動きやリズムを反映した踊《おど》り。

●日本の民俗舞踊

山形県	⑪花笠音頭《はながさおんど》	紅花をつけた花笠を持って踊る。
岐阜県	⑫郡上《ぐじょう》踊り	江戸時代から続けられる盆踊り。

よくまちがえるポイント　中世のヨーロッパ貴族のあいだで社交ダンスが生まれ，これに音楽が結びついてバレエが誕生した。民衆のなかからは，いろいろな民族舞踊が生まれた。

❸ A－ウ　B－ア　C－イ

❹ 例 ①ヒップホップ　②リズム　③変化　④仲間

❺ A－オープンポジション　B－プロムナードポジション　C－バルソビアナポジション　D－クローズドポジション

解説

❶ 創作ダンスは，大げさに動く，反対に動く，対称的に動くなど，さまざまに工夫すると表現が豊かになる。

❷ 他にも，炭鉱《たんこう》労働者が石炭を掘る動作に由来する炭坑節（福岡県），鳴子《なるこ》を持ってとびはねるよさこい（節）鳴子踊り（高知県）などが有名。

❹ リズムダンスには，他にロックダンス，ブレイクダンスなどがある。腰，ひざを使い，いろいろなステップを多用した表現方法がある。

❺ アメリカの有名なオクラホマミキサーという名称のフォークダンスは，ダブルサークルになってバルソビアナポジションで踊るもの。日本ではゆっくりとしたテンポで紹介され，広まった。

音　楽

1 エーデルワイス／浜辺の歌

月　日　テストに出る重要度 ★★★

❶ エーデルワイス

作　詞	O.《オスカー》 ①ハマースタイン２(Ⅱ)世
作　曲	R.《リチャード》 ②ロジャーズ
知　識	ミュージカル「③サウンド オブ　ミュージック」のために書かれた歌の１曲。 →映画が有名。「ドレミの歌」などでも親しまれている。 アルプス地方の高山植物である ④エーデルワイス を歌った。 →可憐な花に祖国への愛情を託している。

この曲の調は ⑤ハ長 調，拍子は ⑥４分の３ 拍子。→冒頭に♯，♭の調号がないので，ハ長調かイ短調のどちらかであることがわかる。拍子は下から分数のように読む。

記　号	読　み	意　味
Moderato	モデラート	⑦中ぐらいの速さで
∨	ブレス	⑧息つぎ すること

❷ 浜辺の歌

作詞	重要 ⑨林古溪《はやしこけい》	東京都出身の教師であり国文学者，漢文学者。
作曲	重要 ⑩成田為三《なりたためぞう》	秋田県生まれで，人々に愛される多くの童謡を残した。

この曲の調はフラットが１つの ⑪ヘ長 調，拍子は ⑫８分の６ 拍子。

●浜辺の歌の歌詞

1．あした浜辺を　さまよえば　昔のことぞ　しのばるる
　風の音よ　雲のさまよ　寄する波も　かいの色も
2．ゆうべ浜辺を　もとおれば　昔の人ぞ　しのばるる
　寄する波よ　かえす波よ　月の色も　星のかげも

得点UPテクニック

「浜辺の歌」の歌詞は，１番と２番がそれぞれよく似たパターンで書かれている部分が多い。

よくまちがえるポイント　現代語では，あした＝「明日」，ゆうべ＝「昨夜」となるが，古文ではそれぞれ「朝，朝方」「夕方」というように意味が違ってくるので注意する。

❸ (1)(作詞)ハマースタイン２（Ⅱ）世
(作曲)ロジャーズ
(2)(速度用語)Moderato　(意味)中くらいの速さ
(3)４分の３拍子　(4)(読み)メッゾ・ピアノ
(意味)少し弱く
(5)サウンド・オブ・ミュージック

❹ (1)(作詞)林古溪《はやしこけい》　(出身地)東京都
(2)(作曲)成田為三《なりたためぞう》　(出身地)秋田県
(3)もとおれば（も－と－おれ－ば－）
(4)めぐれば（さまよえば，歩きまわれば）
(5)優美に　(6)ア－８　イ－６

解説

❶ 用語や拍子など基本的な事に加え，この曲ならではの背景についてもまとめておくこと。

❷ 歌い継がれるこのような歌の作詞，作曲者は漢字で正確に覚える。

❸ 用語や記号は単元が変わっても繰り返し出題されるので，しっかり覚えておく。

❹ 歌詞の違いや言葉の意味は要チェック。

2 赤とんぼ／夏の思い出

月　日

テストに出る重要度 ★★★

1 赤とんぼ

作詞	重要 ① 三木露風《みきろふう》	兵庫県出身の詩人で，抒情的な作風で知られる。
作曲	重要 ② 山田耕筰《やまだこうさく》	東京都出身で，歌曲やオペラ，交響曲など多数の曲を残し，日本における西洋音楽の発展に大きな役割を果たした。

記号	読み	意味
p	③ ピアノ	④ 弱く
＜	⑤ クレッシェンド	⑥ だんだん強く

●「赤とんぼ」の歌詞

2．山の畑の　桑《くわ》の実を　　小籠《こかご》に摘《つ》んだは　まぼろしか

3．十五で姐《ねえ》やは　嫁《よめ》に行《ゆ》き　　お里のたよりも　絶えはてた

4．夕やけ小やけの　赤とんぼ　とまっているよ　竿《さお》の先

得点UPテクニック

言葉の意味を覚え，歌詞の内容を正しく理解しておこう。歌詞中の時間の流れを把握しよう。

2 夏の思い出

作詞	重要 ⑦ 江間章子《えましょうこ》	新潟県出身の詩人で，「夏の思い出」，「⑧花の街」などの歌曲の歌詞の他，詩集「イラク紀行」などの著作を残した。
作曲	重要 ⑨ 中田喜直《なかだよしなお》	東京都出身で，数多い歌曲や合唱曲の他，「めだかの学校」などの童謡も多数残した。
知識	この曲の歌詞に登場する尾瀬（重要 ⑩尾瀬ヶ原《おぜがはら》）は，群馬県，福島県，新潟県の3つの県にまたがる高原の中にある⑪湿地帯で，水芭蕉《みずばしょう》など，湿地特有の希少な植物が多くみられることで知られている。 →その独特の生態系は大変貴重なため，湿原全体が特別天然記念物として大切に保護されている。	

よくまちがえるポイント　山田耕筰の「筰」の字を「作」と間違えないように，正確に覚えること。
歌詞に出てくる「負われて」「姐や」などの意味も，現代語や似た単語と取り違えやすいので要注意。

3 (1)(作詞)三木露風《みきろふう》　(作曲)山田耕筰《こうさく》　(2)ア

(3)4分の3拍子

(4)Ⓑ(読み)メッゾ・フォルテ　(意味)少し強く

Ⓒ(読み)デクレッシェンド　(意味)だんだん弱く

(5)ア

(6)2番，3番

4 (1)ウ

(2)(作詞)江間章子《えましょうこ》，(作曲)中田喜直《なかだよしなお》

(3)②→③→①→④

(4)⑤におっている

⑥しゃくなげいろにたそがれる

解説

1　音楽史上とても大切な人名なので，出題頻度が高い。筰の字など，正確に覚えること。

2　言葉の意味を知るだけでなく，内容を味わいながら覚えることで理解が深まる。

3　この歌の歌詞は4番のみが現在である。目の前で竿《さお》の先にとまった赤とんぼの姿に，遠い昔の光景がフラッシュバックしたのである。

4　表情豊かな曲で，表現に関する記号や用語が多いので，まとめておく。

3 早春賦《そうしゅんふ》／荒城《こうじょう》の月

月　日

テストに出る重要度 ★★★

1 早　春　賦　→この曲の構成は二部形式と呼ばれる。

作詞	重要 ① 吉丸一昌《よしまるかずまさ》	大分県出身。
作曲	重要 ② 中田章《なかだあきら》	東京都出身で，重要 ③中田喜直《なかだよしなお》の父。

この曲の調はフラットが3つの④変ホ長調で，拍子は⑤8分の6拍子。

●「早春賦」の歌詞

1．春は名のみの　風の寒さや　谷の鶯《うぐいす》　歌は思えど
　時にあらずと　声も立てず　時にあらずと　声も立てず

2．氷解け去り　葦《あし》は角《つの》ぐむ　　さては時ぞと　思うあやにくく
　今日もきのうも　雪の空　　今日もきのうも　雪の空

3．春と聞かねば　知らでありしを　聞けば急《せ》かるる　胸の思いを
　いかにせよとの　この頃《ごろ》か　いかにせよとの　この頃か

得点UPテクニック

rit.，*a tempo*，繰《く》り返し記号などは要チェック。

春を待ちわびる気持ちを歌った歌詞であり，1番では谷のウグイスが，2番では葦の芽が，3番では筆者＝人の様子が，それぞれ描写されている。

2 荒城の月

作詞	重要 ⑥ 土井晩翠《どいばんすい》	宮城県出身。漢文調の勇壮で力強い作風で有名。
作曲	重要 ⑦ 滝廉太郎《たきれんたろう》	東京都出身。⑧ドイツに留学したものの結核を発病して帰国。童謡「⑨はとぽっぽ」，「⑩雪やこんこん」などで知られる。

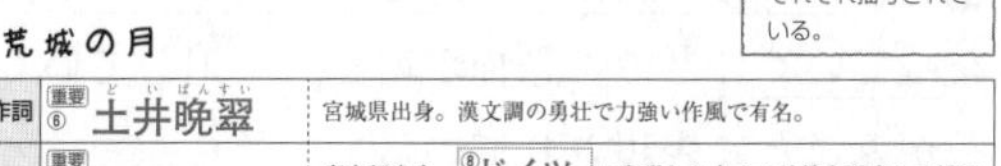

記号	読み	意味
Andante	アンダンテ	⑪ゆっくり歩くような 速さで

よくまちがえるポイント　「早春賦」の歌詞には，古い言葉が多く用いられているので，言葉の意味は必ずチェックしておきたい。そうすれば，冒頭を「春　花の実の」などと意味不明な解答をせずに済む。

3 (1)(作詞)吉丸一昌《よしまるかずまさ》　(作曲)中田章《なかだあきら》

(2)(拍子)8分の6拍子　(調名)変ホ長調

(3)①(読み)メッゾ・フォルテ　(意味)少し強く

②(読み)ピアニッシモ　(意味)とても弱く

③(読み)リタルダンド　(意味)だんだん遅く

(4)Ⓐイ　Ⓑウ　Ⓒア

4 (1)(作詞)土井晩翠《どいばんすい》　(作曲)滝廉太郎《たきれんたろう》

(2) Andante　(3)(記号)♯　(読み)シャープ

(4)

解説

1　8分の6拍子，二部形式などの言葉についてはきちんと理解しておきたい。古めかしい言葉が多いが，意味を理解し，情景を思い浮かべながら覚えるとよい。

2　日本の音楽史上，重要な作品のひとつである。作者や背景を理解し，まとめておくこと。

3　似た旋律《せんりつ》の繰り返しだが，少しずつ変化していることを意識する。見慣れない言葉の意味をチェックし，歌詞の内容を正しく理解すること。

4　作詞，作曲者は必ず覚える。山田耕筰《こうさく》の編曲についても要チェック。

技術　家庭　保健　体育　音楽　美術

4 春　―第1楽章―

月　日

テストに出る重要度 ★★

1 作曲者と楽曲について

作曲	A.《アントニオ》 重要 ①ヴィヴァルディ	②イタリア のベネツィア(ベネチア)出身。楽曲は，J．S．《ヨハン セバスチャン》バッハやヘンデルにも影響を与え，「③協奏曲の父」とも呼ばれている。
知識	④協奏曲	1つの 重要 ⑤独奏楽器 と合奏とのかけ合いを楽しむ器楽曲。「春」は，協奏曲「四季」の最初の曲で，重要 ⑥ソネット と呼ばれる14行からなる詩に合わせて書かれており，情景の変化に合わせ，その様子が音楽によって生き生きと描かれている。
	独奏楽器	「春」の独奏楽器は ⑦ヴァイオリン 。
	⑧リトルネッロ 形式	合奏部分と独奏部分が交互に現れる形で書かれる形式。

2 春 ―第1楽章― に現れる様々な旋律とソネットの関係

春がやって来た。

小鳥は楽しい歌で，春を歓迎する。

泉はそよ風に誘われ，ささやき流れて行く。

黒雲と稲妻が空を走り，雷鳴は春が来たことを告げる。

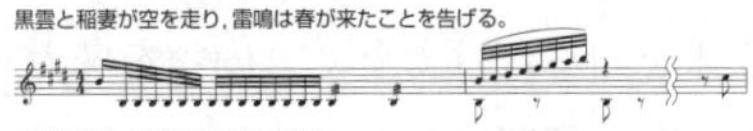

嵐がやむと，小鳥はまた歌い始める。

得点UPテクニック

各々のソネットに合わせた旋律《せんりつ》を答える問題はよく出題されるので，出だしの部分を聞きながら，それぞれの旋律の特徴的な形を頭にいれておく。小鳥の鳴き声や嵐など，視覚的に感じながら覚えるとよい。

3 「春」に用いられる楽器

「春」は，独奏 重要 ⑨ヴァイオリン と ⑩弦楽 合奏，⑪通奏低音 を担当する楽器によって演奏される。⑪　とは，簡単に書かれた低音の楽譜に演奏者が自分で和音を付け足しながら演奏するもので，バロック時代にはよく用いられた。

よくまちがえるポイント　「協奏曲」の漢字は，独奏楽器と合奏(弦楽合奏やオーケストラなど。「春」の場合は弦楽合奏)とがお互いに協力しあう楽曲と覚えよう。間違っても「競走曲」などと書かないように。

4 (1)(作曲)ヴィヴァルディ　(出身国)イタリア

(2)ソネット

(3)①イ　②ア　③エ　④オ　⑤ウ

(4)協奏曲　(5)ヴァイオリン

(6)アー独奏　イー合奏　ウー独奏

解説

1　ヴィヴァルディが影響をあたえたJ．S．《ヨハン セバスティアン》バッハは，オルガニストとしても有名である。日本では「音楽の父」と呼ばれる。

4　(3)激しい連打は嵐，装飾《そうしょく》音のある細かい旋律《せんりつ》は小鳥のさえずりで，視覚的に訴える譜面である。小鳥は2度出てくるが，春を歓迎するときの元気なさえずりと，嵐の後の，まるで様子をうかがうような鳴き方との違いを感じ取る。

(6)最初の出だしは全体の合奏で華《はな》やかに演奏され，小鳥の声は独奏ヴァイオリンが奏《かな》でる。

5 魔王―Erlkönig《エルケーニヒ》―／ブルタバ(モルダウ)

月　日

テストに出る重要度 ★★

1 「魔王―Erlkönig―」の作詞者，作曲者，楽曲

作詞	J．W．v．《ヨハン ヴォルフガング フォン》 重要 ①ゲーテ	②ドイツ を代表する文学者。W．A．《ヴォルフガング アマデウス》モーツァルトやL．v．《ルードヴィッヒ ヴァン》ベートーヴェンなどに影響を与える。
作曲	F．P．《フランツ ペーター》 重要 ③シューベルト	④オーストリア のウィーン郊外に生まれる。管弦楽曲やピアノ曲など多くの作品を残した。
知識	⑤独唱 と ⑥ピアノ伴奏 によって演奏される。詩の中には語り(手)，父，子，魔王という4人の人物が登場するが，独唱者はこれを一人で歌い分ける。3連符の連打による伴奏は馬の足音を表し，物語に従う旋律の変化が聞きどころである。	

2 「魔王―Erlkönig―」の楽譜より

① ⑦馬 が走る足音を表している。　② ⑧語り(手)

③ ⑨父　④ ⑩子　⑤ ⑪魔王

→魔王は終盤手前までは猫なで声で誘い，父は穏やかになだめるように歌う。

3 「ブルタバ(モルダウ)」の作曲者，楽曲

→以下，「ブルタバ」とする。

作曲	B．《ベドルジフ》 重要 ⑫スメタナ	⑬チェコ 出身。彼のように，祖国への思いを託《たく》した作品を残した作曲家を 重要 ⑭国民楽派 と呼ぶ。
知識	重要 ⑮交響詩 は，自然の風景や物語などをオーケストラによって自由な形式で表現する楽曲で，「ブルタバ」では，ブルタバ川が，重要 ⑯プラハ の町へと流れていく姿をとおして，祖国の自然や人々の生活が描かれている。	

よくまちがえるポイント　「魔王」で歌い分けられる4人は，父，子，魔王と語り(手)である。魔王とその娘は子に姿が見えるだけであり，馬もセリフは言わない。語り(手)を忘れないようにする。

4 (1)(作詞)ゲーテ　(出身国)ドイツ

(作曲)シューベルト　(出身国)オーストリア

(2)アー魔王　イー子　ウー語り(手)　エー父

オー子

(3)イ

5 (1)交響詩

(2)(作曲)スメタナ　(出身国)チェコ

(3)①フルート　②クラリネット　③ホルン

(4)④ウ　⑤ア　⑥エ　⑦イ

解説

2　伴奏の激しい響きや叫《さけ》ぶ子ども，猫なで声の魔王など，譜面《ふめん》の特徴を視覚的に感じ取る。

4　(3)子どもの旋律は，回を追うごとに音が高くなっていくことで，恐怖《きょうふ》が増し，緊迫《きんぱく》していく様子がみごとに表現されている。

5　(1)交響詩は，この作品以外にも何度も鑑賞の機会があるので，確実に特徴を押さえる。

(3)2つの源流がかけ合う冒頭部分と，ブルタバを表す旋律（の主題）は特に出題されやすい。

6 箏《そう》曲「六段《ろくだん》の調《しらべ》」／伝統的な楽器

月　日

テストに出る重要度 ☆☆

1「六段の調」の楽曲と作曲者

作曲	重要 ①八橋検校《やつはしけんぎょう》	検校とは，名前ではなく，職業組織の中の最高位を表す。 箏の調弦の基本となる「重要 ②平調子《ひらちょうし》」を確立したと伝えられる。
知識	「六段の調」のように複数の「段」から成る箏曲のことを，「重要 ③段物《だんもの》」と呼ぶ。	
	初段…ゆったりした速度で演奏される。…徐々に速度を上げる 六段…急速 **曲の終わる手前**…再び速度を緩め，ゆったりとした終わりを迎える。	重要 ④序破急《じょはきゅう》

独奏のほか，重要 ⑤三曲合奏　という演奏形態で演奏される事もある。
└→三味線，尺八と共に演奏する形態。

2 箏《そう》について

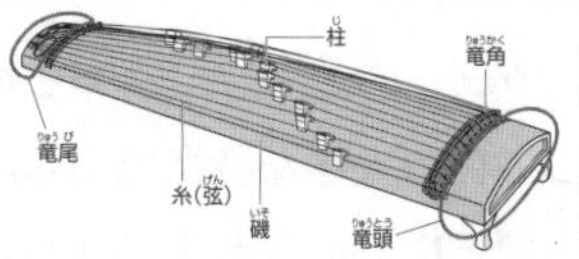

余韻《よいん》を変える演奏法

⑥引き色　…右手で弾《ひ》いた後，左手で糸を引き寄せて戻し，余韻を複雑に変化させる。

⑦後押し　…右手で弾いた後，左手で柱《じ》の左側を押して弦を緊張させ，音を上げる。

3 日本の伝統的な楽器とその特徴

	名称	特徴
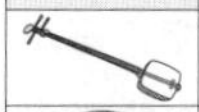	⑧三味線《しゃみせん》	太棹《ふとざお》・中棹《ちゅうざお》・細棹《ほそざお》の種類がある。
	⑨長胴太鼓《ながどうたいこ》	木をくり抜いた胴の両面に鉄の鋲《びょう》で皮を打ちつけたもの。盆踊《ぼんおど》りや祭囃子《まつりばやし》に用いられる。
	⑩締太鼓《しめだいこ》	両面の皮をひもや金具で締《し》めたもの。能《のう》や歌舞伎《かぶき》，祭囃子に用いられる。
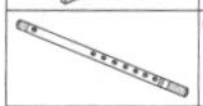	⑪篠笛《しのぶえ》	祭囃子や神楽《かぐら》，民謡《みんよう》などの郷土芸能や，歌舞伎に用いられる。
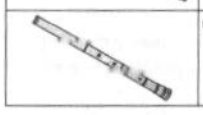	⑫尺八《しゃくはち》	独奏や三曲合奏，民謡の伴奏にと広く用いられる。

よくまちがえるポイント　「八橋検校」の「検校」は，名前ではなく職業における位を示す言葉である。
「箏」は，「こと」とも読むが，琴とは別の楽器なので，混同しないようにしよう。

4 (1)(作曲)八橋検校《やつはしけんぎょう》　(時代)江戸時代
(2)段物《だんもの》　(3)序破急《じょはきゅう》　(4)三曲合奏　(5)平調子《ひらちょうし》
(6)後押し

5 ①柱《じ》　②糸（弦）　③磯《いそ》　④竜角《りゅうかく》　⑤竜頭《りゅうとう》

6 イ，エ，カ，キ（順不同）

7 (1)篠笛《しのぶえ》　(2)尺八《しゃくはち》　(3)長胴《ながどう》太鼓　(4)締《しめ》太鼓
(5)三味線《しゃみせん》

解説

2　余韻を後から変えるので「後押し」である。最初から弦を押しながら弾く「押し手」もある。

4　奏法や楽器についての問題のほか，楽譜を用いて段を当てる問題が出ることもある。特徴的な冒頭を持つ三段は確実に覚えておこう。

5　「柱《じ》」は読みも正確に覚えること。

6　**ア**三味線は雅楽には用いられない。
ウ長胴太鼓の皮は，鉄鋲で打ちつけられている。
オ尺八は江戸時代まで修行に用いられていた。
ク後から韻を変える奏法は後押しである。

7　笛や三味線は種類による用途の違いをチェック。太鼓は構造の違いにも注意する。

7 花 ／ 花の街

月　日

テストに出る重要度 ☆☆☆

1 花

作詞	重要 ①武島羽衣《たけしまはごろも》	東京出身の詩人で，東京音楽学校などで教授を務めた。
作曲	重要 ②滝廉太郎《たきれんたろう》	→P.122「荒城の月」参照。
知識	組歌「③四季」の中の1曲。主旋律が1番，2番，3番でそれぞれ少しずつ違っており，歌詞の言葉の響きや内容に合わせて自在に変化している。	

●「花」の歌詞

何にたとうべき…④何にたとえたらよいのだろう　みずや…⑤見てごらん

あけぼの…⑥夜明け　長堤…⑦長い土手　くるれば…⑧日が暮れると

2「花」の旋律の変化

2番は低音が主旋律を受け持ち，冒頭から3小節目に大きな特徴がある。

3番はフェルマータがあり，3番の最後の部分であることが一目である。

1番，2番とリズムが異なる。1番「かいの／しずくも」，2番「みずや／ゆうぐれ」に対し，3番は「げに／いっこくも」である。

3 花 の 街

作詞	重要 ⑨江間章子《えましょうこ》	「花の街」の他，「夏の思い出」の歌詞も手がけている。
作曲	重要 ⑩團伊玖磨《だんいくま》	「夕鶴」，混声合唱組曲「筑後川」などの作品も残す。

この曲の調は，⑪フラット　が1つの　⑫ヘ長　調で，拍子は4分の2拍子。

よくまちがえるポイント　「花」の旋律のまぎらわしい違いについては，歌詞との関わりを感じながら，何度も歌って覚えよう。
特に2のように1度しか出て来ない旋律については，何番かをよく覚えておきたい。

4 (1)(作詞)武島羽衣《たけしまはごろも》　(作曲)滝廉太郎《たきれんたろう》
(2)(拍子)4分の2拍子　(調名)ト長調
(3)③→2番　⑤→3番

5 (1)(記号)ウ　(読み)リタルダンド
(2)(記号)オ　(読み)フェルマータ

6 (1)(作詞)江間章子《えましょうこ》　(他の代表的な歌曲)
例「夏の思い出」　(2)(記号)イとウ（順不同）
(意味)だんだん強く　(3)エ

解説

2　2番の旋律は，前半を2部合唱の低音部が受け持つ形で書かれており，それが反映された独特な音型である。また3番の「げにいっこくも」は，気持ちの高ぶりを表す歌詞に合わせた強く強調するようなリズムが特徴的である。

3　調判定は，調号に♭の付く長調の場合，一番右にある♭（この曲の場合1個しかないのでその♭）の付いた音がその調における階名のファとなる。ここではシの音についているので，そこからファミレドと下がっていくと，ドはファ＝への音になるので，ヘ長調と判定できる。

5　終盤《しゅうばん》の記号，用語はまとめて覚えておく。

6　(3)全体の強弱の流れを見通し，後の歌詞を考《こう》慮《りょ》して，自然に続く表現を考えるとよい。

8 フーガ(小フーガ)ト短調／交響曲第5番 ハ短調

月　日　テストに出る重要度 ★★

1 フーガ(小フーガ)ト短調
└→以下，「フーガ」とする。

作曲	J.《ヨハン》 S.《セバスティアン》 重要 ①バッハ	ドイツのアイゼナハ出身。オルガン曲や宗教曲，管弦楽曲，室内楽曲などの数多くの作品を残す。

重要 ②パイプオルガン によって独奏される。当時好まれた 重要 ③フーガ という形式によって書かれ，繰り返される 重要 ④主題 と 重要 ⑤応答 が特徴である。

楽曲の冒頭部分(フーガ形式の特徴)

パイプオルガンの各部の名称

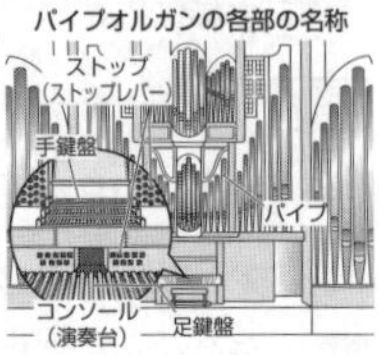

2 交響曲第5番 ハ短調

作曲	L.《ルードヴィッヒ》 v.《ヴァン》 重要 ⑥ベートーヴェン	ドイツのボン出身。⑦ウィーン で作曲を学んだ。生涯で，重要 ⑧9 曲の交響曲，ピアノソナタ，協奏曲などを残した。

複数の楽章から成る器楽曲で，重要 ⑨オーケストラ により演奏される。楽章は ⑩4 つ。ソナタ形式は主に ⑪第1 楽章と ⑫第4 楽章に用いられる。

ソナタ形式

得点UPテクニック
●フーガやソナタなどの形式はこの単元の大きなポイントなので，曲を聴《き》きながらよく理解しておくこと。
●パイプオルガンのしくみや特徴についても要チェック。

132　よくまちがえるポイント
○形式名や主題，提示部などの用語は，内容とともに正確に記憶しよう。
○ソナタ形式，フーガ形式，それぞれ時代も形も全く違うので，良く理解してテストに臨もう。

3 (1)(作曲)バッハ　(出身国)ドイツ
(2)教会，宮廷（順不同）(3)パイプオルガン
4 ①フーガ形式　②声部　③主題　④応答（③④順不同）
5 ①カ　②キ　③ア　④ウ
6 (1)(作曲)ベートーヴェン　(出身国)ドイツ
(2)4　(3)ソナタ形式　(4)2
7 ①提示　②第1　③第2　④再現　Ⓐホルン

解説

3 バッハはベートーヴェンらと並び，音楽史の最重要人物。楽器はこの曲の大きな特徴である。

4 フーガは冒頭の主題と応答の現れ方に注目。

5 足鍵盤《けんばん》を含めた複数の鍵盤を一人で演奏するストップで使うパイプの組み合わせができる。

6 「運命はこのように扉を叩《たた》く」と作曲者自身が語ったという言い伝えが元になっている。

7 Ⓐのホルンは第2主題の導入として大変特徴的で耳に残るので，意識して聴こう。

9 歌舞伎《かぶき》「勧進帳《かんじんちょう》」／能「羽衣《はごろも》」

月　日　テストに出る重要度 ★★

1 歌舞伎

重要 ①江戸 時代に生まれた。起源は，②出雲《いずも》のお国 が始めた「③かぶき踊《おどり》」といわれる。演劇など他の芸能が取り込まれ，生み出された総合芸術である。

2 歌舞伎「勧進帳」

兄の頼朝《よりとも》に追われた義経《よしつね》の一行が安宅《あたか》の関に到着する。

弁慶《べんけい》はにせの勧進帳を読み，富樫左衛門《とがしのさえもん》に応える。

疑われた義経を，強力《ごうりき》と言い張り弁慶は金剛杖《こんごうづえ》で打ちつける。
└→荷物持ちの下男

殺気立つ四天王《してんのう》を押しとどめ，弁慶は無事にこの場を切り抜けようとする。

関所を通した富樫に，弁慶は延年《えんねん》の舞《まい》でこたえる。

皆を先に逃がした後，弁慶は飛《と》び六法《ろっぽう》(六方)を踏みながら勇壮に退場する。

3 能について

室町時代の初めに 重要 ④観阿弥《かんあみ》，重要 ⑤世阿弥《ぜあみ》 親子により集大成された伝統芸能。

演技	⑥シテ	主役。⑦謡《うたい》 と演技，⑧舞《まい》 によって主人公を演じる
演技	⑨ワキ	相手役。
伴奏	⑩地謡《じうたい》	謡によって物語の情景や ⑪シテの心理 を表現する。
伴奏	⑫囃子《はやし》	笛（能管《のうかん》），小鼓《こつづみ》，大鼓《おおつづみ》，太鼓《たいこ》で伴奏を受け持つ。

能舞台の名称

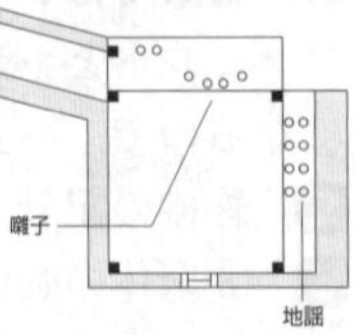

134　よくまちがえるポイント
強力=ごうりき，謡=うたい，面=おもて，など，漢字の読みが通常と違い，独特な用語が多いので注意する。「羽衣」は，知られている昔話とはストーリーが違うところもチェック。

4 (1)①江戸　②かぶき踊　③舞　④伎　⑤長唄
⑥義太夫　⑦六法　⑧三味線　(2)ウ，エ(順不同)
5 (1)(完成した時代)室町(時代)（親子の名前）観阿弥《かんあみ》，世阿弥《ぜあみ》
(2)(主役)シテ　(相手役)ワキ　(3)囃子《はやし》
(4)地謡《じうたい》　(5)笛(能管《のうかん》)，小鼓《こつづみ》，大鼓《おおつづみ》，太鼓《たいこ》（順不同）
(6)8(人)　(7)(主役)天人　(相手役)白龍(漁師)
(8)①コトバ　②フシ

解説

4 歌舞伎は，歌，舞，伎（わざ，演技）の組み合わせであり，オペラ，ミュージカルと同じ総合芸術である。勧進帳《かんじんちょう》の主人公は弁慶《べんけい》で，主君を強く思う弁慶の機転や勇壮さを描いている。
(2)ア勧進帳では長唄が用いられ，唄，囃子，三味線によって演奏される。
イ強力に変装したのは義経である。

5 シテ，ワキ，囃子，地謡などの用語は確実に覚えておくこと。能は，主人公のシテの重要さが際立った演劇で，面《おもて》や衣装の美しさ，謡や舞などの演技など，見どころが多い。

10 日本の郷土芸能／世界の芸能と音楽

月　日
テストに出る重要度 ☆☆

1 日本の郷土芸能

(1) 重要 ①阿波《あわ》おどり …**徳島県**の盆踊り。　(2) 重要 ②祇園祭《ぎおんまつり》 …**京都**の八坂《やさか》神社の祭り。

(3) 重要 ③長崎くんち …**長崎県**の諏訪《すわ》神社の祭り。「龍踊《じゃおど》り」で知られる。

2 世界の芸能と音楽

④シタール　⑤チャランゴ　⑥ロマの音楽　⑦マリアチ

(1) ⑧北インド の弦楽器。棹《さお》の中に共鳴弦が仕組まれ，特徴的な余韻《よいん》の響きを持つ。

(2) ⑨南アメリカ のボリビアなど，アンデス地方の弦楽器。

(3) ⑩ツィンバロム という金属製の弦を２本のばちでたたいて演奏する。

(4) ⑪メキシコ の民衆音楽の楽団。ヴァイオリンやトランペット，大小のギターで賑《にぎ》やかに演奏する。

136 よくまちがえるポイント　祭りの名称や楽器名などが正解でも，県名や国名などが正確に書けずに失点することのないように。南アメリカと南アフリカ，オーストリアとオーストラリア等，勘違いや書き間違えも多いので注意。

3 (1)A－祇園祭，B－エ
(2)A－壬生の花田植，B－カ
(3)A－長崎くんち，B－キ
(4)A－阿波おどり，B－ク
(5)A－ねぶた祭，B－イ

4 (1)A－ジンジュ（京劇），B－ウ
(2)A－ロマの音楽，B－ア
(3)A－ヨーデル，B－エ
(4)A－シタール，B－オ
(5)A－ガムラン，B－イ

解説

2 ツィンバロムは発音のシステムから見ればピアノの元祖とも言える楽器で，さかのぼると中東に起源を持つ古い楽器に至る。

3 ねぶた祭や阿波おどりなど，全国的に有名な祭では，本来の祭のためだけでなく，各地で行われたり，興行としての催《もよお》しも増えている。

4 ヨーデルの起源や，トルコ音楽のブラスバンドへの影響など，興味深い事柄が多い。

11 リコーダー／ギター

月　日
テストに出る重要度 ☆☆☆

1 リコーダーの構造

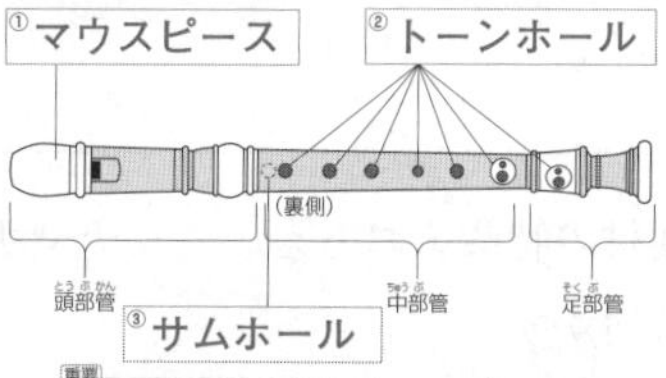

2 リコーダーのチューニング

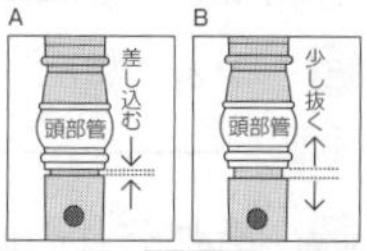

A. ピッチを ④高く するとき

B. ピッチを ⑤低く するとき

(1) 重要 ⑥タンギング …舌《した》を使って「tu《トゥ》」と発音する。

(2) 重要 ⑦サミング …高音を出すために，③ に小さな隙間《すきま》を作る運指。

(3) **アーティキュレーション**…音のつなぎ方，切り方のこと。⑥ を上手に使うことでさまざまな表情のアーティキュレーションが工夫できる。

3 アルト・リコーダーの運指の例

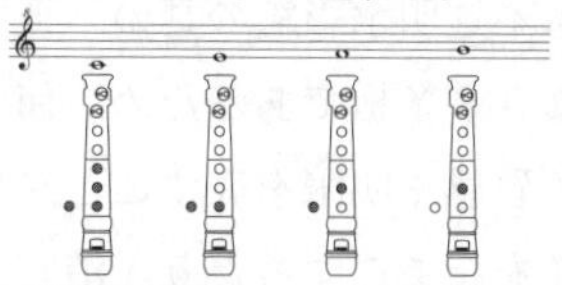

得点UPテクニック

リコーダーの運指の問題は，頭で覚えるより体で覚えるとよい。具体的には，普段からリコーダーの練習をきちんとしておくことで，指が自然に運指を覚えてくれるようになる。あとはテストの際，鉛筆などをリコーダーに見立てれば簡単に正しい運指の解答が得られる。

4 ギターの構造

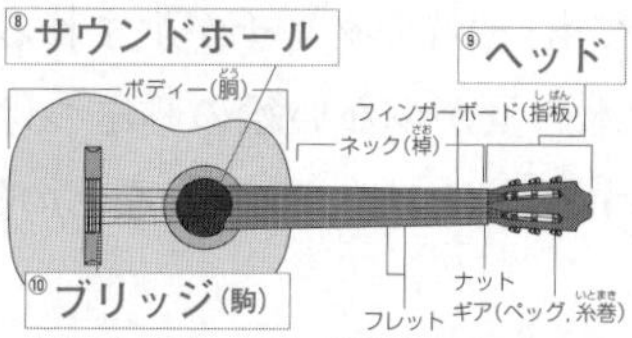

5 ギターの調弦《ちょうげん》

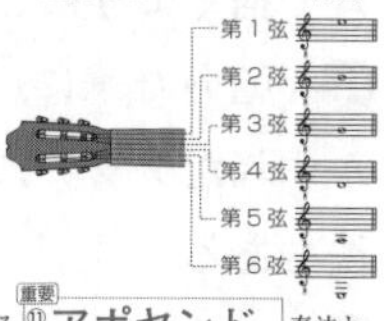

右手の指の奏法には，弾いた指先を隣の弦に当てて止める 重要 ⑪アポヤンド 奏法と，弾いた指先を弦に当てず手のひら側に曲げる 重要 ⑫アル・アイレ 奏法がある。

138 よくまちがえるポイント　タンギング，フレットなどの用語は，正確に覚える。早合点や勘違いの解答は意外と多い。リコーダーの運指は，実際に指で覚えておく方が間違いがない。真面目に練習しよう。

6 (1)例 差し込む　(2)サミング
(3)タンギング　(4)イ

7 ①イ　②ウ　③エ　④キ　⑤ク

8 (1)①ヘッド　②ボディー（胴），
③フレット　④ブリッジ
(2)ア，イ（順不同）

解説

4 チューニングは，ギア（ペッグ（糸巻き））を使って弦を巻いたり戻したりして張力を変化させることで行う。

6 リコーダーの基本で，小学校の復習でもある。ただし専門用語は正確に覚えよう。

7 アルト・リコーダーである点に注意。

8 (2)**ア**．ギターの解放弦は，「ほ」音からホ音まで，ちょうど2オクターブの音高の差がある。
イ．アポヤンド奏法は指を次の弦に当てて止める奏法で，より強く弾くことができ，他の弦の共鳴，干渉が少ないため，単音をよく響かせたいときに適している。
ウ．説明の奏法はストローク奏法で，アルペッジョは分散和音のことである。

美　術

1 色の基礎知識／モダンテクニックを学ぶ

月　日　テストに出る重要度 ★★

❶ モダンテクニック

①マーブリング(墨《すみ》流し)

→油性の絵の具などを水面にたらす。

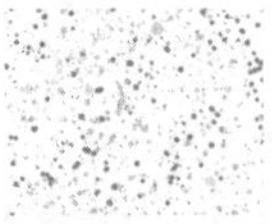

②スパッタリング(ブラシぼかし)

→霧状になった絵の具でぼかしたような細かい模様を作る。

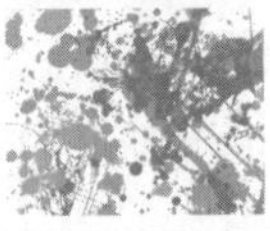

③ドリッピング(たらし絵)

→絵の具をたらしたり、息を吹きつけたり紙を傾けたりする。

④コラージュ(貼り絵)

→さまざまな材料を貼り付ける。

得点UPテクニック

ほかにも、凹凸《おうとつ》のあるものに薄い紙を当て、その上から鉛筆などでこすり、形や模様を写し出す**フロッタージュ**(こすり出し)や、切り抜いた図柄を刷り出す**ステンシル**などさまざまな技法がある。

❷ 色の仕組み

⑤色相環《しきそうかん》

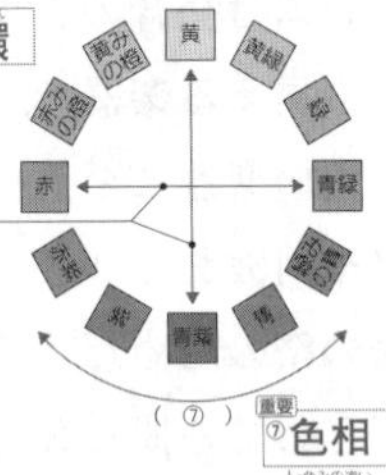

⑥補色 →反対側に位置する２つの色の関係。

重要 ⑦色相 →色みの違い。

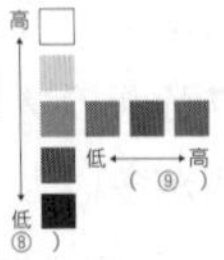

重要 ⑧明度 →色の明るさの度合い。

重要 ⑨彩度 →色のあざやかさの度合い。

⑦・⑧・⑨＝⑩色の三属性(三要素)

140　よくまちがえるポイント　色の三属性(三要素)は、色相＝色みの違い、明度＝明るさの度合い、彩度＝あざやかさの度合いからなる。この3つは、すべての色の位置を立体的に表現した色立体で表すことができる。

❸ (1)①無彩色　②黒　③明度
④色相　⑤彩度（④⑤順不同）(2)⑥白　⑦黒

❹ (1)ア　(2)明度

❺ (1)赤紫　(2)①黒　②減法混色　③三原色
④白　⑤加法混色

解説

❶　④コラージュで、写真を主に使用したものを「フォトコラージュ」という。

❷　色相環（12色相環）で、向かい合う位置にある色は補色の関係にある。

❸　有彩色と無彩色の特徴をおさえる。
(1)無彩色は色みがないため、明度しかもたないことに注意する。

❹　同じ明度の図形だが、**ア**のように暗い背景では明るく、**イ**のように明るい背景では暗く感じられる。となり合う色によって見え方が異なる対比をおさえる。

❺　色の三原色は赤・青・黄、光の三原色は赤・青・緑である。色の三原色の重なる部分は黒になるが、光の三原色の重なる部分は白になる。

2 鉛筆で描く／水彩で描く

月　日　テストに出る重要度 ★★

❶ 鉛筆やペンで描く

●技　法

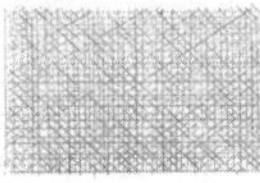

重要 ①ハッチング

→線を平行に引いたり、交差させたりして描く。

鉛筆を寝かせて調子をつける。

❷ 水彩画の用具や使い方

●技　法

②ドライブラシ

→乾いた筆で描くことで、かすれた感じを表現することができる。

③ぼかし

→絵の具を塗った後に水を含んだ筆でなぞり、色をにじませる。

得点UPテクニック

●**水彩絵の具の混色**

混色は無限に色を作ることができる。紫や緑だけではなく、白や黒を使って肌色や茶色、深緑なども作ることができる。

	用具の種類	使い方や特徴
透明水彩絵の具 →水に溶けやすい種類の絵の具	・水に溶ける。 ・色を重ね塗りをすると、④下の色が透《す》けて見える。 ・筆は穂先の異なるものを用意し、使った後は⑤筆洗《ひっせん》で洗う。	・絵の具は、2～3色を混ぜて⑥混色し、色をつくるとよい。色を重ねることを**重色**という。 ・あまり湿ってない絵の具を筆につけ塗る⑦かすれや、紙に水を塗り、乾かないうちに絵の具をつける⑧にじみなどの描き方がある。
不透明水彩絵の具	・⑨アクリルガッシュ 乾くと水に溶けない。上から色を塗ることができ、いろいろな素材に描ける。	・絵の具に混ぜる⑪水の量で、**透明水彩絵の具**のような表現や、**油絵の具**のような厚塗りの表現ができる。
	・⑩ポスターカラー 乾いても水に溶ける。発色がよく、面をムラなくに塗るのに向いている。	・広い面を塗る⑫平塗《ひらぬ》り、ポスター作成や平面構成に役立つ直線を引くのに役立つ**溝引《みぞび》き**などの方法がある。

142　よくまちがえるポイント　**混色・点描・重色**　絵の具は、パレット上で混ぜていろいろな色をつくる。点描は、紙の上で色の点を並べることで、見た目には混色しているように見える技法。重色は、薄めの色を重ねる技法。

❸ ①ポスターカラー　②鉛筆　③マーカー

❹ ①透明描法　②不透明描法　③パレット
④明るい　⑤暗い

❺ (1)×　(2)○　(3)×

解説

❶　それぞれの画材の特徴をおさえ、タッチや明暗を表現するのに活かす。

❷　水彩絵の具は、絵の具をとく水の量を加減することで、透明感、ぼかし、かすれ、にじみなどを表現でき、濃くぬり重ねたりもできる。

❸　ポスターカラーも不透明水彩絵の具の一種である。鉛筆は、芯の濃さが多様であるため、使い方の工夫で描くものの質感や明暗を表すことができる。鉛筆で描いた絵を指でこすったり、消しゴムで描くようにしても、独特のタッチが生まれる。

❹　乾《かわ》いた筆に、水の量が少ない絵の具をつけ、かすれたタッチにする「ドライブラシ」などの技法もある。

❺　(1)絵の具→絵の具を溶く水、
(3)あまりふさわしくない→ふさわしい、となる。

3 遠近感を学ぶ／色と平面構成

月　日　テストに出る重要度 ☆☆☆

1 遠近法の種類

①遠近法 …絵のなかに距離感や空間を表現するための描き方。

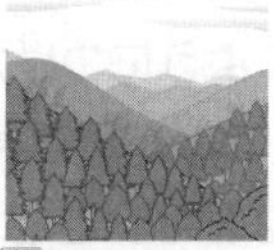

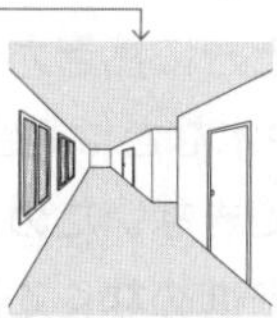

得点UPテクニック
●色彩遠近法
遠近法には，ほかにも人が色から受ける感覚を利用し，**暖色系(進出・膨張《ぼうちょう》)** の色と**寒色系(後退・収縮《しゅうしゅく》)**の色を使い分けて表現する色彩遠近法などがある。

重要 ②空気遠近法
↳近くのものを濃くしっかりと描き，遠くのものを淡いタッチで弱く描いて遠近感を表す

重要 ③線遠近法 …水平線と 重要 ④消失点 を定めてその位置関係から遠近感を表す。

⑤一点透視図法
↳水平線上の一点に消失点がある

重要 ⑥二点透視図法
↳水平線上の二点に消失点がある

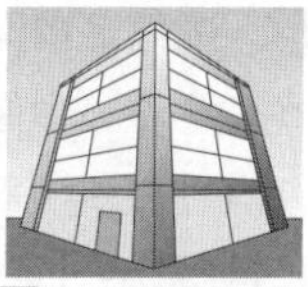

重要 ⑦三点透視図法
↳水平線上の二点に加え，縦方向にも消失点がある

2 配色計画

⑧配色 …色の組み合わせを考え，配置したり構成したりすること。

(1) ⑨主調 色…ドミナントカラー　→全体を支配している色のこと

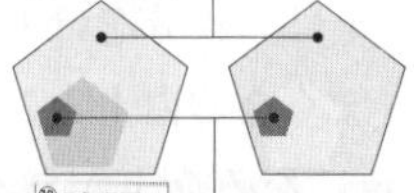

(2) ⑩強調 色…アクセントカラー　→全体の感じを引きしめる色のこと

得点UPテクニック
●セパレーション
となり合う色どうしの印象が弱い場合などに，白や黒などのほかの色（明度の高い色）を縁取りなどの形で加え，分離の効果を生かす方法

よくまちがえるポイント　遠近法は，消失点が水平線上にいくつあるかでその図法を判断することができる。消失点を2つもつ場合は二点透視図法，さらに縦方向に1つ加わると三点透視図法となる。

144

3 ①

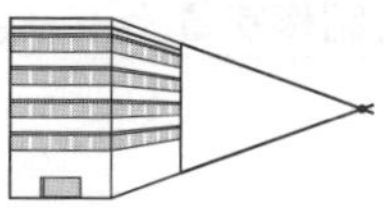

②

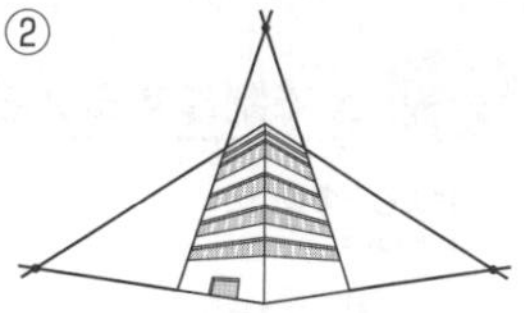

4 一点透視図法

5 ①遠く　②近く　③空気遠近法　④線遠近法
⑤強調　⑥角度

解説

1，3 消失点は，奥行きを表す線の集まる位置にある。遠近法（透視図法）は，消失点の数によって，一点透視図法，二点透視図法，三点透視図法に分かれる。

2 同じ形，色の組み合わせでも，色の面の大きさや配置によって感じ方が異なる。ポスターの作成をするときの参考にするとよい。

4 この作品の消失点は，中央のキリストの位置になる。

5 人体の動きは，背骨や肩などの骨組みの他，腕や脚などの関節の角度にも注意すると効果的。

4 デザインを学ぶ

月　日　テストに出る重要度 ☆☆

1 文字のデザイン

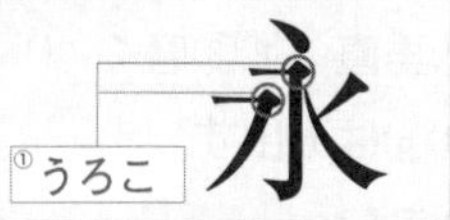

書体名	②明朝体《みんちょうたい》	③ゴシック体
特徴	横の線が細く縦《たて》の線が太い，和文の書体。	縦横の線の太さがほぼ同じで，目立たせることを優先した書体。
用途	新聞の記事部分など。	印刷物の見出しなど，強調したい部分。

2 ユニバーサルデザインとバリアフリー

	④ユニバーサルデザイン	⑤バリアフリー
対象	⑥年齢，⑦性別，身体的能力のほか，何の区別なく，できるだけさまざまな立場の人。	高齢者や体に障がいをもつ人。
特徴	・公平な利用，その利用における⑧自由度の高さ。 ・危険につながらないこと，身体的な⑨負担の低さ。 ・アクセスと利用のために十分な⑩スペースをもつこと。	特定の人が感じる不便さを取り除く目的のデザインを目指す。
例	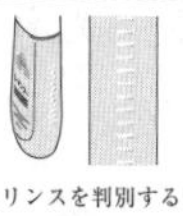 シャンプーとリンスを判別することができるパッケージのくふう。	 ⑪手すりをつけた⑫スロープ。

よくまちがえるポイント　ユニバーサルデザインは，多くの人を対象とする。一方，バリアフリーデザインは，特定の人が感じる不便さを取り除くという目的のデザインである。

146

3 （イ）→ア→カ→オ→ウ→（エ）

4 (1)メッセージ　(2)主題（テーマ）
(3)キャッチコピー
(4)①○　②○　③×　④○

5 例 草ぬきのボランティア活動をする日時を描いたポスターを作り，目立つ場所に貼る。

解説

1 生活の中にあるさまざまな文字のデザインから，イメージを広げるとよい。欧文では，縦横で線の太さが異なるローマン体，線の幅が均一なサンセリフ体などがある。

2 ユニバーサルとは，「普遍的な（すべての）」という意味である。駅の手すりや点字・誘導ブロックなどもユニバーサルデザインの一つである。

3 レタリングを作成するとき，見た目にバランスよく文字配置をすることを字配り（スペーシング）という。

4 (4)③文字を大きくするだけでは，内容を分かりやすく伝えることはできない。

5 ポスターを作るときには，見やすさを重視して，配色と構図を決めていく。

5 土で制作する／石で制作する

テストに出る重要度 ☆　月　日

1 粘土とその扱い方

●粘土の種類

① 土粘土(水粘土)	天然の土からつくられており，水で硬《かた》さを調整できる粘土。
② 油粘土	繰り返し使える，④ 油 で練ってつくられた粘土。
③ 紙粘土	紙からつくられた粘土。

2 彫像《ちょうぞう》と塑像《そぞう》

(1) 重要 ⑤ 塑像(モデリング) …粘土など，自由に取ったり付け加えたりできる素材で彫刻《ちょうこく》を作ること。

●手　順

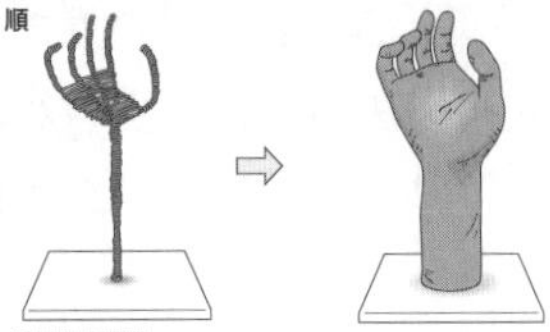

全体のバランスを見ながら，⑧ 内 側から ⑨ 外 側へ肉付けをしていく。

木や ⑥ 針金 で骨組みを作って

⑦ しゅろ縄 や麻ひもをつける。

(2) 重要 ⑩ 彫像 …木や石などの素材を，外側から内側に向けて彫《ほ》り刻《きざ》んで彫刻を作ること。

⑪ 丸彫り

└→完全な立体で形づくる

⑫ レリーフ

└→平面に浮き出てくるように半立体でつくる

得点UPテクニック

レリーフの表現方法には，次のようなものがある。

●高肉彫り
丸彫りに近い表現で，最も高く盛り上げて彫る。

●中肉彫り
高肉彫りと薄肉彫りの中間で，一般的な彫り方。

●薄肉彫り
材料の面より，ほんの少しの凹凸をつける彫り方。

●肉合《ししあい》彫り
材料の表面よりくぼんだような彫り方をしたもの。

よくまちがえるポイント　六古窯《ろっこよう》　中世から現代に続く日本の代表的な焼き物。瀬戸焼(瀬戸)，常滑焼(常滑)，越前焼(越前)，信楽焼(信楽)，丹波焼(丹波)，備前焼(備前)があり，それぞれの外観と地域を整理する。

3 (1)例 ①空気　②成形　③素焼き　④焼成　⑤ 1200 ～ 1300℃

(2)例 ①ひもづくり　②貼り合わせて　③ろくろ

(3)(水で溶いたもの)どべ　(役割)例 土と土をつなぎ合わせるときに接着力を高める。

4 (1)例 石や木などは粘土のようにつけ加えたりすることができないため，最初に構想を練って，計画的に制作を進めなくてはならないこと

(2)陽刻

解説

2　彫像と塑像のつくり方の違いを説明できるようにする。彫像では，粘土のように自由に取ったりつけたりすることができない。塑像をするときには，量感《りょうかん》（重み）や動勢《どうせい》（生き生きとした感じ）が生まれるように制作する。

3　素焼きは 750 ～ 850℃，本焼きは 1200 ～ 1300℃で，それぞれ窯《かま》で焼き上げる温度が異なることに注意。焼きものに使う土は，鉄分をほとんど含まず，焼き上がると白っぽくなる白土と，鉄分を含み，焼き上がると赤茶色になる赤土がある。

4　石彫では，いろいろな角度からデッサンをしておき，のこぎりで大きい面から取っていく。

6 木で制作する

テストに出る重要度 ☆☆　月　日

1 版画の種類と方法

① 凸版	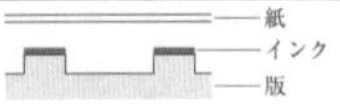	盛り上がった部分にインクをのせ，こすって刷り取る方法である。主に，木版画に使われる。
② 凹版	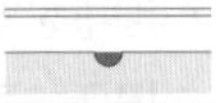	版のくぼみにインクをつめ，くぼみ以外の部分のインクをふき取ってプレス機にかけて刷り取る。
③ 孔版《こうはん》	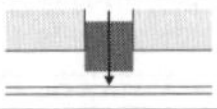	版に穴をあけて，その穴からインクを通し，絵を直接刷り込む方法。
④ 平版	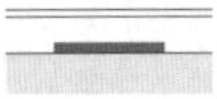	版に油性インクをのせて刷り取る方法。

2 〔彫刻刀の使い分け〕

彫刻刀の名称	彫り跡	彫刻刀の形	使い方
⑤ 丸刀	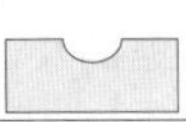	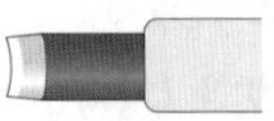	いろいろな太さのものがあり，太いものは大きな面をけずる。
⑥ 三角刀		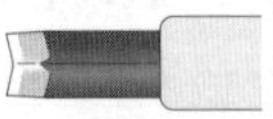	彫る角度や向きをかえるといろいろなことが表現できる。
⑦ 切り出し刀	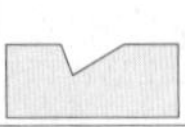	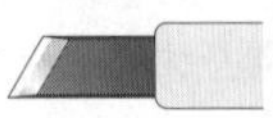	線を表すときに使う。鋭くけずることができる。
⑧ 平刀	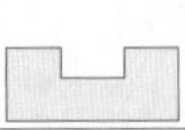	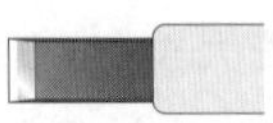	広い面を彫るときに使う。刃を裏にするとぼかしの表現ができる。

よくまちがえるポイント　木版画　板を彫刻刀で彫り，絵の具やインクを置いて凸面の形を紙に刷り取る。このほかに，凹版，平版，孔版などの版画の種類があるので，それぞれの技法と特徴を整理したい。

3 (1)①下絵　②彫る　③ばれん　(2)④陽刻　⑤陰刻　⑥明るい　⑦暗い　(3)⑧ローラー

(4)⑨一版多色木版画　⑩多版多色木版画

4 (1)①押さえて　②垂直　(2)③磨く　④万力　⑤細かい　(3)⑥はみ出す

(4)⑦3　⑧平らな　⑨丸い

解説

1　主に，1本の木からつくる木彫を一木造《いちぼくづくり》，2本以上の木材を組み合わせてつくる木彫を寄木造《よせぎづくり》という。木彫では，木にデッサンをした後，不要な部分を大まかに切り落とすあら取りをする。

2　4種類の彫刻刀の彫り跡がどのような形になるのか，またどのような使い方をするのかを理解する。

3　木版画は，輪郭《りんかく》線を残して周りを彫る陽刻と，輪郭線を彫って白くぬいていく陰刻がある。しかし，用紙に色のついた紙を使ったり，一度地色を刷った上に刷り重ねたりすると，逆の効果を生むことができる。

4　紙やすりを棒に巻いて小口《こぐち》を整えたりする。

7 金属で制作する

月　日

テストに出る重要度 ★

1 銅版画

①ドライポイント …銅板やアルミ板にニードルで直接彫って，インクをできた凹部につめ，紙に刷り取る技法。

2 金属を加工する用具

(1) 打ち出す

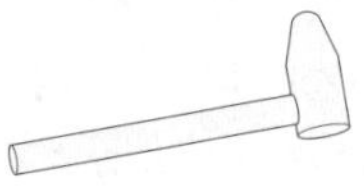

②いもづち
└→木製のものと金属製のものがある

板材を③砂袋《すなぶくろ》や油粘土の上に置き打ち出す。

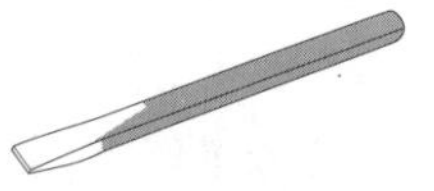

④たがね

輪郭線をなぞる⑤針打ちや，表面の加工に用いる。

(2) 切る

●金切りばさみ

刃の形状	刃の種類	用途
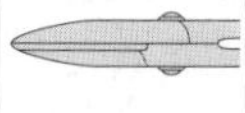	⑥直刃《すぐは》	まっすぐに金属板を切るときに使う。
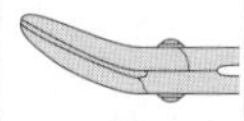	⑦柳刃《やなぎば》	曲線を切るときに使う。
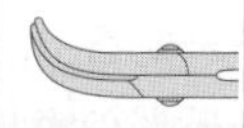	⑧えぐり刃《ば》	穴をあけるときに使う。

得点UPテクニック

●針金

太さや硬さの異なる針金や，色のついたビニールが巻かれた針金などがある。芯《しん》になるものに巻き付けたあとで芯を抜くとその形を残す。

針金を切る場合には，ペンチを使い，さらに細かく曲げたりするときにはラジオペンチを使う。

●アルミニウム缶

アルミニウム缶の板は軟《やわ》らかいため，身近な道具でも押して曲げることができる。

152 よくまちがえるポイント **金属の特徴** 金属の板材や線材は，たたいたり，曲げたり，引き延ばしたりして加工できるのが特徴で，細かい細工をすることもできる。用具をうまく活用して，イメージを形にする。

3 ①オ ②エ ③ア ④ウ ⑤イ ⑥カ

4 (1)①ねぶた ②金網細工

(2)③ニッパー ④ラジオペンチ

解説

1 ドライポイントは，ポイントと呼ばれる金属の針で彫っていく。その線のまわりにできる溝にインクが引っかかって，にじんだような独特の仕上がりになる。

2 いもづちは，金属板を突き出したりへこみなどがある曲面を打つときに使う。

たがねは，金属を削ったり，凹凸《おうとつ》をつけたりするときに使う。

金切りばさみは，主に金属の薄板を切るときに使う。板のふちで手を切らないように，手袋を使用する。刃先を使うと割れ目が入ってしまうため，刃の中ほどを使う。

3 凸版は，消しゴム版画や浮世絵など，なじみのある技法。

平版は，リトグラフをもとに発展したオフセット印刷などの技法がある。

4 (1)青森のねぶた祭りの「ねぶた」は，針金で作られたベースに和紙を貼《は》って作られている。

8 伝統美術を学ぶ―浮世絵・水墨画―

月　日

テストに出る重要度 ★★

1 浮世絵

(1) **浮世絵**…江戸時代に発達した日本独自の重要①木版画

(2) ②錦絵《にしきえ》…鈴木春信《すずきはるのぶ》らにより考案された，多色刷りの浮世絵。

(3) 製作工程

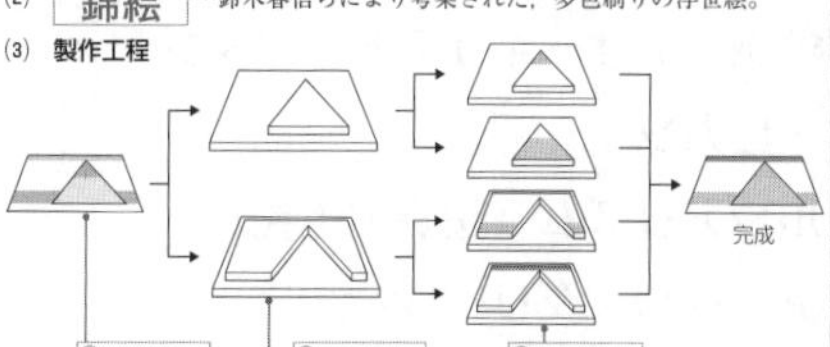

	③下絵	④版木	⑤刷り
担当	絵師	彫師《ほりし》	摺師《すりし》
作業	絵柄などを決める。墨一色で描かれる。	絵をもとに版木を作る。刷りの色数などによって，版木は複数用意する。	色をつけて刷る。1版ずつずれないように重ねて刷る。

得点UPテクニック

開国すると日本の美術品が多くヨーロッパへ渡る。浮世絵も例外ではなかった。浮世絵の大胆な構図や表現方法は，西洋のたくさんの画家に影響を与えた。ゴッホはそのうちの一人で，彼の作品の中にそれは見て取ることができる。

2 水墨画

(1) **水墨画**…無彩色での表現方法であるが，墨の重要⑥濃淡によっていろいろな表現が可能である。

(2) 墨の濃さによる種類

⑦濃墨《のうぼく》

⑧中墨《ちゅうぼく》

⑨淡墨《たんぼく》

(3) 技法

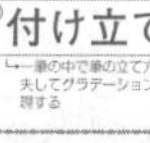

⑩付け立て
└→一筆の中で筆の立て方を工夫してグラデーションを表現する

⑪破墨
└→濃さの異なる墨を重ねることで起きるにじみを利用して，質感や立体感を表現する

⑫積墨
→最初の墨が乾いてから，濃さの違う墨を重ねる

154 よくまちがえるポイント **浮世絵** 風景画(葛飾北斎「富嶽三十六景」他)・美人画(喜多川歌麿「ビードロを吹く女」他)・役者絵(東洲斎写楽《とうしゅうさいしゃらく》「市川鰕蔵《いちかわえびぞう》の竹村定之進《たけむらさだのしん》」他)などの種類がある。

3 (1)①没骨《もっこつ》法 ②積墨《せきぼく》法 (2)運筆法

4 (1)ウ (2)イ (3)ア

5 ①唐草《からくさ》文様 ②青海波《せいがいは》文様 ③矢絣《やがすり》文様

解説

1 浮世絵は，絵師から彫師，摺師の各工程での技術が結集して生まれる作品である。喜多川歌麿《きたがわうたまろ》「ビードロを吹く女」，歌川広重《うたがわひろしげ》「東海道五十三次」などもおさえておく。

木版画は，彫刻刀で彫る部分と彫り残す部分をつくり，彫り残した部分にインクをつけて紙に刷り取るため，凸版という版画に分類される。木版画では，刷り紙を色紙に変えてみると，また作品の雰囲気が変わる。

2～4 水墨画は禅宗《ぜんしゅう》の影響を受け，室町時代に多く描かれた。

5 着物や手ぬぐい，風呂敷《ふろしき》などに使われる絵柄は，日本の四季の移りかわりの美しさや，文字，器物などがデザインされたものが多い。紗綾形《さやがた》，麻《あさ》の葉《は》，鹿《か》の子《こ》などの文様も知っておきたい。

9 日本の美術史

月　日
テストに出る重要度 ★★

1 日本史における美術の変遷《へんせん》

	特　徴
縄文時代	日常生活に使われた縄の模様がついた縄文土器。 宗教的な儀式に使われたと思われる土偶《どぐう》。
弥生時代	青銅でつくられた釣鐘《つりがね》型の 重要 ①銅鐸《どうたく》。
古墳時代	人や動物の形をした 重要 ②埴輪《はにわ》。 古墳の内部には壁画《へきが》が残されている。
飛鳥・奈良時代	日本最初の仏教文化が栄える。 ・③弥勒菩薩半跏思惟像《みろくぼさつはんかしゆいぞう》…広隆寺《こうりゅう》 ・西壁女子群像…④高松塚《たかまつづか》古墳 ・⑤釈迦三尊《しゃかさんぞん》像…法隆寺
奈良時代	・金堂…唐招提寺《とうしょうだいじ》 ・⑥金堂壁画…法隆寺 ・⑦聖観世音菩薩立像…薬師寺東院堂 ・⑧阿修羅像《あしゅらぞう》(阿修羅立像《りゅうぞう》)…興福寺
平安時代	日本独自の作風を持つようになる。 ⑨大和絵・⑩絵巻物など。
鎌倉時代	武家社会の文化が中心となる。 ・⑪似絵 武士の肖像画。人物を写実的に似せて描かれたのが特徴。 ・**彫刻** 東大寺南大門の**金剛力士像**…運慶・快慶らの作。 ⑫伝 源頼朝像

[法隆寺／便利堂]

得点UPテクニック
奈良時代には，仏教の伝来とともに大陸各地の宝物がシルクロードを経由して都である奈良に集まり，正倉院に納められた。

[神護寺]

よくまちがえるポイント **一木造《いちぼくづくり》と寄木造《よせぎづくり》**　一木造…1本の木から彫り出す。広隆寺の弥勒菩薩像　寄木造…いくつかの木材を合わせてつくる。中宮寺の弥勒菩薩像。それぞれの違いに注意する。

2　①雪舟《せっしゅう》　②長谷川等伯《はせがわとうはく》　③姫路城《ひめじじょう》
④狩野永徳《かのうえいとく》　⑤慈照寺《じしょうじ》銀閣

3　(1)①オ　②イ　③エ　④ウ　⑤ア
(2)①×　②○　③×

解説

1　縄文土器には縄目の模様があり，素朴《そぼく》で力強い印象。弥生土器は，ろくろを使用しているところが大きな違いで，幾何学《きかがく》模様などもみられる。止利仏師《とりぶっし》の作である法隆寺釈迦三尊像《ほうりゅうじしゃかさんぞんぞう》や釈迦如来《しゃかにょらい》像《ぞう》は飛鳥時代の作品。他に，奈良時代の作品としては，天寿国繍帳《しゅうちょう》という日本最古の刺繍《ししゅう》も残されている。平安時代に入ると，それまでの大陸的で写実的な表現が後退し，日本独自の国風文化が発展し，美術作品も日本独自の作風が生まれた。

3　(1)琳派《りんぱ》の代表作として，③と併せて尾形光琳《おがたこうりん》「紅白梅図屏風《こうはくばいずびょうぶ》」も覚えておきたい。
(2)①イタリア→フランス，③石ノ森章太郎→手塚治虫，となる。鎌倉時代の「伴大納言絵巻」「鳥《ちょう》獣《じゅう》人物戯画《ぎが》」などの絵巻物に見られる時間の流れ・動きを感じさせる表現技法が，現代の漫画にも通じるところにも着目したい。

10 世界の美術史

月　日
テストに出る重要度 ★★

1 世界の美術の変遷

原始時代〜古代オリエント	重要 ・①ラスコー (フランス)， 重要 ②アルタミラ (スペイン) →原始時代の人々が，狩猟を中心とした生活を営んできた様子を描く。 重要 ・③ピラミッド (エジプト) ・④サモトラケのニケ (ギリシャ)
古代ギリシャ ローマ	・⑤パルテノン神殿 →エンタシスの柱を用いてつくられている。これは日本の⑥法隆寺にもみられる建築方法である。 ・**コロッセウム** →古代ローマ時代に競技場としてつくられた建物。 ⑦アーチ状の建築様式が特徴である。
中世ヨーロッパ	・⑧ゴシック様式 →⑨ケルン大聖堂やシャルトル大聖堂に代表される，壮麗な教会建築が多い。 →高い尖塔と大きな窓，内部のステンドグラスや十字形の平面に⑩丸屋根，⑪半円形のアーチなどが特徴的。 ・⑫ビザンチン様式 →聖ソフィア大聖堂に代表されるように，丸屋根やアーチ型の窓と内部のモザイクの壁画が特徴的。

得点UPテクニック
ギリシャの彫刻は，**アルカイックスマイル**といわれる，口角を少し上げ，ほほ笑むような表情をしていることが特徴である。

よくまちがえるポイント **古代オリエント**　エジプト文明（ナイル川），メソポタミア文明（チグリス・ユーフラテス川），エーゲ海文明(クレタ島)などが知られている。特にエジプト文明は，ピラミッド建設や太陽暦発明などで有名。

2　①ミケランジェロ
②レオナルド・ダ・ヴィンチ　③ラファエロ

3　(1)レンブラント　(2)バロック美術
(3)クロード・モネ

4　(1)印象派　(2)オーギュスト・ロダン
(3)パブロ・ピカソ
(4)シュールレアリズム（超現実主義）
(5)サルヴァドール・ダリ

解説

1　原始の美術として，他に知られるものにストーン・ヘンジ（イギリス）などが挙げられる。
ギリシャの建築は，ドリス式（中央に膨《ふく》らみがある）・イオニア式（うず巻き型の柱頭）・コリント式（細身の柱身）など，3様式に分かれる。

2　①ミケランジェロの作品には，他に「最後の審判」がある。③ラファエロの作品には，ほかに「美しき女庭師」がある。

3　(3)クロード・モネは，晩年に大作「睡蓮《すいれん》」を手掛けた。

4　現代美術の各派の特徴と代表的な画家・作品を整理しておく。